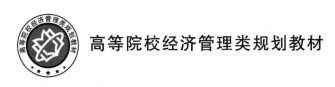

高等院校经济管理类规划教材

管理学概论

北京邮电大学"管理学"课程团队　编著

北京邮电大学出版社
www.buptpress.com

内 容 简 介

"管理学"是所有经管类专业学生需要学习的第一门专业基础课,其中有大量关于管理的基本知识、基本理论和基本方法,这些知识、理论和方法也是现在的管理者和未来的管理者应当掌握的。本书不仅包括大量的基础理论和知识,还包括最新的案例和前沿研究,使得本书的内容与时俱进,且可读性强。

本书有助于读者深入认识和理解管理的实质,把握管理的主要特征,能够帮助管理者提高决策效率。

图书在版编目（CIP）数据

管理学概论 / 北京邮电大学"管理学"课程团队编著． -- 北京：北京邮电大学出版社，2022.8
ISBN 978-7-5635-6723-2

Ⅰ．①管… Ⅱ．①北… Ⅲ．①管理学－概论 Ⅳ．①C93

中国版本图书馆 CIP 数据核字（2022）第 145290 号

策划编辑：彭　楠　　责任编辑：王晓丹　米文秋　　责任校对：张会良　　封面设计：七星博纳

出版发行：北京邮电大学出版社
社　　址：北京市海淀区西土城路 10 号
邮政编码：100876
发 行 部：电话：010-62282185　传真：010-62283578
E-mail：publish@bupt.edu.cn
经　　销：各地新华书店
印　　刷：保定市中画美凯印刷有限公司
开　　本：787 mm×1 092 mm　1/16
印　　张：20.25
字　　数：501 千字
版　　次：2022 年 8 月第 1 版
印　　次：2022 年 8 月第 1 次印刷

ISBN 978-7-5635-6723-2　　　　　　　　　　　　　　　　　　　　　　定价：48.00 元

· 如有印装质量问题，请与北京邮电大学出版社发行部联系 ·

前　　言

作为经管类专业大学生的第一门专业基础课,"管理学"课程在北京邮电大学经济管理学院开设已经有相当长的历史了。怎样用这门课程增强大学生学习管理类课程的兴趣?怎样组织内容才能够满足"互联网＋""数字化"时代对管理提出的新要求?怎样讲授才能够迎合当代大学生的学习兴趣?这些问题是摆在每一位授课教师面前的挑战。

2019年,北京邮电大学经济管理学院通过"竞聘上岗、择优录取"的方式成立了新的"管理学"课程团队,在这个团队中,有些是有多年工作经验、非常受学生欢迎的年长教师,有些是学术研究做得极好、理论底蕴深厚的中年教师,还有些是活泼开朗、愿意使用新鲜教学方法的年轻教师。历经3年的时间,"管理学"课程团队从理论框架、教学方法、教学模式到教学案例对"管理学"课程进行了全面的更新。多次的教学讨论与思想的碰撞只有一个目的——让这门课程成为能够经受时间考验的、与时俱进的、受学生欢迎的课程之一。

通过3年的建设,"管理学"课程取得了一系列的成绩:北京邮电大学教学成果奖、北京邮电大学第一批高新建设课程……希望该课程未来能够冲击更高的奖项,并且通过该课程能够培养更多的教师。此外,"管理学"课程团队以该课程为基础和平台培养了一批批优秀的经管类专业学生,有些学生获得了"管理学"课程团队举办的案例大赛的优胜奖,有些学生参加了创新大赛并取得了优异成绩。

随着"管理学"课程建设的日益成熟,教师们逐渐达成共识——写一本独有的"管理学"课程教材或者学习参考用书,一方面把我们数年积累的经验写出来,另一方面给学生提供更多的资源和参考书目选择。这就是《管理学概论》一书的由来。

本书的特点包括以下方面。

① 清晰的理论框架。作者在研读大量经典著作的基础上,结合大学生的特点来编排相关的内容和框架,做到既有科学性,又有落地性。

② 多元化的案例。本书既有最经典的案例,又有最前沿的案例,既有改编的案例,又有作者自己研讨的案例,既有导入案例和小节案例,又有综合案例,通过大量的案例演绎,促使学生更好地掌握理论知识。

③ 明确的知识点。通过学习目标、本章关键词、本章小结、本章习题等内容，反复地强调重点内容和关键知识，促进学生对相关知识的学习与掌握。

④ 前沿的内容。作者撰写了很多前沿的研究成果、最新的数字化案例，通过与时俱进的解读方式，让传统的管理学理论焕发新生。

本书的撰写得到了北京邮电大学经济管理学院的大力帮助。全书撰写分工如下：第1章、第8章由仇泸毅老师撰写，第2章、第11章由赵晨老师撰写，第3章、第14章由赵玉平老师撰写，第4章、第5章由吕亮老师撰写，第6章、第7章由许冠南老师撰写，第10章、第13章由杨学成老师撰写，第9章、第12章由陈慧老师和张静老师撰写。研究生刘洁、秦筱笑、顾潇逸参与了书稿格式修订等工作，在此一并表示感谢。

作　者

目 录

概 论 篇

第1章 管理和管理者 ········· 3

【学习目标】 ········· 3
【本章关键词】 ········· 3
【导入案例】 ········· 3
1.1 管理及其职能 ········· 4
  1.1.1 什么是管理？ ········· 4
  1.1.2 管理的职能 ········· 5
1.2 管理者及其角色和技能 ········· 7
  1.2.1 管理者 ········· 7
  1.2.2 管理者的分类 ········· 9
  1.2.3 管理者的角色 ········· 10
  1.2.4 管理者的技能 ········· 11
1.3 管理学及其特性 ········· 13
  1.3.1 管理学及其研究对象 ········· 13
  1.3.2 管理学的特性 ········· 13
  1.3.3 为什么要学习管理学？ ········· 15
【本章小结】 ········· 16
【综合案例】 ········· 16
【本章习题】 ········· 17

第2章 西方管理思想史 ········· 18

【学习目标】 ········· 18
【本章关键词】 ········· 18
【导入案例】 ········· 18

2.1 西方早期的管理思想 …………………………………………………………… 19
2.2 古典方法 ………………………………………………………………………… 20
　　2.2.1 科学管理理论 ………………………………………………………… 20
　　2.2.2 一般管理理论 ………………………………………………………… 21
　　2.2.3 官僚行政组织理论 …………………………………………………… 21
2.3 行为方法 ………………………………………………………………………… 22
　　2.3.1 组织行为学 …………………………………………………………… 22
　　2.3.2 早期倡导者 …………………………………………………………… 23
　　2.3.3 霍桑实验 ……………………………………………………………… 24
　　2.3.4 人际关系学说 ………………………………………………………… 25
2.4 定量方法 ………………………………………………………………………… 25
　　2.4.1 精益生产 ……………………………………………………………… 26
　　2.4.2 全面质量管理 ………………………………………………………… 26
2.5 当代方法 ………………………………………………………………………… 27
　　2.5.1 系统管理理论 ………………………………………………………… 27
　　2.5.2 权变理论 ……………………………………………………………… 28
【本章小结】 …………………………………………………………………………… 29
【综合案例】 …………………………………………………………………………… 29
【本章习题】 …………………………………………………………………………… 31

第3章　中国管理思想史 ……………………………………………………………… 32

【学习目标】 …………………………………………………………………………… 32
【本章关键词】 ………………………………………………………………………… 32
【导入案例】 …………………………………………………………………………… 32
3.1 道与术的和谐统一 ……………………………………………………………… 33
3.2 老子的管理思想 ………………………………………………………………… 36
3.3 孔子的管理思想 ………………………………………………………………… 38
　　3.3.1 崇尚和的理念 ………………………………………………………… 38
　　3.3.2 推崇仁的境界 ………………………………………………………… 38
　　3.3.3 以修养为管理第一课 ………………………………………………… 39
　　3.3.4 在领导过程中要身先士卒 …………………………………………… 40
　　3.3.5 十分重视人的因素在管理中的作用 ………………………………… 40
　　3.3.6 对待本职工作要保持良好的心态,恪尽职守 ……………………… 41
3.4 孙子的管理思想 ………………………………………………………………… 43
3.5 韩非子的管理思想 ……………………………………………………………… 45

3.5.1 "法"	45
3.5.2 "术"	46
3.5.3 "势"	47
3.6 鬼谷子的管理思想	48
3.6.1 箝术	48
3.6.2 揣术	49
3.6.3 摩术	50
3.6.4 权术	50
3.6.5 谋术	50
【本章小结】	53
【综合案例】	53
【本章习题】	54

计 划 篇

第4章 决策 57

【学习目标】	57
【本章关键词】	57
【导入案例】	57
4.1 决策概述	58
4.1.1 决策的定义	58
4.1.2 决策的要素	58
4.1.3 决策的原则	61
4.2 决策的理论	63
4.2.1 古典决策理论	63
4.2.2 行为决策理论	63
4.2.3 回溯决策理论	64
4.3 决策过程的步骤	64
4.3.1 识别问题	65
4.3.2 确定决策目标	65
4.3.3 拟订可行方案	66
4.3.4 评估备选方案	66
4.3.5 选择决策方案	67
4.3.6 实施方案	67

4.3.7 监督与评估ꞏꞏ 67

4.4 管理者的决策方式ꞏꞏꞏ 68

4.4.1 直觉决策ꞏꞏ 68

4.4.2 理性决策ꞏꞏ 69

4.4.3 有限理性决策ꞏꞏ 70

4.5 决策类型与决策条件ꞏꞏꞏ 71

4.5.1 决策类型ꞏꞏ 71

4.5.2 决策条件ꞏꞏ 73

4.6 决策风格ꞏꞏ 75

4.6.1 决策偏见和错误ꞏꞏ 75

4.6.2 决策风格对决策效果的影响ꞏꞏ 76

4.6.3 决策风格类型ꞏꞏꞏ 77

【本章小结】ꞏꞏ 78

【综合案例】ꞏꞏ 78

【本章习题】ꞏꞏ 80

第 5 章 计划ꞏꞏ 84

【学习目标】ꞏꞏ 84

【本章关键词】ꞏꞏ 84

【导入案例】ꞏꞏ 84

5.1 计划的含义与原因ꞏꞏꞏ 85

5.1.1 计划是什么？ꞏꞏ 85

5.1.2 计划的原因ꞏꞏ 86

5.1.3 计划与绩效ꞏꞏꞏ 87

5.2 目标和方案ꞏꞏ 88

5.2.1 目标的类型ꞏꞏꞏ 88

5.2.2 方案的类型ꞏꞏꞏ 90

5.3 设定目标和制订方案ꞏꞏꞏ 92

5.3.1 设定目标ꞏꞏ 92

5.3.2 制订方案ꞏꞏ 97

5.3.3 计划的方法ꞏꞏꞏ 98

【本章小结】ꞏꞏ 103

【综合案例】ꞏꞏ 104

【本章习题】ꞏꞏ 106

第 6 章 战略管理ꞏꞏꞏ 109

【学习目标】ꞏꞏ 109

【本章关键词】……………………………………………………………………… 109
【导入案例】………………………………………………………………………… 109
6.1 战略管理概述 ………………………………………………………………… 111
　6.1.1 战略的基本概念 ………………………………………………………… 111
　6.1.2 战略管理的重要性 ……………………………………………………… 111
　6.1.3 战略管理的过程 ………………………………………………………… 112
　6.1.4 战略的层次 ……………………………………………………………… 113
6.2 外部战略环境分析 …………………………………………………………… 113
　6.2.1 总体环境分析 …………………………………………………………… 113
　6.2.2 行业环境分析 …………………………………………………………… 114
　6.2.3 竞争环境分析 …………………………………………………………… 115
6.3 内部战略环境分析 …………………………………………………………… 116
　6.3.1 资源 ……………………………………………………………………… 117
　6.3.2 能力 ……………………………………………………………………… 119
　6.3.3 核心竞争力 ……………………………………………………………… 119
　6.3.4 价值链分析 ……………………………………………………………… 120
6.4 战略制定 ……………………………………………………………………… 121
　6.4.1 SWOT 分析 ……………………………………………………………… 121
　6.4.2 竞争战略选择 …………………………………………………………… 122
【本章小结】………………………………………………………………………… 125
【综合案例】………………………………………………………………………… 125
【本章习题】………………………………………………………………………… 126

组 织 篇

第 7 章　组织结构设计 …………………………………………………………… 131

【学习目标】………………………………………………………………………… 131
【本章关键词】……………………………………………………………………… 131
【导入案例】………………………………………………………………………… 131
7.1 组织结构设计的目的和意义 ………………………………………………… 133
7.2 组织结构的六种关键要素 …………………………………………………… 133
　7.2.1 工作专门化 ……………………………………………………………… 133
　7.2.2 部门化 …………………………………………………………………… 134
　7.2.3 指挥链 …………………………………………………………………… 134

7.2.4　管理跨度 135
　　7.2.5　集权与分权 135
　　7.2.6　正规化 136
7.3　组织结构设计需考虑的重点因素 136
　　7.3.1　机械式组织和有机式组织 136
　　7.3.2　组织结构设计的影响因素 139
7.4　经典组织结构 140
　　7.4.1　简单结构 140
　　7.4.2　职能结构 140
　　7.4.3　事业部结构 141
　　7.4.4　矩阵型结构 142
7.5　当代组织结构 143
　　7.5.1　团队结构 144
　　7.5.2　无边界组织 144
　　7.5.3　学习型组织 145
【本章小结】 146
【综合案例】 146
【本章习题】 147

第8章　人力资源管理 149

【学习目标】 149
【本章关键词】 149
【导入案例】 149
8.1　人力资源管理的内容及原则 151
　　8.1.1　人力资源管理的重要性 151
　　8.1.2　人力资源管理的任务 152
　　8.1.3　人力资源管理的内容 152
　　8.1.4　人力资源管理的原则 154
8.2　人力资源规划 156
　　8.2.1　人力资源规划的重要性 156
　　8.2.2　人力资源规划的流程 157
8.3　人员的招聘与甄选 160
　　8.3.1　招聘计划的制订 160
　　8.3.2　招聘途径的选择 161
　　8.3.3　甄选方法与程序 162

        8.3.4 解聘 ······ 164
    8.4 员工的培训 ······ 165
        8.4.1 培训的目标 ······ 165
        8.4.2 培训的类型 ······ 166
        8.4.3 培训的方式 ······ 167
    8.5 绩效评估 ······ 168
        8.5.1 绩效评估的目的 ······ 168
        8.5.2 绩效评估的程序 ······ 169
        8.5.3 绩效评估的方法 ······ 170
    【本章小结】 ······ 172
    【综合案例】 ······ 173
    【本章习题】 ······ 174

第9章 团队管理 ······ 175

    【学习目标】 ······ 175
    【本章关键词】 ······ 175
    【导入案例】 ······ 175
    9.1 群体与群体的发展 ······ 175
        9.1.1 群体的定义 ······ 175
        9.1.2 群体的分类 ······ 176
        9.1.3 群体发展的阶段 ······ 178
    9.2 工作群体的绩效和满意度 ······ 179
        9.2.1 外部条件 ······ 180
        9.2.2 群体成员资源 ······ 181
        9.2.3 群体结构 ······ 181
        9.2.4 群体程序 ······ 187
        9.2.5 群体任务 ······ 189
    9.3 打造高绩效团队 ······ 189
        9.3.1 团队与群体的区别 ······ 189
        9.3.2 团队的主要类型 ······ 190
        9.3.3 高绩效团队的主要特征 ······ 190
    【本章小结】 ······ 191
    【综合案例】 ······ 192
    【本章习题】 ······ 194

领 导 篇

第 10 章　个体行为与沟通 · 197

【学习目标】· 197
【本章关键词】· 197
【导入案例】· 197

10.1　态度与工作绩效 · 198
- 10.1.1　管理者感兴趣的态度 · 198
- 10.1.2　认知失调理论 · 200
- 10.1.3　对管理者的意义 · 200

10.2　人格 · 202
- 10.2.1　迈尔斯-布瑞格斯类型指标 · 202
- 10.2.2　大五人格模型 · 203
- 10.2.3　其他有关人格的见解 · 204
- 10.2.4　情绪和情绪智力 · 205
- 10.2.5　对管理者的启示 · 206

10.3　知觉 · 207
- 10.3.1　影响知觉的因素 · 207
- 10.3.2　归因理论 · 208
- 10.3.3　对他人进行判断的其他常用方法 · 209

10.4　学习 · 209
- 10.4.1　操作性条件反射 · 210
- 10.4.2　社会学习 · 210
- 10.4.3　行为塑造：一种管理工具 · 211

10.5　沟通的本质和职能 · 211
- 10.5.1　沟通的本质 · 211
- 10.5.2　沟通的职能 · 212

10.6　人际沟通 · 213
- 10.6.1　人际沟通的方式 · 213
- 10.6.2　人际沟通的障碍 · 216
- 10.6.3　克服人际沟通障碍 · 217

10.7　组织中的沟通 · 219
- 10.7.1　正式沟通与非正式沟通 · 219

10.7.2 沟通的流动方向 219
10.7.3 组织沟通网络 220
10.7.4 工作场所设计 221

【本章小结】 222
【综合案例】 222
【本章习题】 223

第11章 成为有效领导者 224

【学习目标】 224
【本章关键词】 224
【导入案例】 224
11.1 谁是领导者？什么是领导？ 225
11.2 早期的领导理论 225
    11.2.1 领导特质理论 225
    11.2.2 领导行为理论 225
    11.2.3 领导权变理论 227
11.3 当代的领导观 231
    11.3.1 任务导向 232
    11.3.2 关系导向 233
    11.3.3 变革导向 234
    11.3.4 消极领导力 236
11.4 新时代的领导问题 236
    11.4.1 管理权力 236
    11.4.2 建立信任 237
    11.4.3 给员工授权 237
    11.4.4 如何成为有效领导者？ 237
【本章小结】 238
【综合案例】 238
【本章习题】 241

第12章 员工激励 243

【学习目标】 243
【本章关键词】 243
【导入案例】 243
12.1 什么是动机？ 244

12.2 早期动机理论 ·· 244
 12.2.1 马斯洛的需求层次理论 ··· 244
 12.2.2 麦格雷戈的 X 理论和 Y 理论 ··· 246
 12.2.3 赫兹伯格的双因素理论 ··· 247
 12.2.4 麦克莱兰的需求理论 ··· 249
12.3 当代动机理论 ·· 250
 12.3.1 目标设置理论 ··· 250
 12.3.2 强化理论 ··· 251
 12.3.3 激励性工作设计 ··· 252
 12.3.4 公平理论 ··· 254
 12.3.5 期望理论 ··· 256
 12.3.6 当代动机理论的整合 ··· 257
【本章小结】·· 258
【综合案例】·· 258
【本章习题】·· 260

控 制 篇

第 13 章 控制 ·· 265

【学习目标】·· 265
【本章关键词】··· 265
【导入案例】·· 265
13.1 控制的重要性及控制过程 ··· 266
 13.1.1 控制的重要性 ··· 266
 13.1.2 控制过程 ··· 267
13.2 对组织绩效的控制 ·· 269
 13.2.1 组织绩效的概念 ··· 269
 13.2.2 组织绩效的测量标准 ··· 269
 13.2.3 组织绩效的测量 ··· 270
13.3 当代的控制事项 ·· 273
 13.3.1 跨文化差异 ··· 273
 13.3.2 工作场所中的问题 ··· 274
 13.3.3 工作场所暴力 ··· 275
 13.3.4 客服质量 ··· 276

【本章小结】 277
【综合案例】 277
【本章习题】 278

第14章 自我管理 279

【学习目标】 279
【本章关键词】 279
【导入案例】 279
14.1 能力与角色 280
14.2 管理者的个性 283
14.3 时间管理 285
 14.3.1 定时定点,视觉呈现 286
 14.3.2 由小到大,合理切片 287
 14.3.3 当下行动,干扰阻断 288
 14.3.4 抓住两点,落实三件 289
14.4 情绪管理 291
【本章小结】 293
【综合案例】 294
【本章习题】 295

参考文献 296

概论篇

第1章 管理和管理者

【学习目标】

- 掌握管理的含义和职能
- 掌握管理者的含义、角色和技能
- 理解为什么要学习管理学

【本章关键词】

管理、管理者、管理学、管理职能、管理者角色、管理者技能

【导入案例】

底特律柴油机公司的改革

1987年,底特律柴油机公司属于通用汽车公司,该公司在重型卡车发动机市场上,只占有微不足道的3.2%份额。1982—1987年,该公司亏损了6亿美元。1988年,赛车手出身的运输大亨罗杰·彭斯克(Roger Penske)购买了该公司的控股权,而高层管理班子和工人还是在通用汽车公司时的那批原班人马。

然而,彭斯克迅速开始实施一系列的改革,这些改革使底特律柴油机公司转变成小型的、专一化的和市场驱动的组织。彭斯克开始定期与工会领导人会晤,他还发起了一系列全体工人都参与的小组会议。他这样做的目的是什么?他要使雇员们搞清楚企业经营到底是怎么回事。他引入了面向全体雇员的利润分享和经济刺激计划。他使工人们相信,如果公司要在市场竞争中获胜,除了要有与众不同的产品,还必须达到最高的质量标准。进一步地,通过削减公司近1/4的工作人员和砍掉一些部门的方式,彭斯克使底特律柴油机公司成为一家更精干、应变能力更强的企业。

他还向下层管理者和工人广泛授权,使决策制定得更快。彭斯克成功地使底特律柴油机公司焕发了生机,并使之成为卡车发动机市场上强有力的竞争者。当年,该公司的市场份额跃升至28%,并且还在继续上升。

现在该公司获利丰厚而且雇用了更多的工人,缺勤率下降了一半。在兑现了每人600美元的3年利润分享计划的红利后,雇员的士气出现了前所未有的高涨。

思考:为什么管理者很重要?

在人类历史上，自从有了有组织的活动，就出现了管理，管理始终作为一种零散的经验被总结，进而形成了一些朴素的管理思想。直到工业革命以后，技术在不同领域的大范围应用使得工厂和企业大规模出现，此时管理作为一项专业化工作慢慢受到实践界的重视，人们开始对管理进行系统的研究。不仅在企业，在不同领域管理都起到越来越重要的作用，由此出现了很多细分领域，如政府管理、公共事业管理、行政管理、企业管理等，而管理学研究探讨的则是这些领域的共性。

1.1 管理及其职能

1.1.1 什么是管理？

从字面上来理解，管理即管辖、治理的意思。大到国家，小到企业，几乎任何组织都离不开管理，可以说管理伴随着人类生存、发展过程中的各种活动。随着管理学的产生与发展，许多学者试图对管理进行定义。

古典管理学家、科学管理的奠基人弗雷德里克·温斯洛·泰勒（Frederick Winslow Taylor）于1911年对管理进行了最朴实的描述，他认为："管理就是确切地知道你要别人干什么，并使他用最好的方法去干。"

现代管理理论创始人、古典管理学家、法国实业家亨利·法约尔（Henri Fayol）于1916年提出："管理是由计划、组织、指挥、协调及控制五项要素组成的活动过程。"这是管理学史上首次提出管理的五项职能，为后来的管理定义奠定了基础。

美国学者玛丽·帕克·福莱特（Mary Parker Follett）于1924年提出了管理的一个精简明晰的定义，她认为："管理就是通过其他人来完成工作。"这一定义指出：①管理必然涉及其他人；②管理是有目的的活动，管理的目的就是要通过其他人来完成工作；③管理的核心问题是管理者要处理好与其他人的关系，调动他们的积极性，让他们为你工作。

美国管理学大师彼得·德鲁克（Peter F. Drucker）于1954年和1989年提出："管理是一种工作，它有自己的技巧、工具和方法；管理是一种实践，其本质不在于'知'，而在于'行'，其验证不在于逻辑，而在于成果，其唯一权威就是成就；管理是一门科学，管理学科把管理当作一门真正的综合艺术。"

美国著名管理学家哈罗德·孔茨（Harold Koontz）在1993年与海因茨·韦里克（Heinz Weihrich）合著的《管理学》中提出："管理就是设计并保持一种良好环境，使人在群体中高效率地完成既定目标的过程。这一定义需要展开为：作为管理人员，需要完成计划、组织、人事、领导、控制等管理职能；管理适用于任何一个组织机构以及各级组织的管理人员；所有管理人员都有一个共同的目标；管理关系到生产率（意指效益和效率）。"

诺贝尔经济学奖获得者赫伯特·西蒙（Herbert A. Simon）于1978年在其著作《管理决策的新科学》中提出："管理就是决策。决策过程可以分为四个阶段：①调查情况，分析形势，搜集信息，找出决策的理由；②制订可能的行动方案，以应对面临的形势；③在各种可能的行动方案中进行抉择，确定比较满意的方案，付诸实施；④了解、检查过去所选方案的执行情况，做出评价，制定新的决策。"

美国学者加雷思·琼斯(Gareth R. Jones)等于2000年提出:"管理是对资源进行计划、组织、领导和控制以快速有效地达成组织目标的过程。资源包括人、机器设备、原材料、信息、技术、资本等。"而我国管理学家徐国华教授于1998年就已提出过类似的定义,认为"管理是通过计划、组织、控制、激励和领导等环节来协调人力、物力和财力资源,以期更好地达成组织目标的过程"。

随着人们对管理的认识不断加深,人们对管理的含义逐渐形成了比较一致的看法。归纳起来可以从几个方面来理解:①管理是一个过程;②管理是由组织的管理者在一定环境下实施的;③管理由若干种职能构成,如计划、组织、领导、激励、协调和控制等;④管理的工作内容是优化调配组织的人力、物力和财力等资源;⑤管理的目的是使组织高效地达成组织目标。

综合以上内容,并吸取管理学理论和实践发展的最新成果,本书对管理给出如下定义:管理是由组织的管理者在一定环境下,为了有效地实现组织目标、个人发展和社会责任,通过计划、组织、领导和控制等管理职能,对组织中的人力、物力和财力等相关资源进行合理分配和协调的过程。

1.1.2 管理的职能

所谓职能,是指人、机构或事物所起的作用。组织中的每一个管理者都是在执行或实施这些职能中的一种或几种。关于"管理的职能",学者们也是众说纷纭。自法国实业家亨利·法约尔于1916年在其著作《工业管理与一般管理》中提出"所有管理者都行使着五种管理职能:计划、组织、指挥、协调和控制"之后,学者们提出了三种到七种不等的管理职能,甚至还有一种或两种的。但大部分提法无非是对计划、组织、用人、指导、指挥、领导、协调、沟通、激励、代表、监督、检查、控制和创新这些职能进行不同数量的组合。

本书承袭最常见的提法,根据前文对管理下的定义,将管理的职能分为计划、组织、领导、控制。其中,计划职能通过决策职能来决定方案的产生和选择,决策是计划的前提,计划是决策的逻辑延续。在管理过程中,管理者时刻都在面临决策和计划的问题,而组织、领导和控制都是为了保证决策和计划顺利实施。

1. 计划职能

组织中各层次的管理者都必须从事计划活动。计划职能是所有管理职能中最基本的职能,是管理的基础,其主要任务是:在收集大量基础资料的前提下,对组织环境的未来发展趋势做出预测;根据预测结果和组织拥有的资源设立组织目标;然后制订实施目标的方案、措施和具体步骤,为组织目标的实现做出完整的谋划。当管理者参与计划活动时,他们设定目标,确定实现目标的战略,并制订方案以整合和协调各种活动。计划职能是管理的首要职能,其他工作都只有在计划工作明确了目标和方案后才能有目的地进行。

2. 组织职能

在制订切实可行的计划后,为了将目标变为现实,需要组织必要的人力和其他资源去执行既定的计划,也就是要进行组织工作。组织职能有两层含义:一是为实施计划而进行组织结构的设计;二是为达成计划目标而进行必要的组织过程。组织工作是计划工作的自然延伸,一般包括任务的分解、权责的明确、资源的配置以及协作关系的明确等内容。组织职能是管理的根本职能,是其他一切管理活动的保证和依托,它在很大程度上决定着计划和管活动的成败。

3. 领导职能

领导职能是指组织的各级管理者利用各自的职位权力和个人影响力去指挥与影响下属,使其为实现组织目标而努力工作。活动的行为主体是人,在实施过程中指导和协调人与人之间的关系、激励和调动人的积极性是管理的基本工作之一。这就需要有权威的领导者进行领导,指导人们的行为,通过沟通增强人们的相互理解,激励组织成员努力实现既定的组织目标。因此,领导职能主要涉及组织中人的问题,它往往和激励职能、协调职能等一起发挥作用。

【案例】

农夫的难题

一位农夫和他年轻的儿子到离村约3千米的城镇去赶集。开始时农夫骑着骡子,儿子跟在骡子后面走。没走多远,两人碰到一位年轻的母亲,她指责农夫虐待他的儿子。农夫不好意思地下了骡子,让儿子骑。走了500米,两人又遇到了一位老和尚,老和尚责怪年轻人不孝顺。儿子马上跳下骡子,看着他父亲,两人决定谁也不骑。两人又走了1千米,碰到一位学者,学者见两人放着骡子不骑,走得气喘吁吁的,就说他们自找苦吃。农夫听学者这么说,就把儿子托上了骡子,自己也翻身上了骡子。两人一起骑着骡子又走了1.5千米,遇到一位外国人,这位外国人见他骑一头骡子,就指责他们虐待骡子。

启示:骑不骑骡子,谁来骑,农夫和他儿子说了才算,因为他们才是决策者。正因为他们没有定位于这个角色,一味听别人指责,才使得自己无所适从。

---

4. 控制职能

由于环境的不确定性、组织活动的复杂性和管理失误的不可避免性,为了保证有效地实现组织目标,管理者必须对环境、组织成员和组织活动等加以控制。控制职能所起的作用是检查工作是否按既定的计划、标准和方法进行,发现偏差,分析原因并进行纠正,以确保组织目标的实现。控制职能与计划职能密不可分,计划是控制的标准和前提。控制的目的是更好地实现计划,有时控制也会导致计划或组织工作的调整。控制是管理的一项基本职能,也是较易出现问题的环节。在许多情况下,人们制订了良好的计划,也进行了很好的组织,但由于没有把握好控制这一环节,最终导致无法达成预期目标。无效的控制会导致计划无效和组织无效。

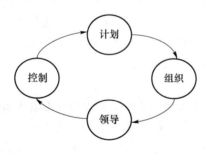

图 1-1 管理职能之间的逻辑关系

管理是按照某种逻辑进行的,管理职能之间的逻辑关系便是管理活动中的一个重要逻辑,如图 1-1 所示。在上述各项职能中,计划职能主要着眼于有限资源的合理配置,组织职能主要致力于落实,领导职能着重于激发和鼓励人的积极性,控制职能的重点则在于纠正偏差。它们各自从不同的角度出发,相互配合,共同致力于管理效率和效益的提高,最终达到以有限的资源实现尽可能多或高的组织目标的管理目的。

【小节案例】

张厂长的烦恼

随着我国对外开放的力度越来越大,某沿海城市生产传统工艺品的企业逐渐发展壮大起来,近十年来的销售额和出口额每年平均增长20%以上,员工也由原来的不足一百人增加到了一千多人。该企业还是采用原来的管理方式,企业"一把手"张厂长既管销售,又管生产,是一个多面全能型的管理者。最近该企业发生了一些事情,让张厂长应接不暇。第一,生产基本是按订单进行的,基本由张厂长传达生产指令。碰到交货紧的情况时,往往是张厂长带头,和员工一起"挑灯夜战"。虽然做到了按时交货,但质量不过关,产品被退回,并被要求赔偿。第二,以前该企业招聘人数少,所以张厂长一人就可以决定了。现在每年要招收大中专应届毕业生近50人,还会涉及人员的培训等,以前的做法就不行了。第三,过去总是张厂长临时抓人去做后勤等工作,现在这方面工作太多,临时抓人去做,已经做不了、做不好了。凡此种种,以前有效的管理方法已经失去作用了。

资料来源:徐文杰.管理学基础[M].北京:清华大学出版社,2018.

思考:张厂长的管理职能发生了怎样的变化?

1.2 管理者及其角色和技能

1.2.1 管理者

企业没有高素质的管理者,就等于航行在大海中的船由外行掌舵。那么什么是管理者?从事管理工作的人就是管理者吗?管理者需要做什么?

1. 谁是管理者?

如果从事管理工作的人就是管理者,则人人都将是管理者——管不了别人,但可以管自己,我们每一个人都在从事自我管理。管理者确实是从事管理工作的人,但从事管理工作的人并不都是管理者。那么,什么样的人才是管理者呢?

根据斯蒂芬·罗宾斯(Stephen P. Robbins)和玛丽·库尔特(Mary Coulter)在《管理学》一书中的描述,管理者是指从事管理活动,实施管理行为,履行管理职能,对实现组织目标承担责任的人。首先,管理者是组织中的一种角色,管理者的管理对象是组织而不是个体,因此从事自我管理的人并不能称为管理者。其次,管理者拥有组织的制度权力,并且以这些权力为基础对他人的行为进行管理,但是管理者并不从事具体业务。最后,在组织中从事管理工作的人也不都是管理者,管理者区别于其他管理人员的显著特征是管理者拥有直接下属,负有直接指挥下属开展工作的职责。只有管理者的头衔而没有直接下属的人只能称为"名义上的管理者"。

2. 管理者做什么?

管理者的工作包括以下四个基本方面,这些方面共同把各类资源整合进一个有活力的、不断成长的组织。

(1) 管理者设定目标

管理者设定组织的整体目标和各个领域的目标,确定实现这些目标的方式,并通过把目标传达给那些需要实现目标以达成绩效之人,从而把目标落到实处。

(2) 管理者进行组织

管理者分析组织所需的各类活动、决策和关系,把工作分类,将其分解为容易管理的业务,并进一步设立可管理的岗位,再把设立的岗位整合为组织整体,并挑选人员负责上述岗位,完成相关工作。

(3) 管理者从事整合

管理者激励员工,与员工进行沟通。管理者采取种种方式,在薪酬、岗位安排和晋升等"人员决策"方面与下级、上级、同级人员相互沟通,密切合作,把负责不同岗位的员工整合为一个团队。

(4) 管理者开展评估

管理者确定目标和评估标准,很少有其他因素比这一点对组织和每个员工绩效的影响更大。管理者力求评估标准适用于每位员工,既注重组织的整体绩效,又兼顾个人的工作。管理者需要分析、评估和解释绩效。该项工作还包括向下级、上级、同级人员解释评估标准的意义以及评估的结果。

3. 管理者的素质

管理者是一个组织或一定领域中的"统帅",负责管理他人及其他要素,努力实现组织目标。一个优秀的组织必须有一批优秀的管理者。一个好的管理者需要有良好的管理素质。那么什么是管理者的素质呢?管理者的素质是指管理者与管理相关的内在基本属性及其质量。根据单凤儒在《管理学基础》中的描述,管理者的素质主要表现为品德、知识、能力与身心条件。

(1) 管理者要有很高的政治文化素质

管理者要有很高的政治修养水平和文化素质。管理者在政治上要坚定,能够及时了解国家方针政策,与时俱进,正确处理好国家、企业、个人之间的利益关系。管理者需要同时具备计划力、组织力、领导力、控制力。而这些能力的提高都是以丰富的文化素质为基础的。

(2) 管理者要有过硬的业务素质

管理者在所从事的工作领域要有扎实的专业技能和对工作的认识。例如,财务经理必须懂得会计,尽管管理者未必是这一领域的专家,但他必须有足够的专业技能和知识来指导整支团队。业务素质对基层管理者是最重要的,中层管理者次之,对于高层管理者可能不是最重要的。

(3) 管理者要有出众的处理人事关系的能力

管理者要善于团结组织内部的人员,理解下属,关注下属需求,并且能够处理不同小组之间的关系。处理人事关系的能力对于各个层次的管理者来说重要性大体相同。

(4) 管理者要有良好的身心素质

管理者要有健康的身体、坚强的意志、开朗的性格。"身体是革命的本钱",身体健康,才能投入更多的时间和精力去做管理工作;而心理的健康能够保证管理工作妥善开展,一个好的管理者需要有良好的心理素质,胜不骄,败不馁,在危难时刻不会惊慌失措,能够带领企业走出困境,再创辉煌。

在当代社会中,一个优秀的管理者素质的核心还在于创新,主要表现在创新意识、创新精神、创新思维和创新能力上。管理者应当鼓励员工敏锐察觉并善于抓住创新机会。

1.2.2 管理者的分类

一个组织中的管理者如何进行分类呢?在传统组织结构,特别是金字塔形的组织结构中,通常可以将一个组织中的管理者分为高层、中层和基层三个层次,如图1-2所示,不同层次的管理者工作重点不同。高层管理者对整个组织的管理负有全面责任,主要任务是制定组织的总目标、总战略,把握发展方向,如企业中的总裁、副总裁、总经理、首席运营官、首席执行官、首席财务官等。中层管理者的主要职责是贯彻执行高层管理者制定的重大决策,监督和协调基层管理者的工作,或对某一方面的工作进行具体的规划和参谋,在管理中起着上传下达的桥梁和纽带作用,负责协调和控制基层生产、业务活动,保证本部门任务、目标的完成,如企业中的地区经理、事业部主任、部门经理等。基层管理者也称为一线管理者,主要任务是给从事直接生产或服务的作业人员分派具体工作任务,直接指挥和监督现场作业活动,如企业中的主管、班组长、科室主任等。

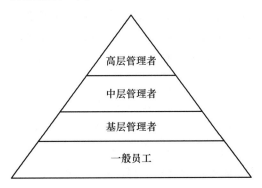

图1-2 管理者的不同层次

管理者的职责随着其在组织中地位的不同而不同,但这并不意味着各级管理者的工作在本质上有什么不同,不同的只是侧重点和程度,而不是管理职能。另外,在互联网时代,越来越多的企业向组织结构扁平化发展,在这些组织中,管理者的划分标准也各不相同,但总有人在进行协调和监督别人的工作,执行不同的管理职能。

【案例】

升任公司总裁后的思考

郭宁最近被其所在的生产机电产品的公司聘任为总裁。在准备接任此职位的前一天晚上,他浮想联翩,回忆起在该公司工作二十多年的情况。他最初担任液压装配单位的助理监督,开始的时候感到手忙脚乱,但由于他的好学,加上监督长的指点,他很快胜任了该工作,之后被提升为装配部经理。当助理监督时,他主要关心的是每日的作业管理,技术性很强。但当上装配部经理不久,他就发现自己需要做的事情很多,为了让装配工作与整个公司的生产作业协调起来,他主动到几个工厂去访问,并将学到的知识运用到实际工作中,工作完成得很出色。他担任装配部经理6年后,在与5名竞争对手较量之后,被提升为负责规划工作的副总裁,此后又被提升为负责生产工作的副总裁,现在又被提升为总裁。他知道居于最高主管职位的人应该自信并且有处理可能出现的任何情况的才能,但他也明白自己尚未达到这样的水平。因此,他想到自己明天就要上任了,不免开始为此而担忧。

启示:郭宁担任助理监督时,其职位属于基层管理者,应当着重具备技术技能,因为基层管理者的大部分时间都在指导下属并回答有关具体工作方面的问题。而公司总裁属于高层管理者,对于高层管理者,对抽象、复杂的情况进行思考和概念化的能力尤为重要。

资料来源:桂林理工大学2018年管理学考试试题

1.2.3　管理者的角色

管理者在管理活动中执行不同管理职能时,其扮演的角色有所不同。管理者角色指的是,管理者被期待及表现的特定行为。被广泛认可、应用的理论是亨利·明茨伯格(Henry Mintzberg)在其于1973年出版的《管理工作的本质》一书中描述的:管理者在管理活动中常常扮演着三大类十种角色,分别是人际角色、信息角色和决策角色。

1. 人际角色

明茨伯格所确定的第一类管理者角色是人际角色。任何组织都是一个社会存在体,与周围环境有着千丝万缕的联系,这种内外之间的联系主要由组织中的管理者来建立。管理者在处理组织与组织成员和其他利益相关者之间的关系时,就在扮演人际角色。管理者所扮演的三种人际角色分别是挂名首脑角色(也称代表人角色)、领导者角色、联络者角色。

2. 信息角色

明茨伯格所确定的第二类管理者角色是信息角色。管理者在组织内部的信息传递过程中处于中心位置。在信息角色中,管理者负责确保和其一起工作的人具有足够的信息,从而顺利完成工作。管理者既是其所在单位的信息传递中心,也是组织内其他工作小组的信息传递渠道。整个组织的人依赖于管理结构和管理者来获取或传递必要的信息,以便完成工作。管理者所扮演的三种信息角色分别是监督者角色、传播者角色、发言人角色。

3. 决策角色

明茨伯格所确定的第三类管理者角色是决策角色。在一个组织中,需要制定各种各样的决策。管理者也起着决策者的作用。在决策角色中,管理者处理信息和突发事件并做出决策。如果信息不用于组织的决策,这种信息就丧失了其应有的价值。管理者负责做出组织的决策,他们让工作小组按照既定的路线行事,并分配资源以保证小组计划的实施。管理者所扮演的四种决策角色分别是企业家角色、冲突管理者角色、资源分配者角色、谈判者角色。

管理者的角色及职责如表1-1所示。

表 1-1 管理者的角色及职责(明茨伯格)

分类	角色	职责
人际角色	挂名首脑	作为组织的首脑发挥象征作用
	领导者	通过运用组织赋予的权力,把各种分散的因素结合成一个整体,激励群体齐心协力实现共同的目标
	联络者	代表组织建立和保持与外界其他组织之间的联系,以取得外部各方面对本组织的理解和支持
信息角色	监督者	通过对外联络者和对内领导者的身份,收集组织外部和内部各种有用的信息
	传播者	将组织或外界的有关信息通过会议等形式及时向下属传递,以便下属清楚地开展工作
	发言人	代表所在组织,向上级组织或社会公众传递本组织的有关信息
决策角色	企业家	按其意志在上级组织或法律规章允许的范围内自主地在组织内部进行变革,以适应环境的变化
	冲突管理者	在组织内部出现各种矛盾时出面解决各种冲突
	资源分配者	根据组织工作的需要和本人的意志进行各种组织资源的分配,包括自己时间的安排、组织工作的安排和重要行动的审批
	谈判者	在本组织与其他组织发生冲突时,带领其团队参加各种正式或非正式的谈判,以协调纷争

【案例】

陶瓷公司的困境

A 陶瓷公司是一家国有中型企业,20 世纪 90 年代初,它曾是某省建材行业的"领头羊"之一。然而,在市场经济大潮的冲击下,由于盲目上马,企业出现重大决策失误,使原本红红火火的国有企业债台高筑。2002 年,该公司投资 1 200 万元建立了大断面隧道窑生产线。但该公司为赶市场潮流,不经论证就将其改造为混道窑生产线,又投资了 1 700 万元,由于该生产线建成时市场潮流已过,因此投产后该公司一直亏损。在产销无望的情况下,该公司只好重新投入 1 000 万元再建大断面隧道窑,这进一步使得公司元气大伤,债台高筑,仅拖欠的银行贷款就达 3 000 多万元。几年来,该公司先后做出失误的重大经营决策六项,使公司以前积累的数千万元自有资金消耗得一干二净。

启示:决策是管理者识别并解决问题的过程,决策所遵循的原则是"满意"而非"最优"。该公司盲目上马,在决策过程中管理者缺少对市场行情、公司现状的分析,为赶市场潮流,不经论证就盲目决策,最终导致出现重大决策失误,债台高筑。

资料来源:中山大学 2016 年管理学考试试题

1.2.4 管理者的技能

1974 年,罗伯特·卡茨(Robert L. Katz)在《哈佛管理评论》上发表了《管理者应具备的管理技能》一文,提出了管理者应具备三类技能,即技术技能、人际技能和概念技能。不同层次的管理者需要的管理技能相对有所侧重,如图 1-3 所示。

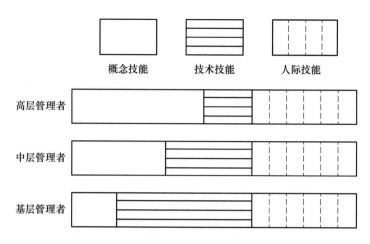

图 1-3　不同层次的管理者需要的管理技能比例

1. 技术技能

技术技能是指管理者掌握和熟悉特定专业领域中的过程、惯例、技术和工具的能力。例如,软件部经理要懂软件开发流程和开发手段,监督会计人员的管理者必须懂会计业务和操作。技术技能对基层管理者最重要,对中层管理者较重要,对高层管理者较不重要。

2. 人际技能

人际技能是指能够成功地与他人打交道并与他人沟通的能力,或称为人际沟通和人际交往能力。管理者的人际技能包括对下属的领导能力和处理各种关系的能力。无论是高层管理者,还是中层管理者或基层管理者,都需要与组织中的下属、其他部门以及组织外部的各种组织、人员打交道,因此,人际技能对所有层次的管理者都同等重要。

3. 概念技能

概念技能是指产生新想法并加以处理,以及将关系抽象化的思维能力。管理者要能够在混乱而复杂的环境中进行有效的管理,洞察事物的发展和变化趋势,去粗取精,去伪存真,抓住问题的关键,找出解决方法。具有概念技能的管理者往往把组织视作一个整体,并且了解组织各个部分的相互关系。概念技能对高层管理者最重要,对中层管理者较重要,对基层管理者较不重要。

【小节案例】

副总裁的选拔

某集团公司目前有一副总裁的职位空缺,欲从集团公司的 5 个分厂厂长中选拔一人填补。其中一分厂的 A 厂长呼声最高。A 厂长工作勤恳,几乎总是第一个上班,最后一个离厂,细心过问厂内的大小事情,对待下属员工也总是和蔼可亲,并且这位技术出身的厂长还通过亲自带领团队实施技术改造,而使企业效益一直保持在各分厂的中上水平。但集团领导经过研究最终选定的是二分厂的 B 厂长。结果一公布,便有反对意见反馈上来。反对的理由大致有以下三方面。

① 认为 B 厂长不务正业,不关心本职工作,而是热衷于"拉关系"。

② 尽管二分厂的效益一直名列前茅,但这与 B 厂长的特殊背景有关,并非其本人的能

力所致。

③ 二分厂的大部分工作是由B厂长委派下属完成的,效益是其下属创造的,因此功劳不能记在B厂长身上。

资料来源:吴钰.哪类管理者更容易得到晋升?[J].人才瞭望,2004(2):26-28.

思考:为什么A厂长可以得到员工的支持?

1.3 管理学及其特性

1.3.1 管理学及其研究对象

管理学以研究管理中的一般问题为己任,以组织管理为研究对象,致力于研究管理者如何有效地管理其所在的组织。不同行业、不同部门、不同性质的组织,在具体的管理方法和内容上可能存在差异,由此形成了许多专门的管理学科,如企业管理、学校管理、行政管理、工业管理、农业管理、科技管理、财政管理、城市管理、社团管理、国民经济管理等。这些专门的管理学科总体上可分为两大类、四个层次。

两大类:一类以营利性组织或活动为研究对象,如工商企业管理;另一类以非营利性组织或活动为研究对象,如教育管理、学校管理等。

四个层次则是按研究范围来划分的:以组织个体为研究对象,研究单一组织中的管理问题属于微观层次的管理学科,如工业企业管理学;以同一类型的多个组织组成的组织群体为研究对象,研究同一类型的多个组织中的管理问题属于中观层次的管理学科,如工业经济管理学;宏观层次的管理学科则以多个组织群体组成的组织整体为研究对象,研究在相当大的范围内将不同类型的组织群体集合成一个整体时所出现的管理问题,如国民经济管理学;最后一个层次就是管理学,它以所有的组织所共有的管理问题作为研究对象,研究组织管理中的一般问题。

因此,管理学作为一门学科,是指以一般组织为研究对象,研究管理的基本概念、原理、方法和程序,探讨对组织中人、财、物、信息、技术、时间等的计划和控制问题,组织的结构设计问题,对组织中人的领导与激励问题等。管理学作为一门研究一般组织管理理论的科学,它所提出的管理基本原理、基本思想和基本原则是对各类管理学科的概括和总结,它是整个管理学科体系的基石。

1.3.2 管理学的特性

学习一门学科,首先需要了解它的特性。管理学作为一门科学,具有如下特性。

1. 管理学的实践性

管理学的理论与方法是人们通过对各种管理实践活动的深入分析、总结、升华而得到的,反过来又被用来指导人们的管理实践活动。由于管理过程的复杂性和管理环境的多变性,管理学的知识在运用时具有较强的技巧性、创造性和灵活性。因此,管理学是实践性与应用性很强的一门学科,要成为一名合格的管理者,除了要掌握管理学的基本知识,还要通过大量的管理实践活动去体会,要在管理实践中不断磨炼,积累管理经验,干学结合才能真正领悟管理学的真谛。

2. 管理学的科学性和艺术性

管理学是一门科学,管理实践富有艺术性。管理学研究管理过程中的客观规律由一整套的原则、主张和基本概念组成,已形成一套反映客观规律、合乎逻辑的理论和知识体系,使得我们能够对具体管理问题进行具体分析,进而获得科学的结论,从这个意义上说,它是一门科学,可以学习和传授。

管理学的艺术性是指管理学是一门不精确的科学。人们通常把在给定条件下能够得到确定结果的学科称为精确的科学。但非常明显,管理学中的许多管理原则缺乏精确科学中的严密性。这主要是因为影响管理的因素众多,而且管理者主要是与人打交道,不可控因素太多,使得人们只能借助于假定或人为的分析,进行定性和定量相结合的研究。管理学虽然不像自然科学那么精确,但是经过几十年的探索和总结,管理学已形成反映管理过程客观规律的理论体系,据此可以解释管理过程中过去的和现有的变化,并预测未来的变化。可以用许多精确科学中所用的方法来定义、分析和度量管理学中的各种现象,通过科学的方法学习和研究管理学,不同的只是其控制和解释干扰变量的能力较弱,不能像精确科学那样进行严格的实验。

正因为管理学是一门科学,所以我们能通过学习来掌握其基本原理并据此指导实践;也正因为它是不精确的科学,所以在实际运用时要具体问题具体分析,不能生搬硬套。

3. 管理学的综合性

管理过程的复杂性、动态性和管理对象的多样化决定了管理所要借助的知识、方法和手段的多样化,这导致管理学的研究涉及众多的学科,如哲学、经济学、社会学、心理学、生理学、人类学、伦理学、政治学、法学、数学、计算机科学、系统科学等。

管理学的综合性决定了我们可以从多种角度出发研究管理问题,管理过程的复杂性和管理对象的多样化则要求管理者具有广博的知识,这样才能对各种各样的管理问题应付自如。

4. 管理学的发展性

管理学的建立和发展有其深刻的历史渊源。管理学发展到今天,经历了许多不同的历史发展阶段,在每一个阶段,由于历史背景不同,因此产生了各种管理理论。这些理论有的已经过时,有的仍在发挥作用,但总的来说,管理作为一门科学,还处于不断更新、完善的发展之中。随着全球科学技术的发展,信息科技的广泛应用对组织的形式、结构、运营方式和管理手段等产生了巨大的影响。因此,作为一门与社会经济发展紧密相连的学科,管理学必将随着经济的发展和科技的进步而进一步发展。

5. 管理学的二重性

管理学的二重性是指在管理学中管理具有自然和社会两重属性。管理的自然属性也称为生产力属性,即管理是由人们的相互协作劳动、社会化生产而产生的,为了保证这种社会化生产持续、稳定地进行,需要按照要求合理地进行计划、组织、领导和控制,以有效地利用有限的资源,提高组织效益,这样在管理学中便形成了属于生产力范畴的内容,如库存管理、成本控制、财务管理等,这些管理理论、技术和方法可以在不同的社会制度下、不同的国家中使用。

另外,管理是在一定的生产关系条件下进行的,必然会体现管理者的管理意志,这样在管理学中便形成了属于生产关系和社会关系范畴的内容,如组织目标、领导作风、激励方式、组织文化等。因此管理并不是没有国界的,在美国行之有效的管理理论和方法,不可能都适用于中国,即使是同样具有东方文化背景的日本的管理理论和方法也不一定适用于中国,这就是管理的社会属性。

需要注意的是,管理学的二重性具有辩证统一的关系,正确认识管理学的二重性是非常重要的,这将有利于我们正确理解和应用西方管理理论和方法,结合我国国情建立和发展具有中国特色的管理理论体系。

1.3.3 为什么要学习管理学?

任何人只要在一个组织中生活、工作,其角色都可能是管理者或被管理者,了解管理的内容,学习管理学将有助于每个人更好地生活和工作。因此,学习管理学具有重要意义。

1. 管理的普遍性

任何组织都需要管理,管理适用于任何地方、任何类型、任何规模和任何领域的组织,如不同类型的企业、行政机构、军队、医院、学校、非政府组织等。在不同组织中,虽然管理方式会有所差异,但管理者都将进行计划、组织、领导和控制等。因此,学习管理活动的基本规律和管理方法,将有助于人们在组织中更好地生活和工作。

2. 管理是现代生产力的构成要素之一

管理使劳动者、劳动资本和劳动对象有机地结合起来,并构成现实的生产力。在第二次世界大战结束之后,日本经济经历了恢复和高速发展阶段。通过经验总结,日本学者提出了生产力的第四要素理论,即认为生产之所以能够发生并持续发展,是因为除了土地、劳动和资本外,还有第四要素——管理。在我国也有人提出了生产力的"四要素理论",即认为生产力由劳动者、劳动对象、劳动工具以及管理活动这四大要素组成。还有学者认为美国经济的领先地位,三分靠技术,七分靠管理。由此可见,管理是现代生产力的构成要素之一的观点已被大量的事实证明,并被越来越多的人认可。

【小节案例】

鼎立建筑公司的管理挑战

鼎立建筑公司起先是一家小企业,仅有十多名员工,主要承揽一些小型建筑项目和室内装修工程。创业之初,大家齐心协力,干劲十足,经过多年的艰苦创业和努力经营,目前该公司已经发展成员工过百的中型建筑公司,有了比较稳定的顾客,生存已不存在问题,走上了比较稳定的发展道路。但仍有许多问题让公司经理胡先生感到头疼。

创业初期,人手少,胡经理和员工不分彼此,大家也没有分工,一个人顶几个人用,拉项目,与工程队谈判,监督工程进展,谁在谁干,大家不分昼夜,不计较报酬,有什么事情饭桌上就可以讨论解决。胡经理为人随和,十分关心和体贴员工。由于胡经理的工作作风良好以及员工工作具有很大的自由度,大家工作热情高涨,公司因此得到快速发展。

然而,随着公司业务的发展,特别是经营规模不断扩大之后,胡经理在管理工作中不时感觉到不如以前得心应手了。首先,让胡经理感到头痛的是那几位与自己一起创业的"元老",他们自恃劳苦功高,对后来加入公司的员工,不管职位高低,一律不看在眼里。这些"元老"们工作散漫,不听从主管人员的安排。这种散漫的作风很快在公司内部蔓延开来,对新来者产生了不良的示范作用。其次,胡经理感觉到公司内部的沟通经常不顺畅,大家谁也不愿意承担责任,一遇到事情就向他汇报,但也仅仅是遇事汇报,很少有解决问题的建议,结果导致许多环节只要胡经理不亲自去推动,似乎就要"停摆"。最后,胡经理还感觉到,公司内部质量意识开始淡化,对工程项目的管理大不如从前,客户的抱怨逐渐增多。

上述感觉令胡经理焦急万分,他认识到必须进行管理整顿。但如何整顿呢?胡经理想抓纪律,想把"元老"们请出公司,想改变公司的激励系统……他想到了许多,觉得有许多事情要做,但一时又不知从何处入手,因为胡经理本人和其他"元老"们一样,自公司创建以来一直一门心思地埋头苦干,并没有太多地琢磨如何让别人更好地去做事,加上他自己也没有系统地学习管理知识,实际管理经验欠缺。这是胡经理所面临的管理上的挑战。

资料来源:《MBA全国联考应试清华辅导教材:管理》

思考:为什么管理对公司的运营至关重要?

【本章小结】

1. 管理的定义:管理是由组织的管理者在一定环境下,为了有效地实现组织目标、个人发展和社会责任,通过计划、组织、领导和控制等管理职能,对组织中的人力、物力和财力等相关资源进行合理分配和协调的过程。

2. 管理的职能:计划职能、组织职能、领导职能、控制职能。

3. 管理者的定义:管理者是指从事管理活动,实施管理行为,履行管理职能,对实现组织目标承担责任的人。

4. 管理者的工作:管理者设定目标、管理者进行组织、管理者从事整合、管理者开展评估。

5. 管理者必要的管理素质:要有很高的政治文化素质,要有过硬的业务素质,要有出众的处理人事关系的能力,要有良好的身心素质。

6. 管理者的分类:高层管理者、中层管理者和基层管理者。

7. 管理者的角色:人际角色(挂名首脑角色、领导者角色、联络者角色)、信息角色(监督者角色、传播者角色、发言人角色)、决策角色(企业家角色、冲突管理者角色、资源分配者角色、谈判者角色)。

8. 管理者的技能:技术技能、人际技能、概念技能。

9. 管理学的定义:管理学是指以一般组织为研究对象,研究管理的基本概念、原理、方法和程序,探讨对组织中人、财、物、信息、技术、时间等的计划和控制问题,组织的结构设计问题,对组织中人的领导与激励问题等。

10. 管理学的特性:实践性、科学性和艺术性、综合性、发展性、二重性。

【综合案例】

如何做好一个管理者?

王厂长是某食品公司江南分厂的厂长。早晨7点王厂长驱车上班时,他的心情特别好,因为最近的生产率报告表明,由于他的精心经营,他管辖的江南分厂的生产率超过了公司其他两个分厂,王厂长决定今天要把手头的许多工作清理一下,像往常一样,他总是尽量做到当日事当日毕,除了下午 3 点 30 分有一个会议外,今天的其他时间都是空着的,因此,他可以解决许多重要的问题。王厂长到达工厂的时间是 7 点 15 分,还在走廊上,他就被会计小赵给拦住了。小赵告诉他负责制作工资表的小张昨天没有将工资表交上来,昨天晚上她等到 9 点,也没有拿到工资表,今天实在没办法按时向总部上报这个月的工资表了。王厂长作了记录,打算与工厂的总会计师交换一下意见,并将情况报告给他的上司——公司副总裁。

王厂长又回到他的工作表程序上,这时工厂运输主任突然闯入他的办公室,他在铁路货车调度计划方面遇到了困难,经过 20 分钟的讨论,两个人找到了解决办法。王厂长把这件事记下来,要找公司的运输部长谈一次,好好向他反映一下工厂的铁路货运问题。例行会议通常只需要 1 个小时,不过因为讨论工人工资和利益分配以及输送系统问题,所以会议时间拖得很长,这次会议持续了 3 个多小时。下午 1 点 45 分,王厂长回到他的办公室,工厂工长已经在那里等着他,两个人到会议室仔细检查了工厂布置的调整方案以及周边环境的绿化等工作要求。这次会议持续的时间较长,因为中间曾被 3 通电话打断。当王厂长回到他的办公室时,他已经筋疲力尽了。12 个小时以前,他还盼望着一个富有成效的工作日,现在一天过去了,王厂长不明白:"我完成了哪件事?"

思考:王厂长作为管理者合格吗?如果你是他,你会怎么做?

【本章习题】

1. 何为管理?管理的基本特征是什么?
2. 管理具有哪些基本职能?它们之间的关系是什么?
3. 管理者的定义是什么?一个优秀的管理者应该具备哪些素质?
4. 一个有效的管理者需要扮演哪些角色?需要具备哪些技能?
5. 为什么说管理学既是科学又是艺术?
6. 如何理解管理学的二重性?
7. 如何理解管理是现代生产力的构成要素之一?

第 2 章 西方管理思想史

【学习目标】

- 描述西方早期管理思想的例子
- 解释古典方法中的各种理论
- 讨论行为方法的使用和发展
- 描述定量方法及其应用
- 解释当代方法中的各种理论

【本章关键词】

劳动分工、科学管理、管理原则、官僚行政组织、一般管理理论、定量方法、组织行为学、霍桑实验、人际关系学说、全面质量管理、系统管理理论、封闭系统、开放系统、权变变量

【导入案例】

看真功夫如何"蒸"

20世纪90年代初期,东莞长安镇107国道旁有一家主营快餐及甜品,看起来十分普通的168甜品屋。这是年仅17岁的潘宇海开始创业的第一站,也是真功夫餐饮的前身。在潘宇海有策略、有干劲的经营下,这家不起眼的小店很快闯出名堂,开始扩大规模。在小店生意火爆的同时,潘宇海拿出50%的股份,力邀他的姐姐和姐夫加入甜品屋。潘宇海在和姐姐、姐夫商量之后,决定将店铺的名字改为真功夫。如今,真功夫的门店遍布国内40多个城市,成为发展较快的中式连锁餐饮企业。

真功夫的特色在于"蒸",运营重点在于中式快餐的标准化问题。如何让受多因素影响的中式快餐标准化?真功夫的三大标准体系已经完全解决了这个问题。三大标准体系分别是后勤生产标准化、烹制设备标准化、餐厅员工操作标准化,该体系在潘宇海及其姐姐、姐夫的共同努力下构建起来。后勤生产标准化指的是将后勤与门店分离管理,专门对后勤进行标准化管理,将后勤分为采购、加工和配送三大中心。从选料、备料、加工到配送,每一道工序和环节都做统一的安排和规划,达到每一道菜所用酱油一致的标准。烹制设备标准化得益于潘宇海于1997年潜心研究的独特的电脑程控一体化蒸柜,各门店采用一样的烹制设备,从而保证食品品质和营养。为了做到餐厅员工操作标准化,真功夫推出了7本厚厚的标准化手册,手册内容包含员工在工作过程中遇到的每一个管理、运营细节和操作过程,并且要求所有员工遵守执行。在三大标准体系的指导下,真功夫餐饮员工的工作效率得到了很

大的提高，标准化问题也得到了很好的解决。

尽管如今的真功夫管理出现了一些问题，但不可否认的是，三大标准体系为它的发展发挥了重要作用，也是真功夫能在中式快餐中脱颖而出的重要原因。

思考：真功夫解决"蒸"标准化问题的三大标准体系基于一种什么管理思想？它的核心是什么？

2.1 西方早期的管理思想

西方早期的管理实践及其管理思想对社会的发展与进步起到了不可忽视的作用，其中有许多典型的管理实例，值得学习与探讨。

1776年，《国民财富的性质和原因的研究》（简称《国富论》）正式出版，它是由"现代经济学之父"亚当·斯密（Adam Smith）在威廉·配第（William Petty）、伯纳德·曼德维尔（Bernard Mandeville）、亚当·弗格森（Adam Ferguson）等人思想的基础之上形成的，并系统地阐述了**劳动分工理论**。斯密认为，通过劳动分工，工人可以精通其专注的一项技能，从而使得劳动生产更加标准以及专业，节省劳动时间，并帮助工人改善、创新劳动工具和设备。斯密对劳动分工理论的阐述和主张符合当时生产力的发展情况，为企业提高劳动生产率提供了理论依据，受到了企业和管理者的关注和欢迎，也成为后来企业管理的一个关键理念。斯密通过《国富论》第一次完整地说明了关于"经济人"的设想——人人都想要获得最高私人利益。只有在个体的自身利益得到满足后，个人的利己行为才会被认为对他人有利，并在人民和国家的财富之间实现互利。

19世纪30年代初，《论机器和制造业的经济》正式出版，它是由英国数学家查尔斯·巴贝奇（Charles Babbage）在亚当·斯密思想的基础之上形成且发展的，书中对斯密的劳动分工理论做出了极高的评价。巴贝奇的分工理论在一定程度上超越了斯密，主要在于他分析了劳动分工还存在其他的优势，即劳动分工对于如何减少支付工人工时费用的作用。他提出要根据工序难度、复杂度和劳动效率等因素发放报酬奖金。同时，他认为要提高劳动效率，必须科学仔细地研究工作方法，探索最科学合适的工作方法。巴贝奇对管理理论做出的最大贡献是将科学的方法应用在管理领域，这一点与之后泰勒科学管理的许多观点类似，因此巴贝奇成为这一时期对于管理思想发展最重要的人物之一。

尽管西方早期的管理思想做出的贡献有限，但是其依旧为管理思想的发展成熟奠定了不可忽视且重要的基础，促使管理学理论在管理实践中逐步走上科学化的道路。随着管理学理论的不断发展，随后又产生了四种研究方法：古典方法、行为方法、定量方法和当代方法，具体内容如图2-1所示。这四种研究方法通过不同的角度促进管理和生产活动，以科学理论的方式指导当代管理者如何管理企业。

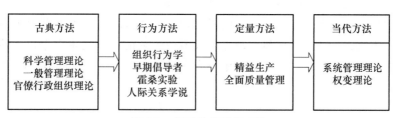

图2-1 管理学的研究方法

2.2 古典方法

正式研究管理学理论是在垄断资本主义开始出现的20世纪初,即第一种管理研究方法——古典方法诞生时。围绕着如何提高组织和员工的劳动生产率,古典方法首次将管理的重要性提升到一定的高度,强调管理的科学性、精密性和严格性。古典方法大体上包括泰勒的科学管理理论、法约尔的一般管理理论和马克斯·韦伯(Max Weber)的官僚行政组织理论。

2.2.1 科学管理理论

泰勒、吉尔布雷斯(Gilbreth)夫妇和亨利·甘特(Henry L. Gantt)等对科学管理理论做出了巨大贡献,其中泰勒是科学管理理论的创始人,1911年《科学管理原理》一书的出版意味着科学管理理论正式产生,也代表着现代管理方法的诞生。

简单来说,科学管理理论就是给工人配备合适、科学和标准的工具与装备,使工人遵从一定的工作操作流程、程序标准和工作方法,给予工人一定的金钱激励,从而使得工人提高劳动效率。基于此,泰勒创建了一整套工厂相应的制度,大体上包括以下几个方面。

① 对每项工作都进行科学研究,取代传统的经验方法,改变工人散漫的工作态度,开发出科学的操作方法和工作定额。

② 科学地挑选、培训、教育工人,取消以师授徒的规矩,训练出卓越的工人。

③ 为确保工人们严格遵守制定的科学原则和方法,管理者应该与工人们一起工作。

④ 科学合理地划分管理者与工人们的工作和责任,管理者尽量承担比工人们更适合完成的工作。

在科学管理理论的指导下,泰勒提出了一系列具体的管理手段。科学管理理论的重点是提高生产率。泰勒提出的科学管理理论在现场生产管理的应用中效果是十分显著的:工厂产量提高了200%,甚至更多;使工厂生产可以通过较低的成本产生较高的利润,并且提升了工作效率和工人的工资。另外,泰勒制在提出雇主与员工的精神革命方面也做出了一定的贡献:在双方利益一致的基础上,双方联系在一起,互相帮助,共同努力提高劳动效率。

基于泰勒的管理思想,很多学者开始对科学管理理论展开研究,其中最有代表性的学者是吉尔布雷斯夫妇。1911年,建筑师弗兰克·吉尔布雷斯(Frank B. Gilbreth)和他的妻子莉莲·吉尔布雷斯(Lillian M. Gilbreth)出版了著名的《动作研究》,以找到完成任务的"最佳方法"和反对、消灭浪费为目标开始了新的研究。他们的研究方向包括材料处理、动作研究、疲劳研究、技能迁移、工作方法以及人力资源管理等。

科学管理理论受到个人和历史条件的限制,所涉及的管理内容和范围比较狭窄。但是,泰勒和吉尔布雷斯夫妇通过动作研究剔除无效多余劳动的原理技术至今也不落伍,在很多企业中依旧在使用,此外,现代企业管理中还有大量企业和组织运用科学管理理论指导管理实践。

2.2.2 一般管理理论

以法约尔为代表人物的一般管理理论弥补了泰勒提出的科学管理理论的局限性,为管理思想理论的发展奠定了重要基础。一般管理者更关注管理者的定位,即是什么、怎么做和做什么,试图从管理和管理者的角度去造就更好的管理。

法约尔认为管理主要包括计划、组织、指挥、协调和控制等五项职能,并认为企业的经营要从技术、经营、财务、安全、会计和管理职能等方面分别展开。他倡导要用系统的管理理论来引导组织的管理实践,加强对员工管理能力的全方位培训教育,对于不同职级管理人员的管理能力应该有所区分。

法约尔结合自身在企业中长时间的管理实践,归纳出管理者应当遵守的**14条管理原则**,如下所述。

① 劳动分工。分工节约了转换劳动和思维的时间,使得企业可以通过较低的成本产生较高的产量,并且可以提升生产的专业性和效率。

② 权力与责任。拥有了一定的权力就必须承担相应的责任,权责要对应。

③ 纪律。没有一个人有权利生活在规则和纪律之外,所有人都要遵守纪律。

④ 统一指挥。一名员工只需要按照一位领导的指示行动就可以。

⑤ 统一领导。需要有一个明确的目标以及实现该目标的切实规划来指导组织中每一名成员的行动。

⑥ 个人利益服从整体利益。组织成员应将组织利益放在第一位,在个人利益和整体利益面前,要优先考虑整体利益。

⑦ 报酬。对组织成员发放的报酬应当是公正的。

⑧ 集中。组织的集权程度应视实际情况而定。

⑨ 等级制度。每个组织都应该形成有序的权力链。

⑩ 秩序。人和物都必须在各自的位置上发挥合适的作用。

⑪ 公平。组织中的每一名成员都应该得到公平的对待。

⑫ 人员稳定。组织中的员工和管理人员必须相对稳定。

⑬ 首创精神。应该鼓励员工充分发挥主动性和首创精神。

⑭ 团队精神。促进组织内部形成和谐统一与团队团结的氛围。

在实际工作中,管理者总会碰到这14条管理原则中的某一条或者某几条,直至21世纪的今天,管理者们依旧在遵循着这些原则。法约尔的管理思想成为后续管理理论的重要基石,他的管理智慧引导着一代又一代的管理者实现人生和事业的成功。

2.2.3 官僚行政组织理论

除了泰勒和法约尔,西方古典管理方法还有一位先驱者——韦伯。1921年,韦伯出版了《社会和经济组织的理论》,书中系统地阐述了其最突出的贡献——官僚行政组织理论。

韦伯主张行政组织管理不应该依靠个人或世袭的地位,而是要通过职务或职位本身进行管理,在此基础之上,他倡导官僚行政组织要以劳动分工、明确的等级、正式的规章制度等为特征,是一种适用于国家机关、宗教组织和企业的组织形式。官僚行政组织具体的特点如

图 2-2 所示。

图 2-2　官僚行政组织具体的特点

一方面,这种组织能够使组织效率提升到一定程度,为官僚行政机构建立了一套理想的组织结构模型,成为当今社会各种大型组织结构设计的理论基础;另一方面,韦伯的官僚行政组织理论使员工过度关注各种政策规定,阻碍了员工创造性的发展,使组织拘泥于某一种发展状态,在短时间内无法及时应变,存在一定的局限性。现如今,尽管这种组织形式受到了一定的批判,热度有所降低,但在官僚主义管理依然存在的背景下,官僚行政组织理论的价值依然不可否认。

古典方法是管理思想发展史上最重要的一环,它首次以科学的角度对管理进行研究,使管理开始成为一门专门有人研究的学问。尽管古典方法距离现在有约 100 年的历史,但是现代管理中的很多方法与行为都离不开古典方法的指导。

2.3　行为方法

2.3.1　组织行为学

古典方法中的各位学者在研究管理理论时,都采取了亚当·斯密的"经济人"假设的观点。学者们普遍相信组织成员追求的都是最高的个人利益,而忽略了人的具体行为的作用。科学发展到 20 世纪,学者们意识到管理是和别人一起完成任务的一种工作,开始以组织中的人为重点进行研究。在这样的背景下,一种研究组织中人的行为的学科——组织行为学开始发展起来。

2.3.2 早期倡导者

罗伯特·欧文(Robert Owen)、雨果·芒斯特伯格(Hugo Munsterberg)、玛丽·帕克·福莱特(Mary Parker Follett)和切斯特·巴纳德(Chester I. Barnard)等是组织行为学的早期倡导者。欧文认为工人在生产过程中起着无可替代的作用,他致力于改善工人们的工作和生活条件,经常为工人们糟糕的工作条件和场所感到担忧,尝试着为工人们创造理想的工作环境,认为在改善劳动力中所花费的时间和金钱是智慧的投资。芒斯特伯格则是工业心理学的创始人,他强调不能忽视管理者和员工精神方面的收获。他主张并号召学者开展对组织中员工动机的人类行为研究,要关注员工的疲劳、兴趣、学习和在工作中获得的乐趣等问题。他建议使用心理测验的方式来挑选员工,在员工培训中让员工学习理论概念,提高员工工作的心理动机。福莱特尝试着从个体和群体行为视角来研究组织,形成了"群体原则",认为组织中存在个体和群体,群体中的个体彰显的是群体中的权利,组织应该基于群体道德。巴纳德认为组织是需要合作的社会体系,是处在不断变化的环境中的一个协作开放的系统,不能脱离组织中的成员而存在,他主张管理者的工作是在沟通的同时激励员工积极努力地工作。巴纳德确定了正式组织与非正式组织中的普遍要素,他最早主张组织是一个开放系统。组织行为学早期倡导者的思想主张归纳如图 2-3 所示。

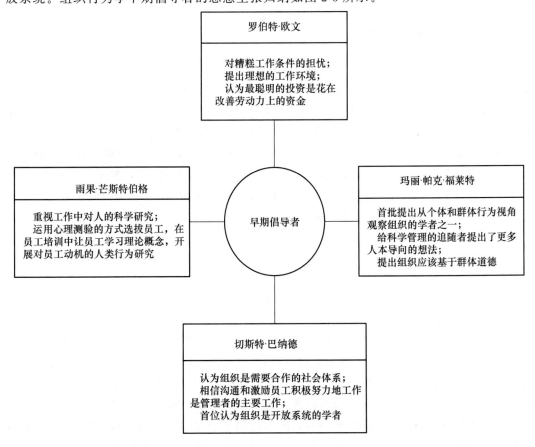

图 2-3 组织行为学早期倡导者的思想主张归纳

2.3.3 霍桑实验

对组织行为学领域贡献最大的实验,当属历经八年在美国芝加哥市西屋电气公司霍桑工厂完成的"霍桑实验"。该实验大体上可以分为四个阶段,如下所述。

一开始研究者考虑工人的疲劳程度可能会被生产车间的照明强度影响,进而导致工人的劳动生产率产生变化。因此,实验的第一阶段首先从生产车间的照明强度入手,试图检验不同的照明强度对工人生产效率的影响。研究者将工人分成实验组和控制组,在保证控制组工人工作时的照明强度不变的情况下,不断改变实验组工人工作时的照明强度。这个阶段持续了两年多,令人不解的是,实验发现:无论实验组工人工作时的照明强度增大还是减小,两个小组的工作产量都在增加,并且增量相差无几;只有当实验组的照明强度降到很低时,实验组的工作产量才开始下降。很明显,这样的实验结果表明,照明强度对工人的生产效率并没有产生直接的决定作用。研究人员决定继续进行接下来的研究。

接下来,工程师们在乔治·埃尔顿·梅奥(George Elton Mayo)教授的主持下进行了第二阶段的实验:电话继电器装配室实验。这一阶段的实验主要是在一个单独的房间内进行,实验中特地安排了一个观察员,用于观察实验,做好记录。研究人员花了不到两年的时间改善了工人的工作环境,如采取集体计件工资制、提供午餐和茶点、延长休息的时长、缩短工作时间以及改良材料等的供应方式,工人的劳动效率和工作产量显著提高。过了大概一年半的时间,梅奥决定取消午餐和茶点,将工人的工作时间恢复到6天,此时,他们的劳动效率依然很高。这个阶段持续了5年时间,研究团队又陷入了困惑,不过在分析之后研究人员认为观察员与工人相处的方式改变了工人的工作态度,进而提高了工作产量。这个发现给了研究团队信心和希望,成为实验的转折点。他们转而进行第三阶段的实验。

研究人员在前两个阶段实验的基础上又进行了第三阶段的实验——对整个工厂内的所有工人进行访谈,参与人数达2万多人,这个阶段持续了两年的时间。研究人员想探究工人与管理者之间的关系,最初他们让工人回答一系列设定好的有关管理当局的政策、制度、态度和工作条件等的问题,然而结果却不太理想。研究者随即转变思维,改变了访谈方法,采取无主题访谈的方式且不限定访谈的时间,并且鼓励工人们谈论,访谈者以倾听者作为主要角色。此种访谈方式可以让工人自由表达观点,任意发泄自己的情绪,从而提升了工人士气,提高了工作产量。经过对访谈数据的整理分析,研究者得出结论——工人们之间产生的人际关系是造成产量变化的主要原因。该结论启发了研究者以及公司内的领导层,他们在此基础上进行了第四阶段的实验。

第四阶段的实验是群体实验,主要工作是电话线圈装配。这一阶段研究人员选了14名男工,把他们安排在单独的房间完成工作。对实验小组实行特殊的计件工资制,结果产量却并没有提高到高水平。进一步研究发现,实验小组成员形成了一套统一的规范,例如:不能干得太多突出自己,不能干得太少拖累大家;不能太自以为是,觉得自己是领导;不能和大家过分亲近和疏远;不能向管理者告密,否则就要遭受挖苦、嘲笑和殴打。正是这种规范,使得实验小组的产量在实验条件下并没有得到改变。结论显示:多数工人在完成一定产量后会自动停止工作,即使还没有到下班的时间,因为他们担心管理者会提高对他们的要求,导致有些工人会被解雇,要照顾自己的工友;工人对不同等级的管理者采取不同的对待方式,他们将组长看作组内的人,并且对管理者的尊重与忌惮程度随着管理者级别的提升而不断增加;组织中存在"非正式组织",并且分为不同的流派,不同流派对于其成员的要求不同,只有符合了要求才有机会进入该流派,倘若不遵守其要求,就要受到惩罚。那么,如何解释实验过程中工作产量变化这件事情呢？研究者们有了答案。

2.3.4 人际关系学说

梅奥对实验数据进行了深入的分析和探讨,发现工人效率的主要影响因素是关系因素,即管理者与工人之间的关系以及工人与工人之间的关系。此外,梅奥出版了一本著作——《工业文明的人类问题》,其中包括自己的研究结论以及学术看法,创立了一个新的学说——**人际关系学说**,大体内容包括以下三点。

① 组织中的工人是"社会人",而不仅仅是"经济人"。个人利益最大化并不是刺激工人积极工作的唯一动力,社会和心理方面都会影响工人的工作效率。

② 非正式组织会出现在组织中,其对工人的影响不容忽视。同时要注意非正式组织也存在一定的弊端,需要进行适当的引导。

③ 爱心和理解永远是管理最重要的基础,管理者需要在这个基础上和工人相处,这样就可以提升工人的工作积极性和满意度。

梅奥的结论使得管理者开始关注组织中人的行为。人际关系学说为管理学的研究开辟了社会和心理视角。现在来看霍桑实验和梅奥等人的思想理论,其中还包含着一些不足:完全拒绝了"经济人"假设,并且过于看重非正式组织的作用,并且当时的实验条件和流程也必然有一定的局限性,存在争议。但是,霍桑实验让人们开始认识到组织中人的行为这个重要因素,激起了学者对于研究人的行为的兴趣,促使管理者重视组织中人的行为,对于管理理论的贡献和对于管理实践的作用是不容置疑的。

以组织行为学和霍桑实验为代表的行为方法对于今天管理实践的影响是巨大和深远的。它为管理学和管理实践的发展开创了一个崭新的视角,学者开始以人的行为因素为切入点进行管理的研究。可以说,今天的管理已经完全离不开行为方法的指导。

2.4 定量方法

定量方法是一种运用定量技术来改变管理决策的方法,也被称为管理科学或者运筹学。

尽管运筹学的思想在很早之前就已经存在,但是直到20世纪40年代运筹学才慢慢成为一门数学学科的分支。学者们普遍认为运筹学的研究方法是用来解决部分复杂问题的,目的是用一种量化的手段提升管理者的决策水平,以实现组织目标,通过量化组织内的复杂问题,使得复杂问题变成简单的数学问题,从而为决策提供依据。

定量方法是现代管理活动经常采用的一种方法,它包含多种量化方法——统计学、最优模拟、计算机模拟和信息模拟等。定量方法的主要特点包括依靠计算机管理工作任务,强调先进的管理理论和方法,以经济效果的好坏作为评价标准,使衡量各项活动效果的标准定量化,等等。定量方法在管理实践中主要被用来提升管理者的决策水平,其中包括精益生产和全面质量管理等。

2.4.1 精益生产

精益生产的核心是精益求精,避免浪费,努力做到零废品和零库存。精益生产主要包括两大支柱(即准时化和人员自觉化)和一大基础(即改善)。准时化的含义为,在市场的基础上,在恰当的地点和时间加工出适当数量的优质产品。人员自觉化是指激励员工积极主动地工作,做好与机器的配合工作,并且将质量管理深入每个员工的内心。改善指的是在生产管理中不存在最高的水平,可以不断进行改善和提高。

2.4.2 全面质量管理

全面质量管理的概念最早可以追溯到 20 世纪 60 年代,出自 A. V. 费根鲍姆(A. V. Feigenbaum)出版的《全面质量管理》。后来,此概念由以爱德华兹·戴明(W. Edwards Deming)和约瑟夫·莫西·朱兰(Joseph Moses Juran)为代表的小部分研究者逐渐倡导起来。

戴明认为质量管理不是一个人的事情,而是所有员工的事情,只是需要管理者推动员工一起进行。戴明提出了十四要点和 PDCA 循环,被称为"现代质量改进之父"。十四要点已经成为全面质量管理的重要基石,也被称为"领导职责的十四条"。PDCA 循环系一种符合科学原理的工作程序,可以让所有的活动高效开展,由 P(plan,计划)、D(do,执行)、C(check,检查)、A(action,行动)不停地循环操作,不断地改良,目的是让质量提升到很高的水平,也被称为"戴明循环"。朱兰出版的《朱兰质量手册》一书已然成为质量管理方面的必读之物,他的质量计划、质量控制和质量改进等质量三部曲被广泛接受且加以应用。

全面质量管理现在已经变成了一种理念,即不断地改良以及迅速地满足顾客的要求,它的主要内容如图 2-4 所示。

密切关注顾客	顾客包括购买组织产品和服务的外部顾客,以及在组织中接触并服务其他人的内部顾客
持续改进质量	质量管理是一种永不满足的承诺,"非常好"并不是足够好,质量永远可以更进一步,应该持续改进
注重流程	在产品和服务质量持续改进的同时,质量管理关注工作的流程
提高组织所做的一切事务的质量	涉及最终产品、组织如何送货、组织对投诉的反应速度、接听电话是否礼貌以及其他类似的事务,都要提高质量
精准测量	质量管理的统计方法用来衡量组织运营的每个关键变量。这些关键变量会被与标准相比较,用来识别问题、追查它们的根源并消除它们的成因
员工授权	质量管理涉及流程改进过程中的人员。在质量管理项目中,团队被广泛用作授权的媒介来发现和解决问题

图 2-4 全面质量管理的主要内容

从图 2-4 中可以看出,全面质量管理视员工为主体,结合统计方法、专业技术和经营管理等理念,保证用经济方法生产或销售令顾客满意的产品。它在每一个流程中严格监督,将低质量产品直接扼杀,从而保证产品质量的提升。

定量方法的兴起和发展离不开计算机技术的应用和发展。在日常生活中,随处可见定量方法的例子,越来越多的领域使用定量方法来解决问题。定量方法尽管在管理的组织和领导环节中作用不大,但是对管理决策中的计划和控制环节有很大的作用。企业生产规模的扩大和内外部环境的错综复杂无疑增加了定量方法实施的难度。总的来说,定量方法为管理实践提供了科学而有效的方法。

2.5 当代方法

20 世纪 60 年代,管理者和学者们开始意识到,社会是一个整体,有必要关注组织外部的各种情况与组织的关系。基于此,一种新的管理理念开始萌芽并发展,这种管理理念以系统管理理论和权变理论为代表。

2.5.1 系统管理理论

20 世纪 30 年代,切斯特·巴纳德出版了《经理人员的职能》,他认为组织是一个整合系统,组织成员在这一系统内相互合作,以实现组织目标。巴纳德观点的主要贡献在于首次将系统理论运用于管理实践中来研究组织管理问题,第一次将组织视作开放的系统。直到 20 世纪 60 年代,才有学者开始运用系统理论探讨组织与外界环境的关系。

系统是一个由特殊形式构成的有机整体,在这个整体内部各个部分之间会有联系并且彼此共生共存,系统具备一定的效用,而且每一个系统又是另外一个大系统的一部分。系统主要包括封闭和开放两大系统,外界环境的变化对封闭系统的影响不大,开放系统则易受外界环境的影响,并且会和外界环境产生一定程度的动态互动。在系统管理理论中,组织被看作一个由多种要素组成、受外界影响的开放系统,在整体性和开放性之上形成一种"投入—产出—投入"循环运作模式,具体如图 2-5 所示。

从图 2-5 中可以看出,开放系统的组织可以获得原材料、资本以及信息等投入,经过员工工作活动、管理活动等转换过程,形成产品和服务、财务绩效和人才队伍等产出,然后将产出投放到环境中,从而完成与环境的动态互动。在这一过程中,组织运行中的信息和问题会通过反馈功能反馈给组织,以便组织及时应对并加以调整,从而维持系统平衡,最终形成循环运作。一般的系统管理理论所阐述的系统运作方式通常都是这样的,这也是一种一般方法论,适用于各门学科。

一般系统管理理论的不断应用和实践形成了系统管理理论。弗雷蒙特·卡斯特(Fremont E. Kast)等的《系统理论与管理》一书详细地总结了系统管理理论的大体内容,构建了系统管理理论的基本框架。书中提出组织由相互独立的因素组成,主要包括态度、动机、目标、互动、地位、正式组织、个人和群体等。所以管理者在研究生产、人事、质量、销售等部分的工作时,要特别关注各部分之间相互协作和制约的关系,研究各部分与外界社会环境之间的联系,从部分和整体把握组织的最佳效益。系统之外还有大系统,一旦系统发生变化就会涉及该大系统的其他部分。系统管理理论注重以大局眼光来看待问题,不仅关注外部与组织的联系,而且重视组织内的和谐,是管理思维的一大突破点。

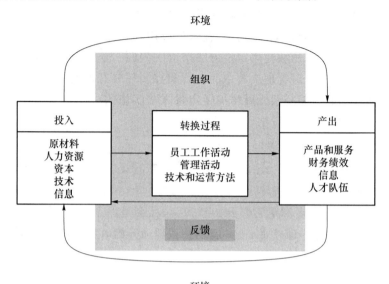

图 2-5　开放系统的循环运作模式

与系统管理理论类似,决策理论同样把组织视为一个开放系统,它把决策看作管理过程中最关键、核心、不可缺少的一环,认为决策所达到的成果应该是可以满足所有人的。决策理论主张在管理活动的各个部分都包含决策,决策涉及组织中各个级别的领导者。

2.5.2　权变理论

权变理论也叫作情境理论,萌芽于 1970 年左右。权变理论指出管理思想和方法并不是绝对的和一成不变的,没有适用于所有情境的管理理论,不同的组织情境应选择不同的管理理论和管理思想。

权变理论以经验主义学派为基础,它的主要思想是要追求一种平衡性——根据环境的变化,在组织内小部分或组织内外之间,采取灵活的、不同的理论和方法,完成组织任务和目标。基于此,有关学者应该进行大量深入的调查研究,对各种情况进行总结和分类,探讨它们的关系,建立不同情况的模式,选用合适的管理方式和组织结构。如果用方程思想来看待权变理论,管理变数就是因变量,逻辑思维就是"如果,那么":如果组织遇到什么情况,那么组织该采取什么最优解决方案来解决问题。

在权变理论的指导下,组织依据不同的情境采取不同的管理方式,每一个情境中都包含着多种情境变量(权变变量),常见的权变变量如下。

① 组织规模。一般地,组织规模扩大,协调所需要花费的工作量也会增大。

② 任务技术的例行性。组织完成目标所采用的例行技术与非例行技术所匹配的组织形式、领导特性是不一样的。

③ 环境的稳定性。环境的稳定性会影响管理过程。

④ 组织中个体的差异。个体在工作中表现的自主性、期望性、歧视容忍度以及态度等

很多方面都会存在差异。

至今,学者们已经明确了大概一百多种权变变量,上述介绍的几种是应用最广泛的,涵盖领导者与被领导者的关系、组织结构和领导者拥有的权力等。然而,权变理论也有其局限性,它不能确定所有的权变变量,也不能确定全部变量之间的关系。因此,管理者可能会忽视某些因素的影响。

在智能化发展的今天,企业需要将理性系统和情感系统结合起来,管理者在依靠高度发达的理性系统的同时要注重对员工进行人文关怀的情感系统。或利用信息技术分析并研发出更适合企业发展的生产流程和销售环节,或借助于互联网技术深入了解员工,促进员工之间的交流共享,但不能忽视对企业中员工的关怀。

众所周知,管理学是所有学科中较具有能动性的学科之一。新时代的管理学则与时俱进,与新时代环境相结合,主动适应新技术,加强软管理,注重知识管理,等等。在机遇和挑战并存的信息社会,研究者需要创建更符合21世纪要求的管理理论,以指导企业的管理实践活动。

【本章小结】

伴随着社会的进步和生产力的发展,管理思想逐渐发展,主要分为五种类型——西方早期的管理思想、古典方法、行为方法、定量方法和当代方法。

西方早期的管理思想的典型示例包括斯密的劳动分工理论和巴贝奇的思想。

古典方法中有代表性的理论包括泰勒的科学管理理论、法约尔的一般管理理论和韦伯的官僚行政组织理论。管理正式成为一门科学是从科学管理理论开始的。法约尔根据自己多年的管理经验提出的一般管理理论在美国管理思想史上具有崇高的地位。韦伯的官僚行政组织理论至今都是很多大型机构组织在设计组织结构时所依据的理论基础。

20世纪初期,行为方法开始发展起来。早期仅有几位杰出的学者在组织行为学方面做出了贡献,后来著名的霍桑实验和梅奥等学者的学说才开始在管理学界激起浪花。梅奥等学者通过霍桑实验发现组织中的工人并非纯粹的"经济人",人的行为因素对于组织效率具有很大的影响。

定量方法通过运用数理统计、计算机模型、信息模拟和其他的量化方法,试图找到管理实践中的最优解。定量方法的应用领域是非常广泛的,也生成了许多以此为基础的管理思想和方法,如精益生产和全面质量管理。

管理思想中当代方法的范围比较广泛,最具有代表性的管理理论有系统管理理论和权变理论。

【综合案例】

海尔,创中国的世界名牌

诞生于1984年的"海尔",是海尔集团的家电主品牌。38年来,海尔品牌始终站在技术革命和时代发展的前列,引领中国乃至世界家电产业的发展潮流。海尔以优异的质量和服务创建产品品牌,成为中国家电知名品牌,随着海尔全球化品牌战略的实施,海尔连续10次获得"全球大型家用电器品牌零售量第一"殊荣(引自欧睿国际数据),成为当之无愧的全球知名家电品牌。今天的海尔已经遍布亚洲、非洲、欧洲、北美洲,在全球拥有10个研发中心、25个工业园、108个营销中心、122个制造工厂。纵观海尔的发展历史可以发现,它之前有过亏损147亿元的情况,当时的海尔差一点就宣布破产。尽管如此,海尔依旧在张瑞敏的带领下成为中国家电品牌典范,开创了属于海尔的家电时代。

1. 接下烂摊子

1984年,改革开放的重点从农村向城市转变,其中最典型的一个做法就是实行厂长负责制。当时的海尔还只是一个濒临破产、发不出工资的小厂,在连续走掉3个厂长的情况下,没有人想要收拾这个烂摊子。副经理张瑞敏迫不得已挑起大梁,成为青岛冰箱总厂的厂长。那一年,35岁的张瑞敏的主要任务是借钱。因为当时的青岛冰箱总厂是集体企业,在推行厂长负责制的背景下,国家不给钱,银行也不愿意给。当时的张瑞敏认为钱不够可以借到,产品也可以生产,但没有信心就不行。为此,张瑞敏制定了十三条规章制度来加强工厂内部的管理,分别是:①不准在车间随地大小便;②不准迟到早退;③不准在工作时间喝酒;④车间内不准吸烟,违者一个烟头罚500元;⑤不准哄抢工厂物资;⑥不准打架;⑦不准骂人;⑧不准浪费粮食;⑨不准乱停车;⑩不准扎堆聊天;⑪不准损坏公物;⑫不准用工作电话办私事;⑬不准工作时间外出。从这十三条规章制度来看,就可以发现当时张瑞敏接下的这个烂摊子局面有多差。

2. 发展名牌战略

20世纪80年代,国内家电需求增大,家电市场供不应求。很多企业开始进行大规模生产,保量却不保质。1985年,张瑞敏检查了厂内的400多台冰箱,将其中76台不合格、带有缺陷的冰箱砸成了废铁。这件事过后,海尔开始尤其注重产品质量,在管理过程中汲取了日本全面质量管理的精髓。由于开展了全面质量管理,因此,1988年,在全国冰箱评比中,海尔取得了金牌。从此,海尔致力于生产冰箱,并且凭借着自身打下的坚实基础成立了海尔集团。

3. 发展多元化战略

20世纪90年代开始,国家鼓励兼并重组。很多企业在重组以后走专业化道路,而海尔却走出了一条不一样的道路。结合我国当时的国情,在海尔内部张瑞敏创立了"海尔文化激活休克鱼"的新理念,海尔多元化发展,收购了不少的企业,并且进军黑色家电,开发了多种产品。在这个过程中,海尔基于前期质量管理的优势,开展OEC管理,强化内部企业文化,通过企业文化加强管理,在激烈的市场竞争中赢得了优势。

OEC管理指的是overall(全面)、everyone(人人)、everyday(天天)、everything(事事)和control(控制)、clear(清理),包含三个体系——激励体系、日清体系以及目标体系。这个方法执行起来是这样的:海尔内部每人每天都要填一张"3E卡",这张卡片的内容决定了工人的收入,卡片上有日常工作的七个要点(劳动纪律、文明生产、安全、工艺操作、物耗、质量、产量)。海尔根据这七个要点来计算工人的日薪,并且每天由本人做记录,然后再由班组长签上自己的名字确保记录正确,最后由车间主任检查,检查之后交还给工人。不管每天工作到多晚,这都是一项必须完成的任务。看起来这可能是一项比日报还要枯燥和烦琐的任务,但是海尔坚持了16年,甚至会坚持更长的时间。

4. 发展国际化战略

20世纪末,海尔不满足于在国内市场取得的一定成就,开始走上国际化道路。恰逢中国加入世界贸易组织,这给海尔发展国际化战略带来了一大助力。于是,海尔实行三步走战略,即走出去、走进去、走上去,形成了独特的"三位一体"本土化模式,即将设计、制造和营销融为一体。在这个关键节点上,海尔继续在管理模式上实现创新,依托计算机和互联网技术,充分地将其运用到生产运营中,推行"市场链"管理,重新塑造业务流程。海尔新的业务流程是指在OEC管理平台上,每一名员工、每一个流程都有相对应的顾客,实现零距离接触市场,这种模式是以市场链为纽带的,收入都由市场来支付,以顾客为中心,将追求顾客最大满意度作为员工绩效的考核标准。这一系列的做法让海尔迅速地打开了海外市场,建立起知名的海外经销和服务网络。

5. 发展全球化和网络化战略

互联网时代的到来伴随着机遇和挑战。海尔继续以用户为中心,为解决库存、生产成本和应收账款问题,探索出了"海尔人单合一双赢模式",将人码、物码和订单码三码合一。同时,在这个阶段,海尔的人力资源赛马机制逐渐发展并成熟起来。赛马机制指的是海尔所有岗位的招聘无论对于内部人员还是外部人员都是公平的,他们都需要竞争上岗,当然总裁除外。海尔对待人才都是一视同仁的,需要他们像赛马一样去竞争,赋予每个人参与竞争的可能性,最终归宿取决于个人能力。

在管理实践过程以及今后的发展中,海尔集团将持续不断地挑战和战胜自我,向着成为更优质的世界名牌而前进。

思考:企业可以借鉴海尔发展过程中的哪些管理方法?这能够启发企业管理做出什么改变?

【本章习题】

一、简述题

1. 科学管理理论的主要内容是什么?
2. 法约尔提出14条管理原则的背景是什么?它主要包括哪些内容?
3. 全面质量管理是在什么背景下产生和发展的?它的主要内容是哪些?

二、讨论题

1. 霍桑实验对于现代企业管理有什么意义和作用?
2. 简述官僚行政组织理论在管理思想发展史中的地位及其带来的影响。
3. 如何运用权变理论来指导管理实践?

第3章

中国管理思想史

【学习目标】

- 了解中国古代管理思想的概况
- 了解老子的管理思想
- 了解孔子的管理思想
- 了解孙子的管理思想
- 了解韩非子的管理思想
- 了解鬼谷子的管理思想

【本章关键词】

中国古代管理思想、老子、孔子、韩非子、孙子、鬼谷子

【导入案例】

弹琴的领导与熬夜的领导

宓子贱治单父,弹鸣琴,身不下堂,而单父治。巫马期以星出,以星入,日夜不处,以身亲之,而单父亦治。巫马期问于子贱,子贱曰:"我任人,子任力。任人者佚,任力者劳。"人谓子贱,则君子矣,佚四肢,全耳目,平心气,而百官理,任其数而已。巫马期则不然,乎然事惟,劳力教诏,虽治,犹未至也。

——《韩诗外传》卷二

孔子推荐学生巫马期担任鲁国单父县的县长。巫马期上任后废寝忘食,兢兢业业工作了一年,单父县大治。不过,巫马期本人却因为劳累过度病倒了。于是孔子推荐了另一个学生宓子贱。子贱弹着琴、唱着歌到了单父县,他建了一个琴台,终日鸣琴,身不下堂,日子过得很滋润,一年下来单父县大治。

后来,巫马期很想和子贱交流一下工作心得,他羡慕地说:"老弟你有个好身体啊,前途无量!我这身体不行啊,成了负担。"子贱听完巫马期的话,摇摇头说:"咱们的差别不在于身体,而在于工作方法。你做工作靠的是自己的努力,可是事业那么大,事情那么多,个人力量毕竟有限,努力的结果只能是勉强支撑,最终伤害自己的身体。而我用的方法是调动能人为我工作,事业越大可调动的人就越多,调动的能人越多事业就越大,于是工作越做越轻松。"

宓子贱和巫马期的对话揭示了领导艺术最核心的一个问题——管理者要通过别人完成任务,领导的核心工作不仅是调动自己的工作积极性,而且是调动众人的工作积极性。激励人心是最重要的。有100件事情,一个人都做了,那只能叫作勤劳。有100件事情,管理者自己一件也不做,手下的人把所有的事情都办好了,而且回过头来还要感谢领导者提供这样的锻炼机会,这就是管理!所以,领导者可以不必擅长某些专业领域的工作,只要能调动那些专业人士为自己工作就可以了。忙乱是管理者的大忌,而持续的忙乱往往是由于工作没有主次、做事没有条理、分工不明确。另外还有一个重要的因素,就是领导者个人的工作方式。

领导者有两种类型。第一种是报时型领导,整个团队都不知道现在是几点,只有领导知道,大家就都来问领导,领导能够准确地告诉大家现在是几点。领导在的时候,一切正常。这样的管理存在两个问题:一是尽管一切正常,但是领导自己会很忙碌、很辛苦,因为所有的人都来找领导,所有的事情都需要领导来拍板;二是如果领导不在,大家找不到领导,正常的工作马上就会陷入混乱,找不到报时的人,大家都不知道现在是几点,都不知道工作该怎么做。与此不同,第二种是造钟型领导。领导知道现在是几点,但是主要力量不是放在给大家报时上,而是集中力量给大家造一个钟,不管自己在不在,不管自己说不说,所有的人只要看看钟就知道现在是几点。

让组织有一种自动运行的机制,这是一个非常重要的问题。领导不需要事必躬亲,而应该只关注异常,不关注正常,只关注例外,不关注例行。因为正常的事情、例行的事情有制度管,有下属管,不用领导自己管。只有那些超出制度框架的事情,领导不管就没人来管,这时候才需要领导亲自上阵。

事业规模这么大,工作内容这么多,靠自己的力量怎么可能做完呢?有1件事情你能做得好,那叫合格;有10件事情你能做得好,那叫优秀;有50件事情你都能顺利做好,那叫卓越;有100件事情,你还想努力都做好,那就叫不自量力!一个人的能力是有限的,精力和体力更是有限的。

组织管理的本质是通过别人完成任务,一定要调动别人去干,搭平台、给机会、鼓干劲,让大家一起为设定的目标而奋斗。所以,管理者要用心胸去用人,去容人,心胸有多大,事业就有多大。

思考:在当领导带队伍开展管理工作方面,宓子贱和巫马期最大的区别是什么?

3.1 道与术的和谐统一

中国古代管理思想是一座异彩纷呈的智慧宝库。少年时代,笔者最早接触的历史故事是《三国演义》和《隋唐演义》,那个时候并没有关注中华五千年文明史,以及三国两晋南北朝唐宋元明清这样的脉络,刚刚接触历史故事的时候最关注的是那些纵横四海的大英雄,有一吕二赵三典韦四关五马六张飞,有一杰李元霸二杰宇文成都三杰裴元庆,波澜壮阔的历史在一个少年的心中就是一群大英雄的上场下场、打打杀杀。后来随着年龄的增长,读书越来越多,笔者就知道了张良、陈平、诸葛亮、徐茂公、刘伯温,这时候逐渐发现原来在武的英雄之外还有文的英雄,他们用智谋书写历史,而且他们的篇章更加精彩。

再后来,读了更多的书,听了更多的故事,笔者发现在这些武的英雄和文的英雄之外,还有第三种英雄大放光彩,这类人就是管理英雄(领导者),他们看起来很平常甚至有些平庸,但是却能调动一群文臣武将成就一番辉煌事业。例如,刘邦文不如张良、萧何,武不如韩信,刘备文不如诸葛亮、庞统,武不如关张赵马黄,但他们都能带领一班风云人物去纵横天下,成就大业,他们有远见、明大局,善于激励人心,在这些人的身上我们可以学到很多宝贵的东西。开启传统文化的思想宝库,增强文化自信,讲好中国故事,探讨中国古代的管理思想和领导智慧,对于这个时代以及我们每个人来说都具有非常重大的意义。

谈及传统文化,我们首先要提到一个人,就是司马迁的父亲司马谈。《史记》记载,司马谈"学天官于唐都,受《易》于杨何,习道论于黄子"。司马谈凭借自己对春秋以来各种学说的领会与把握,"论六家之要指",对阴阳、儒、墨、名、法、道进行了学术上的概括总结。可以说司马谈做了一个开创性的工作,司马谈对"六家"的评价如下。

- 阴阳家:大祥而众忌讳,使人拘而多所畏;然其序四时之大顺,不可失也。
- 儒家:博而寡要,劳而少功,是以其事难尽从;然其序君臣父子之礼,列夫妇长幼之别,不可易也。
- 墨家:俭而难遵,是以其事不可遍循;然其强本节用,不可废也。
- 法家:严而少恩;然其正君臣上下之分,不可改矣。
- 名家:使人俭而善失真;然其正名实,不可不察也。
- 道家:使人精神专一,动合无形,赡足万物。

以上"六家"大多各有利弊,只有道家没有涉及弊端,可见司马谈本人从思想上是倾向于道家的。

中华文明源远流长,文化成果博大精深。就管理思想而言,仅上述"六家"就已著作林立,包含着极为丰富的成果。在"六家"之外,更有众多的学说。而且随着历史的发展,人才辈出,春秋战国仅是中华文明发展过程中的一个阶段,在其后的数千年历史中,思想家与实践家们又创造了更为丰富的思想精华。所以在此,我们仅能择其要略,进行简单的介绍。

总体来讲,古代管理思想分成了两个系统,一个是"经世"的,一个是"治生"的。"经世"就是治理国家,"治生"就是经商。《史记》当中记载了治生之祖白圭的故事:"白圭,周人也。当魏文侯时,李悝务尽地力,而白圭乐观时变,故人弃我取,人取我与。……能薄饮食,忍嗜欲,节衣服,与用事僮仆同苦乐,趋时若猛兽挚鸟之发。"白圭是中国古代企业家的代表人物。

不过,"经世"和"治生"两者相比,"经世"一直在古代管理思想的发展中占据主流地位。"经世"的体系大体上又集中注意力于"为帝王、为人臣和领兵之道"三个主要方面,例如,诸葛亮的《便宜十六策》就是这样的内容。

这些前人留下的思想成果,若以二元化的简括方法来分类的话,大抵可以分成两类:一是"道",二是"术"。

"道"指的是管理过程中的信念、价值观和伦理标准。"术"指的是管理当中的方法与谋略。孔子提出:"为政以德,譬如北辰,居其所而众星共之。"在儒家的理论体系中,特别是在孔子那里,"道"的含量是很高的,后来的宋明理学又对其进行了发展与补充。可以说古代管理思想中"道"的主体思想一部分来自道家,大部分来自儒家。儒家学说强调管理要从修身开始,先进行自我修养,确立在内为"仁"、在外为"义"的价值体系,并且以"礼"的规范、"信"的要求、"忠孝"的准则来约束自己,沿着"正心、诚意、格物、致知、修身、齐家、治国、平天下"的发展道路前进。

"术"的思想在孙子、韩非子和鬼谷子的著作当中都可以找到。兵家、法家和纵横家对"术"进行了精辟的阐述,主要的内容是:要懂得权变,学会把握形势,借助外力和寻找时机,依靠高明的谋略来达到目的。

后世实践者的成功经验是:以"道"为原则,以"术"为方法,内外兼修,内明与外功并举实施管理。

学习管理学需要古今结合,中国古代的价值观和方法论需要和现代的管理学交叉互补。文化是社会的底色,传统是社会的基因。中国现代管理学的研究必须与对中华传统文化的理解相结合,完全照搬西方经验会导致水土不服。学习管理学需要中西结合,也需要古今结合,既要尊重传统,也要与时俱进。

如何从总体上去认识和把握中国古代管理思想与管理智慧呢?

我们可以把古代管理思想的体系概括为四大关系,也就是人和人的关系、人和自我的关系、人和规则的关系以及人和自然的关系。其中,儒家比较关注人和人的关系,道家比较关注人和自然的关系,法家比较关注人和规则的关系,佛家(禅宗)比较关注人和自我的关系。

1. "仁"是人和人的关系

儒家强调人和人的关系。仁者,二人互动也("亻"+"二")。关于"仁",《论语》中有非常经典的两句话,如下所述。

第一句话:"己所不欲,勿施于人。"(《论语·卫灵公》)我们自己不愿意去做的事,最好不要让别人做。凡事在让别人做之前,自己先试着做一做。如果自己能接受,可以让别人去做;如果不能,就不要让别人去做。因为你都无法接受,就不能强迫别人接受。第二句话:"我欲仁,斯仁至矣。"(《论语·述而》)只要在观念上引发仁慈心,去爱别人,有一点儿爱心存在,那么就可达于仁道。也就是说,当你愿意献爱心时,你已经有爱心了。行善看动机,论心不论迹,只要我们的心是向善的,是存仁的,就相当于埋了一颗种子,种子的生根发芽还需要土壤、水分、空气、阳光,具足外在条件,善行才能实现。但是善的动机是种子,是产生善行的前提条件。

"仁"的价值观可以概括为换位思考和善良动机。在这两个基本点的基础上,一切道德价值观会慢慢地建立。然而这两点只要有一点不具足,道德就会发展为黑暗道德、黑暗价值观,就会失去"仁"。

2. "和"是人和自我的关系

佛家很好地处理了人和自我的关系。出家人又叫和尚,取意为以"和"为尚、求"和"至尚。现代人有这么多牵挂、焦虑、纠结、痛苦,根本原因在于没有处理好与自我的关系,而处理这种关系的关键在于是否能保持一颗平常心。

人生真正的修炼就是平常心。禅宗有一种说法叫作"安住当下",不要纠结过去也不要焦虑未来,过去的事情都已经消失了,未来的事情还没有来,只要把眼前的事情做好,未来一定会很好。再远的路也要一步一步走,不要急于求成,专注于当下的小事,吃饭时安心吃饭,睡觉时安心睡觉,在家常、日常、平常之事上面修炼自己、提升自己。

3. "止"是人和规则的关系

法家强调规则意识和规则教育。规则告诉我们什么可以做,什么不能做,行动的界限在哪里。守规则是保证效率的前提,人人都守规则的地方,才是安全的地方。做事须有大局观,有所为也要有所不为。要使十字路口交通顺畅,最重要、最有效的方法就是立一个红绿灯,装一个摄像头,红灯停,绿灯行,违规扣分罚款,这样的话即便是俗人小人也能顺畅通行,如果没有这个红绿灯的规则约束,一群圣贤在十字路口也会堵车。而且,人一旦没有了规则意识,没有了敬畏之心,就会产生"老子天下第一""我想怎样就怎样"的想法,给自己带来无穷的灾难和无尽的烦恼。

4. "静"是人和自然的关系

道家关注人和自然的关系,关于如何解决好人和自然的关系,道家有两个提倡。第一是无为。无为不是什么都不做。用数学集合的语言解释,无为是"0",而什么都不做是"空集"(0是数字,空集是指一个数字都没有)。所以,无为强调的是不做违反自然规律的事情。第二是清静。安心过好眼前的平凡生活,不起贪嗔痴慢疑,不因为周围的喜怒哀乐、生老病死、名利得失而扰乱自己的心。老子有言:"大直若屈,大巧若拙,大辩若讷。静胜躁,寒胜热。清静为天下正。"庄子主张"用心若镜",修炼清静的功夫需要学习"镜子"的三个境界:一是无分别,清澈透明,映照万物,鲜花可以照,粪土也可以照,从容反应,平等对待,不预设前提,没有偏见。二是不染,照过鲜花不香,照过粪土也不臭,不会被自己映照的东西沾染。在生活中,我们尤其要做好这方面的情绪管理,不被身边环境中的负能量影响。三是放下,照过名山大川,不把名山大川留在里面,照过青春年少,也不把青春年少留在里面。不会留恋任何过去的光荣精彩,也不会纠结以往的心酸坎坷。放下种种牵挂和负担,振奋精神从容面对天地万物。

3.2 老子的管理思想

老子,姓李名耳,又称老聃。周敬王四年(公元前516年),周王室发生内乱,老子受了牵连,于是他辞官归隐,传说他在骑青牛出函谷关前,写成了五千言的《道德经》。

《道德经》分上、下两篇:上篇开篇说"道可道,非常道;名可名,非常名",称《道经》;下篇开篇说"上德不德,是以有德;下德不失德,是以无德",称《德经》。老子长寿,相传一百余岁仙逝,他的思想被庄子传承,并与儒家和后来的佛家思想一起构成了中国传统思想文化的基本内核。

《道德经》是道家最重要的经典,要了解道家文化,首先要读《道德经》。老子以"道"解释客观自然规律,解释宇宙万物的演变,"道生一,一生二,二生三,三生万物"。在修身方面,老子讲究虚心实腹、不与人争的修持。在政治方面,老子主张无为而治、不言之教。在权术方面,老子讲究物极必反之理。

在老子的道家体系当中,他特别推崇一种东西——"水"。在《论语》当中能看到,孔子也喜欢观水,"子在川上曰:'逝者如斯夫,不舍昼夜。'"老子观水,和孔子不太一样,他对水不光有感慨,同时还将水的特性与人的自我修养结合起来,做了一个非常系统的总结,《道德经》记载:"上善若水。水善利万物而不争,处众人之所恶,故几于道。居善地,心善渊,与善仁,言善信,政善治,事善能,动善时。夫唯不争,故无尤。"

做人的最高境界,就像水的品性一样,泽被万物而不争名利,总是处于众人所不注意的地方,或者是细微的地方,所以是最接近道的。水,无色无味,在方而法方,在圆而法圆,无所滞,它以百态存于自然界,于自然无所违也。水为至善至柔,水性绵绵密密,微则无声,巨则汹涌,与人无争却又容纳万物。水有滋养万物的德行,它使万物得到它的利益,而不与万物发生矛盾、冲突。"居善地,心善渊,与善仁,言善信,政善治,事善能,动善时",这是我们需要向水学习的七个"善"功夫。

第一善:居善地。荀子在《劝学》中说,"君子居必择乡,游必就士",他强调了后天学习和自我修正的重要性,认为选择良师益友和有利于学习的环境,可以使人远邪近正、修身立德。所以如果你觉得自己不高明,就跟高明的人在一起,如果你觉得自己不深刻,就跟深刻的人在一起。在心理学中有一种说法,认为行为引导的关键在于"不要给自己提过多要求,而是要给自己创造相应的环境",其实这便是"居善地"的意思。

第二善:心善渊。心像深渊一样,深渊有什么特点?第一,静水缓流,不起波澜;第二,广大包容,深不可测;第三,不被沾染,有所坚守。我们的心也要像深渊一样清澈平静,不受外界环境的干扰与影响。

第三善:与善仁。水总是在成全万物,浇花花开,浇树树长,但是水有所求吗?无所求。所以,"与善仁"有两个最重要的状态:一是做什么事情都要有善良的动机,二是成全别人以后没有任何索取之心。中国人的哲学理念中有两个领域特别强调"与善仁"的精神,一是教育,二是医疗,一个治人心,一个治人身。在这两个领域中尤其不能存心机牟利的心思。

第四善:言善信。有句诗为"早知潮有信,嫁与弄潮儿"。水是讲究规律和规则的。潮有信,水该解冻的时候就解冻,该涨潮的时候就涨潮,该落潮的时候就落潮。一个人在和别人打交道的时候,必须重承诺,守信用,尊重规矩,说到做到,没有诚信的人是没有未来的。

第五善:政善治。"政善治"强调的是治理,而不是管制。大禹治水的故事包含着一个重要的历史经验。禹的父亲叫鲧,鲧治水的方法是造水坝,以土克水,但对于水来说,阻力有多大冲劲就有多大,坝有多高水就能涨多高,结果天下洪水泛滥。鲧失败后,他的儿子禹接替了父亲的工作,大禹认为,治水靠堵是不对的,治理洪水的关键是要做疏导。最终大禹通过疏导的方法取得了治水的成功。社会管理和国家治理也是如此,我们不能指望每个人都成为天使,但可以通过引导,让每个人都做出天使的行为。"政善治"强调的就是用引导和疏导的方法,用满足别人需求的方法,让众人都有积极的行为。

第六善:事善能。在人力资源领域,有一个重要的用人原则——人岗匹配。在团队管理中,我们不能要求每个人都是强者、高人,不能因为有人表现不好就排斥。尺有所短,寸有所长,团队中的所有成员,不论能力高低,只要能找到自己的角色,做出自己的贡献,他就有存在的理由。一个好的团队,如《西游记》中的取经团队,师徒五人角色不同,分工不同,各自发挥的作用也不同,要是人人都是孙悟空那就出大事儿了。所以,"事善能"指的就是要把合适的人安排到合适的位置上,使得每个人都能够做自己适合做的事情。

第七善:动善时。从决策的角度讲,"动善时"讲的是要抓住机遇、把握时机,在正确的时间和正确的人一起做正确的事。从哲学和修养的角度讲,"时"除了时间之外,还有三层意思:时运、时局、时势。时运所致,时局所成,时势所造。拳头收回来,再打出去的效果会更好,我们把这个叫作远见和高度。什么是远见?站在未来看现在。什么叫高度?站在整体看局部。"动善时"体现在个人身上,就是提醒我们不要急于求成,人生最高的修养是三个字——慢慢来。慢是一种态度,慢是一种能力,慢是一种境界。车跑得特别快的时候,如果急转弯,就可能出事故。我们都以为很多事太慢,其实春种秋收,十年树木,百年树人,慢了才正常,拔苗助长,太快了那就是灾难。

3.3 孔子的管理思想

儒家思想有自己的演变过程,从孔子到孟子,再到董仲舒,再到程朱陆王,儒家的思想内容、行为规范都有一些显著的变化。在这个演变过程中,朱熹的影响力非常大。学习儒家思想的第一步应该要回到孔子,回到《论语》。《论语》是记录孔子及其弟子言行的著作,孔子的一系列思想和主张都记录在其中,《论语》这部典籍里包含着丰富的管理思想,值得后人去思考和借鉴。我们对孔子管理思想的概述主要以这本著作为依据。孔子的管理思想可以概括为以下几个方面。

3.3.1 崇尚和的理念

"和"就是和谐统一。具有差异的事物组织在一起,相互协调、相互配合,就是"和"。北京故宫有三大殿:太和殿、中和殿、保和殿。从大殿的名称中我们即可看到古代的国家管理者对"和"的追求和向往。孔子主张"和为贵",明确提出"君子和而不同,小人同而不和"(《论语·子路》)。孟子进一步明确提出"天时不如地利,地利不如人和"(《孟子·公孙丑下》),把"人和"的理念推到管理准则的最高位置上。

那么如何实现这种"和"呢?在方法论上孔子又提出了"中庸"之道。中庸之道并非我们惯常所说的"老好人主义"。关键要理解透彻这个"庸"字,一般人往往认为"庸"代表的是平庸无能,没有作为。但在孔子提出的中庸之道里,"庸"字却是另一种解释。在儒家经典《中庸》一书中,开篇就解释了中庸:"喜怒哀乐之未发,谓之中;发而皆中节,谓之和。"所以"庸"是一种状态,一种不走极端、符合外在情势和内在规律的状态。中庸之道就是达到"和"的方法,以现代哲学的观点来认识的话,实际上是对度的把握。

这种对度的灵活运用是管理的极高境界,所以孔子说:"中庸之为德也,其至矣乎!民鲜久矣。"(《论语·雍也》)有一次子贡问孔子,子张和子夏比起来谁好一些,孔子评论说:子张做事总做过头,而子夏又总是做不到位。子贡追问:那子张是不是比子夏好呢?孔子明确回答:"过犹不及。"(《论语·先进》)孔子的观点是过头和不足一样不好,必须把握度,也就是体现中庸之道。在一系列关于为官、从政、治家、治国的言论中,我们都能找到这种强调度的理念和方法。

3.3.2 推崇仁的境界

"仁"是整个儒家理论体系中的一个核心概念。《论语》一书中有109处提到了"仁"。《论语·里仁》当中记载了这样一个故事。孔子坐在厅堂上,曾参经过他面前,孔子说:"曾参啊,我的学说是用一个核心的思想贯穿下来的。"(参乎!吾道一以贯之。)曾参点头说:"是的。"等孔子走了,同学们都围过来问曾参:"老师说的是什么呀!"曾参回答说:"老师的学说就是忠恕两个字而已。"

关于仁的内涵,孔子说得很明确,《论语·颜渊》记载:"樊迟问仁,子曰:'爱人。'"如何去实践呢?孔子强调在内为仁,在外为礼,内心的道德操守和外在的行为规范相统一就达到了仁的境界。仁者,人也,其核心是尊重和关爱人,义者,宜也,就是做该做的事,忠实地去职守与承诺。可以说孔门七十二贤中仁的典范是颜回，义的典范是子路。仁具体的实践方法也就是曾子所讲的忠和恕。关于这两个字的含义，孔子有很明确的解释："夫仁者，已欲立而立人，已欲达而达人"（《论语·雍也》），这就是忠；"己所不欲，勿施于人"（《论语·卫灵公》），这就是恕。也就是说，修炼思想境界最基本的方法和途径就是体现一颗善良正直之心，自己想办成的好事，也帮别人办成，自己不喜欢的，也绝不施加到别人的身上。达到这种境界的关键在于从身边的日常小事做起，坚持不懈。孔子说："仁远乎哉？我欲仁，斯仁至矣。"（《论语·述而》）

儒家的管理思想最大的两个特点：一是讲究度，二是强调伦理道德观念。《论语·为政》是专门讲国家管理原理的，开篇就讲："为政以德，譬如北辰，居其所而众星共之。"这段话道出了伦理道德的巨大价值，你有了仁德，就像天上的北斗星一样，满天的星辰都会围绕着你，听从你的指挥。所以修德是建立领导权威的关键所在，只有制度权力是不够的，必须有道德感召力。

3.3.3 以修养为管理第一课

为了实践仁的价值观，把握和的精义，管理者必须加强自我修养。儒家在修身方面的严格要求从孔子开始，至宋明理学时便更为严谨，这种严格自修产生了积极的作用，那就是培养了一批作风严谨、思想高尚的人才，但也产生了不少的弊端，琐细的修身与过度的自省消耗了知识分子大量的时间和精力，使整个民族的治学求知眼界日益内向，不但导致了实践兴趣的下降，而且制约了自然科学、工程技术、经营管理这种与实践相结合、具有实用倾向的理论的建立与发展。这也是一种思想走向极端时的不良后果，儒学的这种现象恰恰说明了儒家所强调的度（中和）的重要性。一种学说以自己的失足验证了自己坚持的原则的正确性，这个现象是颇耐人寻味的。

对于修身的要诀，孔子提出了五个字："温、良、恭、俭、让"。"温"就是温和稳重，不走极端，善于自控；"良"就是慈爱善良；"恭"就是态度恭敬严谨，无懈怠之心；"俭"就是节约；"让"就是谦逊。这五个字给我们刻画出了活生生的一个经典的儒者形象。五字要诀是有来历的，老子在《道德经》中讲："我有三宝，持而保之。一曰慈，二曰俭，三曰不敢为天下先。"对照一下可以发现，"温"和"良"大致相当于老子的"慈"，"俭"这一条孔子和老子都有提到，而"让"与老子的"不敢为天下先"相当。

孔子实际上继承和发扬了老子的理念。他在原有的"三宝"之外又加上了"恭"来强调为人处世的态度，分化出了"温"以强调性格的磨砺。修身是自我的净化。从古到今，英雄总是求功于外，期待战胜外力，而圣贤总是求功于内，期待战胜自我。"心魔难抑"，战胜自我确实是一条艰难的道路。大凡成功者，都是以顽强的意志力闯过战胜自我的一道道难关的。孔子强调在修身的主观努力过程中，要严于律己，宽以待人，"君子求诸己，小人求诸人"（《论语·卫灵公》）。君子总是严格要求自己，小人则是放宽自己而一再要求别人。律己修身的过程是一个学习加自省的过程。在学习上，要"三人行必有我师""温故而知新"，也就是说，要向同行学习，向周围的人学习，广泛吸纳别人的优点和长处，同时要读点历史，看些案例，多方了解成功与失败的事例，为自己正在做的事情提供参考依据。

孔子特别欣赏自己的学生颜回，认为他是一个不可多得的圣贤之才。在自我修养上，颜回有以下三大优点。

其一是安贫乐道。尽管家境十分贫寒,甚至温饱都成了问题,但是颜回依然孜孜不倦地追求学问,修养道德,并乐此不疲。试想我们大家一旦经济困难到一天只能吃上一大碗饭,这个时候有谁可以保持平和的心态在教室里津津有味地研究道德文章呢?

其二是思考的功夫十分过硬,可以举一反三,老师讲一点,他可以想到很多并能一一地去实践。

其三是日常修身功夫过硬,颜回能够做到不迁怒,不贰过。这两点是绝大多数人难以做到的。我们经常在受了委屈,或者心中有气后,会不自觉地对宿舍的同学、家里的亲人发无名火,至少要拍拍桌子、摔个茶杯,这就是所谓的迁怒。一个人要修养到不迁怒,心中有不快马上就控制住,在对人对事的态度上保持原样是非常不易的。而不贰过就更难了。不贰过是指相同的错误绝对不犯第二次。无论是在生活中,在学习知识的过程中,还是在工作岗位上,谁要是能做到不贰过,那一定会大有成就,哪怕是不四过、不三过也会有不小的成就。

修身的准则虽难,但也不是高不可攀。"虽不能至,然心乡往之",只要追求就必有收获。就例如爬山,山顶虽高,只要我们开始爬,即使到不了山顶,在向上的过程中亦可收获山中的物产,并且饱览山中景色。

3.3.4 在领导过程中要身先士卒

孔子强调,作为一个领导者,一定要"先之恭之",做到率先垂范、以身作则,"其身正,不令而行,其身不正,虽令不从"(《论语·子路》)。

无论是传播价值观和文化理念,执行规章制度,还是开展日常工作,领导者都要做出表率,切不可要求别人时理直气壮,而自己却根本达不到这个要求。

在管理风格上管理者要"惠而不费,劳而不怨,欲而不贪,泰而不骄,威而不猛"(《论语·尧曰》)。"惠而不费"就是要在追求组织目标的过程中,让下属得到实惠,为他们谋到福利,但是要注意节约,不可过分大方,大手大脚造成浪费。"劳而不怨"就是要调动下属,给他们安排任务,保持一定的工作量,但是安排的任务要适量,不能过分沉重,招致不满。"欲而不贪"就是要有进取心,对目标要执着,表现对完成目标的极大热情,但是切不可过分贪心。"泰而不骄"就是要自信,面对困难要有信心去完成它,并且要把这种信心传达给下属,但自信不要过头,自信过头变成自大就危险了。"威而不猛"就是要保持一定的威严,这种威严是靠修身以及建立相应的奖惩制度来支持的。威严不是表面上的声色俱厉、以势压人,很多时候,"吹胡子瞪眼睛"还不如一句话、一个眼神更有权威性的影响力。

3.3.5 十分重视人的因素在管理中的作用

首先讲人本,强调人是万事之本,做事都需要人,找到了合适的人,困难的事情也可以办成,找不到合适的人,容易的事也办不成。所以孔子说:"文武之政,布在方策。其人存,则其政举;其人亡,则其政息。"(《中庸》)

其次讲察人,"视其所以,观其所由,察其所安"(《论语·为政》),看一个人到底是什么样子,要看他的行为指向什么目的,这个目的背后的动机是什么,以及他现在的心态如何。通过这三点,就可以清楚地掌握一个人的品性。

最后讲用人。在用人上要有战略眼光,用人所长,而不是求全责备。有两个用人思想值得我们参考：一是强调赦小过，一些小毛病可以不计较；二是要举所知，用的人一定要是自己了解的人，使用自己的人，可以给他安排合适的职位，并实施有针对性的监督管理。不要过分拘泥于任人唯亲的担忧，而放弃可以长期合作的人。一方面要广泛挖掘贤才，多方观察他们，把他们纳入自己所知的圈子里；另一方面要把用人安排锁定在有所知的范围之内，以减少风险。

3.3.6 对待本职工作要保持良好的心态，恪尽职守

在《论语·公冶长》里，孔子谈到了两个人，一个是正面典型，另一个是反面典型。正面典型是"令尹子文"，令尹是楚国对相国的称呼，子文姓斗，是楚国名相，他三次做相国，三次被罢官，"三仕为令尹，无喜色，三已之无愠色"。这个人的修养已经非常高了，三次升官都没有喜色，不容易的是三次被罢官也不懊恼。而最难能可贵的是，"旧令尹之政必以告新令尹"，每次被罢官之后，他都认真地帮助新领导打开局面。这种超越个人荣辱沉浮的工作态度令人钦佩。

还有一个反面典型陈文子。他是齐国的大夫，他的同事崔杼杀了齐庄公。陈文子看不下去，就放弃财产、职务，离开齐国，可是到了一个新的国家，看了看，失望地说怎么和姓崔的一样啊，就又离开了。如此走了好几个地方。孔子觉得这样的人算得上"清"，但是还达不到更高境界。不同流合污，放弃财富与地位，远远离开固然很不容易，但更不容易的是担负起自己的责任，面对现实，改变现实。"与其诅咒黑暗，不如燃起蜡烛"。像陈文子这样为了个人名声，不做努力，逃避责任的态度是不可取的。

年轻人刚刚走向社会，步入职场，在为人处事方面应该注意哪些问题？应该如何处理人际关系？这个问题非常重要，而且也很值得探讨一下。笔者向大家推荐孔子强调的五个字，这五个字就是"恭、宽、信、敏、惠"，《论语》当中的原文是这样说的："恭则不侮，宽则得众，信则人任焉，敏则有功，惠则足以使人。"我们逐一来分析一下这五个要点。

一是"恭则不侮"，这里的"恭"指的是谦恭和低姿态。一般的解释就是为人谦恭，就不会受到羞辱，就不会出现名誉受损的现象。但实际上还有另一层深意，谦虚是一种信息加工方式，通过缩小自己，放大他人，能够看到真实的信息，做出正确的决策，这样就不会摔跟头，不会出洋相。相反，如果傲慢自大，放大自己，缩小别人，在这样的情况下，信息加工方式就会变形，决策就会扭曲，接下来就会做出一些可耻可笑的事情，当然名誉就会受损，就会遭受别人的蔑视和嘲笑。所以一个人在为人处事的过程中应该把握好平衡，水平要高，姿态要低，修养要厚，享乐要薄。

二是"宽则得众"，这里的"宽"是宽容的宽，宽厚的宽。与人打交道的时候要保持宽容之心，不能完美主义，不能求全责备，应该尽其所长容其所短，只有这样才能获得大家的支持和认可。在这方面我们经常强调的理念就是：优点可用，缺点可控，以缺为正。

三是"信则人任焉"，这里的"信"是信用的信，诚信的信。在与人交往的时候应该言行一致，说到做到。只有讲诚信，别人才会信任你，才会愿意和你合作。

四是"敏则有功"，这里的"敏"是敏锐的敏，敏捷的敏，意思就是只有勤勉高效才能有成就、有业绩。如果只有修养没有业绩，最终也不能得到大家的认可，也不能成就一番事业。一个人确实应该内外兼修，在内有德，在外有功，无论是工作态度还是工作方法都应该到位。我们经常说一句话，"打铁还需自身硬"，知识分子千万不要成为有境界没办法，空谈误国

之人。

五是"惠则足以使人",这里的"惠"是恩惠的惠,意思就是要有利他之心,懂得成全别人。有了利益要大家共享,这样别人才会支持你,听从你的指挥。要把这一点做到位,就要懂得围绕"需求"做文章,千里马不要草料,它要的是草原,但小毛驴要的就是草料。一定要先看需求后提要求,做到高低匹配,虚实结合,把物质手段和精神手段结合起来。

说到这里笔者有一个重要的建议:一个想成就一番大事业的人,应该在日常生活中培养一种习惯,就是养成在小事上成全他人的习惯。为别人让个路、开个门、刷个门禁卡,下飞机的时候空乘人员和你告别,懂得面带微笑说声谢谢,这些事情看起来是小事,但实际上都是修养的提升,能量的积累。

【小节案例】
搭班子离不开的四种人:替心的、替身的、替脸的、替手的

管理者开展工作的时候,身边离不开助手。太上老君身边有金角银角,镇元大仙身边有清风明月,宋江身边有吕方郭盛,这些年轻人跟在管理者身边专门负责跑腿办事,我们把这种角色称为替手之人,也就是代替管理者去处理一些小事,完成一些日常的事务性工作。在实际工作中,除了这种替手的角色安排以外,一个管理者身边还有几个角色也很重要,接下来我们就以水泊梁山的团队为案例进行分析。

宋江身边实际上有两个军师,一个是智多星吴用,另一个是神机军师朱武。大家会看到,真正做大事的人身边一定要有智囊文胆,例如,刘邦身边有张良,刘备身边有孔明,朱元璋身边有刘伯温,这样的高人最核心的任务只有一个,就是替管理者进行一些复杂的思考,进行一些战略的决策。往往管理者在提出问题之后,需要有人替他找到答案,替他进行判断。例如,孔明见到刘备的时候,就替他规划好了未来,"天下三分、两路北伐、孙刘联盟",有了这个战略规划,五十年的发展大方向都确定了,刘备就可以很省心了。

管理者身边的这种智囊型的角色,我们称为替心之人。替手之人是管理者的帮手,他们替管理者处理一些琐碎的事务。而替心之人是管理者的智库和智囊,有了这样的人,管理者自己就可以很省心。

当然,有了替手之人、替心之人还不够,还要有第三种人,就是替身之人。我们经常说"家有千口主事一人",作为一个主持大局的管理者,每天要处理的事务是很多的,往往会出现事务太多、分身乏术的情况,在这种情况下就得有一个人代替管理者出面。例如,基层分公司要搞一个盛大的表彰会,请集团公司的大领导宋江来参加,偏偏宋江要主持另一个会议,而且还安排了去水寨检查安全生产,所以他就没办法参加分公司的表彰会。在这种情况下,必须派一个人代替宋江前去参加,这个人要满足三个条件:第一是地位足够高;第二是威信足够高;第三是形象足够好。那么这个人选应该定在谁的身上呢?宋江一般都会选择水泊梁山的二把手,河北玉麒麟卢俊义,卢俊义完全符合前面讲的三个条件,所有宋江不能参加的会议、不能出席的场合,他都完全可以代表宋江参加,并且代表宋江讲话、表态。

除了以上的替手之人、替心之人、替身之人,宋江还会特殊安排一种角色,就是替脸之人。宋江本人出身微末小吏,他在职场上最高也就是做过押司,顶多是正科级的干部,而且他本人形象一般,面貌黝黑,五短身材,这样的形象,这样的资历,在接受采访的时候,在跟媒体打交道的时候,在参与公共事务的时候,特别是在跟朝廷官员进行交往的时候,当然是比

较被动的,是有局限性的。所以宋江特意选中了一个人,经常安排这个人代表自己进行外联工作,进行媒体工作,此人就是梁山好汉小旋风柴进。柴进不但形象好,而且有丰富的江湖经验、职场经验,特别是柴进有特殊的身份,他手里有丹书铁券,享受亲王级待遇,见官立地大三级。让这样的人负责外部联络工作,无论是面对媒体,面对社会团体组织,还是面对朝廷的官员,都可以在身份上取得优势,沟通交流起来,都是很主动的。而且柴进自己也非常有经验,跟三教九流的人打过交道,在说话办事上有分寸。实际上宋江让柴进担当的是"水泊梁山新闻发言人"角色,是帮梁山扬名露脸的,我们把这种人称为替脸之人。总而言之,管理者身边离不开四种人,替手的、替心的、替身的、替脸的,综合安排好这四种角色以后,效率就会提高,风险就会降低。

3.4 孙子的管理思想

《孙子兵法》共13篇(始计篇、作战篇、谋攻篇、军形篇、兵势篇、虚实篇、军争篇、九变篇、行军篇、地形篇、九地篇、火攻篇、用间篇),6 000余字,虽然这是一部以讲述战争规律为主的兵书,但是其内在的思想和理念却极具发展力,对各个领域都有借鉴价值。特别是在外部环境日趋复杂、竞争日益激烈的背景下,很多企业在经营管理的过程中都借鉴和参考了《孙子兵法》。

孙子名武,字长卿,是春秋末期齐国人,他生活的年代大致与孔子相同。孙武本姓田,因为伐莒有功,他的父亲被赐姓孙,孙武祖辈都通晓军事,后来齐国内乱,孙武逃到了吴国,在吴国都城姑苏(今苏州附近)过隐居生活,潜心研究兵法。公元前516年,吴王阖闾自立为王,任命伍子胥为大将军讨伐楚国,伍子胥深知孙武的才能,连续七次向吴王推荐。公元前512年,吴王终于召见了孙武,孙武带去了他的兵法13篇,深受吴王赞赏,于是被任命为将军。孙武当将军后和伍子胥三次伐楚,攻占了楚国的都城,又打败了越国,扩展了疆土,此后在中原地区大破齐军,威震中原,在黄地会盟诸侯,吴国取代了晋国的霸主地位。《史记·孙子吴起列传》中记载了孙武进谏吴王拜将斩姬的故事,为后人所称道。

《孙子兵法》主要的思想内容如下。

① 在战略上强调以谋略去战胜敌人,"上兵伐谋"(《孙子兵法·谋攻篇》),第一流的统帅总是会用计谋去战胜对手,而不是逞匹夫之勇,单凭武力是解决不了根本问题的。

② 孙子在《孙子兵法·始计篇》中明确提出,计谋的内容主要是:"五事"(道、天、地、将、法)、"七计"(主孰有道?将孰有能?天地孰得?法令孰行?兵众孰强?士卒孰练?赏罚孰明?)。强调要能因地制宜地进行部署,安排战斗。外界的一切因素都处在变化之中,绝不能生搬硬套,推行经验主义和教条主义。

③ 《孙子兵法·虚实篇》记载:"水因地而制流,兵因敌而制胜。故兵无常势,水无常形。能因敌变化而取胜者,谓之神。"强调对内、外部信息的全面把握。知彼知己,胜乃不殆;知天知地,胜乃不穷。

④ 在具体的战术技巧上,主张出其不意,攻其不备,避实就虚。《孙子兵法·兵势篇》记载:"凡战者,以正合,以奇胜。故善出奇者,无穷如天地,不竭如江海。"在战争中要巧妙地运用奇和正、虚和实等谋略,迷惑敌人,调动敌人,战胜敌人。

⑤ 打击敌人时要在整体的战略战术上抢占先机,掌握主动权,"善战者,致人而不致于

人",要使敌人陷于被动。掌握主动权的途径主要有以下几种。以逸待劳——《孙子兵法·虚实篇》记载:"凡先处战地而待敌者佚,后处战地而趋战者劳。"有备无患——《孙子兵法·九变篇》记载:"故用兵之法,无恃其不来,恃吾有以待之。"兵贵神速——《孙子兵法·九地篇》记载:"兵之情主速,乘人之不及,由不虞之道,攻其所不戒也。"

⑥ 战争的最高境界是不用流血暴力的手段而取得胜利,"不战而屈人之兵,善之善者也",能够利用各种政治外交的手段,利用谋略和智慧,以最小的代价获取战争的胜利才是最大的成功。

⑦ 要综合分析形势,判断局势。孙子在《孙子兵法·谋攻篇》中提出,影响战争胜利的因素有五个:"故知胜有五:知可以战与不可以战者胜,识众寡之用者胜,上下同欲者胜,以虞待不虞者胜,将能而君不御者胜。"

⑧ 好的统帅是事业成功的关键。一个好的统帅,要有智、信、仁、勇、严。智就是主将的智慧和谋略;信就是对外能取得领导者和百姓的信任,对内能取得广大官兵的信任,言必信,行必果;仁就是能够关心下属,能够关心士兵,爱护士兵,同时能够处理好军民的关系;勇就是勇敢,不怕困难,不怕牺牲;严就是坚定认真地执行组织的纪律,严于律己,一视同仁,不偏私,确保规章制度的落实。

【小节案例】

高人出点子,俗人过筛子,外人是尺子,敌人当镜子

东汉建安十二年,也就是公元207年,是刘备人生当中的转折之年,在这一年刘备下定决心,要三顾茅庐请诸葛亮出山。这一年刘备已经47岁了,在之前二十多年的创业过程中,他曾经屡遭失败,有人总结说他曾经"五易其主、四失妻子"。47岁的刘备寄人篱下,蜗居在新野小县,兵不过一万,将不过关张,地不过一县。在这样被动的情况下,他下定决心谦虚低调,礼贤下士,三顾茅庐请诸葛亮出山。

诸葛亮为刘备做了非常精彩的战略规划,确定了"东和孙权、西取巴蜀、北拒曹操"的方案,并且亲自过江来见孙权,促成了孙刘联盟的成功。可以说诸葛亮的出现扭转了刘备事业发展一路向下的趋势,刘备先占荆州,再取西川,再取汉中,终于登上了事业的巅峰。

所以我们看到,干事业一定要听听高人的思路和想法,这样就可以突破自己认知的局限,发现未知的领域,找到未知的路径。夷陵大战前夕,如果曹丕听了刘晔的建议,恐怕真的可以半年之内消灭东吴,改变历史。

进一步来说,仅有高人的想法还不够,完成具有挑战性的任务时还要听听俗人的想法。一个平常之人虽然没有高人的深谋远虑、高瞻远瞩,但是他有很多常识性的理念,有一些来源于生活,带着泥土气息的常识智慧。例如,三国故事"马谡失街亭"就反映了常识的重要性。如果马谡走了常识路线,依山傍水,当道扎营,后来的结局就可能完全不一样。听听高人的想法,可以避免犯高级的错误,听听俗人的想法,可以避免犯常识性的错误。人生的规律就是:在高级错误上摔跟头,往往还有机会挽回;但在常识性错误上摔跟头,往往就是跌倒了再也爬不起来。听完高人和俗人的想法,还要听听外人的想法。赤壁大战爆发的时候,黄盖前来诈降,曹操本人还有他身边的文臣武将都一片欢欣鼓舞,他们都觉得形势一片大好,肯定能消灭孙刘联盟。他们认为,孙权和诸葛亮都是二十多岁的毛头小伙子,周瑜无非三十岁刚出头,这些人怎么可能是豪杰霸主曹操的对手呢?

在这样的情况下,自负自大、主观偏见影响了曹操的理性分析。此时此刻如果有一个第三方的外人出现,帮着曹操分析一下黄盖投降的方式,还有约定的地点,让黄盖和士兵分开,不要携带武器,并且在我方指定的时间、地点前来投诚,那么可能火烧赤壁的事情就不会发生。所以我们可以看到,为人处事、完成具有挑战性的任务时,一定要听听外人的想法,这样才可以消除偏见和成见。

在听完高人、俗人、外人的想法之后,还有一种人的想法要关注,就是要注意对手的思路、敌人的想法。陆逊指挥东吴军队取得了"火烧连营七百里"的重大胜利,刘备狼狈地逃回了白帝城。接下来很多东吴的将领都主张乘胜追击,但是陆逊却选择了收兵停止进攻,而且孙权支持陆逊的做法,因为他们发现长江以北的曹丕已经开始调动军队了。站在曹丕的角度来看这个局势,他肯定希望西蜀和东吴两虎相斗,最终两败俱伤。现在曹丕调动军队,他肯定不是来帮忙的,按照博弈论的思路,敌人最希望我们做的事情就是我们不该做的事情,那敌人最不希望我们做的事情就是我们最应该做的事情。所以在这样的情况下,陆逊及时停止了进攻,并且将主力后撤,以防曹丕趁乱偷袭。

总而言之,要推动事业进步,完成具有挑战性的任务,一定要听听四种人的想法:一是听听高人的想法,这样可以发现未知的领域、未知的出路;二是听听俗人的想法,这样可以避免犯常识性的错误;三是听听外人的想法,这样可以消除偏见和成见;四是听听敌人的想法,这样可以避免掉进陷阱、走进死胡同。概括起来就是一句话:高人出点子,俗人过筛子,外人是尺子,敌人当镜子。

3.5 韩非子的管理思想

韩非是战国时期韩国的贵族,生活在战国末期,在他生活的那个时代,各国都进行过变法,中央集权的政治制度和法律制度都已经初具规模。韩非的老师是儒学大师荀子。韩非口吃,不善于言谈,在游说之风盛行的时代这是制约个人发展不可忽视的阻力。韩非忧国忧民,有着强烈的忧患意识和民族危机感,屡次向韩王上书,要求改革,但意见均未被采纳,于是他发奋写作,写出了《孤愤》《说难》《五蠹》《内储说》《外储说》《说林》等文章,提出了一套完整的"法、术、势"的理论。

后来秦王嬴政读到了韩非的文章,非常赞赏,为了得到韩非就发兵攻韩,于是韩安王就派韩非出使秦国,这样韩非就到了秦国。在秦国韩非不但向秦王讲解了自己的学说,还劝秦王攻打赵国,保存韩国。这一观点为李斯、姚贾等人陷害韩非提供了口实,使得很敬重韩非的秦王也产生了疑心,于是秦王把韩非投入狱中,不久韩非就在狱中被毒死了。

韩非认为,儒家推崇的仁义道德已经过时了,统治者要从人自私的本性出发寻求新的治国方法。春秋战国时期,在新兴地主阶级争权夺利的斗争中,法家学说逐渐成熟起来,其中有三位代表人物:商鞅重"法",主张用法作为富国强兵的工具;申不害重"术",推崇循名责实,以各种秘密的手段驾驭群臣,达到统治的目的;而慎到重"势",主张君尊臣卑,上下有别,令行禁止。韩非将这三人的学说融合在一起,又参考了儒、道的主张,从而提出了一套完整的"法、术、势"的理论。

3.5.1 "法"

韩非子主张立法原则有两条。第一条原则是必因人情,就是必须考虑人情,这是因为人的天性是自私自利,所以要根据这个天性来立法。把握了这个天性,就明确了赏罚标准。赏罚在法律中是非常重要的,所以韩非子在《八经》中说:"凡治天下,必因人情。人情者,有好恶,故赏罚可用;赏罚可用,则禁令可立而治道具矣。"他还强调,统治者有二柄——刑和德。所谓刑就是惩罚,德就是奖赏。一个统治者只有掌握刑、德二柄才能够统治天下。第二条原则是法不两适,指的是法律不能同时满足立法者和被管理者两方面的利益,必须从维护君主利益出发,排除对群众有利的一面,法律可以给臣民一些利益,但是一定要立足君主的最长远利益。

韩非子主张厚赏重罚。厚赏不仅仅是为了奖励一个人的行动,更是为了激励全国的人,调动所有人的积极性,引导全国的人按这个人的行为去做;重罚是为了有效地制止恶劣行为的滋生和蔓延,起到杀一儆百的作用。

3.5.2 "术"

韩非子认为要治理国家必须"法"与"术"相结合。他说"人主之大物,非法则术也"(《韩非子·难三》),"君无术则蔽于上,臣无法则乱于下"(《韩非子·定法》)。"术"包含以下几方面内容。

一是因能授官,也就是依据下属的能力授予人官职。

二是循名责实,这是"术"的要点。法家是典型的功利主义和实用主义,非常注重实物,循名责实是法家考察群臣的一个基本原则,强调表面情况和实质要互相加以验证,综合起来考察一个人,这就是所谓的"形名之术"。韩非子说君主要驾驭并约束好臣下,就一定要考察形和名是否相符,一定要看臣下说的话和他做的事是否一致。

三是"叁五之道",这是法家考察群臣言行的一个具体方法,主要意思是利用多方面的情况进行检查,以追究责任人的过失,利用多方面的情况进行分析,以找到取得成功的原因。不分析成功的原因,臣下就会轻慢君主,不严厉追究过失,臣下就会相互勾结。

四是在领导谋略上,要使用"七术",也就是七种策略。这七种策略是:①众端参照,就是通过多方面的观察来验证臣下的言行。②必罚明威,就是一定要惩罚那些犯错误的人来树立威信。③信赏尽能,就是在奖励方面一定要守信用,鼓励那些有才能和取得成果的人。④一听责下,就是一一听取臣下的意见,然后进行评判。⑤疑诏诡使,就是指君主表面上和一些人亲近,让他们长期在自己身边工作,但是不给他们分配任务,别人感觉这些人是得到了秘密指令,所以做坏事的人就会害怕,因疑心而不敢胆大妄为。⑥挟知而问,这是考察臣下忠诚度的有效手段,就是用已经知道的事情来询问臣下,看看臣下怎么说,用以对照核查臣下的态度,从而举一反三地了解许多隐情。⑦倒言反听,就是本来想说一件事情,但却说一件与本意相反的事情,以获得臣下的真实态度。

五是在管理过程中,韩非子强调要防微杜渐,从细节上消除消极因素。《韩非子·内储说》中提出了要查"六微"。管理中有六种微妙而隐蔽的情况:①权借在下,要防止权力分散和被架空,核心权力不可以借给别人,它是领导者独有的。②利异外借,要防备内外勾结,组织内的人由于和领导者利益不同会借助于外力来削弱和反对上级的领导。③托于似类,这是一种用相关的事情欺骗上级,掩盖事实真相以实现个人私欲的手段,必须加以防范。韩非子讲了一个齐国大夫夷射被杀的故事(详见后文),这是典型的小人栽赃陷害的例证,领导者一定要明察。④利害有反,就是利和害总是同时出现,有利必有害,有害必有利,所以若国家受害就要看谁从中得到了好处,如果臣下受害也要看谁从中得到了好处,通过审查利害就可以找到事情的前因后果,找到处理事情的关键所在。⑤参疑内争,权力斗争不可避免,而臣下争权夺利是产生变乱的根源,领导者对此要给予关注和控制。⑥敌国废置,敌对国家插手本国重要人员的任免这一点要极力避免,一旦中了圈套,后果不堪设想。

3.5.3 "势"

"势"是法家的一个概念,和兵家的有所不同。广义的"势"是指客观形势,狭义的"势"是指权势。韩非子非常重视"势",认为"抱法处势则治,背法去势则乱"。这里谈的"势",就是领导者通过法和术造成的一种权力形式。为了进一步说明这种"势"的重要性,韩非子作了一个比喻,千斤重的东西在船上可以漂浮自如,而小小的一枚铜钱,如果掉到船下就会沉入水底,根本原因不在于分量的多少,而在于有势与无势。同样的道理,治理一个国家能否树立权威、行使职权、获得下属支持,重要的在于领导者的地位与权势是否巩固。

得势的主要方法有两种:一是依靠"术"驾驭局势,管理下属。所以韩非子说:"凡人君之所以为君者,势也。故人君失势,则臣制之矣。"二是靠刑法,法律由上级制定,由下级执行,领导者只有牢牢把握赏罚的权力,才能确保"势"的稳固。所以韩非子说:"赏罚者,邦之利器也。在君则制臣,在臣则胜君。"正确的方法就是要"圣人执要,四方来效"。"圣人执要"是指要抓住要点、核心问题,而"四方来效"是指要善于授权,把细节方面的任务交给下属去做。

从总体上讲,韩非子的"法、术、势"实际上就是告诉领导者管理一个组织的核心问题是权力问题。"法"是权力的表现形式,"术"是权力的手段,"势"是权力的归属。要制定严明的规章制度,以及清晰和强有力的奖罚措施。规章制度和奖罚措施要明确,让每个人都看到,而且每次的奖罚都要公开,这样领导者下达的命令才有人服从,权力才能有效行使。同时,领导者要有一些技巧和计谋,这些计谋要做得恰当周密,不能让下属知道,以此保证其实施的效果,这样才能够控制局面,掌握下属的言行,发现问题并及时解决,确保管理顺利进行。此外,领导者一定要懂得树立自己的权威,牢牢地把核心权力控制在自己的手中,确保自己的领导地位,要善于利用环境去造势,然后因势利导,去管人做事,从而实现自己的宏图大业。

【小节案例】

"盆水杀人"的故事

《韩非子·说难》记载,春秋时期,齐王手下有位大臣叫夷射,夷射和齐王是好朋友。一天晚上齐王闲来无聊,把夷射叫进宫来喝酒。秘制的御酒美味无比,清冽甘醇,君臣二人推杯换盏,逐渐都有了醉意,不知不觉喝到了后半夜。夷射起身告辞,齐王很贴心,特意给夷射带了一大葫芦御酒,让他带回家品尝。夷射晃晃荡荡走到宫门,发现大门已关。夷射拍打门环喊人开门,耳房里值守的是一个爱喝酒的老大爷,他发现夷射腰上挂着大酒葫芦,装满了美味的御酒,忍不住说:"大人,您的酒那么多反正也喝不完,能不能分一点儿给我尝尝啊?"夷射很傲慢,不仅没分酒,还哼了一声,然后一甩袖子就走了。

看门人暗想:"瞧不起我是吧,看我给你来一招狠的!"于是,看门人从屋里端出一盆水,看左右没人,把这盆水对着墙角一泼,然后回去睡觉了。这盆水要了夷射全家的命!

冬天很冷,第二天早晨泼水的墙角结了一个大冰坨。古人都非常迷信,齐王上朝,走到正门口看见有一个冰坨,当场就急了,立刻把晚上值守的人都叫来,黑压压跪了一大片。齐王愤怒地说:"你们快说!这冰坨怎么来的?说不清楚都杀头!"这时看门人跪爬两步说:"大王,我知道。昨天晚上后半夜,夷射大人喝得酒气熏天,让我给他开门。夷射酒后无德啊,我给他开门的时候,他要小便,自己跑到墙角解开裤子对着墙根站了会儿,今天早晨就有了这么个冰坨。"齐王一听,恨得咬牙切齿,立刻下令将夷射满门抄斩!

韩非子讲完这则故事后提醒人们:龙眼无恩,小人要防。实际上这个案例中最深入的一个问题就是夷射自己说话没有分寸,太过傲慢粗暴,拒绝是有方法的。夷射不讲方法,还讥讽别人,结果导致了灾难的发生。在拒绝别人的时候要注意:第一,尊重对方;第二,解释苦衷;第三,指明出路。把握好这三个基本点,良好的拒绝是不会引发冲突的。

3.6 鬼谷子的管理思想

先秦诸子之中,鬼谷子是最富有传奇色彩的一位,我们不了解他的生平,找不到有关的文献,自西汉以来,人们对鬼谷子不断地进行研究和考证,演化出各种说法,真伪难辨,众说纷纭。从确凿的史料《史记》中,只能找到两句有关鬼谷子的话,一是《苏秦列传》中讲到苏秦"习之於鬼谷先生",二是《张仪列传》中讲到张仪"始尝与苏秦俱事鬼谷先生,学术"。鬼谷先生的大名是与苏秦、张仪二人的功绩一起著称于世的。苏秦、张仪二人合纵连横,游说诸侯,天下为之巨变,苏秦挂六国相印,张仪定大秦一统之基。白手起家的两个书生可以把事业做到如此程度,世人在赞叹的同时,愈加觉得二人背后的老师鬼谷先生真是高深莫测。

今天我们看到的《鬼谷子》一书是苏秦所著(一说王诩著),此书分三卷十七篇,亡佚两篇,现存十五篇,是以社会政治斗争实践为基础,把经验和感悟系统化、条理化而成的智慧成果。《鬼谷子》是一部游说的书、战略的书、谋略的书,也是一部外交的书、政治的书、军事的书,其中包含许多闪光的智慧、精妙的技巧。本节主要介绍其中五部分的内容,如下所述。

3.6.1 箝术

箝术的叙述主要集中于第五篇《鬼谷子·飞箝》。箝术是权衡局势、控制局面的谋略,关键点是要因势利导。在运用箝术的过程中,要能够保持清醒的头脑,做出敏锐的分析,"立势而制事,必先察同异之党,别是非之语,见内外之辞,知有无之数,决安危之计,定亲疏之事,然后乃权量之"。

箝的妙术分为三步:飞箝、钩箝和重累。

飞箝为第一步,指在控制对手的过程中,要先研究他的心思,看他喜欢什么、讨厌什么,投其所好、顺其心意而探查他的底细,然后就可以为己所用了。

三国时代,诸葛亮和姜维先后出祁山进兵中原,两人都屡次威胁到曹魏政权,但都屡次被化解。其中的关键因素有两个:一是他们都遇到了旗鼓相当的对手,诸葛亮遇上了司马懿,姜维遇上了邓艾;二是两个人的背后都有位不争气的皇帝——后主刘禅。四出祁山的时候,形势最好,几成大功,在关键时刻司马懿分析形势,发现了蜀后主耳软心活、爱听信谗言的弱点,也发现了他自身无才无德无功,当上皇帝后心里发虚的心理状态,于是就派蜀国的降将苟安回到成都大造谣言,说诸葛亮拥兵自重,有不臣之意。这下后主心慌了,一道圣旨调诸葛亮回成都,大好的局势白白葬送,诸葛亮也只能仰天长叹。

到了姜维时代,他与邓艾数次交手都未讨得便宜,后来终于苦心经营困住了邓艾,危急时刻,邓艾想出了钳制姜维的良策。他看到后主宠信宦官黄皓,而黄皓就是一个贪心好利的小人,于是他派人以重金拉拢黄皓,让黄皓进谗言,说姜维有反心,会危及皇帝的宝座。后主一听又信了,千里之外急调姜维回成都,大好的局势再次葬送,姜维也只能像自己的老师诸葛亮一样仰天长叹。

钩箝是箝术的第二步。《鬼谷子·飞箝》记载:"钩箝之语,其说辞也,乍同乍异。……其用或积财货、琦玮、珠玉、白璧、采邑以事之,或量能立势以钩之,或伺候见涧而钳之,其事用抵巇。"对飞箝飞不中的,就要耐心琢磨,寻找机会,应用各种手段引诱对方,最后达到控制的目的。

商帝辛五十一年(公元前1025年),纣王囚禁了西伯侯姬昌,也就是后来的周文王。姬昌的手下非常着急,最后想出了一个办法,纣王有个宠臣费仲,是个贪利小人,于是散宜生、闳夭等人就收买和拉拢了费仲,然后通过费仲向纣王献上了美女、骏马和各种宝物。和费仲一样,纣王也是个好色贪利之徒,面对厚礼大喜,说道:"这么多好东西,有一件就足以释放西伯侯了,何况是送来这么多!"于是姬昌重获自由,逃离了危难。

箝术的第三步是重累。重累实际上是以某种利害攸关的手段威胁对手,以达到控制的目的。这是在飞箝不利、钩箝无效的情况下抛出的一记重拳。

吴起是魏国的大将,是历史上有名的军事家、政治家,后来因为遭到国君的猜忌而投奔楚国,做了楚国的相国,并在楚国推行改革,特别是取消了世袭制。改革措施伤害了公卿贵族的利益,一大批贵族心中非常恨吴起。楚悼王一死,尸骨未寒,贵族们就联合起来追杀吴起。吴起逃到楚悼王停灵的地方被贵族包围起来,在走投无路之下,吴起心知必死,就伏身于楚悼王身体之上,终被乱箭射死。吴起被射死了,楚悼王的"万金之躯"也中了几箭。悼王的儿子肃王即位之后,马上就开始追查胆敢箭射先王的反叛者,结果七十余家贵族被灭门。吴起用重累的计谋,在身死之后为自己报了大仇。

3.6.2 揣术

揣术与后文的摩术是苏秦最为得意的谋略。揣术就是探求实情的谋略。《鬼谷子·揣篇》记载:"量权不审,不知强弱轻重之称,揣情不审,不知隐匿变化之动静。"

清帝康熙即为揣术大师。在清代第二政治中心承德的避暑山庄,有一座康熙亲自命名的建筑——四知书屋。"四知"是指"知柔、知刚、知微、知彰"。这八个字深得揣术精要。史家称清帝治国是外用儒术、内用黄老,实际上还应该把纵横家的权谋加上。清兵入关之初,天下有三股势力,即残明势力、清廷势力和农民起义势力。在此形势下,清廷上层颇重三国,很多人悉心研究三国时期的谋略战术,为统一天下找到了许多好点子。关于揣术的具体技巧,《鬼谷子·揣篇》中明确指出:"揣情者,必以其甚喜之时,往而极其欲也,其有欲也,不能隐其情;必以其甚惧之时,往而极其恶也,其有恶也,不能隐其情。"对于那些情绪并不外露的人,要迂回包抄,这样也可以得到实情。

3.6.3 摩术

摩术是了解对手心理状态和行为态度的谋略。

善于摩术的人一方面能准确地把握对手的态度,因情而用,因势利导,另一方面又能巧妙地隐藏自己。"古之善摩者,如操钩而临深渊,饵而投之,必得鱼焉。"这是说在摩人时要善于以饵得鱼,利用诱导之术。"主事日成,而人不知,主兵日胜,而人不畏也。"这是说事情成功了,人们只见到成功的结果,却不知道是怎么做到的;战斗胜利了,人们只见到胜利的成果,却没有见到武力强大、攻杀凶猛。

所以,鬼谷子提出了领导者做事的一个准则:"圣人谋之于阴,故曰神;成之于阳,故曰明。"在统领众人、把握局势的过程中,要善于利用同类相感、内外呼应的原理。"故物归类,抱薪趋火,燥者先燃;平地注水,湿者先濡。"

司马穰苴在初次担任齐国统帅时,为了树立个人权威,就巧妙地利用了这一计谋,利用斩杀齐王宠臣监军庄贾的谋略而达到了目的。

3.6.4 权术

权术就是判断对方的个性,选择恰当言辞的谋略。

言语的要义是有针对性,《鬼谷子·权篇》记载:"故与智者言,依于博;与拙者言,依于辩;与辩者言,依于要;与贵者言,依于势;与富者言,依于高;与贫者言,依于利;与贱者言,依于谦;与勇者言,依于敢;与过者言,依于锐。"

言语辞令还要有重心,"故言多类,事多变。故终日言,不失其类"。特别是要注意舆论的作用,要学会依据形势制造舆论,为自己所用,同时对谣言、流言、妄言、污言要有心理防范,并且采取一些有针对性的措施防患于未然。

3.6.5 谋术

谋术就是策划事情的谋略。谋事之术大抵有三。

其一是善于积累成功因素,循序成功。《鬼谷子·谋篇》记载:"故为强者积于弱也;为直者积于曲;有余者积于不足也;此其道术行也。"这一论述与黄老之学的清静无为、知白守黑的观点可以说是一脉相承。《道德经》记载:"曲则全,枉则直;洼则盈,敝则新。"汉文帝是谋术的实践者和受益者。吕后当权时,文帝刘恒为代王,身处边塞之地,谨言慎行,宽厚仁和。吕后在赵王刘恢自杀后,几次想让刘恒当赵王,但却被刘恒推辞了,刘恒表示自己愿意留在代地镇守边疆。后来,诸吕被诛,大臣们讨论谁来做皇帝,当时的齐国是首先扯起反吕大旗的,但大家都觉得刘恒仁孝宽厚,宜立为帝,于是刘恒就被迎到长安当上了汉文帝。

其二是掌握主动权。《鬼谷子·谋篇》记载:"事贵制人,而不贵见制于人。制人者握权也,见制于人者制命也。"唐代的名相姚崇身患重病,临终时他把儿子叫到床前,对儿子说:"我和丞相张说久有不和,我死之后他必会对你们下手。我们家要对此早作防范。张说十分喜好宝玉,我死之后,你们要把家中珍藏的珍奇宝玉陈列于我的灵前,他来时若是目光留意这些宝玉则你们还有救,要是看也不看那就没救了。要是他看这些宝玉,你们就拣他喜欢的送给他,并请他来写我的墓志铭。他写好后,你们要以最快的速度呈报给皇帝,然后刻制碑文,办完了就安全无忧了。"不久姚崇去世,吊丧的时候,张说果然目光不离宝玉,姚家就把宝玉送给了他,并请他来写碑文,张说兴致很高就写了。过了几天,对宝玉的新鲜劲儿下降了,张说开始后悔了,觉得不该写赞颂仇敌的碑文。但手下人告诉他,此碑文姚家已经上报皇帝,皇帝看过后已刻成碑文了,木已成舟,没有挽回的余地了。由于皇帝亲自审定了张说撰写的赞美姚崇的碑文,所以之后张说也就没办法再改口去诬陷姚崇了。

其三是善于利用形势,因地制宜,通过制造迷惑行为而达到目的。《鬼谷子·谋篇》记载:"摩而恐之,高而动之,微而证之,符而应之,拥而塞之,乱而惑之,是谓计谋。"晋明帝刚刚当上皇帝不久,大将军王敦密谋造反,时任大将军左司马的温峤想回都城去向晋明帝报告情况,于是他向王敦告假并获得了批准。但让人头痛的是,王敦手下有一位谋士钱凤,此人足智多谋,温峤担心钱凤不但会阻止自己离开,而且会建议王敦杀害自己,于是他心生一计,走之前宴请同僚。在酒席上,温峤故意向钱凤敬酒,酒杯极大,钱凤当然不从,于是温峤就装醉,痛骂了钱凤。第二天,知道温峤要走的消息后,钱凤果然劝王敦不要放了温峤,为防止温峤泄密,应该杀了他,但王敦笑道:"你是因为昨天在酒席上和他争吵过,心怀怨恨,所以才这样说吧。"王敦最终还是放走了温峤,温峤得以顺利返回都城向晋明帝报告消息。

【小节案例】
"毕竟西湖六月中"背后的故事

杨万里,字廷秀,号诚斋,南宋吉州吉水(今属江西省)人,绍兴进士,官至秘书监,南宋著名爱国诗人,初学江西诗派,后转以王安石及晚唐诗为宗,最终脱离了江西、晚唐窠臼。杨万里与陆游、范成大、尤袤齐名,世称"中兴四大家"。在诗歌创作道路上,他由师法古人转变成师法自然,其风格具有新、奇、活、快等鲜明特色,在南宋独树一帜,被称为"诚斋体"。

同时,杨万里也是一位颇有成就的散文与骈文作家和哲学家,其哲学思想主要体现在耗时 17 年所创作的《诚斋集》一书中。《诚斋集》共 133 卷(亦有 130 卷和 132 卷之说),多半是散文与骈文。以体裁而论,其中包括赋、表、疏、状、启、笺、书、序、记、传、碑、铭、赞、祭文、尺牍等。该书成书之初,就产生了相当大的影响。宋代书肆曾将它与程颐的《伊川易传》并刊以行,称《程杨易传》。《诚斋集》存诗 4 200 余首,包括杨万里各时期的诗作,其中不乏许多脍炙人口的名篇佳作。

"毕竟西湖六月中,风光不与四时同。接天莲叶无穷碧,映日荷花别样红。"这首诗名为《〈晓出净慈寺送林子方〉其二》,是杨万里的代表作。一直以来,该诗被认为是对西湖风景描写最到位、最贴切的作品,作为描写西湖的代表诗作被广泛传诵,并成为杨万里工于写景、喜爱描绘花卉的七律的明证。与此同时,该诗作为一首著名的送别诗,成为见证杨万里和林子方深厚情谊的作品。然而,当以现代的管理眼光来重新审视这首诗时,会发现其中含有更深层的含义。

林枅,字子方,福建莆田人,出身名家,为莆田"双阙林氏"(阙下林氏)族人,阙下林氏为始祖林攒之后。林子方于绍兴二十一年(1151 年)中进士,历任秘书省正字、广东转运判官、福建路转运判官、吏部郎中等职务,政绩显著,并且有《林子方诗文集》20 卷存世。林子方与杨万里交情深厚。林子方考中进士后,曾担任直阁秘书,就是负责给皇帝草拟诏书的文官,即皇帝的秘书;时杨万里任秘书少监、太子侍读。从官场的职位等级上来看,杨万里是林子方的上级。由于志同道合,两人经常聚在一起畅谈强国主张、抗金建议,一同切磋诗词文艺,一唱一和,互视对方为知己。南宋淳熙十五年(1188年),林子方被调离皇帝身边,赴外地任职,在送别林子方的时候,杨万里写下了这首著名的诗篇。

当时,林子方在中央的馆阁任职,馆阁制度是宋代特殊的官制之一。馆阁是宋代的国家藏书机构,同时具有访书、购书、抄书、藏书、借书以及对图书的编目、校勘、修撰等各项职能。馆阁还拥有另一个重要职能——储养人才,既"蓄天下之图书",更以之"待天下之俊贤"。可以说,馆阁是天下人才汇聚之地,皇帝从这里直接选人用人,此机构的人才很容易被选任为国家要员,宋代馆阁号称"图书之府"和"育才中心",与国家政治和文化生活息息相关。"名卿贤相,多出此途,得人之盛,无愧前古。"

宋朝出身于馆阁的著名政治家比比皆是,如欧阳修、司马光、王安石等。这也就有了欧阳修"自祖宗以来,所用两府大臣多矣,其间名臣贤相出于馆阁者十常八九也"之说。由于馆阁的特殊地位,因此其职位是为天下人所倾慕和向往的。从现代管理学的角度来看,林子方作为核心人物的秘书,级别虽低,但是位置特殊,可以说是身居要职,他不仅能建言献策展示才华,还掌握着许多重要的、机密的、核心的信息,拥有丰富资源,同时也能够得到其他重要官员的尊重,只要时机成熟一定会有更大的发展。

《晓出净慈寺送林子方》一共两首,写于淳熙十五年(1188年),不仅很好地表达了对友人的惜别之情,同时也隐含着对友人仕途发展的规劝,该诗用了"春秋笔法",以写景的方法述说作者对林子方离别京师赴任地方的看法。

当得知被委派到福州上任时,林子方非常高兴,而时任秘书少监、太子侍读的杨万里,作为林子方的上级和好友,为了他的前程着想,却并不愿意让林子方离开。他想劝告林子方慎重考虑去福州赴任,期望朋友能够明白留在首都、留在皇帝身边才有更大的发展空间。但是,在古代,人们一般不直接表明自己的意思。由于中国的传统文化讲究含蓄,特别是在那个纷繁复杂、暗流涌动的封建时代,他只好使用"春秋笔法"含蓄地向好友表达自己的观点。于是,此诗便诞生了。从现代管理学的角度来看,它并非简单地写景抒情,还包含着对友人职业生涯发展规划的规劝。

"毕竟西湖六月中":全诗开头使用"毕竟"一词,一语中的地道出了杨万里迫切的心情,"西湖"则指代南宋首都临安府(今浙江杭州),而农历的六月是杭州最热的时候。因此,这句话是在告诉林子方:你毕竟是在国家的首都,工作于政治中心,伴随在皇帝的左右,这是一个最有资源、最有实力、最炙手可热的位置,在官场,重要的是关系、人脉、资源的占有,这里能够为你的仕途发展提供天时、地利与人和。

"风光不与四时同":"四时"并非指季节和时间,而是暗指首都以外的其他地方。这句话直接说出了对林子方赴任福州的看法:在皇帝的身边,远比去其他地方要前途远大、前景光明,福州不仅远,而且地方小,虽说现在可以升职,看似职位较高,但是地方官员不同于中央官员,不但资源少,而且升迁会很慢,比起偏远地方,皇帝身边是最好的选择。

"接天莲叶无穷碧":"天"指的是天子、皇帝,此处指当朝皇帝宋孝宗;"接天"指的是有机会和皇帝保持密切的沟通;"莲叶"喻指林子方;"无穷碧"指前途远大。这句话是说:虽然现在你林子方只是一个小小的秘书,是一片普通的小荷叶,但是由于你是皇帝的秘书,是皇帝身边的人,能和皇帝密切沟通,所以前途不可限量。

"映日荷花别样红":在这里"日"也指皇帝,"映日"指的是接受大领导的直接指挥,以领导的名义安排工作,"荷花"亦指林子方。这句话的意思是:在皇帝手下工作,有大领导的直接授权,只要做出了一点点成绩,周围的人就会特别认可,个人表现就会特别突出,红起来就是"别样红",有了"无穷碧"和"别样红",为什么要去偏远的外地任职呢?不要去了,留在首都,个人的发展前景不可限量,一片光明!

很显然,在这首诗的前两句当中,杨万里提出了对林子方赴任地方的建议,不希望他去地方任职,而诗的后两句是对该建议的解释。整首诗的核心内容就是劝说林子方不要离开现有的岗位,继续做皇帝的助手,进一步积累资源和影响力,这要比去做地方的小领导前途好得多。林子方是有一定工作能力的,例如,南宋政治家、文学家周必大评价他:"故人林子方,才高而守正,吏事号强明。"杨万里是林子方的上司,他很了解林子方的为人和工作能力,并且两人关系甚密,所以提出了这样的建议。对于林子方而言,最重要的是积累职业发展资源,最好的途径莫过于接近皇帝并与其保持深度沟通。

可惜,杨万里的一番苦心林子方并没有领会到,重要的职业发展机遇就这样被林子方错过了,遗落在西湖美丽的荷花荷叶之间,遗落在优美的诗句和充满玄机的历史背后。

从这首诗当中,我们可以看到,杨万里在向林子方强调一件事情,就是"接天"和"映日"对于个人发展的特殊意义与价值,杨万里规劝林子方必须把握住自身所处的有利位置,只要兢兢业业地工作,将来肯定会大有前途。透析这首诗的春秋笔法,可以看出以作者为代表的中国本土管理者对于管理工作的理解,资源就是资格,位置造就机遇,而平台会从各方面深刻影响一个人的发展。

【本章小结】

总体来讲,中国古代管理思想可以分成两大类:一是"道",二是"术"。好的领导者一定要内外兼修,道术结合。大德始于自制,大智莫若知人。

我们可以从四大关系的角度来分析传统文化中的管理智慧,儒家关注人和人的关系,道家关注人和自然的关系,法家关注人和规则的关系,佛家(禅宗)关注人和自我的关系,本章从四大关系的角度出发,呈现了中国古代管理思想的基本面貌,介绍了老子、孔子、孙子、韩非子、鬼谷子的核心管理思想。

【综合案例】

好领导要做"送公明"

《水浒传》描写了梁山一百〇八位好汉聚义的故事,在众多好汉中,宋江无论是形象、背景,还是业务能力,都很一般,但他却坐稳了头一把金交椅的位置。宋江无疑是个成功的领导,那么他带队伍的秘诀是什么呢?可以概括为三个字——"送公明"。干事业,最要紧的是聚拢人心,群策群力。而要聚拢人心,最基本的事情是关心需求、满足需求,核心就是一个字——"送"。

送的要领:一是要送得贴切,人各有所求,各有所好,要因人而异,该给钱财的给钱财,该提拔的提拔,该给荣誉的给荣誉;二是要送得大方,对有贡献的人要充分回报,这样才能让大家奋勇争先;三是要送得及时,奖赏之事,不可拖延,拖延了不但会降低激励效果,而且会寒了众人的心。

在满足需求的过程中,还有以下两个关键的注意事项。

一是要"公",公正无私。当年汉高祖刘邦定了天下,开始封赏功臣,整个长安吵得乱七八糟,大家都在争功抢功,稍不留神就可能出大乱子。此时刘邦向谋士张良咨询,怎么才能控制住局面。张良建议刘邦要先封雍齿。雍齿是刘邦的老部下,也是刘邦曾经的死对头,他曾投降项羽,给刘邦造成了巨大损失,刘邦曾咬牙切齿地说,等得了天下第一个就把雍齿烹了解恨。张良是这样解释的,天下人都知道主公最恨雍齿,现在先按照业绩封赏雍齿,所有的功臣都会看到主公是绝对公平的,连雍齿这样的仇人有贡献都会受封,更何况别人呢?这样大家就不会再争抢了,局面就稳定了。于是刘邦封了雍齿,果然争吵和混乱很快就平息了。公平公正给待遇,慷慨奖励曾经的对头,这就是"公"的威力。

二是要"明",明察秋毫。东汉光武帝刘秀打败了王莽,收服了各路豪强,统一了天下。论功行赏的时候,功臣们也是吵得乱七八糟。这个时候有一个人与众不同,此人就是功臣冯异。每次其他人争功的时候,冯异都不参与,而是自己一个人安安稳稳地坐在大树之下。刘秀赞叹冯异真是"大树将军",于是刘秀就先封赏了冯异。这件事做完之后,争吵消失了,局面平稳了,因为众人发现连最默不作声的人都得到了应有的回报,说明领导是明察秋毫的,一定是把什么都看在眼里、记在心里了,吵也没有用。保持洞察力,及时奖励默默无闻做贡献的人,这就是"明"的威力。

思考:宋江带队伍、当领导的主要行为模式是什么?

【本章习题】

1. 司马谈对诸子百家的基本评价是什么?
2. 《论语》当中提到看人要看哪三个要点?
3. 《孙子兵法》强调的管理者的五个基本素质是什么?
4. 韩非子管理思想的三个核心要点是什么?

计划篇

第4章 决 策

【学习目标】

- 掌握决策的相关概念及理论知识
- 熟悉决策过程的步骤
- 了解管理者的决策方式
- 明确决策的类型与决策条件

【本章关键词】

决策、决策过程、决策类型、决策条件、决策风格

【导入案例】

薪酬体系的决策

有一家在同行业中处于领先地位、专注于高素质人才培养的高科技产品制造企业,不久前,两位聪明能干的年轻财务经理提出辞职,而后到一家薪酬较高的竞争对手公司工作。事实上,这家公司的财务总监几个月前就曾要求公司给这两位年轻人加薪,因为他们的工作表现很出色。不过,人事总监认为,按照同行业的平均水平,这两位年轻财务经理的薪资水平已经相当高了,而且加薪规则是公司根据职位、年龄和资历而制定的,他们没有达到加薪规则规定的水平,所以,拒绝加薪。

公司里的人谈论了很多关于这次辞职的事情。有人说,虽然两位年轻人的薪酬绝对金额高于行业平均水平,但他们的表现如此出色,没有更高的薪酬水平,很难让人满意。同时,也有人质疑,公司的人事总监和了解下属业绩的财务总监是否应该对本部门员工的薪酬行使最终决策权?公司建立了明确的薪酬体系,但这是否符合公司聘用和留住优秀人才的要求?这二者需要相匹配吗?公司应该制定专门的制度来吸引优秀人才,还是应该让那些干扰现行制度的人离开?

这些讨论引起了公司总经理的注意。他协调人事部,组织生产、销售、财务等各部门人员组成专案组,广泛征求各部门员工对公司薪酬计算方式的意见,并在总经理办公会上提出了多套方案,供将于下个月举行的讨论决策会议使用。

(案例改编自:https://www.docin.com/p-71267787.html)

思考：什么是决策？假如你是案例中的人事总监，你会怎么做？

4.1 决 策 概 述

4.1.1 决策的定义

决策是人们为了达到一定的目标而制订两个或两个以上的行动计划，然后选择计划并为实施计划做准备的活动。它是一个提出问题、分析问题、解决问题的过程。决策主要包括以下特点：决策是行动的基础；决策有明确的目的；决策有两个或两个以上的可行选择；决策需要因果分析和综合评估；决策必须经过择优选择的过程。

决策是管理者从事管理工作的基础，在管理过程中，管理者会面临各种各样的问题，它们都需要管理者加以解决。

决策是管理的首要职能，决策的正确性和科学性对管理活动的成败起着决定性的作用，直接关系到企业或组织的生存和发展。在实际企业管理中，往往最大的错误来自企业的决策错误，因此，掌握科学决策的理论和方法是提高管理效率和效益的基础。

【知识拓展】

赫伯特·西蒙（Herbert A. Simon）认为，决策、管理和规划是一回事。他经常把决策、管理和规划这三个词交换使用。他说，全部决策就是管理的过程，管理就是如何决策的过程。规划过程也是决策过程，无论问题大小，如一个社会规划问题，或一个产品规划问题，都是决策问题。在一家企业中，除了工人以外，从经理到工长都面临着决策问题。

4.1.2 决策的要素

无论是何种决策，都包含决策最基本的构成要素。决策的要素主要有决策者、决策目标、决策理论与决策方法、决策备选方案、决策环境、决策结果。

1. 决策者

决策者在整个决策过程中起着至关重要的作用。决策者与群体决策和个人决策相对应，可以是一个群体，也可以是一个孤立的个体。在当今社会的决策活动中，决策者多为群体。决策者的水平对决策结果起着决定性的作用，因此，决策者应该具备较高的素质。在整个决策过程中，决策者要善于调动全体成员的积极性，使他们能够发挥各自的优势，进而使决策结果达到最佳水平。在处理突发事件时，决策者必须适应变化，并在处理问题的过程中具备一定的技巧。

所谓的技巧主要包括组织才能、联络才能、社交才能等。组织才能是指决策者应能很好地统合与协调内部成员的关系；联络才能是指决策者必须具有将决策团体与外界环境融合的能力；社交才能是指在社会交往过程中决策者应该表现理性而非感性。

员工在现代决策分析的过程中也起着重要的作用，管理者更应该注意权力的下放。高度的集权已经无法满足现代决策分析的要求，只有适当地将权力下放给底层管理人员，甚至员工，才能充分激发成员的积极性。员工的工作热情高涨，企业的竞争力才会稳步加强。有的公司甚至已经提出了这样的口号——员工就是决策者。

决策者在制定决策的过程中,还要充分重视直觉的作用。直觉决策是一种潜意识的决策方法,它的基础是决策者以往积累的经验。直觉决策应该与理性决策相互补充。有些决策者对特定情况或事件有着非常丰富的经验,当遇到这类问题时,能够迅速地做出反应。对于这种情况,从表面上看,决策者所获得的信息非常有限,他并不是通过系统的决策分析过程或者识别评估多种方案做出决策,而是利用自己的直觉来对事件做出分析和判断。

【案例】

用友的发展阶段

用友公司成立于1988年,是亚太地区领先的企业管理软件,该公司从财务软件起航,通过普及财务软件的应用,推动了中国企业的会计电算化,这是用友发展的1.0时代。1998年,用友开始进入以ERP为代表的企业管理软件与服务领域,通过普及ERP软件,支撑了中国众多企业的信息化建设,推动了企业的管理进步,这是用友发展的2.0时代。现在,用友基于移动互联网、云计算、大数据和人工智能等新一代企业计算技术,形成了以"软件、云服务、金融"为三大核心业务的企业互联网服务,业务领域也从之前的企业管理扩展到了业务运营和企业金融,服务层级从企业级走向社会级,这开启了用友发展的3.0时代。

以上案例简要回顾了用友1.0、2.0以及3.0的发展历程,该公司从专门编制财务报表发展为世界级管理软件提供商,可以看出用友从无到有、从有到精的能力。从财务软件到管理软件,从管理软件到企业云服务,每一次做出转型的决策主要还是靠领导者敏锐的直觉,也正是这些前瞻性的决策让用友能够持续发展。

2. 决策目标

简单地说,决策目标就是在一定的外部环境和内部条件下,在市场调研的基础上所要达到的预期结果。决策目标的明确与否直接影响到决策的质量。只有明确了目标,才有了选择的基础,行动才会有针对性;反之,则行动具有随意性。所以,在决策过程中,决策目标应该首先确定,目标应该明确、恰当且具有可检验性。

此外,还应注意一个决策活动可能由不同的阶段、不同的部门参与,因此,决策目标应该是多层次的,要有总目标和分目标。层层目标应该相互衔接,使决策更准确、更符合实际。在确定决策目标时,要充分考虑各阶段、各部门的具体情况,不同阶段、不同部门的决策目标不能与总体目标相背离,各部门的目标之间也不能相互冲突,在确定阶段性目标时要从整体出发,考虑确定的目标恰当与否。

3. 决策理论与决策方法

在搜集到足够的信息后,需要选择合适的方法对信息进行加工处理,这些方法可能是一些基本理论,也可能是一些数学模型。运用正确的方法对决策问题进行分析、总结和推理,进而得出决策备选方案。

主要的决策方法包含随机性决策方法、多属性决策方法、动态决策方法、群体决策方法、灰色决策方法、模糊决策方法、粗糙集决策方法和竞争型决策方法等。应该说明的是,在现代决策活动中,很多决策方法都离不开数学与计算机科学的支持。

4. 决策备选方案

在此举例说明决策备选方案的重要性。1962年,加勒比海地区发生了一场震惊世界的

"古巴导弹危机"。这场危机差点引发一场核战争,使世界处于千钧一发之际。美国国家安全委员会执行委员会在讨论如何迫使苏联撤走导弹时,先后提出了六种方案以供选择。这六种方案是:不做任何反应;通过外交途径施加压力,迫使苏联撤走导弹;通过各种途径迫使劳尔·卡斯特罗(Raúl Modesto Castro Ruz)阻止苏联在古巴安装导弹;武装入侵古巴以消除后患;实施空中打击,炸毁苏联在古巴的导弹基地;实施海上封锁。

在这六种方案中,不做任何反应,任苏联随意布置导弹系统会使得美国极为被动;由于苏联在古巴的导弹工程进展迅速,通过外交谈判时间上来不及,况且谈判结果不能确定,肯尼迪政府否定了通过外交施加压力的行动方案;对于通过空袭摧毁导弹基地,很多人持反对意见,认为这样做的风险太大,会加速引发核战争。综合几种方案的优劣,该委员会认为通过实施海上封锁,不让苏联继续向古巴运送进攻性武器,能够在对峙中迫使苏联撤走已在古巴部署的导弹。这一方案可进可退,留有回旋余地,避免了直接的冲突,是六种方案中的最优方案,肯尼迪政府最终批准实施,并且最终顺利地解决了"古巴导弹危机"。

从上面这个例子中可以看出,决策备选方案是必不可少的,并且要多于一个。在决策理论中,把只有一个方案而没有选择余地的情况称为"霍布森选择效应"(Hobson choice effect)。"霍布森选择"困境是应该避免的,如果陷入"霍布森选择"困境,就不可能发挥创造性。

对于一个决策方案,首先,应该要求它是正确的,即能达到决策目标,如果不能达到决策目标,它就是错误的。因此,决策目标是判断决策方案是否正确的决定性因素。一个决策方案一定会有优点和缺点,有些方案在实现目标的过程中成本低、效率高,而其他方案则相反。因此,还要进一步判断哪些方案是现有条件下的最优方案。

5. 决策环境

决策环境是指决策活动和各种决策备选方案可能面临的自然状态或背景,即不依赖于决策者意志的客观条件,如天气条件、市场需求、政策影响等。一个决策是否正确、能否顺利实施、是否有效,不仅取决于决策本身,还取决于决策所处的环境。在现代企业决策中,信息是一个不可忽视的重要因素,信息的及时性和准确性直接影响着决策的准确性。决策分析是决策者的主观因素和决策环境共同作用的结果。

【案例】

用友的财务系统

1989年,用友研发并推出了报表编制软件——UFO,当年,该软件曾被誉为"中国第一表"。之后,该产品成功被移植到Windows平台与云端平台,成为一款普及度很高的报表软件产品。1992年,用友推出了基于局域网的网络版财务软件(V5.0 For DOS),同时,该公司的产品也从基本的账务核算和报表编制,扩展到了成本核算、固定资产核算与材料核算等终端财务核算领域。从用友的早期产品中,我们不难看出,开始用友瞄准的只是财务软件市场。这是因为,在用友成立之初的20世纪90年代,大多数企业使用的仍然是手工记账模式,但是,这个模式很快就不能适应当时中国市场发展的大环境了。

决策环境在决策活动中的作用取决于决策活动对环境的依赖程度。决策活动本身对自然因素的依赖性很强,因此,外部环境对决策有显著的影响。在决策分析过程中,要对决策环境的各个要素、变化规律以及决策目标与环境的关系进行系统的分析和评价。

6. 决策结果

决策结果是指决策实施后所产生的效果和影响。从表面上看,这是决策目标的另一种表现,但它们之间也有差异。决策结果是客观地预测和评价每个方案的实施结果。如果对方案实施的结果评价不正确,可能会导致整个决策的偏离,最终表现为偏离决策目标。对决策方案进行评估是困难的。对突发事件进行科学评价,建立适当的预警系统是必要的。

4.1.3 决策的原则

企业是独立的经济主体和经济核算单位,必须自负盈亏。商品生产除了要满足社会需要和人们的物质精神需要外,还应该使企业获得足够的利润和发展。因此,企业应遵循以下原则进行正确的决策分析。

1. 可行性原则

决策分析是为达到某一目标而采取的行动。决策是手段,目标是实施决策计划,达到预期结果。因此,决策的首要原则是每一个方案都是可行的。要提供决策选项,就要从主观、客观、技术、经济等方面提前考虑企业是否具备实施条件。如果某些条件还不具备,那么,就必须考虑是否能够创造条件。只有充分具备条件,或暂时尚未充分具备条件,但通过努力确实可以使这些条件充分具备,才能为决策提供有意义的备选方案。

2. 经济性原则

现代企业管理非常重视经济效益。经济性原则要求所选择的决策方案通过多个方案的比较后具有明显的经济效益。这意味着,该方案的实施可以使公司获得比其他方案更好的经济效益,或者预防公司遭受更大的损失。当然,这也是企业或者公司生存和发展的最基本要求。

3. 合理性原则

决策方案的确定不仅需要对多个方案进行分析比较,还需要对每个方案都进行定量分析。定量分析可以可靠地反映事物的本质,但也有局限性和不足。当约束条件变量多、变化大时,往往需要耗费大量的人力、时间和财力才能获得最优的定量分析结果。当缺乏完善的分析方法和分析数据时,甚至很难得到可靠的结果。另外,社会、政治、心理、行为等因素很难进行全面的定量分析,但它们对事物的发展有着决定性的影响。因此,在进行定量分析和比较的同时,不能忽视定性分析的一面。

定量分析和定性分析相结合,要求人们在选择决策方案时,不一定要找到"经济上最优"的方案,而是要兼顾定量、定性等多方面的要求,选择"令人满意"的方案。这就表明,在某些情况下,应该以"令人满意"的准则代替"经济上最优"的准则。

4. 社会性原则

企业或公司的决策分析是在社会范围内进行的,因此,企业或公司的决策方案应当符合国家和社会发展的基本方向,应该有利于国家和社会的整体利益、公共利益,并且不能损害消费者的个人利益。在我们社会主义国家,这一原则显得更为重要。

为了获得高额利润,一些公司急于开发社会急需的短缺产品,在设计、工艺、技术、质量等方面还未达到标准时,盲目地大量投产,结果生产出虽然外观新颖但内在品质不佳的产品,这些产品最终会伤害到用户和消费者。或者如果"三废"污染没有得到很好的控制,一些公司宁愿承担罚款也要获得"排污权",急于将产品投入生产。这些都是违反社会性原则的做法。

5. 系统性原则

管理决策分析所处的客观环境条件要求决策必须遵循系统性原则。决策分析发展的实践表明,运用系统性原则指导决策分析工作是决策科学化的重要保证。系统性原则客观上要求决策应达到整体化、综合化、最佳化。整体化要求决策不能只从事物的局部或某一指标去分析、考虑问题,而必须从全局出发,全面考虑系统与系统之间、系统与子系统之间的联系和相互作用,正确处理好部门利益和国家利益、眼前利益和长远利益、局部利益和整体利益的关系。综合化要求对决策的各项指标和利害得失进行全面衡量、综合分析,不仅要分析决策对象,对决策对象和社会其他系统的相互作用也要进行分析。最佳化要求决策者在动态中调整整体与局部的关系,使部分的目标服从于系统总体的最佳目标,使系统达到总体最优。

管理决策分析一定要坚持全面、系统地看问题。只有全面、系统地看问题,避免孤立的观点和片面性,才能正确地认识问题,有效地避免决策的失误。同时,还要从事物的联系中全面地看问题,注意事物的因果关系、从属关系和事物的发展。只有把握了系统性原则,决策活动才能高瞻远瞩,掌握和预见事物的发展前景,估计工作的必然结果;只有从事物的发展中把握事物,才能做出科学的预见和科学的决策。

6. 满意原则

在过去,人们常说决策要追求"最优原则"。这个论点是以决策者是一个完全理性的人为假设的,以"绝对理性"为指导,按照优化准则进行决策。然而,随着人们理解的加深,人们意识到让决策者对问题做出"最优决策"只能是一种幻想。因为决策者不可能掌握所有与决策相关的信息;决策者不能对外部环境和内部条件的未来变化做出准确无误的判断;决策者不可能知道问题的所有选项和相应的结果。在这些约束条件下,决策者只能对问题做出"满意"的决策,而不能做出最优决策。

7. 环境原则

管理者在进行决策时离不开环境的限制。因为管理决策是按管理决策目标来进行的,而管理决策目标的确定是依据事务所处的内外环境条件来考虑的。外部环境是决策者无法控制而只能去适应的环境,它们是指在一定的地域范围内对决策事务产生影响的各种因素和力量,主要有政治法律环境、经济环境、社会文化环境、技术环境、自然环境,还有一些其他特定环境。决策者要善于根据外部环境做出因地制宜、因时制宜、因事制宜的合理决策。

【案例】

用友的会计电算化

20世纪90年代,国家对会计电算化的普及是非常支持的。1989年,财政部出台了《会计核算软件管理的几项规定(试行)》,这就是业内著名的"计十条",其对市场的影响超过了十年,它的出现规范了会计电算化软件市场。当时,很多学校也设立了电算化专业,就像现在很多学校有电子商务专业一样,它偏向于应用层面。之前,年长的会计都打算盘,现在不打算盘了,想要拿到会计证,就必须参加电算化的考试。用友就得益于国家政策的激励,并且,在当时,用友成为第二家产品通过财政部审批的财务软件公司,有了政府做背书,企业想做市场推广,影响力度就会大许多。因此,在这一阶段,用友在众多同类财务软件公司中脱颖而出,积累了大量的客户和良好的市场口碑,为公司接下来的产品转型提供了很大的优势。

8. 动态原则

决策的动态原则又称决策的变化原则。它指出,决策者一定要用动态的、变化的观点进行管理决策活动,而不能用固定的、一成不变的观点去决策。由于决策的做出是在行动之前,环境条件的变化就成了决策的不确定因素,会给决策带来一定的风险,决策者在决策时必须对这一问题高度重视。决策者遵循了动态原则,在决策时就会考虑方案未来可能产生的有利或不利偏差,做好多个预备方案的拟定、评审、排序工作,一旦情况发生变化,就可以立即采取行动,调整或替换决策方案,这样的决策分析更具有科学性、合理性和适应性。

4.2 决策的理论

4.2.1 古典决策理论

古典决策理论又称规范决策理论,是基于"经济人"假设提出来的,主要盛行于1950年以前。古典决策理论认为,决策问题应从经济的角度来看待,即决策的目的是为组织获得最大的经济利益。

古典决策理论的主要内容包括以下几点。

① 决策者需要完全掌握有关决策环境的信息情报。

② 决策者要充分了解有关备选方案的情况。

③ 决策者应建立一个合理的、自上而下的执行命令的组织体系。

④ 决策者执行决策的目的始终都是使组织的经济利益最大化。

古典决策理论假设,作为决策者的管理者是完全理性的,决策环境条件的稳定与否是可以被改变的,决策者在充分了解有关信息和情报的情况下,是完全可以做出完成组织目标的最佳决策的。但在实践中人们发现,古典决策理论忽视了非经济因素在决策中的作用,这个理论不一定能指导实际的决策活动,所以,它逐渐被更全面的行为决策理论取代。

4.2.2 行为决策理论

行为决策理论的发展始于20世纪50年代。第一个质疑古典决策理论"经济人"假设的人是赫伯特·西蒙,他在《管理行为》(Administrative Behavior)一书中指出,无论是理性的标准还是经济的标准,都无法准确地解释管理决策过程,进而,他提出了"有限理性"标准和"满意度"原则。此外,其他学者对决策者的行为做了进一步的研究,他们在研究中发现,影响决策者决策的不仅有经济因素,还有个人的行为,如态度、情感、经验和动机等。行为决策理论的主要内容包括以下几点。

① 人的理性介于完全理性和非理性之间,即人是有限理性的,这是因为在高度不确定和极其复杂的现实决策环境中,人的知识、想象力和计算力是有限的。

② 决策者在识别和发现问题时容易产生知觉偏差,在对未来的情况做出判断时,他们经常使用直觉而不是逻辑分析方法。所谓知觉偏差,是指决策者由于认知能力有限,只将问题的部分信息作为认知对象。

③ 由于决策时间和可用资源的限制,决策者即使完全理解和掌握了决策环境的信息和情报,也只能尽可能地了解各种备选方案的情况,而不可能做到全部把握,决策者选择的理性是相对的。

④ 在风险型决策中,与对经济效益的考虑相比,决策者对风险的态度起着更重要的作用。决策者往往厌恶风险并倾向于接受风险较低的选择,尽管风险较高的选择可能带来比较可观的收益。

⑤ 决策者在决策中往往只追求令人满意的结果,而不愿意浪费时间寻找最佳解决方案。造成这种现象的原因有多种:决策者不注意发挥自己和他人继续进行研究的积极性,只满足于在现有的可行解决方案中进行选择;决策者本身缺乏相关能力,在某些情况下,决策者基于一些个人的考虑而做出自己的选择。

4.2.3 回溯决策理论

回溯决策(retrospective decision)理论或隐性偏好(implicit favorite)理论侧重于决策后的思考,解释决策者如何试图使他们的决策合理化。这个理论由彼尔·索尔伯格(Peer Soelberg)于1967年提出,他在观察商学院毕业生的职业选择过程时,发现在很多情况下,学生们在招聘过程中很早就确定了他们隐性的最喜爱方案,即他们想要的选择。然而,学生们会继续寻找更多的备选方案,并迅速选定最好的方案,即第二备选方案,这种方案被称为"证实性备选方案"。接下来,学生们会尝试制定一套决策标准,这些标准可以清楚地证明他们的隐性偏好方案优于证实性备选方案。他们通过感知扭曲来制定决策标准,即强调隐性偏好方案比证实性备选方案优越的那些特性。在制定明显偏袒隐性偏好方案的决策标准之后,决策者决定选择隐性偏好方案。事实上,这个方案很早就确定了。此外,索尔伯格的研究发现,隐性偏好方案通常仅在一两个方面优于证实性备选方案。

回溯决策理论表明,决策实际上只是证明已经做出的直觉决策的合理性的一个过程,它说明了直觉在决策中的作用。通过这种方式,个人认为自己在理性行事,对某个重要问题做出了合乎逻辑的、理性的决策。虽然一些企业通常将其决策行为建立在理性分析的基础之上,但一些研究发现,直觉决策不但在组织中效率更高,而且决策结果与系统的理性决策方法一样好,甚至更好。

4.3 决策过程的步骤

决策过程是指从发现问题到制定并实施解决问题的方案的完整过程,当然,这个过程涉及很多步骤。在现实中,决策是一项复杂的活动,有自己的工作规律,需要遵循一定的科学程序。在实际工作中,决策失败的原因之一是没有严格的科学决策程序。因此,厘清和掌握科学的决策过程是管理者提高决策成功率的重要因素。

4.3.1 识别问题

决策是为了有针对性地解决某个问题，决策的过程开始于一个现有的问题，如果没有问题，也就没有必要做决策了。因此，首先要把需要解决的问题明确地识别出来。如果需要解决的问题不明确，那么，想要做出一个正确的决策根本无从下手。识别问题是决策的前提，是确定目标的基础。

识别问题的第一步是分析事物并发现问题，而问题是事物的实际状态与事物的理想状态之间的差距。例如，公众对健康有一个标准模型，当人们身体的某些地方偏离了这个标准模型时，会发现自己的身体出现了问题，变得不健康了。管理者的决策也是如此，如果事情的进展没有达到公司的期望，就有可能是出现了问题。例如，某种产品的产量没有达到理想目标，管理者就一定要知道设计生产进度和预期计划进度之间的差距。用实际情况和理想情况之间的差距来表达问题，有助于克服对问题的模糊理解。问题识别过程要求管理人员准确及时地掌握工作完成情况，以便在需要时可以获取可靠的数据和信息。

识别问题的第二步是确定引起问题的可能原因。发现问题后，不能立即确定决策目标，因为产生问题的原因还没有找到。这好比医生看病，把症状作为病因，这样马上开处方，只能是头痛医头、脚痛医脚，根本治不好病。只有找到病因、对症下药才能治好病。同样，在确定决策目标之前，管理者应该通过问题的表面深入问题的核心，这样才能找到问题的最佳解决方案。在识别问题的过程中，有些管理者过多地去追究责任者，这种做法是不对的。管理者发现问题后，首先要探究产生问题的原因，而不是追究是谁的责任。

产生问题的原因并不总是明显的，因此，需要通过分析确定。寻找产生问题的原因时可以采用连续追问的办法，要不断地追问"产生这个问题的原因是什么""这个原因的原因又是什么"，一步一步地追问下去，直到找出根本原因为止。

识别问题的精确程度有赖于信息的精确程度，所以，管理者要尽力获取精确的、可信赖的信息。低质量的或不精确的信息会使时间白白浪费掉，并使管理者无从发现某种情况出现的潜在原因。即使收集到的信息是高质量的，在解释的过程中，也可能发生扭曲。有时，随着信息持续地被误解或有问题的事件一直未被发现，信息的扭曲程度会加重。大多数重大灾难或事故都有一个较长的潜伏期，在这一时期，若有关征兆被错误地理解或不被重视，从而未能及时采取行动，则会导致灾难或事故的发生。更糟糕的是，即使管理者拥有精确的信息并正确地解释这些信息，处在他们控制之外的因素也会对机会和问题的识别产生影响。但是，管理者只要坚持获取高质量的信息并仔细地解释这些信息，就会提高做出正确决策的可能性。

4.3.2 确定决策目标

目标是决策的方向，管理者明确了解了要解决的问题后，必须有针对性地确定决策目标。决策是要在众多解决问题的方案中选择一个最满意的方案，而方案的优劣差异与目标结果密切相关。目标的确定需要经过调查研究，掌握系统准确的统计数据和事实，然后，根据组织整体的综合平衡，由表及里、去伪存真地进行整理分析，最后，结合组织的价值准则进行确定。决策目标的内容应当明确、具体,不能含混不清。如果缺乏明确的目标,也就谈不上方案的选择和决策了。

企业管理决策的目标要求一般来说是企业的经济效益。当然,它还包括产品种类、规格、产量、质量、成本、交货期等要求。确定目标时,必须注意必要性、可行性、合理性和一定的灵活性。目标应在内容、数量、质量、规格、时间、地点、责任等方面有详细的规定。同时,管理者必须认识到决策目标是多层次的。根据时间长短,目标可分为长期目标、中期目标和短期目标,长期目标通常用来指导组织的战略决策,中期目标通常用来指导组织的战术决策,短期目标通常用来指导组织的业务决策。决策时要注意大目标与分解出的具体小目标相衔接,从而使决策更准确、更符合实际。

4.3.3 拟订可行方案

在明确决策问题的内容、性质和目标后,根据企业的内外部情况,采取专家与群众相结合的方式,集思广益,尽可能多地提出可行的解决问题的方案,达到决策目标。可行方案应有尽可能多的选择,不少于两个。这一步需要创造力和想象力,在提出替代方案时,管理者必须牢记想要实现的目标。管理者在制订备选方案时,不仅要在目标的指导下提出利用机遇或解决问题的思路,还要对每个方案的相应实施结果进行预期假设。另外,为了使方案选择具有实质意义,不同备选方案之间应是相互替代、相互排斥的关系,而不能相互包容。如果某个方案所要采取的行动包含在另一个方案之中,那么,很难在这两个方案之间进行比较和选择。

在决策分析中,可行方案也称为行动方案。事实上,过去的经验、创造力和对最新管理实践的关注都有助于制定替代方案。寻求问题的替代解决方案的过程是一个创造性的过程,在这个阶段,决策者必须打开思维,充分发挥自由想象力。备选方案可以是标准的和显明的,也可以是独特的和富有创造性的。标准方案通常是指组织以前采用过的方案。通过头脑风暴法、名义小组技术和德尔菲技术等,可以提出富有创造性的方案。

【知识拓展】

头脑风暴法源自"头脑风暴"(brainstorming)一词,"头脑风暴"最早是精神病理学上的用语,指精神病患者的精神错乱状态,后其意逐渐转变为无限制的自由联想和讨论。

名义小组技术(Nominal Group Technique,NGT)又称名义群体法、名目团体技术、名义群体技术等,是管理决策中的一种定性分析方法。决策过程中对群体成员的讨论或人际沟通加以限制,但群体成员是独立思考的。

德尔菲技术也称专家调查法,1946年由美国兰德公司创始实行,其本质上是一种反馈匿名函询法,其大致流程是在对所要预测的问题征得专家的意见之后,进行整理、归纳、统计,再匿名反馈给各专家,再次征求意见,再集中,再反馈,直至得到一致的意见。

4.3.4 评估备选方案

评估是指对于每一个可行方案,都要考虑其实施后可能遇到的客观情况。对于未来可能面临的客观情况准备得越彻底、越全面越好。对每个可行方案都要进行定性分析和定量计算。如前所述,企业决策的目标要求主要是指是否能给企业带来经济效益,以及带来的经济效益的大小。因此,为了便于进行决策分析和评估择优,应尽可能具体、准确地对每个方案在客观情况下给企业带来的经济效益进行定性分析和定量计算。方案评估是指对方案进行分析和论证,以选择最有效、最合适的措施来解决问题。评估比较的主要内容有方案实施的可行性、影响和风险。

4.3.5 选择决策方案

根据决策目标的要求,对各个方案的经济效益进行定性分析和定量计算,然后对结果进行比较和评价。基于对各种方案的分析和评价,决策者最终必须从中选择一种满意的方案。备选方案的选择基于对每个拟订计划客观、科学的评估。在选择时,一定要充分注意评价意见,一般以决策目标为选择标准。在抉择时,要注意以下几点。

① 任何方案都有风险。在最终选择时,应允许不做任何选择。有时,在不确定的情况下乱做选择,不如不采取任何行动,以免冒不必要的风险。但管理者应明确,任何方案都存在风险。即使在决策过程中绞尽脑汁,选定了一种似乎最佳的方案,它也必定具有一定的风险。这是因为,因素的不确定性只能减少到最低限度而不可能完全消除。因此,在决策时要将预感、直觉、机遇与事实、逻辑、系统分析结合起来进行抉择。

② 听取意见,把握时机。决策过程中的观点要想取得完全一致的认同几乎是不可能的,只有一种意见也容易产生片面决策的危险。管理者要充分注意方案评估和选择过程中的反对意见,其可以帮助人们更全面地考虑问题,令所选方案更加完善,使人们更全面地预见方案可能存在的隐患。但是,一旦出现意见过多、争论不休的情况,管理者要在充分听取各种意见的基础上,根据自己对组织任务的理解和对形势的判断做出果敢的决断,以免贻误良机。

③ 要有全局观。不要一味追求最佳方案,由于环境的不断变化和决策者预测能力的局限性,以及备选方案的数量和质量受到不充分信息的影响,因此管理者期望的结果可能只是做出一个相对令人满意的决策。管理者应抓大放小,做好统筹协调工作,把握事态的整体走向。

4.3.6 实施方案

决策的最终目的在于由决策方案的实施而取得预期的效果。这就要求决策方案被选定后,组织企业或者公司内部各有关部门和人员落实决策方案。落实决策方案包括将决定传达给有关人员和相关部门,并要求他们对执行结果做出承诺。对此,一个优秀的管理者必须具备两种能力——能够做出决策并将其转化为有效的行动。同时,在执行阶段,管理者必须预见一些员工阻力,尤其是受决策影响的员工的阻力。成功实施决策的有效方法是鼓励员工参与,管理者在实施方案时,必须行使领导权力,当然,不恰当的沟通也可能阻碍所选方案的实施。

4.3.7 监督与评估

一个方案可能会持续较长的时间,在这段时间内,形势可能会发生剧烈变化,而初步分析需要建立在对问题或机会的初步预估上。因此,管理者要不断对方案进行修订和完善,以适应不断变化的形势。同时,连续性活动因涉及多阶段控制而需要定期分析。

由于组织的内部条件和外部环境不断变化,因此管理者需要不断修正方案来减少或消除各种不确定性,定义新的市场情况,建立新的分析程序。具体来说,职能部门应对各层次、各岗位履行职责的情况进行检查和监督,及时地掌握执行进度,检查有无偏离目标的问题,及时将信息反馈给决策者。决策者则根据职能部门反馈的信息,及时追踪方案实施情况:对与既定目标发生部分偏离的,应采取有效措施,以确保既定目标的顺利实现;对客观情况发生重大变化、原目标确实无法实现的,则要重新寻找问题或机会,确定新的目标,重新拟订可行的方案,并进行评估、选择和实施。

需要说明的是,管理者在以上各个步骤中都会受到个性、态度和行为,伦理和价值以及文化等诸多因素的影响。

4.4 管理者的决策方式

4.4.1 直觉决策

当管理者只是凭预感和直觉进行决策时,管理被看作一门仅依赖于感觉的艺术。

直觉决策是一种潜意识的决策过程,基于决策者的经验、能力以及积累的判断力。研究人员研究了管理者对直觉决策的使用,并确定了五种不同的直觉。

基于直觉的决策或基于感觉的决策与理性决策并不直接对立,相反,两者是相辅相成的。一个对特定情况或熟悉的事件有经验的管理者,当遇到特定类型的问题或情况时,通常会迅速地做出决策,从表面上看,他所获得的信息有限。实际上,这些管理者不拘泥于系统的、详尽的分析资料来识别和评估多个备选方案,而是利用自己独特的经验和判断力来做出决策。

事实上,直觉决策是一种定性决策方法。直觉是客观事物在人们头脑中迅速留下的第一印象,是人们在极短的时间内对情况突如其来的、超越逻辑的顿悟和理解。

管理者何时最有可能使用直觉决策的方法呢? 在运用直觉时,管理者大多遵从两种方法之一:或是在决策过程之初就使用直觉;或是在决策过程结尾再使用直觉。在决策开始时使用直觉,决策者努力避免系统分析问题。他让直觉自由发挥,努力产生不寻常的可能性事件,以及形成从过去资料分析和传统行事方式中一般产生不出的新方案。而决策过程结尾的直觉运用,有赖于确定决策标准及其权重的理论分析,以及制订和评价方案的理性分析。但这一切做完后,决策者便暂停了这一过程,目的是筛选和消化信息,这种方法被形象地描述为"睡眠决策",一两天后,决策者再做出最后的选择。

【案例】

北京国通信息系统有限公司的运输革命

北京国通信息系统有限公司(以下简称"北京国通公司")是一家电信增值业务运营商和无线应用软件开发商,致力于为商业运输和交通相关客户提供专业的交通和物流实时监管服务。北京国通公司的董事长祝汉生谈道,我们所熟知的运输业是通过将人和物体进行位移而完成生产服务的,位移是交通运输业务的本质属性。可以说,记载位移时间和位移空间的时空信息就是交通运输的最基本信息,传统的运输信息处理都是在静止状态下进行的,信息处理在始发之前或到达之后,这是典型的批处理方式。但是,当需要始发和到达之间的运输信息时,就需要在位移过程中处理运输信息,而且位移过程中数据信息的传递只能是无线的。这个时候,运输业信息的批处理方式对运输效益的贡献潜力已经枯竭,运输业的现代化、集约化发展,急需实时的信息技术。

北京国通公司的管理层正是凭借着敏锐的市场嗅觉,判断出了未来运输业的发展方向,以其专业化的能力和极具视野的决断力,将运输业所面临的问题详细地做出了阐述,最终得出了"无线通信技术将引领运输产业革命"这一变革性的结论。

4.4.2 理性决策

理性决策是指管理者有充足的时间,通过掌握最充分、最全面的信息,找到所有可能的备选方案;之后,要能够准确地评估每一个备选方案的预期结果;最后,选择一个方案。一个理性管理者是绝对客观和有逻辑性的,他面对问题时头脑清晰,即管理者有清晰而明确的目标,以便自己了解所有可能的选择和结果。最终,理性决策将指向最能够实现目标的选择。但是,对于管理决策的制定,我们需要增加一个额外的假设,即所做的决策符合组织利益的最大化。在实践中,这些理性的假设不太符合实际,管理者也不总是理性的。很多非专业的管理者都希望找到最优方案,然而,从时间、精力、能力上来看,这是完全不可能实现的。

运用一些演绎推理方法对实际信息进行判断的决策方法就是理性决策方法。下面将讨论理性决策的两种方法。

1. 最优决策

最优决策是指决策者在理想条件下追求最优目标,选择最优方案。最优决策的步骤包括以下几点:①确定决策需求;②制定、分类和权衡决策标准;③收集有用的信息和数据;④确定替代方案;⑤根据某些标准评估替代方案;⑥选择最优方案。首先,一旦有决策需求,就要制定符合决策预期效果的标准,然后根据其相对重要性进行分类、排序和权衡。其次,应收集与决策相关的数据,然后确定所有能够满足既定标准的替代方案,并根据既定标准对每一个方案进行评估。最后,选择最符合标准的解决方案。

当然,最优决策是有自己的局限性的。最优决策方法对直觉决策方法来说是一种改进,但这并不等于说它没有问题和局限性。最优决策方法以"经济人"的概念为基础,这个概念假设人的行为都是理性的,人的行为以下列假设为基础。

① 人们有明确界定的标准,这些标准之间的权重关系是相对稳定的。
② 人们知道所有相关的可选方案。
③ 人们有能力用全部的标准去评价每种可选方案,并对可选方案进行分等级排序。
④ 人们能自律选择评定等级排序最高的方案,即使他们不会操纵系统。

最优决策方法是不可能实现的,因为这些假设是不切实际的,决策者在做决策时并不总是掌握明确的决策标准。许多决定是基于对替代方案的有限了解,即使有可用的信息,通常也没有完全的信息。而且,在决策过程中总有一些诱惑,让人们操纵或忽略收集的信息并选择一个自己最喜欢的计划,即便它不一定是最好的计划。

由于最优决策方法有一定的局限性,而且大多数决策仍然包含一些判断,因此,管理者在做决策时,一般都会将直觉决策方法与理性决策方法结合起来。

2. 满意决策

满意决策是指决策者根据实际情况,追求令人满意的结果,以充分地分析现实条件为基础,选择一种更满意的方案,达到决策目标。

在现实的决策过程中,决策者一般难以获得最优决策,而往往只能得到满意决策。这好比在一千根针中找一根缝衣针,要找出最尖的一根针是非常困难的,而要找出一根能缝衣服的针则比较容易。主要的原因如下。

① 一个人对于可选方案和标准的知识是有限的。

② 人们日常的行动是在对现实世界的简化、结构不良和心智抽象的基础上进行的,这种抽象受人们的感知、偏见和其他因素的影响。

③ 人们不求达到最优,但会选择第一个能够满足他们当前愿望的方案,这就叫作满意。

④ 与决策相关的个人愿望水平会上下波动,这种波动是由人们对最新确定的可选方案的价值取向决定的。

在满意决策的过程中,如果决策者对一个已经找到的、可接受的方案表示满意的话,他就会选择这个方案;否则,决策者会寻找另一个方案。

在满意决策方法模型中,要把握以下几点。

① 决策者要正确定位。一定要分清主次目标,把决策的基点放在主要目标上,突出解决关键问题,敢于舍去次要问题。不要追求不切实际的完美,因为客观事物本身就是不完美的。

② 决策者要考虑时空条件。重点关注决策的时效性和区域性。时间是一种成本,在信息化快速发展的时代,今天做决策与明天做决策,其机会成本是不同的。所以,决策必须在有限的时间内做出。

③ 决策者的能力是有限的。必须考虑自身条件和决策环境的约束,找到两者的结合点和平衡点。

4.4.3 有限理性决策

有限理性是指人的行为"是有意识地理性的,但这种理性是有限的"。在现实生活中,管理者或决策者介于完全理性与非理性之间,是"有限理性"的。在实际决策中,管理者的知识、信息、经验和能力一般都是有限的,不可能也不期望达到绝对最优解,而只能找到令人满意的解决方案。决策者只能在考虑风险和收益等因素的情况下做出自己较为满意的决策。有限理性理论认为,人类行为是理性的,但不是完全理性的,可总结为一句话:理性是有限的。这是因为:①环境是复杂的,在非个人交换形式中,人们面对的是一个复杂的、不确定的世界,而且活动越多,不确定性就越大,信息就越不完全;②人对环境的计算能力和认识能力是有限的,人不可能无所不知。此外,在很大程度上,由于受到情境变化的影响,人们总是使用"有限的智力资源"对"无限的情形"进行加工,理性在这里根本就没有发挥作用。

人们在社会实践过程中总是不断地面临新的情况与环境,必然需要不断地进行判断与决策,而正确决策的前提就是在具有充分的"信息"和"情资"(情报资料)的基础上,筹措一个最佳解决方案。但是,人们社会实践活动的频繁进行必然导致对"信息"和"情资"的需求增加，而"信息"和"情资"的搜集与整理却要受到时效与环境的制约，从而导致"信息"和"情资"的短缺，致使决策行为与"信息""情资"的获取在数量和质量两方面都不对称，由此，造成理性决策的理念与客观实际的背离。同时，由于决策者受到知识、经验、阅历与世界观等方面因素的限制和影响，因此"信息""情资"的充分使用受到限制，使得理性在决策过程中没有完全发挥作用，这种情况即"决策的有限理性"。

4.5 决策类型与决策条件

4.5.1 决策类型

1. 长期决策与短期决策

① 长期决策是指对组织未来发展方向的长期、整体、关键的决策，也称长期战略决策，如选择投资方向和开发人力资源，确定资源和组织的规模。

② 短期决策是为实现长期战略目标而采取的短期战略措施，也称短期战术决策。例如，企业或者公司的营销方案、材料储备、生产资源配置等决策都属于短期决策。

2. 战略决策、战术决策与业务决策

① 战略决策对组织至关重要，通常涉及确定组织目标和方针、协调组织结构、升级企业产品和转换技术。战略决策包括组织发展战略的所有方面，具有长期和定向特性。

【案例】

中兴通讯的业务转移

中兴通讯股份有限公司（以下简称"中兴通讯"）是全球领先的综合通信解决方案提供商。创立之初，其核心业务是做硬件。之后，在提供硬件配套设施的同时，中兴通讯也进行了一系列的软件研发，而这些软件研发往往是围绕着硬件系统的支撑来进行的。例如，中兴通讯最初是在做网络管理相关设施，每一套通信系统都有自己的网络管理系统。然后，基于网络管理，或者基于通信系统的服务软件，把通信数据进行汇集，把大数据的概念进行融合。通过做数据分析，帮助客户出报表，诸如此类的服务性内容逐渐加进提供给客户的业务当中。当时，中兴通讯在终端市场上，交换机、网管、电源、传输等产品的市场份额已经足够大，并且在运营商那边也占据了足够大的份额。在中兴通讯为客户提供产品时，市场上有一些小公司围绕中兴通讯的产品，配套研发这些产品的相关服务，也就是做一些产品的增值服务。可以看出，通信技术的发展推动了中兴通讯的发展，随着企业的发展，通信产品硬件市场需求趋于饱和，市场占有率很难再有大幅度的提升。这样一来，除非市场上有一个重大的技术突破，否则企业很难继续维持稳步提升。这时，为了寻找新的业务增长点，中兴通讯开始把业务重点向软件服务上转移。

---

② 战术决策也称管理决策，是在组织内部做出的决策，是执行战略决策过程中的具体决策。战术决策旨在实现组织内资源的高度协调和合理使用。例如，制订企业生产计划和销售计划、更新设备、为新产品定价、筹措资金等都属于战术决策的范畴。

③ 业务决策也称执行决策，是日常工作中为提高生产效率和工作效率而做出的决策，

它涉及的范围很窄,对组织只有部分影响。属于业务决策范围的主要项目有:日常工作任务的分配与检查、工作进度(生产进度)的安排与监督、岗位责任制的制定与实施、库存控制、物资采购等。

3. 个体决策与群体决策

按决策的主体不同,决策可以分为个体决策与群体决策。

① 个体决策是企业领导者根据他们的个人智慧、经验和相关信息做出的决定。决策速度快、效率高是其特点,个体决策适用于日常事务和紧急事项的决策。个体决策的最大缺点是存在主观性和片面性,因此,它不适用于具有整体重要性的重大问题。

② 群体决策是指会议组织与上、下两级共同决策。会议组织的决策是由董事会、总经理扩大会议、职工代表大会等权力组织的集体成员共同做出的决定。上下决策是指领导组织与相关下属组织相结合,领导与群众相结合所形成的决策。群体决策的优点是可以收集更多的信息,充分发挥集体智慧,集思广益,慎重决策,从而保证决策的正确性和有效性。缺点是决策过程比较复杂和耗时,适合做长远规划和整体决策。

4. 初始决策与追踪决策

从决策的起点来看,可以将决策分为初始决策与追踪决策。

① 初始决策是指组织对从事某种活动的初次选择。初始决策为零起点决策,它在相关活动尚未开展且环境未受到影响时进行。

【案例】

中国联通的发展战略

在中国联通集团客户部的成立初期,集团客户部总经理吴少凡按照公司针对大客户的发展战略,做出新的年度工作部署,集团客户部的组织机构设置是按照任务和功能进行划分,内设大客户营销中心、业务管理处和综合处。其中,大客户营销中心是业务拓展和收入中心,这是电信行业领域内第一次明确地将销售职能从市场营销部独立出来。并且,在组织机构上以任务为导向,直接明令总部、各省市大客户营销中心,在党政军、重要行业客户中,率先实现重点业务突破,树立全国大客户发展的样板和业务模式、商业模式。

② 追踪决策是指在最初的决定基础上,对组织活动的方向、内容或方式进行重新调整。与初始决策相比,追踪决策具有非零起点的特点。在进行追踪决策时,必须对初始决策的形成机制和环境条件进行回顾性分析,并列出需要改变决策的原因,以便有针对性地进行调整和改进。此外,追踪决策应该是双重优化的,即追踪决策选择的解决方案要优于初始决策,并且,要在各种决策方案中选择最好或最满意的决策方案。

【案例】

中国联通集团客户部

中国联通集团客户部在2000年成立之初,名字是市场部大客户发展中心,经过几年的发展,截至 2003 年 9 月底,集团客户业务收入累计达到 112 亿元,同比增长 196%,占公司总收入的比重为 20.7%(当年的目标为 20%)。为了顺应集团和行业应用客户的业务发展大趋势的需要,2003 年 11 月 25 日,大客户发展中心上报公司《关于将大客户发展中心调整为集团业务部的建议》文件。申请报告顺利得到批准,大客户发展中心的名称更改为更规范的"中国联通集团客户部"。

5. 程序化决策与非程序化决策

按照决策所涉及问题的重复程度和结构化、程序化程度,决策可分为程序化决策与非程序化决策。

① 程序化决策是为解决日常管理中经常出现的例行问题而做出的决策,由于例行问题重复出现,管理者可以为之制定规则和方针,对于同类问题管理者不需要对该做什么做出新的判断,而只需要遵循原有的规则即可。这样,决策就成为一项重复性的程序化工作,因此,程序化决策也称为重复性决策或常规决策。例如,对办公用品的采购决策,可以规定存量下降到一定水平时,就按照一定量进行采购,具体可以制定如下规则:"当复印纸储存架上空出 3/4 的位置时,就应该采购了,订购时只需要把储存架摆满即可。"这一类决策在现实中很常见,在一般的组织中约有 80% 的决策都可以归为程序化决策。

② 与程序化决策相反,非程序化决策要解决的是不常重复出现的、非例行性的问题。在现实中存在这样的情况:管理者对于某一行动所带来的结果不能确定,甚至在更为模糊的情况下,管理者对于其希望实现的目标都不明确。显然,对于这种情况,管理者不可能为之制定固定的规则,因而只能进行非程序化、非常规化的决策,它没有固定的模式,要靠管理者做出新的判断来解决。例如,企业投资某项新技术、开发某种新产品、选择新的促销方式、进入一个新市场、进行国际化扩张等都属于非程序化决策。

6. 确定型决策、风险型决策与不确定型决策

从环境因素的可控程度看,可把决策分为确定型决策、风险型决策与不确定型决策。

① 确定型决策是指在稳定(可控)条件下做出的决策。在确定型决策中,决策者确切地知道自然状态的发生,而且,每个计划只有一个确定的结果。最终的选择取决于每个计划的结果的直接比较。

② 风险型决策也称随机决策。在这种类型的决策中,存在不止一种自然状态,决策者无法知道将发生哪种自然状态,但可以知道有多少种自然状态以及每种自然状态出现的概率。

③ 不确定型决策是指在不稳定条件下做出的决策。在不确定型决策中,决策者可能自己都不知道有多少种自然状态,即使知道,也无法知道每种自然状态出现的概率。

4.5.2 决策条件

决策时并不总是拥有同样多的可用信息,最好的决定往往取决于未来会发生什么。例如一个简单的决定——出门是否需要带伞,更可取的决策取决于是否下雨,这不在决策的控制范围内。

1. 确定性

确切地知道会发生什么,决策者处于确定性的环境中。在这种环境下,决策者可以准确地计算出每个备选方案的结果。如果要下雨,你可以知道每个方案的结果,所以,你可以选择最好的一个方案(带把伞)。然而,当今组织中的决策很少是在这样的特定环境中做出的。一个决策者在乘坐飞机(当票价降低时)和乘坐火车(当火车票价格更便宜时)之间的选择,是在某些确定性条件下的决定。

2. 风险性

人们对每种可选方案相关的结果不是总能预先知晓。决策者通常是以一定的代价获得带来不同可能结果的信息。而且,获取信息的愿望是通过权衡获取信息的成本和获取信息的价值来确定的。如果获得了一些可靠但不完整的信息,决策者就处于风险环境中。在风险环境下,每种结果的相对概率是已知的。如果天气预报显示明天有40%的降水概率,那么,决策者将在风险环境下进行决策。

各种结果的精确概率通常是无法得知的。但是,根据历史数据和以往的经验常常可以计算出相对精确的概率。如果这样的数据不存在,就很难去预测可能性概率了。在这样的情况下,一种可以使用的方法就是对个人观点进行调查。

在风险环境下,决策者能借助于期望值分析法做出决策。使用这种方法,每种已知的可选方案的预期盈利可以根据事件发生的概率,用数学方式计算出来。期望值分析法的一个潜在缺点是,如果事件发生多次,得到的结果代表的是事件发生多次的平均结果,对于只发生一次的事件,就没有什么帮助了。例如,飞机乘客对平均晚点率并不感兴趣,他们真正感兴趣的是自己乘坐的这次航班会不会晚点。

3. 不确定性

当决策者有很少或没有可以利用的信息来评估不同的可能结果时,他就处于不确定性环境中。在不确定性环境下,决策者没有与不同的可能结果相关的概率信息。例如,一个人要去上海,如果没有上海的天气预报,他就不知道是否可能下雨,因此,也就不知道是否该带雨伞。

当决策者对自然环境中会发生的事情知之甚少或一无所知时,有几项基础研究可能适用。

① 在所有备选方案中选择具有最佳可能结果的方案。这是一种乐观的或赌博式的方法,有时被称为最大最大法。使用此方法的决策者不会带雨伞,因为最好的结果(是没有麻烦的晴天)对应的就是此选项。

② 比较每一种可选方案的最坏可能结果,并选择最坏可能性最小的方案。这是一种比较悲观的方法,有时被称为最大最小法。在带雨伞的例子中,决策者会比较有无雨伞的最坏结果。决策者会决定带雨伞,因为穿干衣服比穿湿衣服要好。

③ 在可能的结果中选择变化最小的替代方法称为风险转移法。这种方法还有助于更有效地参与规划。如果决策者选择不带伞,结果将是衣服由干变湿。因此,采用风险转移法的决策者会带上雨伞,以确保自己的衣服干爽,不被雨淋。

【案例】

TCL通讯的发展

1999年,李东升领导TCL集团,以全球化的前瞻视野,率先挺进国际市场。但是,TCL通讯科技控股有限公司(以下简称"TCL通讯")遭遇了2008年的金融危机,海外业务受到较大冲击,面临巨大挑战。2013年,国内市场4G牌照发放,进入4G时代,市场潜在机会巨大。但要在海外市场和4G市场取得成功,TCL通讯要有"金刚钻",TCL集团的掌门人李东生需要更加具有实力的执行官来完成非常时期的非常任务。多普达董事会的失误给了李东生这个机会,原多普达总裁杨兴平成了李东生的最佳人选。杨兴平是美国籍,加州大学博士,归国后创办了多普达,2001—2006年,任职多普达CEO兼总裁。2009年,杨兴平接替"过渡人物"王道源出任TCL通讯CEO,在王道源之前,TCL通讯的CEO为将手机业务扭亏为盈的关键人物刘飞。杨兴平实际工作于2010年年底,他在郭爱平的强力支持下,稳定了TCL通讯的基本盘,使海外业务有了一定成绩,TCL通讯进入了短暂的加速发展期。

4.6 决策风格

决策风格是指个体在长期决策过程中形成的相对稳定的决策倾向。不同的决策风格对决策结果有显著影响,主要体现在,具有不同决策风格的决策者在制定决策方法时对决策步骤的偏好不同。具有不同决策风格的决策者对行动的紧迫性有不同的反应,他们对待风险和处理问题的态度也不同。决策风格与个人的性格相关,如兴奋型、活泼型、抑郁型等不同类型的人在对事件进行决策时会有不同的反应。

4.6.1 决策偏见和错误

管理者在做决策时,不仅会使用自己独特的方法,还可能使用经验法则或启发式方法(heuristics)来简化决策的制定。经验法则很有用,可以帮助理解复杂、不确定和模糊的信息。虽然管理者可以使用经验法则,但这并不意味着这些法则是可靠的,因为它们在处理和评估信息时可能会导致偏见和错误。决策错误和常见的偏见包括12种:过度自信、即时满足、锚定效应、选择性感知、确认、框架效应、可用性、代表性、随机性、沉没成本、自利和事后聪明。

① 当决策者倾向于高估自己对形势的理解,或者对自己和自己的表现不切实际地乐观时,他们就会表现出过度自信偏见。

② 即时满足偏见意味着决策者追求即时回报,避免即时损失。对于这些人来说,能够提供快速和有利可图的决策选择比未来的收益更有吸引力。

③ 锚定效应是指决策者专注于最初的信息作为第一个观点,一旦设立,很难根据后续的信息进行充分调整。这意味着,第一印象、想法、价格和估计对后续收到的信息而言,有着不恰当的权重。

④ 当决策者根据他们的偏见认知,选择性地组织和理解事件时,他们就会产生选择性感知偏见。这会影响他们关注的信息、发现的问题和设想的可行解决方案。

⑤ 当决策者寻求信息以重申他们过去的选择,并且不考虑与过去的判断相矛盾的信息时,就会产生确认偏见。这些人倾向于以能够证实他们预设观点的信息为真,而对挑战他们观点的信息持批判和怀疑的态度。

⑥ 框架效应偏见是指决策者在情况中选择了一些角度而忽视了另一些。由于决策者将注意力集中在特定的几个方面,同时轻视或遗漏其他方面,因此他们扭曲了所见,创造了错误的参考点。

⑦ 可用性偏见是指人们从已得到的信息中,启发式地产生联想,造成一种错误的偏见,或者一种错误的刻板印象,即书读得少,还不动脑,表态还早。这是一种懒人的心理捷径,省去了独立的、复杂的思考。可想而知,依靠这种思维方式,人们会产生错误的判断和决策。

⑧ 当决策者倾向于记住他们记忆中最近和最鲜活的事件时,可获得性偏见就产生了。这扭曲了他们以客观方式回忆事件的能力,导致歪曲的判断和可能性估计。当决策者基于某一事件与其他事件的相似程度评估该事件的可能性时,就会产生代表性偏见,表现出这种偏见的管理者做出了类比,而这种相似情况其实并不存在。

⑨ 随机性偏见描述了决策者试图从随机事件中创造意义的行为。他们这样做的原因在于,虽然每个人都会遇到随机事件,但他们难以处理偶然性,也无法做什么来预测偶然性。

⑩ 当决策者忘记现有的选择无法纠正过去时,沉没成本错误就产生了。他们在评估选择时,错误地关注了过去的时间、金钱和精力成本,而不是未来可能的结果。他们无法忽视沉没成本,将其牢牢记在脑中。

⑪ 迅速地因成功获得好评,并将失败归咎于外部因素的决策者展现了自利偏见。

⑫ 事后聪明偏见是指决策者在已经知晓结果后,错误地相信他们本可以正确预测结果的倾向。

管理者通过理解与避免决策错误和偏见来避免负面影响。此外,管理者也应该关注自己"如何"做出决策,尝试明确自己经常使用的启发法,批判性地评估这些方法的合理性。最后,管理者可以请求信任的人帮助自己确认决策风格中的弱点,并试图改进这些弱点。

【案例】

万明坚的离职

全球领先的移动终端产品和互联网服务提供商,TCL通讯科技控股有限公司(以下简称"TCL通讯")成立于1999年3月,是TCL集团旗下的核心企业之一。1999—2004年是TCL通讯的起步发展阶段,这一时期的执行官是万明坚。万明坚是四川人,电子科技大学博士,1994年加入TCL,算是TCL自己培养起来的"少帅"。凭借其才华,1999年,万明坚牵头创立了TCL通讯,经过5年的发展,他带领TCL通讯成为国内市场领先者。万明坚既是有技术背景的博士,又是擅长营销策划的专家,是李东生培养和选拔的最合适的开创型人才。在这点上,既要称赞万明坚的才华,更要叹服李东生的慧眼,是万明坚,更是李东生,造就了第一阶段TCL通讯的辉煌,不知道万明坚有没有认识到这一点。盛名之下,有能力的人总是容易膨胀,甚至和老板叫板,这是很多职业经理人离去的原因。但万明坚的离职应该不是单方面因素,李东生也舍弃了万明坚,在他看来,万明坚的状态和能力已经不足以掌舵TCL通讯出海。

4.6.2 决策风格对决策效果的影响

决策风格对决策效果有不同程度的影响,具有不同决策风格的人对决策的方法和步骤有不同的偏好。深思熟虑或喜欢逻辑分析的决策者往往热衷于收集大量的信息,对决策所面临的问题做出明确的表述,在此基础上再进行严密的推理分析。所以,他们对问题考虑得比较细密周详。但是,若时间紧迫,效率较低会贻误决策时机。相反,那些思维敏捷、眼光长远的决策者能够总揽全局,抓住关键环节,果断决策,其效率比较高,但会疏于细节。

具有不同决策风格的人往往会对行动的紧迫性做出不同的反应。有些决策者会花大量的时间从容不迫地做出决策,他们认为,只要做好决策,执行就会有好的结果,这些人并不急于采取实际行动。但也有人崇尚"先做,后说"的信条,认为只有行动才能产生结果,他们往往会厌烦长时间的讨论和研究。

具有不同决策风格的人对待风险的态度和处理办法互有差异。重视理性分析的决策者总是采取回避风险的态度,他们以稳妥为重,相反,急于行动的决策者则敢于冒险,对新的机会特别敏感。

由此可见,决策风格与决策效果之间存在重要的因果关系。因此,管理者不仅要了解自己的决策风格,还要了解组织内其他决策者的决策风格,这有利于提高科学决策的自觉性和主动性。

4.6.3 决策风格类型

1. 冒险型

冒险型是一些成功或者失败企业家的共性决策风格。实际上,只要能带来丰厚的利润,企业家总是愿意承担风险,他们大多数对自己的能力持乐观态度,无论出现什么样的不利情况,他们都会对自己的能力做出较高的估计。即使他们犯了错误,他们也很少后悔,而是把这些错误当作一种经验,帮助他们在以后的决策中避免犯类似的错误。

这种决策风格的人最擅长在两种难分上下的行动计划中做决定,因为冒险风格的人对行动计划的积极后果特别敏感,只关注行动计划成功的可能性,但对于行动计划的消极后果视而不见。

这种决策风格的弱点在于,巨大的收益往往伴随着巨大的损失。喜欢冒险的人随时都有可能破产,所以,在生活和事业上往往会起起落落。

【案例】

TCL 通讯的困境

成立于 1999 年的 TCL 通讯是国产手机厂商中的一员老将,也是我国第一批获得手机牌照的 12 家厂商之一。2001 年,TCL 通讯推出宝石手机,在手机上妆点宝石的策略曾让该公司赚得盆满钵满,也奠定了 TCL 手机在国内手机行业的领先地位。2005 年,TCL 通讯操盘人万明坚推动公司国际化发展,TCL 通讯通过资本重组的方式,全资控股法国手机厂商阿尔卡特公司。基于此,借助于阿尔卡特海外电信运营商的渠道,TCL 通讯在欧美、中东、非洲等市场拓展较为顺利,但是,同一时间的国内市场却一直不温不火。2011 年之后,TCL 通讯频频换帅,也频繁调整公司的经营战略,使 TCL 通讯陷入了严重的困境。

2. 谨慎型

这种决策风格的管理者的主要特点是追求将损失风险降至最低。谨慎风格的人认为,人们应该时刻关注事情变坏的趋势,并选择能够避免导致毁灭性结果的决定。这种决策风格的人更适合从事高风险、有可能遭受重大损失的工作,如股票、房地产等。

谨慎决策不仅安全,还可以带来虽不巨大但很稳定的收益。谨慎风格的人不可能被委托来设计一项庞大的工程或经营巨款,因为他们不愿意冒险,不受潜在奖励的诱惑,对投机性很大的计划不感兴趣。

这种决策风格的弱点是一些千载难逢的机会很容易被错过,而在试图减少损失时可能会忽略潜在的收益。

3. 犹豫型

这种决策风格的管理者主要考虑的是不要让自己长久地后悔。他们不仅力求把损失降到最低,还力求不错失良机。犹豫型的人最怕吃后悔药,既不愿意冒遭受巨大损失的风险,又不想放弃可能得到的收益。

当没有足够的信息来确保是正确的决定时,犹豫型的人可以做出最佳选择。如果对问题感到困惑,那么做出折中的决定通常是最安全和最成功的。因为倘若这种决策是错误的,那么损失会被降到较小;倘若这种决策是正确的,那么收益仍然可以得到。

【本章小结】

决策是人们为实现某一目标而制订两个或者多个行动方案,然后进行选择并为方案的实施做准备的活动。这是一个提出问题、分析问题、解决问题的过程。它包含以下特点:决策是行动的基础;决策有明确的目的;决策有两个或两个以上可行的方案;决策必须经过因果分析和综合评估;决策必须经过方案的选择过程。

决策理论经历了从古典决策理论到基于行为决策理论的现代决策理论的演变。行为决策理论在决策中提出有限理性,用"满意"的决策原则代替"最优"的决策原则,更符合管理决策问题的现实情况。

决策是一个有序的过程,其步骤包括识别问题、确定决策目标、拟订可行方案、评估备选方案、选择决策方案、实施方案以及最终对决策实施情况进行监督与评估。

管理者的决策方式大体可以分为三种,一种是直觉决策,一种是理性决策,还有一种是较为切合实际的、最常见的有限理性决策。根据决策的重要性,决策可分为战略决策、战术决策与业务决策;根据决策的时间长短,决策可分为短期决策与长期决策;根据决策的主体,决策可分为个体决策与群体决策;根据决策的出发点,决策可分为初始决策与追踪决策;根据决策涉及问题的重复程度和结构化、程序化程度,决策可分为程序化决策与非程序化决策;根据环境因素的可控程度,决策可分为确定型决策、风险型决策与不确定型决策。

【综合案例】

领导如何进行决策?

A局B公司近年来工作效率低下,缺乏生气;现任经理年龄较大,即将退休。局党委决定对该公司领导班子进行调整，任命一位新经理，因B公司内部推荐不出适当人选，于是经过局组织人事部门的考察，把C公司副经理王平调任为B公司经理。

王平是一名政治素质好、创业精神强、富有改革创新精神的中年干部。上任后，他觉得要想成为B公司的好经理，首先要熟悉B公司的方方面面。因此，他并不急于下命令，上任后的半个多月里，除了处理公司的日常事务，其余时间都花在了了解公司的各个方面。经过一段时间的调查研究，王平发现B公司存在以下问题。

一是公司过于臃肿，部门众多，职能不明确，导致工作中相互争吵、员工战战兢兢，有的部门还存在"官多兵少"的情况；二是规章制度不健全，工作纪律不严；三是工作人员中，有一部分同志年龄较大，或者文化和业务素质较低。这些问题造成公司机构的行政效率低下，缺乏生机和活力。为此，王经理感到，要扭转公司机构的不良形象，打开工作新局面，必须对公司的机构和人员进行改革，同时，他又感到改革牵涉的事情较多，自己又是新官上任，有关改革的重大事项应该先与其他几位公司领导达成共识。于是，他找了几位副经理和党委委员，简单谈了一下自己的改革方案，他们听后高兴地表示支持。王经理对公司的改革备受鼓舞，他充满了信心。经过一段时间的考虑，他想出了一个改革方案，包括以下两个方面。

一是以事为重，按照科学合理的机构设置原则，精简机构，明确各部门职能。同时，在精简机构的过程中，各部门实行优化组合，引入竞争机制，通过双向选拔，形成新的部门领导和成员。

二是加强规章制度建设，各部门要制定严格的考勤制度和岗位责任制等规章制度，用刚性管理办法整顿公司的秩序，强化员工纪律，提高工作效率。

随后，王经理召开了公司经理扩大会议。他首先总结了B公司的情况，指出了存在的问题，并提出了改革方案。他邀请与会者应邀畅所欲言，充分表达对改革方案的看法。他原本以为自己的改革方案事先征求了其他几位领导的意见，提出的改革方案适应了当前机构改革和干部人事制度改革的需要，比较全面，现在拿出来给大家讨论，无非是形成统一的意见，却没想到在讨论会上出现了各种意见。

有的同志认为主管局要求上下部门之间垂直对口，目前在主管局机构改革尚未进行的情况下，公司精简机构的条件不成熟；有的同志认为在公司相当一部分人员年龄偏大和素质较低的状况下，实行优化组合的阻力较大，不利于干部队伍的稳定，而且，落聘人员难以安排，因此，他们希望公司加强对工作人员的岗位业务知识培训，从而提高部分员工的文化和业务素质；还有一部分人认为仅靠规章制度，采取刚性管理方法整顿公司的秩序，会使企业内部工作人员与决策者的关系紧张，不利于持续性地调动员工工作的积极性和创造力，所以，他们希望在制定规章制度的同时，重视教育培训，做好工作人员的思想政治工作，采取恩威并施的管理方法激励员工增强工作责任感和提高工作纪律性。大家意见各不一致，莫衷一是，会议开了一下午，最终意见也没有达成统一。究竟改革应该怎样做呢？王经理感到很为难，无法做出最后的决断，因为大家的意见都有各自的道理，会议最终未决而散。

（案例改编自：https://www.doc88.com/p-9813673566233.html？r=1）

思考：

1. 王经理的改革方案是否正确？为什么该方案未能在会上取得一致意见？
2. 假如你是新上任的B公司经理，在公司改革问题上，你将如何决策？

【本章习题】

一、简述题

1. 描述决策过程的七个步骤。
2. 行为决策理论的主要内容是什么？

二、讨论题

1. 决策要遵循哪些基本原则？为什么？
2. 为什么在决策中采用满意原则而不是最优原则？

三、单选题

1. 决策制定过程始于（　　）。
   A. 确定决策标准　　　　　　　　　　B. 分析备选方案
   C. 识别决策问题　　　　　　　　　　D. 为决策标准分配权重
2. 现状与期望之间的差距被称为（　　）。
   A. 问题　　　　B. 目标　　　　C. 决策　　　　D. 挑战
3. 当一个决策被认为是"足够好的"而不是"最好的"时，这体现了（　　）。
   A. 有限理性　　　　　　　　　　　　B. 在决策过程中排斥直觉
   C. 程序化决策　　　　　　　　　　　D. 满足
4. 在经验、能力和积累的判断力的基础上进行决策属于（　　）。
   A. 理性决策　　B. 承诺升级　　C. 有限理性决策　　D. 直觉决策
5. 关于决策，正确的说法是（　　）。
   A. 决策是管理的基础　　　　　　　　B. 管理是决策的基础
   C. 决策是调查的基础　　　　　　　　D. 计划是决策的基础
6. 以下哪种行为不是决策？（　　）
   A. 决定开发一种新产品　　　　　　　B. 接受上级指令
   C. 扩大生产规模　　　　　　　　　　D. 对例行问题做决定
7. （　　）是日常工作中为提高生产效率、工作效率而做出的决策，牵涉范围较窄。
   A. 战略决策　　　　　　　　　　　　B. 战术决策
   C. 管理决策　　　　　　　　　　　　D. 业务决策
8. 风险型决策与不确定型决策的区别主要在于（　　）。
   A. 风险型决策面临的是多种可能的自然状态，不确定型决策面临的是无法预知的自然状态
   B. 风险型决策所承担的风险相对于不确定型决策来说要小
   C. 风险型决策可以预测未来自然状态出现的概率，而不确定型决策不能
   D. 两者的区别不明显
9. 某企业是我国一家著名的白酒制造企业，该企业长期致力于高档白酒的生产经营。随着白酒市场竞争的日趋激烈，该企业打算向中低端市场扩张，则该企业将面临的重大决策属于（　　）。
   A. 程序化决策　　　　　　　　　　　B. 非程序化决策
   C. 确定型决策　　　　　　　　　　　D. 不确定型决策

10. 群体决策和个体决策相比,(　　)。

A. 群体决策优势比较明显

B. 个体决策优势比较明显

C. 究竟哪种决策有利,要视具体情况而定

D. 群体决策的有利因素一定是个体决策不利因素的表现,而群体决策的不利因素一定是个体决策的优势所在

11. 有一种说法认为"管理就是决策",这实际上意味着(　　)。

A. 对管理者来说,只要善于决策就一定能够获得成功

B. 管理的复杂性和挑战性都是由决策的复杂性导致的

C. 决策能力对于管理的成功具有特别重要的作用

D. 管理首先需要的就是面对复杂的环境做出决策

12. 在管理决策中,许多管理人员认为只要选取满意的方案即可,而无须刻意追求最优的方案。对于这种观点,你认为以下哪种解释最有说服力?(　　)

A. 现实中不存在所谓的最优方案,所有选中的都只是满意方案

B. 决策始终处于一个动态修正的过程中,不可能一劳永逸

C. 任何决策的制定都是有代价的,追求最优决策方案也许会得不偿失

D. 决策取决于决策者的主观判断,降低标准自然就可满意

四、多选题

1. 一般来说,越是组织的上层主管人员所做出的决策越倾向于(　　)决策。

A. 战略型　　　　　B. 经验的　　　　　C. 常规的　　　　　D. 肯定的

E. 风险的

2. 关于关键路线,下列说法正确的是(　　)。

A. 决策是计划工作的核心　　　　　B. 决策是主管人员的首要工作

C. 决策是管理的基础　　　　　　　D. 决策只是高层领导的事情

E. 决策是行为的选择

3. 决策者不大可能得出客观的最优方案,这是因为(　　)。

A. 没必要追求最优方案　　　　　　B. 最优方案不存在

C. 人的认识能力有限　　　　　　　D. 最优方案成本太高

4. 西蒙的行为决策理论的基石是(　　)。

A. "经济人"假说　　　　　　　　　B. 有限理性

C. 最佳原则　　　　　　　　　　　D. 满意原则

5. 决策过程中应遵循(　　)原则。

A. 最优化原则　　　　　　　　　　B. 可行性原则

C. 系统性原则　　　　　　　　　　D. 动态原则

6. 古典决策理论的主要内容是(　　)。

A. 决策者要充分了解有关备选方案的情况

B. 决策者进行决策的目的,始终都是使本组织获取最大的经济利益

C. 决策者必须全面掌握有关决策环境的信息和情报

D. 决策者应建立一个合理的、自上而下的执行命令的组织体系

7. 决策者在决策中往往只求满意的结果,而不愿费力寻求最佳方案的原因是(　　)。
   A. 评估所有的方案并选择其中的最佳方案,需要花费大量的时间和金钱
   B. 只满足于在现有的可行方案中进行选择
   C. 决策者本身缺乏有关能力
   D. 还未建立一个合理的、自上而下的执行命令的组织体系
8. 决策的要素包括(　　)。
   A. 决策结果　　　　　　　　　　B. 决策备选方案
   C. 决策者　　　　　　　　　　　D. 决策目标
   E. 决策方法　　　　　　　　　　F. 决策环境
9. 决策过程的步骤包括(　　)。
   A. 确定决策目标　　　　　　　　B. 拟订可行方案
   C. 明确组织的宗旨和使命　　　　D. 识别问题
   E. 评估备选方案　　　　　　　　F. 选择决策方案
10. 管理者的决策方式包括(　　)。
    A. 理性决策　　　　　　　　　　B. 有限理性决策
    C. 冒险决策　　　　　　　　　　D. 直觉决策
11. 决策风格类型包括(　　)。
    A. 冒险型　　　　B. 犹豫型　　　　C. 谨慎型　　　　D. 直觉型

五、判断题

1. 决策就是对各种可行方案进行选择的过程。(　　)
2. 定性的决策方法适用于解决不确定型决策问题。(　　)
3. 管理者为解决日常问题而进行的决策属于非程序化决策。(　　)
4. 决策的本质是选择。(　　)
5. 长期决策是指在较长时期内(超过五年)才能实现其目标的决策。(　　)
6. 风险型决策,即每个方案的执行都可能出现不同的结果,但各种结果出现的概率是未知的,完全凭决策者的经验、感觉和估计做出的决策。(　　)
7. 按照决策条件的可控程度,决策可分为程序化决策和非程序化决策。(　　)
8. 决策方案的后果有多种,而且每种都有客观概率,这属于确定型决策。(　　)
9. 在决策要素中,决策者无法控制但又对决策结果有重大影响的要素是决策环境。(　　)
10. 有关活动尚未进行,因而环境未受到影响的情况下做出的决策是初始决策。(　　)
11. 决策的依据是信息,所以,收集的信息越多,决策的效果越好。(　　)

六、填空题

1. 决策的_____和_____对管理活动的成败起着决定性的作用。
2. _____的明确与否,直接影响到决策的优劣。
3. 决策活动及各种备选方案可能面临的自然状态或背景,指的是_____。
4. 决策的首要原则是_____。
5. 在选择决策方案时要进行_____分析和_____分析。
6. 要求决策者不能用固定的、一成不变的观点去做决策的原则是_____。

7. 决策的理论有_____、_____和_____。

8. 决策的首要步骤是_____。

9. 根据环境因素的可控程度,决策可分为_____、_____和_____。

10. 使损失的风险降到最小,是_____决策风格。

11. 从决策的起点来看,决策可分为_____和_____。

第5章 计　划

【学习目标】

- 了解计划的本质和目的
- 划分组织的目标类型以及所采用的方案
- 比较设定目标和制定方案的各种方法
- 掌握目标管理方法
- 学习使用计划工具

【本章关键词】

计划、计划制订、目标与方案、目标管理、计划工具

【导入案例】

戴尔的选择

1983年，刚刚入学作为大一新生的戴尔即将面临自己人生中第一次重大抉择——是选择留在大学里继续学习深造还是选择离开学校投入自己的创业中。

他最终选择了离开，准备实现自己创业的计划。曾经还是高中生的时候，戴尔就说过自己的梦想是超过IBM。而选择离开学校后，戴尔面临着新的问题选择，戴尔会用什么方式方法来销售计算机呢？

戴尔给出的答案是：通过计算机组装服务和传统电话直销的方式。这一选择以及计划成功造就了一个百万富翁的诞生，这时的戴尔年仅19岁。1986年戴尔公司上市，戴尔则在21岁时，从百万富翁晋升为千万富翁，财富总计达1 800万美元。但此时，新的管理危机出现了，公司的销售量经历了连续增长后，出现停滞甚至下滑。此时的戴尔应该如何应对呢？

戴尔在分析和拆解问题后，发现了打破僵局的方法，只有跨越现有的能力极限才能开拓新的增长空间，于是，他聘请了外部的管理专家担任公司领导，最终帮助公司成功度过了危机。1995年，戴尔面对的新问题是业界对戴尔公司的质疑，戴尔公司选择跨国零售商的直销模式，会不会对刚兴旺起来的家用计算机市场产生影响呢？

戴尔则再一次坚持自己的选择，并向世人证明了其出色的商业敏感度和对于市场的洞察力。1996年，戴尔公司年度收入为55亿美元，在人们的惊讶和赞叹中，戴尔并没有止步

于当前的模式。1997年,戴尔新建立的直销网站在这一年中使公司的年度收入达到了77亿美元。1998年,再接再厉,戴尔公司成为年度收入超过百亿美元的超级公司。敏锐的洞察能力和出色的应变能力创造了戴尔自己的神话!

(案例改编自:https://www.doc88.com/p-30839700271930.html? r=1)

思考:戴尔大一时做出的决定属于计划吗?

5.1 计划的含义与原因

在管理学中,正式将计划作为管理职能纳入研究范围的是被誉为"管理理论之父"的法国人亨利·法约尔。法约尔于1916年在《工业管理与一般管理》一书中,提出了具有里程碑性质的管理的十四条原则与五要素,管理的五要素包含计划、组织、指挥、协调和控制。其中,计划职能特别为法约尔所强调,他认为管理应当预见未来,长期的计划十分重要。法约尔的管理五要素将管理的概念从抽象过渡到具体,将共性的东西展示给所有人,法约尔对计划职能的提出与概括,在管理思想中起到了奠基的作用。

发展至今,计划依旧是管理工作的起点,是管理职能的第一步。计划存在于我们生活中的方方面面,大到国家为了保障经济发展实施的经济发展计划,小到公司或企业为了进一步壮大所采取的战略计划和竞争计划,以及职能部门的人力资源计划、财务计划、市场营销计划等,计划的重要性不言而喻。

5.1.1 计划是什么?

计划既可以是动词,也可以是名词。

作为动词,计划指的是管理者设定组织目标和制订行动方案的过程安排。计划既涉及目标(做什么),也涉及达到目标的方法(怎么做)。例如,某互联网公司正在计划一项产品发布会,这里的计划就是一种过程策划或者过程安排。

作为名词,计划指的是计划工作的结果,它是对于未来行动方案的一种说明,是用文字和指标等形式表达的,在制订计划工作中所形成的各种管理性文件。例如,某初创企业正在准备未来五年计划,这里的计划更多指的是一种规划,更倾向于实体的规范性文件。

我们可以从计划的工作流程角度学习计划,从设定目标、确定实现目标的战略、制订整合和协调活动的方案三个方面,深入理解计划的含义。

1. 设定目标

设定目标体现的是计划工作的目的性与前瞻性,目标是指个人、小组、组织期望通过努力而得到的成果。计划工作的目标和收益是管理者需要针对组织所处的环境以及面临的问题来发现、归纳、总结的,并最终解决问题。而目标是计划工作的核心,计划的出发点与归宿都是为目标服务,没有目标就不能称其为计划。通常情况下,首先要确定整个组织的目标,然后再确定下属单位的目标,包括长期目标与短期目标。

2. 确定实现目标的战略

如果说目标是计划的最终归宿,那么,确定实现目标的战略则是保障目标实现的强有力工具。目标是愿景,战略就是工具,战略需要与目标相匹配,匹配的战略会加速目标实现,不匹配的战略则会阻碍目标的实现。战略可以分为决定资源配置的总体战略、决定竞争策略的业务层战略与决定效率协同的职能战略。

> 【案例】
>
> **蒙牛的发展阶段**
>
> 蒙牛公司成立于1999年,其过去几十年的发展可以分为三个阶段,蒙牛在每一个阶段都有与自己的发展目标相匹配的战略支撑。第一阶段的目标是成为内蒙古第二品牌,为民族工业争气,向伊利学习。蒙牛采取了借力打力的市场渗透策略,借助于伊利已经开拓的市场和产品发展自己。第二阶段的目标是成为市场的领跑者,实施国际化发展战略。蒙牛采取了出奇制胜的市场开发策略,着重针对伊利在二、三线城市和低端产品线的薄弱市场,抢夺市场份额,扩大自己的影响力。第三阶段的目标是成为市场的引领者。蒙牛多采用稳定型战略,加强自身产品线的建设,着重把控产品质量与市场营销质量,树立良好的企业社会形象,注重保护和扩大市场份额。

3. 制订整合和协调活动的方案

方案是概括如何实现目标的文件,是实现计划目标更为细致微观的、运作层面的指导方针,制订方案的目的是在日常工作中整合和协调各种活动,在微观层面完成配套战略和最终实现计划目标的过程中,减少可能出现的各种偏差。

5.1.2 计划的原因

也许很多人会问,计划的原因是什么?计划工作是一项需要耗费大量精力的活动。正式计划则更为复杂,其规定了在具体时间范围内的具体工作目标以及具体执行者,并将计划归档为书面文件,指导后续的工作。对于一名管理者,制订计划是否为开始工作的必要步骤?为什么要去做计划?斯蒂芬·罗宾斯总结了如下四个理由。

1. 计划为管理者和非管理者提供了指导

通过计划的制订,管理者可以让所有的相关人员了解组织的目标,以及为达到目标需要做出什么贡献。管理者通过计划可以更好地进行统筹安排工作,非管理者可以提高实施具体工作的效率,计划可以强化各参与部门间、各管理层间,甚至管理者与非管理者间的沟通协作。

2. 计划降低了不确定性

计划可以促使管理者展望未来,预见变化。制订计划时,管理者需要对计划所涉及的各种内部与外部因素进行综合考虑,针对可能面对的困难以及冲击,制定相应的对策,以降低不确定性。

3. 计划有助于最小化浪费和冗余

计划可以减少重叠性和浪费性的活动。通过计划工作可以有效地进行工作流程或者工作项目的分析,在协调资源的过程中很可能会发现浪费与冗余。宏观的计划有助于资源配置,微观的计划有助于提高效率。

【案例】

通用电气的"瘦身"计划

杰克·韦尔奇在接手通用电气公司后计划重整业务部门,通过经营指标的计划工作,他发现家电部门中的空调业务一直存在着市场份额小且对独立承包商控制能力不足的情况,空调业务预期无法达到韦尔奇计划中业务部门的标准,浪费了大量的资源。最终,这部分业务被出售处理,家电部门通过"瘦身"得到了更健康的发展。

4. 计划确定了控制所采用的目标或标准

在计划工作中通常会设立目标与衡量标准,而在控制职能中,会将实际的绩效与目标进行比较,发现可能发生的重大偏差,并采取必要的校正行动。没有计划,就没有控制。计划是控制的前提,控制可以保障计划的实施。

5.1.3 计划与绩效

绩效又称为工作表现,它一般包括两个方面:一方面指工作结果,指在工作中完成的业绩,如工作中产生的成果、收益等;另一方面指影响工作结果的行为、技能、能力、素质及态度等。可见,绩效既包含静态层面的结果,也包含动态层面的过程。

绩效可以反映工作的结果,而结果又是计划工作的最终目标,因此,在一定层面上,绩效可以用来衡量计划的实施进度与结果的好坏程度。在现实中,完善的绩效管理能够提升企业计划工作的有效性。一部分企业在管理中存在着很大的随意性,往往缺失计划工作或者计划工作不完善,导致管理时常处于不可控状态,绩效管理则可以解决这一问题。绩效管理中强调:认定合理的目标,通过绩效考核这一制度性要求,加强各部门和员工工作的计划性,提升公司经营过程的可控性,最终,实现公司整体的计划目标。

在现实中,若问一些管理者:"最近忙吗?"往往会得到这样的回答:"忙,忙得不得了!"若再追问这些管理者:"忙些什么呢?"他们也许会讲出一连串所忙的事情,但难以讲出主次分明的所以然。不少管理者往往是为了工作而工作,很少考虑和分析这些工作与组织目标的关系和对组织目标的贡献。绩效管理则告诉管理人员保持忙碌与达到组织目标并不是一回事。绩效管理的贡献就在于它对组织最终目标的关注,促使组织成员努力的方向从单纯的忙碌向有效率的方向转变,使得组织的工作始终在计划内进行。

现有的关于计划与绩效间关系的研究,主要有以下几个结论。

1. 正式的计划总是与正面的财务绩效联系在一起

EVA(Economic Value Added,经济增加值)是扣除了所有负债资金和权益资金的资本成本的一个计量指标,在体现投资者的真实利益和企业的实际经营情况的同时,通过实证证实也可以成为衡量企业绩效的有效指标。

企业的战略选择属于公司层级的行为,而与公司战略配套的财务战略是为公司层面的战略而服务的,财务战略的正确与否,首先会影响到公司的财务状况,进而会对企业整体的战略以及竞争力产生影响。学者通过对我国上市公司的财务战略以及财务数据进行分析,得到了财务战略对企业绩效在可持续增长方面具有正面效应的实证结果。财务战略影响绩效的主要原因在于:正确的财务战略有利于提高财务核心竞争能力和企业价值创造能力。

2. 计划质量的重要性

与计划数量相比,计划质量更能实现优秀绩效的转化。好的工作计划是管理者所期望的,管理职能论的奠基者法约尔为判定一项计划的优劣,制定了简要的标准,他强调"统一性、持续性、灵活性与准确性",这些都是一个好的行动计划的一般特征。"统一性"指在一定时期内,针对一项工作业务最好只有相应的一项计划,两项担负同样任务的计划同时进行,容易造成后续的混乱。"持续性"指不可能有一劳永逸的计划,一项计划的时效有限的目的在于方便人们对其进行修改,使得前一项计划的执行期结束后,能与下一项同类型计划很好地衔接,以保证计划的连续性。"灵活性"指计划的主观性应该能够适应客观的衔接,以保证计划的连续性。"准确性"指人们的计划能够准确地反映未来一段时期内的变化,如果不能准确地把握这些变化,就不能产生有效的对策,计划的实施也就无从谈起。

3. 外部环境的影响

企业所处的外部环境既包括宏观的政治、经济、文化、技术环境,也包括产业环境与竞争环境,非可控的战争与自然灾害等因素也会造成剧烈的外部环境变化。外部环境的动荡大部分是企业无法预测的,当外部环境的变化超出企业可控、可接受的范围时,企业会承受其带来的相应冲击,绩效也会受到一定的影响。因此,有学者从该角度出发,经过实证研究发现计划与组织柔性对绩效有正向影响。组织柔性是指组织在战略规划中考虑新的可选决策时,允许积极的组织变革以适应环境动荡。柔性组织能够更好地监测变化,应对环境动荡,以实现计划目标,取得相应的绩效。

4. 时间跨度的影响

计划中过短的时间跨度可能会造成员工对工作的应付,工作质量无法保证,从而带来绩效水平下降的问题。计划中过长的时间跨度同样会造成员工对工作的怠慢与工作方向的迷失,绩效水平相应地也会受到影响。一个好的计划应该具备"持续性"的特征,长期计划中包含着短期计划,应当在每一个以计划作为起点的管理周期中实现计划、组织、领导、控制等管理职能的循环,保障计划的实施落实,提高绩效水平。

5.2 目标和方案

计划包含着组织将来行动的目标和方案。计划与未来有关,是面向未来的,而不是总结过去的;计划与行动有关,是面向行动的,而不是空泛之谈。计划的两大特征即面向未来和面向行动。由此可以理解计划是多样性的,哈罗德·孔茨和梅因·韦里克在计划的层次体系中从抽象到具体将计划分为八个层次,分别为使命、目标、战略、政策、程序、规则、方案以及预算。在此,可以从计划层次的抽象与具体方面抽出两个最有代表意义的层次进行探讨,它们分别是计划中的目标和方案。

5.2.1 目标的类型

目标是指所期望的结果或对象。当企业的使命过于抽象与原则化时,就需要将使命的内容具体化,从时间范围以及内容范围上进行细化,制定分时期的目标以及各部门的具体目标。组织的使命统领着分时期的目标以及各部门的具体目标,分时期的目标以及各部门的具体目标都是为完成组织的使命而服务的。例如，百事公司表述的自己的使命是立志成为世界首屈一指的、主营方便食品和饮料的消费品公司。但是，由于使命具有高度的抽象性与概括性，显然不适合用于指导资源分配以及工作安排，所以，需要有具体的目标，如某年在中国区域期望达成多少市场份额、利润提升多少等具体的目标内容。

目标在企业实际的细分中，可以分为战略目标和财务目标。

1. 战略目标

组织的战略目标指的是与组织其他方面有关的绩效，在设置战略目标时，需要关注设置的目标能否帮助公司获得足够的市场竞争优势，在产品、服务或创新层面超越竞争对手，控制整体的成本低于竞争对手的成本，提高公司的竞争力以及在市场中的声誉，在国际市场上通过技术优势建立更强大的立足点，获得更加持久的竞争力以及竞争优势。

【案例】

国家电网的战略目标

国家电网有限公司（以下简称"国家电网"）的战略目标是：建设具有中国特色国际领先的能源互联网企业。"中国特色"彰显了中央企业的初心，中国特色是根本，国家电网将坚定不移地落实党中央的决策部署，牢记责任使命，将党的领导有机融入公司治理之中。"国际领先"是目标追求，国家电网在建设运营以特高压为骨干网架、各级电网协调发展的坚强智能电网的同时，要加强电力物联网建设，为国家重大战略部署实施提供支撑。"能源互联网"确定了方向路径，是第三次工业革命的核心概念，能源互联网的本质是采用互联网理念、方法和技术驱动能源体系变革。

2. 财务目标

财务目标与组织财务绩效有关，通常将以下具体的指标作为参考：市场占有率、收益增长率、投资回报率、股利增长率、股票价格评价、现金流以及公司的信任度等。例如，优衣库曾经在 2015 年设置过一项五年计划，财务目标计划在 2020 年实现 500 亿美元的年收入，超越 ZARA 和 H&M，成为全球头号时尚巨头。

优衣库的财务目标属于陈述目标。陈述目标是对组织的宣言、信念、价值观以及使命的正式阐述。陈述目标多在组织的章程、年报、公共关系声明和管理者的公开声明中出现。例如，星巴克的目标是"让星巴克成为全球领先的优质咖啡供应商，在不断拓展的同时，坚守本身的信念与原则"，李宁公司的目标是"打造一个充满运动员精神的品牌，一个来自中国的全球性品牌"。这些陈述目标可以在各种公共平台资源中看到，可以发现，这些公开的陈述目标绝大多数都是一种标语类的存在，在人们看来都是含糊不清甚至过于空洞的，这是因为企业在谈及目标时会考虑诸多利益相关者的看法。因此，很多陈述目标包含了公共关系的表述术语，陈述目标就很可能与企业的真实目标有所偏差。

真实目标指的是组织真正追求的目标，是组织在实际工作中所落实实施的目标。真实目标一般在企业实际运作时才会体现，因为过于空洞的陈述目标实施起来较为困难，只有结合组织的实际能力与资源情况才能使目标得以完成。例如，某组织在陈述声明中宣称"将通过价格竞争优势成为某手机领域的领导者，让低价普惠顾客"，然而，在实际的实施中却采用了非单独的价格竞争手段，其采用多种竞争手段在品牌、渠道、促销等方面进行整合。了解组织的真实目标与陈述目标不同是十分重要的,否则,很有可能将这种差别理解为管理者在管理过程中出现了问题。

5.2.2 方案的类型

方案是概述如何实现目标的文件。它是一项综合性的计划,包括目标、政策、程序、规则、任务分配、要采取的步骤、要使用的资源以及为完成既定行动方针所需的其他因素。方案可以看作浓缩的目标计划,因此,在制订方案时需要考虑更多的细节部分,需要精细地考虑各种可能对其造成影响的因素。要制订一项方案,管理者既需要拥有系统思考的能力,也需要具备协调与安排行动的能力。

组织方案最常用的划分方式有广度、时间跨度、具体程度和使用频率,如图 5-1 所示。

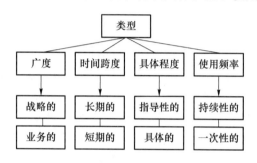

图 5-1　方案的划分方式

1. 按广度划分

按广度(或称为综合性程度)进行划分,方案可以大体分为战略方案与业务方案。从组织管理者的角度来看,高层管理者主要参与战略方案的制订,中层管理者与基层管理者多是参与业务方案的制订,不同层级管理者的工作属性以及其具备的能力共同决定了其制订方案的差异性。

战略方案指应用于整个组织并确定该组织总体目标的方案。战略方案为组织整体层次战略、事业部层次战略和职能层次战略服务,方案的目的是确保组织做正确的事。战略方案的时间跨度较长,涉及范围广;内容上偏抽象与概括,可操作性弱;既定目标含糊;在有效期限内多一次性使用,较少重复性使用;前提不确定性强,结果也具有不确定性,风险高。

【案例】

中国联通集团客户部的成立

2000 年,随着通信技术从 2G 到 3G 的发展,通信运营商提供的业务从简单的语音业务逐渐向数据业务拓展。为顺应行业中业务的拓展,中国联通应技术变革,对组织内部结构进行了一次大规模的创新,即成立中国联通集团客户部,中国联通是三大运营商中率先成立集团客户部的企业。同时,中国联通在客观上引导中国移动、中国电信分别于 2005 年、2007 年成立政企分公司、政企客户部。2018 年,中国联通集团客户部业务收入创下自部门成立以来的最高纪录,与它刚成立时的收入相比,几乎是几十倍的增长。

业务方案指涵盖组织中某个特定运营领域的方案。业务方案是有关组织活动具体如何运作的方案,主要用来规定企业经营目标如何在实际中运作实施与细节部分,方案的目的是确保组织正确地做事。业务方案的时间跨度较短,涉及范围窄;内容上更为明确和具体;是依据企业战略方案、总体目标所拆解出来的具体行动目标;在有效期限和不变的环境条件下,可以重复使用;风险低于战略方案,确定性强。

2. 按时间跨度划分

组织所处的外部环境处于时刻变化的状态,组织无法预测可能出现的所有情况,由于不确定性的存在,因此,组织方案是具有时效性的。相应地,可以用时间跨度来划分方案的类型,方案可以分为长期方案与短期方案。

长期方案指那些时间跨度超过三年的方案。实际上,长期方案的规划是十分困难的,试从自己的角度来思考,自己三年后或五年后可能在做些什么,你就会明白从组织的角度来规划组织的长期方案,需要进行多大工作量的数据估计与预测。长期方案需要考虑组织的战略、自身的资源统筹以及与下一长期方案间的衔接等问题。需要注意的是,长期方案的划分年限会因组织的性质与情况而有所不同,例如,一个全球化经营的跨国公司的长期方案年限可能会有五年,一个社区小超市的长期方案年限可能只有半年。

短期方案指的是为期一年及以内的方案。短期方案是以长期方案为依据,结合近期的实际情况和特点做出的更为具体的安排和必要的调整。短期方案的关注点在于满足当前的经营需求,以保证组织在长期方案的实施中不出现过大偏差。短期方案建立在不断实践的基础上,具备一定的灵活性与适应性。值得一提的是,在时间跨度上处于长期与短期之间的方案可以被划分为中期方案。

3. 按具体程度划分

根据方案的具体程度(明确性),可以将方案划分为具体方案和指导方案。

具体方案是清晰定义的、没有歧义的方案,能够明确地针对具体工作目标给出指令,并且提供一整套明确的行动步骤和方案。具体方案包含详细程序、预算与工作进度表。例如,某奶茶店计划使自己当月的销售业绩提升10%,奶茶店制订了详细的方案,推出当季新品,给予每一笔外卖订单满20元返2元的优惠券补贴,针对全店原产品开展9折促销活动以拉动销量,并且,每周进行业绩进度汇报。这些明确又具体的工作便形成了奶茶店的具体方案。但是,需要注意的是,具体方案毕竟不能预测到所有可能出现的问题以及实际的情况,在实施中需要兼顾实际情况,避免过于死板的按部就班。

指导方案是确定一般指导原则的弹性方案。这种方案大多用于提供重点或方向,但不规划详尽具体的行动方法,这样就给予了管理者与方案执行者足够大的自主权,能够灵活地进行变通。例如,奶茶店计划方案中只提出要使当月的销售业绩提升5%~10%,而未提出具体的措施。

4. 按使用频率划分

按使用频率来划分方案,体现的是方案与组织不同活动的匹配。组织活动从出现可能性的角度可以分为日常活动与非日常活动,日常活动一般匹配的是程序性方案,也可以看成持续性方案,非日常活动一般匹配的是非程序性方案,也可以看成一次性方案。方案与活动的匹配能够优化组织的行动效率,减少不必要的时间以及资源损耗。

持续性方案是为反复进行的活动提供指导的方案。在组织的活动中,例行的活动占据了绝大多数,这些活动是反复出现的,且具有一定的结构性,因此,可以建立一定的决策程序。持续性方案意在能够快速地解决这些反复出现的活动,有效地减少管理者面对这些活动所耗费的精力,同时,能够提升组织日常工作的效率。例如,某生产厂商形成了明文规定,面对不同规模的订单采取不同的生产交付方式,不再需要通过管理者会议决议后进行生产。对于员工日常的考勤绩效、处罚奖励、雇佣等活动,持续性方案同样适用。

一次性方案是为满足某种特定情况的需要而特别设计的方案。一次性方案又称为项目方案。项目一般指某项具有临时特征的业务。在组织的经营活动中通常会出现一些非例行的活动,处理这些活动时往往没有相关的经验作为参考,不确定性显著增加,因此,组织需要进行非程序性决策来处理这类活动。一次性方案就是为了解决特定的问题,方案在实施后,很可能不再适用于其他任何活动。例如,某生产厂商需要进行新产品开发,新产品没有相似的产品可以借鉴,因此,整个涉及生产的部分就需要管理者进行全面的规划,形成特定的解决方案。

5.3 设定目标和制订方案

5.1节和5.2节着重讲述了有关计划、目标与方案的概念性内容,本节则将重点讲述计划在实际应用中需要注意的事项,以及如何进行计划工作,在计划工作中需要考虑哪些影响因素。

5.3.1 设定目标

目标是指期望的成果,这些成果可能是个人、小组或整个组织努力的结果。所有的管理都是从目标开始的,组织目标的有效与否决定了后续管理内容是否具有有效性。因此,设定目标作为计划工作的第一步至关重要。

1. 目标设定方法

目标设定方法根据组织内集权与分权程度的不同可以分为三种类型,分别是自上而下的方法、自下而上的方法以及上下结合的方法。自上而下的方法也被称为传统的目标设定方法,通常是组织总部的高层管理人员先设定出组织的总体目标,然后,由下属各部门根据自身的实际情况将组织的总体目标具体化,进行传达理解。自下而上的方法是在设定目标时,组织的最高管理层要求下属部门积极提交目标与方案,组织的最高管理层在各部门提交的目标与方案基础上,加以协调和平衡,对各部门及最终的目标进行必要的修改后加以确认。上下结合的方法最为民主,但是,落实起来相对需要投入更多时间以及资源,设定目标时需要组织的最高管理层和下属各部门的管理人员共同参与,通过上下级管理人员的沟通和磋商,设定出适宜的目标。

【知识拓展】

手段-目的链:较高组织层级的目标(目的)与较低组织层级的目标是相连的,后者充当手段以实现前者。较低层级的目标实现会成为实现上一层级目标的手段,而上一层级的目标实现又将成为实现再上一层级目标的手段,以此类推,向上传递到组织中的不同层级,如图5-2所示。

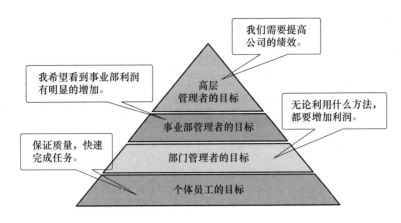

图 5-2 手段-目的链的表述

2. 目标管理

目标管理（Management By Objective，MBO）是一个设定管理者和员工双方认可的目标并使用这些目标来评估员工绩效的过程。目标管理是管理大师彼得·德鲁克于1954年在《管理实践》中最先提出的，其后，他又提出了"目标管理和自我控制"的主张。德鲁克认为，并不是有了工作才有目标，而是相反，有了目标才能确定每个人的工作。所以"企业的使命和任务必须转化为目标"，如果一个领域没有目标，这个领域的工作必然会被忽视。因此，管理者应该通过目标对下级进行管理，组织的最高层管理者确定了组织目标后，必须对其进行有效分解，将其转变成各个部门以及各个员工的分目标，管理者根据分目标的完成情况对下级进行考核、评价和奖惩。

（1）目标的六个特征

从管理学的角度来讲，组织的目标管理需要遵循 SMART 原则，即明确性、可衡量性、可实现性、相关性与时限性。而罗宾斯在对于有效目标的阐释中着重关注了以下六个特征。

① 从结果而非行动的角度予以阐述

目标关注的是最终的结果而不是实现的方法，从行动方法出发对目标进行设定很可能无法达到组织预期的结果，因为即便有行动方法，但是，由于外部环境不确定性的存在，可能会使行动结果产生差距。而从结果出发设定目标，则可以选择相应的行动方法，减少误差。

② 是可衡量的、可量化的

可衡量指的是目标应该是明确的，而不是模糊的。组织的管理者与非管理者可以在绩效期末明确得知组织的目标实现与否或者实现的程度。有效的目标一定是可衡量、可量化的，目标的衡量标准遵循"能量化的量化，不能量化的质化"。

③ 具有清晰明确的时间范围

目标需要具有时效性，很多目标如果超过了相应的时间范围就失去了意义。目标的时效性可以使管理者在设定目标时进行全面的考虑，分清目标中各项任务的轻重缓急，设定工作进度检查的节点，以便对下属的工作进行及时的指导与调整。例如，某大学生要进行某科的考试复习，考试前要进行三轮系统的复习，那么，在设定目标时，就要分时间节点来进行规划，这两周进行第一轮复习，下一周进行第二轮复习，最后三天再进行第三轮复习。这样细致的时间规划远比一个"我要在期末前进行复习"的规划目标要强。

④ 具有挑战性且是可实现的

目标在具有挑战性的同时，一定是可实现的。要避免设立过高或者过低的目标，无法实现的目标是没有意义的目标。根据弗鲁姆的期望理论，激励力是期望值与效价的乘积。期望值指的是根据个人的经验判断对达到目标的把握程度，效价则是指所能达到的目标对满足个人需要的价值。也就是说，在激励场景下，目标实现的可能性与完成目标带来的满足感，会同时作用于一个人受到激励的水平。因此，在设立目标时，既要考虑目标的挑战性，也不能忽视实现的可能性。在领导与管理工作中，将期望理论运用于调动下属的积极性是有一定意义的。

⑤ 书面化

书面化可以使目标聚焦、具体化，防止出现歧义，能够在后续工作中形成更好的约束与控制。

⑥ 便于所有必要的组织成员沟通

目标管理的过程就是沟通的过程，目标管理需要上下级间互相沟通与交流。在设定目标的时候，管理者为了让员工真正地了解组织希望达到的目标与预期取得的业绩成果，就需要与员工来商量相应的方案。同时，员工为了调整设定的目标，提出自己的所思所想，也需要与管理者主动进行沟通。有关目标达成的结果都需要上下级一起商讨后得出结论，这种商讨并不是单纯的相互沟通，而是在彼此充分理解、彼此接受的基础上进行的，这样不仅增多了相互交换意见的场合，沟通密度也有了很大的提高。

(2) 目标设定的技巧

为了保障目标的准确性，需要掌握一些目标设定的基本技巧，管理者可以采用如下技巧来进行目标设定。

① 了解设定目标的目的

要有效地设定目标，部门管理者首先必须了解设定目标的目的。一般而言，对于组织来说，目标设定是为组织的运作而服务的。因此，管理者首先需要理解组织的目标是什么。组织的目标具有"社会性"属性，在彼得·德鲁克提出的定义中，管理具有三重任务：使组织有前途，使系统有效率，使员工有成就。这三重任务就决定了组织目标具有三个层次，即社会层目标、组织层目标和个人层目标。组织的目标具有"网络性"属性，一个组织目标由一系列的子目标来支持，这些目标在空间与时间中相互联系、相互影响、相互制约。因此，可以总结出，设定目标的目的有两个基本关注点，一个是为组织设定一个具体的聚焦方向，另一个就是为设定其他目标提供网络铺垫。

② 正确阐述目标内容

要有效地设定目标，不仅需要阐述清楚目标的内容，还需要将目标的内容具体化并且明确具体的时间跨度。如果目标的内容不够具体，很可能会造成执行力度大打折扣，目标应该简明扼要，能够让执行者清晰明白需要执行的内容，简明扼要意在使目标包含所有相关的问题，但又不是逐字逐句进行解释。时间跨度则能够影响组织目标的实现程度，没有具体时间规划的计划很容易失败。

③ 保证目标一致性

必须保证组织目标内各级目标在同一总目标框架下的一致性，使得目标在同级部门间达到水平一致性，使得下级目标与上级目标相一致，个人目标与组织目标相一致，达到垂直一致性。

④ 设定中间目标

设定中间目标可以很好地进行目标控制。如果目标期限过于长,在执行期间可能会有脱离规划的风险,执行者可能会产生放松怠慢的不良情绪。如果目标过于远大,执行者在执行过程中很可能会因为遇到巨大的困难从而退出,在想到实现可能性低的时候也会心灰意冷从而放弃。中间目标的意义就在于解决上述可能发生的情况,设定一个需要投入精力但是可以够得着的目标,这样不断地循环,就可以使组织向着总目标平稳前进。

【案例】

马拉松选手的获胜秘籍

日本有一位著名的马拉松选手,他总是能够获得好成绩。在一次比赛中,他又获得了冠军,记者以前问过他多次成功的原因,但他都只说一句话:"我靠智慧取胜。"这一次,他终于告诉了别人他的方法。在每一次比赛前,他会开车去看一次路,路边每隔一段距离如果有标志物,他就按照顺序把这些标志物记下来。比赛的时候,这些标志物就成了他的一个个目标,而他对着每个目标都尽力去跑。就这样,几十千米被他分解成几小段,自然容易得多。可见中间目标的不断设定对于成功有多么重要。

⑤ 明确目标责任

部门管理者对目标的确认以及为此而承担的责任,是目标设定程序中最关键的内容。如果目标的责任认定不明确,没有指定为之负责、进行管理协调的人或部门,则员工很有可能不会承认设定的目标,在后续工作中就会产生偏差。因此,设定目标要指定明确的责任人来负责。

⑥ 形成有效的奖惩制度

在设定目标时需要注意利用奖惩制度来辅助进行,有效的奖惩制度能够促进目标的设定与实现。在设定目标的过程中,对参与设定目标工作的人,应该加以特别奖励,在完成目标的过程中,对取得阶段性成绩的员工以及最终成功完成目标的员工加以奖励,对未能完成目标的员工进行适当的惩罚。奖惩制度能够激励员工尽力去完成目标,提高组织的运行效率。需要注意的是,设定奖惩制度的另一个目的是鼓励沟通与交流。

【案例】

万达速度

万达速度是行业内部对于万达集团工作效率的一个美称。为保障进度目标的达成,万达集团的黄红灯严考核制度形成了有力的驱动。万达目标考核使用两个灯。黄灯指未按计划达成节点,且延误少于一周,黄灯亮不扣分。红灯指黄灯出现后一周的工作量没有补上去或者工作量没有达到,红灯亮按节点类别扣分,出现三个红灯则相关负责人"下课"。如果出现一个黄灯,下一步补上后黄灯会自动消失,变成绿灯,但是,一年之内出现三个黄灯就相当于出现一个红灯,一年之内出现三个红灯则"下课"。在这样独具特色的考核制度下,万达内部的相关部门间加强了彼此的沟通,员工在工作时生怕耽误了节点,影响整体目标的实现,经常出现跨部门交流,大家一起商量对策来解决黄灯问题,万达速度就是在这一点一滴中得到了提升。

目标设定有各种各样的技巧,管理者应该针对组织的实际情况,综合运用多种目标设定技巧,提高目标设定的合理性和有效性。

(3) 目标设定的步骤

管理者在设定目标时,要遵循回顾组织的使命或目的、评估可获得的资源、独立或在他人参与下确定目标、写下这些目标并传达给所有有必要知道的人员、评估结果并判断目标是否已经实现等步骤。

① 回顾组织的使命或目的

使命是对组织宏观的目标在概念上宽泛的陈述,总体指导组织成员认为重要的事项。在设定目标之前,管理者需要重新回顾使命的内容,防止在设定目标时产生偏差,目标中应该体现使命的内容。

② 评估可获得的资源

由于设定的目标是有挑战性的,且必须是可实现的,因此,组织在设定目标时一定要对组织可以投入计划中的资源进行评估和整合。在设定目标时会进行预测活动,预测计划实施时的预期环境,包括时间和空间上可能的约束限制,法律政策环境的影响,组织在竞争态势、市场需求中处的位置,也包括自身人力、财力、物力等资源的限制。

③ 独立或在他人参与下确定目标

目标反映了期望的结果,应该与组织的使命以及组织其他领域的目标相一致。这些目标应该是可测量的、具体的,并且在一定的时间范围内可实现。

④ 写下这些目标并传达给所有有必要知道的人员

设定目标后需要将目标传达给各层次、各部门的成员,让他们了解总目标与相应的分目标,在传达目标时书面性的文件显然是最佳的媒介。在传达目标的同时,也要让组织成员意识到他们被授予了相应工作范围内的权力,有能力调动完成目标所需的必要资源。在明确收到目标后,组织成员就有了努力工作的方向,设定目标时所授予的权力则会使成员产生责任心与动力,发挥主观能动性,使目标有效地推进。

⑤ 评估结果并判断目标是否已经实现,必要时改变目标

在评估结果时,如果目标已经实现,可以进行总结,提出优化的方案并实施奖惩措施。如果目标未能实现,必要时可以改变目标,为下一阶段的工作提供参考与改进,滚动进行目标的规划。罗宾斯在谈到目标结果时还是抱以乐观的态度,他提到,一旦设定了目标,写下并传达目标,管理者就应该准备好制订方案,以追求目标的实现。因此,即便目标未能实现,也要发挥组织的灵活性与适应性,进行目标的修正。

目标管理的具体步骤同样可参照上述目标设定的步骤,在此,作为补充知识提供给读者,以供参考。

步骤1:制定组织的整体目标和战略。

步骤2:在各事业部和各部门之间部署重大目标。

步骤3:部门经理及其下属管理者共同参与具体目标的设定。

步骤4:所有部门成员共同参与具体目标的设定。

步骤5:定义如何实现这些目标的行动方案必须是具体的,并由管理者和员工共同商定,一致通过。

步骤6:实施这些行动方案。

步骤7：定期评估为实现目标所取得的进展并提供反馈。
步骤8：通过基于绩效的奖励强化目标的实现。

5.3.2 制订方案

权变理论是在经验主义学派的基础上进一步发展的成果，在20世纪60年代末70年代初成为一派新的管理理论，权变理论提倡管理要以具体情况以及具体对策的应变思想作为基础。权变理论在进入20世纪70年代后，在美国逐渐兴起并受到广泛的重视。这依赖于当时的时代背景，20世纪70年代，美国经济、政治、社会的动荡不安达到了空前的程度，石油危机给西方社会蒙上了一层阴影，企业在这种时代背景下，同样面临着不确定性。而以往的管理理论，如科学管理理论、行为科学理论等，研究侧重点依旧是对于企业内部组织的管理，并且均在寻求一种能够应用于各种场景的模式与原则。而这些管理理论在外部环境瞬息万变的情况下，在解决企业问题时就显得无能为力。在经历了这种时代带来的冲击后，人们不再相信管理会存在一种普适管理行事方式，而是必须灵活地针对情况的变化来处理管理问题。于是，形成了一种管理取决于所处环境状况的理论，即权变理论，"权变"的意思就是权宜应变。

制订方案的过程会受到三种权变因素的影响，包括组织层级、环境的不确定性以及方案的时间跨度。

(1) 组织层级

在大部分情况下，不同层级的管理者制订不同类型的计划，高层管理者主要制订战略计划，基层管理者主要制订业务计划，并且，不同层级的管理者在制订计划时所使用的核心技能也不同。在罗伯特·卡茨的研究中，管理者需要具备三类技能，分别是技术技能、人际技能与概念技能。制订战略计划的高层管理者需要具备较强的概念技能，能够将组织的活动抽象化为战略，同时，也需要具备一定的人际技能，掌握与下级沟通部署任务的技巧，具体的技术技能则不是很重要。制订业务计划的基层管理者需要具备较强的技术技能，能够精通组织业务层面的活动，并且具备一定的人际技能，随时能够与上下级进行沟通协作，概念层面的技能则不是很重要。管理者与计划类型的匹配如图5-3所示。

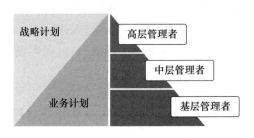

图5-3 管理者与计划类型的匹配

(2) 环境的不确定性

当不确定性很高时，方案应该是具体且有弹性的，计划的期限应该尽可能地缩短，尽量将组织控制在掌控范围内。管理者在实施方案的过程中，需要做好准备，面对实时的变化来修改原本的方案，有效的计划一定是可以有效适应外部变化的，能够针对环境的不确定性及时地进行调整。鉴于环境的不确定性，有时放弃方案也不是一个最坏的选择，及时放弃由于环境剧变而受到巨大影响的方案可以及时地止损,节约组织资源与成本。

(3) 方案的时间跨度

根据许诺原理,方案应该扩展到未来足够长远的期限。针对太长或太短的期限进行计划都是缺乏效率和效果的。

许诺原理可以表述为任何一项计划都是对完成各项工作所做出的许诺,许诺越大,实现许诺所需的时间就越长,实现许诺的可能性就越小。计划一定要有期限,实际上,在大多数情况下,完成期限是对计划的最严格要求。体现在许诺原理上,则是合理的计划工作要有一段具体确定的完成时期,而时期的长短取决于实现许诺任务所花费的时间。需要注意的是,应该合理且明确地安排好计划期限,而不是在后续执行时随意缩短原本的计划期限,每项计划的许诺不能太多,因为许诺(任务)越多,计划时间越长。

5.3.3 计划的方法

设定计划主要有两种方法。一种方法是传统的方法,计划通常由高层管理者制订并沿着组织等级链向下传达到每一组织层级,并且,很可能会利用正式的计划部门。另外一种方法是使更多的组织成员参与计划过程。在这种方法中,方案并不是从一个组织层级向下一个组织层级传递,而是由不同组织层级和不同工作部门的人员共同制订,以满足他们特定的需求。

1. 计划的程序

无论是由高层管理者设定的指挥下属的计划,还是由不同层级共同商讨、共同设定的计划,编制计划的工作程序都是相似的,通常要遵循以下八个必要的步骤。

(1) 估量机会

估量机会就是要对组织外部与内部的环境进行全面的估计。这项工作一般是在计划工作前就应着手去实施的,它是计划工作的起点。内容包括识别外部的市场环境,预测可能出现的机会与威胁,了解市场的需求关系与竞争情况,明确自己的外部竞争位置,总的来说,就是对各种可能的机会进行大致的判断。

(2) 确定目标

计划工作的第二步是在估量机会的基础上确定整个组织的目标,然后,再向下进行目标的拆解,设定下属部门的子目标,包括设定长期目标与短期目标、指导性目标与具体目标等。这一步骤的核心是要说明基本的方针和需要达到的目标,说明制定战略、政策、规则、程序、规划和预算的任务,指出工作重点。

(3) 确定前提条件

确定前提条件是为了掌握一些有关组织的关键性计划前提条件,主要分为以下三种类型。

① 外部和内部的前提条件。组织外部的前提条件可以指组织所面临的一般环境,也可以指具体的环境条件,如产品市场条件与要素市场条件。组织内部的前提条件包括组织经营的方针和政策、组织内部的人财物以及当前的组织结构与组织形式等。

② 定量和定性的前提条件。定量的前提条件是指可以用数字表示的、对计划工作具有影响的因素,定性的前提条件则是指难以用数字表示的因素。

③ 可控和不可控的前提条件。对于可控的前提条件,组织将在未来的计划中通过具体

的手段进行调整与修正,而对于不可控的前提条件,组织则需要采取适应和接受的方法来应对。

(4) 拟订可供选择的方案

通常,当前能够设计的方案不一定是最优的方案,利用过去的方案进行仿照和修改也不一定会得到最优的方案,这一步需要发挥创造性。拟订方案也需要重视组织中存在的权变因素,拟订方案时可以借助于一些计算机决策工具,结合管理者自身的经验综合进行考虑。

(5) 评估各种方案

评估各种方案时,需要权衡方案中前提条件和目标的影响以及这些影响对方案的利弊,然后对各种方案进行评价。对方案的评价实质上是对其价值的判断,一方面取决于评价者所采用的标准,另一方面取决于评价者对各个标准所赋予的权重。显然,确定目标和确定计划前提条件的工作质量直接影响方案的评价。在评价方法方面,可以采用运筹学中较为成熟的矩阵评价法、层次分析法,在条件许可的情况下还可以采用多目标评价方法。

(6) 选择方案

计划工作的第六步是选择方案,选择方案是在前五步的基础上进行的关键抉择步骤。选择方案需要管理者能够在决断后拿定主意,若存在多个方案,可以选择将其他的方案作为后备选择,当目标出现偏差时,可能会提供给组织另外一个选择。

(7) 拟订派生计划

派生计划是基于总计划的具体细分的分计划,目的在于保证总计划更好地落实。例如,某快速消费品公司打算开辟新市场,那么,总计划就是市场的开发计划,相应地,可能有新市场的市场促销计划、开辟市场需要的人力计划等辅佐总计划进行的派生计划。

(8) 编制预算

计划工作的最后一步是把计划转化为预算,让计划变为可读的数字。预算的实质是资源分配的计划,预算可以作为汇总和综合平衡各类计划的工具,也可以用来衡量计划完成的进度,作为进度的检验工具。

2. 计划的工具

在掌握了计划的相关概念以及实施计划的步骤后,还需要学习一些计划的工具,在计划的实施过程中使用这些工具,可以更好地为实现目标服务。计划的有效工具有以下几种。

(1) 预算

预算的本质是一种将资源分配给特定活动的数字性计划,包括以货币单位或者工时、产量等非货币单位编制的定量计划。在国内,一般意义上,人们会将预算等同于财务预算。实际上,预算作为一种定量计划工具,还可以用来改进时间、空间和材料的利用,即生产预算。对于工时、能力利用或者产量单位的预算,可以按日、按周和按月进行编制。

当今,更多的企业将预算纳入组织的计划工作中,并且衍生出全面预算管理的概念。全面预算反映的是企业未来某一特定期间(一般不超过一年或一个经营周期)内的全部生产、经营活动的财务计划,它以实现企业的目标利润(企业一定期间内利润的预计额是企业奋斗的目标,根据目标利润制定作业指标,如销售量、生产量、成本、资金筹集额等)为目的,以销售预测为起点,进而对生产、成本及现金收支等进行预测,并编制预计损益表、预计现金流量表和预计资产负债表,反映企业在未来一定期间内的财务状况和经营成果。

全面预算管理作为对现代企业的成熟与发展起过重大推动作用的管理系统,是企业内部管理控制的一种主要方法。这一方法自从20世纪20年代在美国的通用电气、杜邦、通用汽车公司产生之后,很快就成了大型工商企业的标准作业程序。从最初的计划、协调,发展到现在的兼具控制、激励、评价等诸多功能的一种综合贯彻企业经营战略的管理工具,全面预算管理在企业内部控制中日益发挥核心作用。正如著名管理学家戴维·奥利所说的,全面预算管理是为数不多的几个能把企业的所有关键问题融合于一个体系之中的管理控制方法之一。

全面预算能够提升组织的战略管理能力,有效地监控和考核组织,促使组织高效地使用资源,并且可以有效地降低组织的经营风险,促进开源节流。常用的预算管理方法分为增量预算与零基预算两种。增量预算以前期的预算为基础,通过对上期预算的结果进行分析,制订当期的资源分配策略。零基预算则是在每期开始都重新制订预算,重新审视组织的资源与能力,不以前期的预算为参考。

(2) 滚动式计划法

滚动式计划法是一种编制具有灵活性的、能够适应环境变化的长期计划方法。其编制方法是:在已经编制出的计划的基础上,每经过一段固定的时期(如几年或一个季度等,这段固定的时期称为滚动期)便根据变化了的环境条件和计划实际执行的情况,从确保实现计划目标出发对计划进行调整。每次调整时,保持原计划期不变,而将计划时间顺序向后推动一个滚动期。图5-4所示是一个滚动式计划的编制过程。

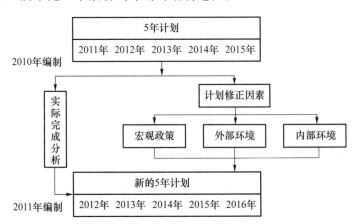

图 5-4 滚动式计划的编制过程

由于长期计划的计划期较长,很难准确地预测各种影响因素的变化,因此很难确保长期计划的成功实施。而采用滚动式计划法,就可以根据环境条件的变化和实际完成情况,定期地对计划进行修订,使组织始终有一个较为切合实际的长期计划作为指导,并使长期计划能够始终与短期计划紧密地衔接在一起。

【案例】

今麦郎的互联网模式创新

今麦郎饮品股份有限公司(以下简称"今麦郎饮品公司")成立于2006年2月,是今麦郎食品有限公司与中国台湾统一企业共同出资组建的大型饮品企业,主要从事饮料产品研发、生产和销售。2014年,今麦郎饮品公司提出:打造"以营销为龙头",实现管理信息化升级,以营销驱动、创新经营为理念,从传统业务模式到新型互联网模式创新。今麦郎饮品公司考虑通过建立的统一营销体系和互联网应用技术,进一步适应公司管理信息化的需求。具体来说,该公司根据总体的销售预测进行需求运算,编制总体的需求计划,从而为企业整体的产销平衡提供重要依据;有效地监控车间生产的顺利执行,有效且有序地完成滚动生产任务。整个集团内的所有生产企业主要是依据营销中心提交的销售预测量,同时,需要考虑上个月的实际出库量、目前库存量、产能、当月的促销政策等因素,来制订生产计划,更多地考虑销售政策、促销政策的经营导向,以及环比同期发货量和同比上月的发货量,结合实际的生产计划参考销售计划量和销售走势图,进行合理生产的排产,通过需求到计划、计划到执行的逐层衔接,实现整体产、供、销一体化。

(3) 网络计划技术

网络计划技术是把一项工作或项目分成几部分,然后根据作业顺序进行排列,通过网络图对整个工作或项目进行统筹规划和控制,目的是使用最少的人力、物力、财力资源,用最快的速度完成工作。

网络计划技术的基本步骤包括以下几点。

① 首先确定目标,进行计划准备工作

这是在计划之初必须明确的问题,目标是计划要求达到的预期结果,工程项目的预期结果要根据具体情况来确定。例如,要建一幢大楼,其预期结果就是在一段可能的时间里将大楼盖起来,并保证质量。

② 进行工程分析,列出作业明细表

目标确定后,需要将实现目标的具体工作项目列出,这部分工作是要将任务进行分解,将总目标细化成可衡量、可实现的子目标,并最终将细化的目标列成作业明细表,以供参考。

③ 确定各项作业间的关系与估算各项作业所需的时间

这一步是基于分解后的子目标项目进行操作的,目的是厘清各项作业间的逻辑关系,明确哪个是先行工作,哪个是平行工作和后续工作。在划分工作关系的同时也要计算其各自需要的确定工作时间,为绘制网络图做好铺垫。

④ 绘制网络草图

依据上述步骤绘制网络图,需要注意的是,只有绘图正确,才可以借助于图形分析、寻找关键路线,不断完善计划,求得工期、资源与成本的优化方案。但是,通常不可能一次绘制出正规的网络图,可以利用草图进行调整。

⑤ 计算各项工作的最早开始时间和最迟结束时间并对计划进行综合平衡

在计算全部网络时间和时差的基础上,确定关键路径,并且需要考虑是否能够符合其他各类经济技术指标,如人财物供应、成本费用等的匹配程度,进一步进行综合平衡,根据平衡结果修改作业时间以及重新考虑各项作业间的关系,对方案进行优化。

⑥ 绘制正式的网络图

根据调整后的网络图(如图5-5所示),编制各种进度表以及工程预算等计划文件。

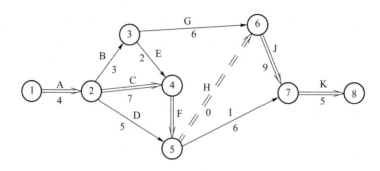

图 5-5 网络图

当然,网络图的组成包括工序、节点和路线,分别解释如下。

① 工序

工序是指一项有活动内容的,需要有人力、物力参与的,经过一定时间后才能完成的生产过程或活动过程,如机床大修时的拆卸、清洗、检查、零件修理、零件加工、总装和调试等。此外,还有一种工序是虚设的,不需要消耗各种资源和时间。通过虚设工序可以表明一个工序与另一个工序之间的逻辑关系。

箭线式网络图是以箭线代表一个工序及其所需消耗的时间和资源等。英文字母为工序的代号;箭尾表示工作的开始;箭头表示工作的结束;箭线下面的数字表示工序所需时间;箭头与箭尾衔接的地方画上圆圈,并编上号码。虚工序在箭线式网络图中以虚箭线来表示。

② 节点

在箭线式网络图中,箭线的开始点和结束点叫作节点,用圆圈表示。节点既不消耗资源,也不占用时间和空间,只代表了某些工序开始和结束的瞬时。在节点中有一个原始节点代表一个工程的开始,有一个结束节点代表一个工程的结束。

③ 路线

从原始节点开始,沿着箭头的方向连续不断地到达结束节点的每条通道,都叫作路线。

④ 关键路线

在所有路线中,作业时间之和最大的那条路线称为关键路线,因为它的完成时间决定了整个工程的总完成工期。关键路线可以用粗线、红线或双线表示。位于关键路线上的工序称为关键工序。关键路线并非一成不变,在一定的条件下,例如,如果合理地对各个工序的人力、物力和技术进行了改变,关键路线和非关键路线可以相互转换,还可以使关键路线的作业时间缩短。

关键路线的意义在于,通过网络分析找出关键工作和关键路线,可以使得负责此项工程的主管人员做到心中有数,将其注意力集中在那些影响和决定全局的关键工作上。由此可知,对于一个负责修建某大型工程的指挥来说,计划人员如果能够明确指出哪些是关键工作,哪些工作可以推迟完成,哪些工作可以暂缓而将施工人员和机械调往他处,这些将是十分重要的。网络计划技术除了可以用于进度和计划的控制,还可以在资源有限的情况下进行负荷平衡,以求得工期尽可能短并能够充分利用资源的最优方案,此外,还可以对工程的费用开支进行优化以及对工程按期完工的可能性进行估算等。

【知识拓展】　　项目管理计划工具——刘易斯 16 步管理模型

16 步管理模型是美国著名项目管理专家刘易斯提出的。从 16 步管理模型中可以看到项目的战略计划所处的位置。

16 步管理模型主要包括：

① 概念确立。就是对所要做的事情有一个框架性的设计，有一种思想。

② 问题的定义。就是对长远目标进行说明。步骤②是对步骤①的进一步细化和具体化。

③ 生成项目的备选方案和战略计划。就是提供思路、备选方案和战略计划总体思路。

④ 战略计划的评估和选择。就是在选择方案的同时，有一个从总体技术路线到总体项目管理策略的评估和选择。

⑤ 战略的确立。就是确定具体的战略、目标。

⑥ 制订项目的实施计划。这是一个更加具体的、第二个层次的项目计划，就是怎样实施。

⑦ 项目干系人批准计划。这里的计划包括战略计划、初步计划、详细计划，在这些项目实施之前，有一个批准过程。

⑧ 签署项目计划。项目的批准人、参与项目的有关干系人要签署项目计划，对计划做出承诺，同时，建立项目的跟踪记录。做一个项目进展情况日志（或者周志、月志、记录），根据这些记录信息进行知识管理。

⑨ 执行项目计划。就是正式开展计划，进行这个项目。

⑩ 监控项目进展。计划开始实施之后，就要考虑计划执行得如何，有无问题，要对进展情况进行监控、监测和控制。

⑪ 审查项目定义。项目实施之后，需要做一些评审工作，包括对原来工作的评审，也包括对项目目标定义的评审。如有问题就返回步骤②，重新修正项目的定义。

⑫ 对项目的战略进行评审。首先评价目标或项目的定义，然后评审战略计划、战略制订是不是有问题，如有问题就返回步骤④，重新修正项目战略。

⑬ 项目的实施计划。就是具体的计划工作流程，对一些细节要进行评审，有问题就进行修改。

⑭ 循环。按照整个过程不断地从计划的执行到监测、评审，有问题就要修改计划，然后再执行，再评审，这个过程一直延续到全部工作结束。

⑮ 总结经验教训。项目全部完成以后，及时总结经验教训，对一些问题进行归档，作为今后项目的指导和借鉴。

⑯ 结束项目。

这是一个完整的项目管理流程，从这个流程中可以看到，制订整个项目的战略计划实际上是在制订项目的详细计划和实施计划之前。在制订项目计划的时候，首先要有一个总体的战略计划，在总体战略计划的指导下开展具体的项目计划。

【本章小结】

首先，掌握计划的基本概念，计划是管理的首要职能，是管理活动的起点。计划具有动词与名词的双重属性。计划意味着需要设定目标，确定实现这些目标的战略以及制订方案以整合和协调各种活动。计划对于组织十分必要，可以为管理者和非管理者提供指导，降低不确定性，有助于最小化浪费和冗余，还可以确定控制所采用的目标或标准。在设定计划时,不可忽视计划与绩效的关系。

其次,计划中包含具体的目标与方案,目标可以分为战略目标与财务目标,方案根据广度分为战略方案与业务方案,根据时间跨度分为长期方案与短期方案,根据具体程度分为具体方案与指导方案,根据使用频率分为持续性方案与一次性方案。

最后,明确了什么是目标与方案后,就要学会应用。在设定目标时,要明确目标设定方法。要掌握目标管理的相关知识,学习目标的特征、设定目标的技巧与步骤。在制订方案时,计划中的权变因素值得重点关注,在组织层面,环境的不确定性与方案的时间跨度会对计划产生不同的影响。在实际工作中,计划要遵循一定的步骤,计划具有经典的八步法。在计划中,常见的可利用的工具有预算、滚动式计划法与网络计划技术。

【综合案例】

宏远实业发展有限公司如何制订计划?

某年的 12 月份,宏远实业发展有限公司(以下简称"宏远公司")的总经理顾军一直在想两件事。一是已经接近年终,应该开展年终总结会议,回顾这一年来的工作进展。这一年,公司面临着外部环境发生剧烈变化的困难,好在公司经营管理比较灵活,在想方设法拓展市场的努力下,这一年还是艰难地走了过来。现在是应该好好总结下,看看问题到底出在哪儿。二是应该基于这种现状,好好计划未来应该怎么办,明年该干什么,再远一些的 5 年甚至 10 年应该怎么干。就在前几个月,顾总从繁忙的工作中抽身出来,到大学去听了几次教授开展的关于现代企业管理的讲座,这段时间的讲座触动了他。顾总回顾,自己的公司成立至今,已经走过了十多个年头,这十几年间公司取得过很多成就,但是细细回想,公司一直以来的管理都是靠经验来进行的,很多决策都是依靠员工个人的经历来决定,遇到大的事也都是由顾总拍板,从来没有公司通盘的目标与计划,因此,公司经常是在工作中想到哪里干到哪里,干到哪里是哪里。可是,在公司发展到千万资产的规模,并且已经拥有三百多名员工的情况下,依照以往的检验管理模式可进行不下去了。顾总每当想到这些,晚上都睡不着觉,到底应该怎么改变,来科学地制订公司的目标与计划呢?这是最近困扰顾总的问题。

15 年前,顾氏三兄弟来到了省里的工业重地 A 市,当时,他们的全部资产只有口袋里父母给的 800 元,但顾氏三兄弟下定决心要用这 800 元创一番事业,摆脱祖祖辈辈日出而作、日落而息,面朝黄土背朝天的农民生活。初来 A 市,顾氏三兄弟只能借住在一处棚户房,三个人每天分头出去找谋生之道,在初到的一年里,他们收过破烂,卖过水果,做过工厂工人,但他们感觉这些都是自己不想要的工作。

老大顾军通过与人请教,发现 A 市的建筑业是个不错的切入行业,A 市的发展很快,有大量的基建房屋改造项目,老百姓对于新房屋的需求很大,所以,建筑工作具有很大的任务量。但是,由于种种原因,建筑公司内部都十分短缺建筑材料,尤其是建筑材料中的水泥和黄沙,这种材料短缺的情况在一定程度上影响了建筑公司工程的进展。这时顾军想到,在老家的表舅开了家小水泥厂,产出的水泥在当地供给大于需求,根本销售不完,不得已还得减少生产量。顾军这样一想,当即与老二、老三合计,不如就做水泥生意。他们在 A 市找到需要水泥的建筑队,讲好价钱,然后到老家租船借车把水泥运出来,去掉成本每袋水泥能净得几块钱。利润虽然不厚,但积少成多,一年下来他们挣了几万元。在当时,"万元户"可是个

第 5 章 计　划

令人羡慕的称呼。当然，在这一年中，顾氏三兄弟也吃尽了苦，顾军一年里住了两次医院，一次是劳累过度晕在路边被人送进医院，一次是肝炎住院，医生的诊断是营养严重不良导致抵抗力差而得肝炎。虽然如此，看到一年下来的收获，顾氏三兄弟感到第一步走对了，决心继续走下去。他们又干了两年贩运水泥的活，那时他们已有一定的经济实力了，同时又认识了很多人，有了一张不错的关系网。顾军看到改革开放后，A 市角角落落都在大兴土木，市里的建筑公司十分饱和，忙不过来，他想到自己家乡里也有木匠、泥瓦匠，干脆就整合这些闲置的资源，建立起一个工程队一起来城里干活。三兄弟说干就干，没几个月就将组建起来的工程队带进了城里，同时，水泥生意继续做，一下子就有两条产业链同时进行了。

一晃 15 年过去了，当初贩运水泥起家的顾氏三兄弟，今天已是拥有几千万资产的宏远公司的老板了。公司现有一家贸易公司、一家建筑装饰公司和一家房地产公司，有员工三百多人。老大顾军当公司总经理，老二、老三做副总经理，并分别兼任下属公司的经理。顾军老婆的叔叔任财务主管，他们表舅的大儿子任销售主管。总之，公司的主要职位都由家族里面的人担任，顾军具有绝对权威。

公司总经理顾军是顾氏兄弟中的老大，当初到 A 市时只有 24 岁，他在老家读完了小学，接着断断续续地花了 6 年时间才读完了初中，原因是家里穷，又遇上了水灾，两度休学。但他读书的决心很大，一旦条件许可，他就去上学，而且边读书、边干农活。15 年前，是他带着两个弟弟离开农村进城闯天下的。他为人真诚、好交朋友，又能吃苦耐劳，因此深得两位弟弟的敬重，只要他讲如何做，他们都会去拼命干。正是在他的带领下，宏远公司从无到有、从小到大。在 A 市，顾氏三兄弟的宏远公司已是大名鼎鼎了，特别是去年，顾军代表宏远公司一下子拿出 50 万元捐给省里的贫困县建希望小学后，民营企业家顾军的名声更是非同凡响了。但顾军心里明白，公司这几年日子也不太好过，特别是今年。建筑公司任务还可以，但由于成本上升，创利已不能与前几年同日而语了，只能勉强维持，略有盈余。况且，建筑市场竞争日益加剧，公司的前景难以预料。贸易公司能勉强维持已是上上大吉了，今年做了两笔大生意，挣了点钱，其余的生意均没成功，而且，仓库里还积压了不少货无法出手，贸易公司日子不好过。房地产公司更是一年不如一年，当初刚开办房地产公司时，由于时机抓准了，两个楼盘着实赚了一大笔钱，这为公司的发展立了大功。可是，好景不长，房地产市场疲软，生意越来越难做。好在顾总当机立断，微利或持平把积压的房屋作为动迁房基本脱手了，要不后果真不堪设想。即便如此，现在还留着的几十套房子也把公司压得喘不过气来。

面对这些困难，顾总一直在想如何摆脱现在这种状况，如何发展，发展的机会也不是没有。上个月在淮海大学听讲座时，顾军认识了 A 市一家国有大公司的老总，在交谈中顾总得知，这家公司正在寻找在非洲销售他们公司的当家产品小型柴油机的代理商，据说这种产品在非洲很有市场。这家公司的老总很想与宏远公司合作，利用民营企业的优势去抢占非洲市场。顾军深感这是个机会，但该如何把握呢？10 月 1 日，顾总与市建委的一位处长在一起吃饭，这位老乡告诉他，市里规划从明年开始江海路拓宽工程，A 市的江海路就像上海的南京路，两边均是商店。借着这一机会，好多大商店都想扩建商厦，但苦于资金不够。这位老乡问顾军，有没有兴趣进军江海路，如果想的话，他可牵线搭桥。宏远公司的贸易公司早想进驻江海路了，但苦于没机会，现在机会来了，机会很诱人，但投入也不会少，该怎么办？随着改革开放的深入，住房分配制度将有一个根本性的变化，随着福利分房的结束，顾军想到房地产市场一定会逐步转暖。宏远公司的房地产公司已有一段时间没正常运作了，现在是不是该动了?

总之,摆在宏远公司老板顾军面前的困难很多,但机会也不少,新的一年到底该干什么?怎么干?以后的 5 年、10 年又该如何干?这些问题一直盘旋在顾总的脑海中。

(案例改编自:https://www.doc88.com/p-9813673566233.html?r=1)

思考:

1. 宏远公司是否应制订短期、中期、长期计划?为什么?
2. 如果你是顾总,你该如何编制公司发展计划?

【本章习题】

一、简述题

1. 网络计划技术的原理是什么?
2. 计划的制订步骤有哪些?

二、讨论题

1. 简述设定目标的过程。
2. 如何评价滚动式计划法?

三、单选题

1. 在管理的各项工作中,居于领先地位的工作是( )。
   A. 组织工作　　　　　　　　　B. 控制工作
   C. 指导与领导工作　　　　　　D. 计划工作

2. 滚动计划是一种( )。
   A. 静态计划　　　　　　　　　B. 网络计划技术
   C. 定期修订未来计划　　　　　D. 企业资源计划

3. 对于目标管理,下列描述不正确的是( )。
   A. 目标管理是一种管理制度或方法
   B. 管理人员和工人进行自我指挥、自我控制
   C. 管理人员和工人都由其上级来指挥和控制
   D. 强调成果,注重目标的实现

4. 计划是( )。
   A. 面向未来的　　　　　　　　B. 现状的描述
   C. 决策的前提　　　　　　　　D. 过去的总结

5. 在管理中,居于主导地位的工作是( )。
   A. 计划　　　　B. 组织　　　　C. 人员配备　　　　D. 指挥

6. 将方案分为持续性方案和一次性方案的标准是( )。
   A. 具体程度　　B. 使用频率　　C. 时间跨度　　　　D. 广度

7. 计划工作的第二步是为组织及其下级单位在一定时期内所要达到的效果( )。
   A. 估量机会　　B. 确定前提条件　　C. 拟订派生计划　　D. 确定目标

8. 根据计划的广度,可将计划分为( )。
   A. 战略计划和业务计划　　　　B. 具体计划和指导计划
   C. 战略性计划和战术性计划　　D. 长期计划和短期计划

9. 下列原理中属于计划工作原理的是( )。
A. 目标统一原理 B. 许诺原理
C. 激励原理 D. 稳定性与适应性相结合的原理
10. 倡导目标管理的代表性管理学者是( )。
A. 泰勒 B. 梅奥 C. 德鲁克 D. 韦伯
11. 目标管理是( )。
A. 20 世纪 50 年代后期出现于美国 B. 20 世纪 80 年代后期出现于美国
C. 20 世纪 50 年代后期出现于德国 D. 20 世纪 50 年代后期出现于日本
12. 计划工作的许诺越多,所需的时间就越长,因而实现目标的可能性就( )。
A. 越大 B. 越小 C. 没有 D. 没必要

四、多选题

1. 实践中对计划的组织实施行之有效的方法主要有( )。
A. 决策树法 B. 滚动式计划法 C. 网络计划技术 D. 德尔菲法
2. 关于关键路线,下列说法正确的是( )。
A. 一个网络图中只有一条关键路线
B. 关键路线上各工序的完成时间提前或推迟都直接影响着整个活动能否按时完工
C. 关键路线的路长决定了整个计划任务所需的时间
D. 确定关键路线,据此合理地安排各种资源,对各工序活动进行进度控制,是利用网络计划技术的主要目的
3. 下列哪些是需要做计划的原因?( )
A. 为管理者和非管理者提供指导 B. 有助于最小化浪费和冗余
C. 降低不确定性 D. 确定控制所采用的目标或标准
4. 根据方案的明确性,方案可以分为( )。
A. 具体方案 B. 短期方案 C. 指导方案 D. 战略方案
5. 按照组织内集权与分权程度的不同,目标设定方法可以分为哪几种类型?( )
A. 自上而下的方法 B. 上下结合的方法
C. 激励与约束结合的方法 D. 自下而上的方法
6. 设定目标的工作步骤有( )。
A. 回顾组织的使命或目的
B. 独立或在他人参与下确定目标
C. 评估可获得的资源
D. 评估结果并判断目标是否已经实现,必要时改变目标
E. 写下这些目标并传达给所有有必要知道的人员
7. 制订方案的过程需要考虑的权变因素有( )。
A. 方案的时间跨度 B. 环境的不确定性
C. 组织层级 D. 管理者的目标
8. 有效目标的特征包括( )。
A. 具有挑战性且是可实现的 B. 便于所有必要的组织成员沟通
C. 是可衡量的、可量化的 D. 书面化
E. 从结果而非行动的角度予以阐述 F. 具有清晰明确的时间范围

9. 设定目标的技巧有（　　）。
   A. 设定中间目标　　　　　　　　B. 了解设定目标的目的
   C. 保证目标一致性　　　　　　　D. 以组织的宗旨和使命为依据
   E. 明确目标责任　　　　　　　　F. 形成有效的奖惩制度
10. 计划的工作步骤有（　　）。
    A. 确定目标　　　　　　　　　　B. 拟订可供选择的方案
    C. 估量机会　　　　　　　　　　D. 确定前提条件
    E. 评估各种方案
11. 制订计划的工具有（　　）。
    A. 网络计划技术　　B. 甘特图　　C. 滚动式计划法　　D. 预算

五、判断题

1. 在计划中体现的灵活性越大，则所制订的计划越实际，越能保证计划得到切实完成。（　　）
2. 只有明确地规定了组织的宗旨或使命，才能树立起明确而又现实的具体目标。（　　）
3. 计划是管理的基础，但不是管理活动的起点。（　　）
4. 预算是数字化的计划。（　　）
5. 最早提出目标管理主张的是泰勒。（　　）
6. 计划工作的第一步是估量机会。（　　）
7. 滚动式计划法的优点是增强了计划的弹性。（　　）
8. 企业的使命和目标一旦确定，不管企业内外条件发生什么变化，都不应该调整或修改。（　　）
9. 计划是管理最基本的职能。（　　）
10. 预算用数字编制，反映组织在未来某一个时期的管理计划。（　　）
11. 通过网络计划技术制订计划的目的是使用最少的人力、物力、财力资源，用最快的速度完成工作。（　　）

六、填空题

1. 目标管理是美国管理学家_____于1954年提出的。
2. 滚动式计划法是一种_____。
3. 滚动式计划法的具体做法是_____。
4. 目标在企业中可以分为_____或_____。
5. 组织方案最常用的划分方式有_____、_____、_____、_____。
6. 按广度来分，方案可分为_____和_____。
7. 按时间跨度来分，方案可分为_____和_____。
8. 按照组织内集权与分权程度的不同，目标设定方法可以分为_____种类型。
9. 有效目标具有_____个特征。
10. 设定目标的技巧有_____、_____、_____、_____、_____和_____。
11. 制订计划的工具有_____、_____、_____。

战略管理

【学习目标】

- 理解战略管理的内涵与重要性
- 理解战略管理的过程
- 掌握外部与内部环境分析的层次与框架
- 掌握战略的类别及竞争战略制定方法

【本章关键词】

战略管理、外部战略环境分析、内部战略环境分析、战略制定

【导入案例】

虎邦辣酱在外卖路上的创业故事

相关数据显示,到 2020 年年底,辣酱市场规模达 387 亿元。而辣酱市场的"领头羊"只有一个老干妈,老干妈作为辣酱领域的领军企业,年销售额达到 45 亿元,整体辣酱市场上呈现"一超多弱"的局面。

随着互联网时代的到来,消费者能够通过各种网络途径了解到更多的辣酱产品信息,消费者的喜好变得更加多元化。在这种大背景下,虎邦辣酱区别于传统销售的形式,与数字经济产业相结合,通过互联网对产品进行推广,它的线上销售量一度超过老干妈。

虎邦辣酱创立于 2015 年,这一年正是互联网激战、外卖平台发展初期。虎邦辣酱敏锐地抓住了外卖市场发展的巨大潜力,另辟蹊径,区别于传统的营销模式,主要做外卖渠道,在外卖 500 强连锁品牌商户中,虎邦辣酱与 300 多家品牌商建立了长期战略合作,合作的品牌门店有 3 万多家,合作的外卖商家更是已经突破了 10 万家,通过数字经济的发展大趋势,虎邦辣酱得以声名远扬。

虎邦传奇的缔造者是胡峤松,虎邦辣酱原名为英潮辣酱,但那时候的辣酱平平无奇。创立一年后,改名为虎邦的虎邦辣酱好像被打通了任督二脉,在互联网上一骑绝尘。虎邦辣酱遍布 B 站,几乎各大吃播博主的视频里都出现过虎邦辣酱。虎邦辣酱也是《天天向上》的常客,甚至频繁出现在各大电影发布会现场、横店剧组内,可以说风靡娱乐圈,被称为"网红明星辣酱"。

在虎邦有"两个不做"规矩：凡是和传统模式一样的不做，凡是和竞品模式一样的不做。翻译过来就是拒绝走老路，实操起来就是：只要能避开老干妈，一切都好说。以老干妈为代表的传统辣酱都是靠线下获客，但胡峤松发现外卖渠道里没有老干妈，甚至一家辣酱企业都找不到！于是胡峤松决定，朝着没有老干妈的外卖市场发起进攻。所以胡峤松不把辣酱直接卖给顾客，而是卖给外卖商家。外卖市场体量巨大、增长极快。2016年，外卖市场规模就达到了1 600亿元，到2017年，仅仅一年时间，又突破了3 000亿元。

2018年，虎邦辣酱合作的外卖商家已经突破10万家，这种打法在互联网上可以称作"大力出奇迹"。虎邦究竟是怎么把自己塑造成"外卖标配"的？关键在于虎邦抓住了外卖市场的三个痛点。

第一个痛点：不方便随餐携带。

虎邦首先改变产品包装，实行"一餐一盒"，打造"外卖标配"人设。2016年，虎邦辣酱率先推出了80克、50克"一餐一盒"的马口铁小包装。2017年，虎邦辣酱又推出了30克"酸奶杯"装和规格更小的15克袋装产品。这种"一餐一盒"的小包装形式更小更实惠，更加贴合外卖消费场景。

第二个痛点：凑不够满减。

顾客从众多家外卖商家中选出一家后，凑满减又是件大事。虎邦瞄准了这个痛点，点到最后顾客会发现，最适合参与满减的只有几块钱的辣酱。如果说老干妈关心你吃得好不好，那么虎邦辣酱更关心你这顿吃得划算不划算。这是虎邦辣酱在发展过程中面对用户需求所采取的精准市场投放行为，迅速吸引了大量消费者购买使用。

第三个痛点：小商家没钱运营。

很多外卖商家都有一个共同的痛点——运营美团和饿了么的网店要有一定的专业度，普通小饭店利润薄，是不舍得出钱请专业人才来运营的。因此，虎邦想了一招：不光卖辣酱，还卖服务。

针对很多没有运营经验的外卖商家，虎邦专门推出了运营服务，只要你的店铺卖它的产品，它就帮你运营外卖网店。虎邦以外卖平台为载体，以商家为目标对象，对商家进行深度运营，从而实现虎邦辣酱自身与商家的双赢。虎邦以服务提供构建形成行业竞争壁垒，有效阻止其他辣酱品牌进入外卖市场。

资料来源：

1. 胡峤松.虎邦辣酱在外卖路上的创业故事[J].销售与市场（管理版），2017(11)：23-25.

2. 周霜降.干翻老干妈！中国最凶猛的网红辣酱，竟比瑞幸还狠[EB/OL].(2020-09-19)[2022-03-09].https://mp.weixin.qq.com/s/ttN1B8E9kwjuYW4ci0F4LQ.

思考：

1. 虎邦辣酱创业之初所面临的外部环境是什么？
2. 虎邦辣酱所采取的竞争战略是什么？

6.1 战略管理概述

6.1.1 战略的基本概念

战略是关于组织将如何经营,以及组织如何在竞争中获得成功与如何吸引和满足顾客以实现组织目标的各种方案。若组织在不同的竞争性方案中,选择了其中一条途径获得竞争力,即组织进行了战略选择。因而,战略选择从某种意义上表明了组织打算做什么以及不做什么。那么,一个组织的战略管理是什么样的?战略管理是管理者为制定本组织的战略而做的工作。

在战略管理的研究中,经常提及的一个术语是商业模式,它表征的是一家公司如何赚钱,强调两件事情:第一,顾客是否关心并重视公司提供的产品和服务;第二,公司是否能从其向顾客提供的产品和服务中获利。例如,淘宝、京东和拼多多开创了一种有别于传统的商业模式,借助于网络技术将产品直接销售给顾客,通过绕过零售商这一中间环节,大大降低了成本。顾客是否关心和"重视"这种方式?答案是肯定的!通过这种方式,淘宝、京东和拼多多是否能够获利?答案也是肯定的!因此,商业模式带来的经济活力是管理者在考虑战略的同时尤为关注的要点。

6.1.2 战略管理的重要性

为何战略管理如此重要?总体来说,原因有三。

第一,其能对组织绩效产生影响。以往的研究发现组织的战略规划在组织绩效的表现上发挥了重要作用。这就解释了为什么处于相同经营环境中的组织有些会成功而有些会失败。因此,战略管理对管理者来说至关重要。

第二,由于组织的经营环境是不断演化的,因此管理者需要运用战略管理来考察相关因素和决定采取何种行动,从而对环境的这种不确定性做出应对。2020年新冠疫情爆发,学生、老师只能待在家里上课。腾讯课堂作为受众较广的网课软件之一,在疫情爆发初期面临着一个严峻的挑战,即开发一个能让老师在10秒内入驻开课的腾讯课堂极速版。大年初二,腾讯课堂的技术负责人王辉接到此任务。王辉后来回忆时表示,当时的第一反应是这个任务很艰难,但来不及多想,便和团队迅速展开工作。经过团队的日夜奋斗,终于在2020年1月28日下午,腾讯课堂极速版上线。整个研发过程用时不到48小时,王辉和团队同事们按照几乎每两天一个版本的节奏,不断更新、完善腾讯课堂的产品功能,如举手功能、上台功能等,目标就是更便捷、更易接入。

第三,组织既是复杂的也是多元的。组织由具有不同职能的部门组成。为了团结各个部门,使其齐心协力实现组织目标,管理者需要执行战略管理。例如,淘宝每年的"双十一"活动就是一项牵扯多个部门和多个团队的项目,需要通过战略管理来协同各个员工的努力,并将这些努力聚焦在公司的总体目标上。

【案例】

迈瑞的突围

创建于1991年的医疗器械制造企业迈瑞,至今已有30年左右的发展历程。迈瑞在发展过程中,面临着诸多重大且艰难的决定。30年前,中国的县级医院几乎没有像样的医疗电子设备,一些比较高端的电子设备几乎都是进口的,大部分病人连最基本的医疗设备都享受不到。当时,整个医疗器械市场几乎都被GPS垄断,GPS的高定价是县级医院无法承受的,所以高精尖的医疗设备与县级医院所需的性能之间就存在较大落差。因此,基于这样一个市场缺口,迈瑞首先将县城的低端医疗市场确立为目标市场,通过产品功能的一些错位适配来切入这个新兴市场。随着其不断发展进步,"高质高价""低价易用"这两种产品与市场之间的错配形成了一个颠覆式创新的发展空间。

资料来源:混沌学园.一个三无公司到市值超4000亿,产品卖到100多个国家,医疗界"华为"凭什么?[EB/OL].(2020-09-18)[2022-03-10]. https://www.cyzone.cn/article/602594.html.

启示:迈瑞精准识别了当时医疗市场的缺口,并对此进行战略布局,从此开启了企业的商业蓝图。可以见得,战略管理对于企业的发展至关重要。

6.1.3 战略管理的过程

如图 6-1 所示,战略管理过程是公司赢得竞争优势、获取超额利润的理性途径。图 6-1 涵盖了本章所要阐述的所有主题,并向读者展示了战略管理的全过程。战略管理过程共包含六个步骤:①确定组织当前的使命、目标和战略;②进行外部环境分析;③进行组织内部分析;④制定战略;⑤实施战略;⑥评估结果。

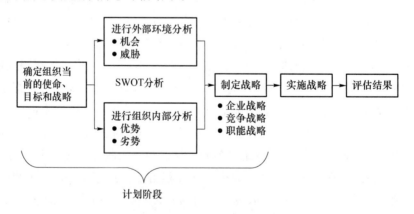

图 6-1 战略管理过程

步骤②和③结合起来称为 SWOT 分析。企业借助于 SWOT 分析工具分析其所处的外部环境和内部环境,进而识别市场机会和外部环境的威胁,以及分析如何利用组织内部的资源、能力和核心竞争力来避开企业劣势,从而抓住机会、消除威胁。其中,机会是外部环境中的积极趋势,威胁则是外部环境中的消极趋势,优势是组织擅长的行动或者拥有的独特资源,劣势则是组织不擅长的行动或者需要但缺乏的资源。

6.1.4 战略的层次

如图 6-2 所示,战略共分为三个层次:企业战略、竞争战略和职能战略。高层管理者负责企业战略,中层管理者负责竞争战略,基层管理者负责职能战略。首先,企业战略是决定公司已经或拟从事什么业务以及如何从事这些业务的战略。对于多元化公司来说,战略规划包括获取其他合适的业务单元、公司业务重组以及其他国际化战略选择的重要主题。其次,业务层的竞争战略是关于组织如何在每种业务上展开竞争的战略,企业可以选择成本领先战略、差异化战略和集中化战略中的一种或几种。最后,职能战略是组织内部的各个部门用来支持竞争战略的战略。职能战略一般可分为研发战略、制造战略、营销战略、人力战略、财务战略等。因为职能战略服务于企业战略和竞争战略,所以其必须与企业战略和竞争战略相配合。

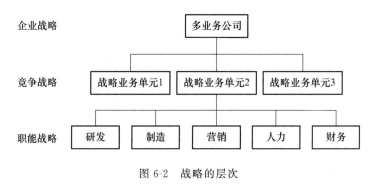

图 6-2 战略的层次

6.2 外部战略环境分析

企业的外部环境充满挑战且错综复杂,有三个主要部分:①总体环境(广泛的社会环境中影响行业和企业的要素);②行业环境(对一个企业的行为方式,其所受的竞争程度,以及行业的盈利潜力有影响的因素);③竞争环境(企业需要研究每一个主要竞争对手的未来目标、当前战略、假设和能力)。

6.2.1 总体环境分析

总体环境包括那些影响行业和企业的社会环境中的各种因素。PEST 分析法通常被战略咨询专家们用来对总体环境展开分析,帮助企业分析影响行业和企业的各种宏观力量,一般都从政治/法律(political)、经济(economic)、社会文化(social)、技术(technological)这四大类主要影响企业外部环境的因素展开。政治/法律环境是企业经营活动的外部政治形势、国家方针政策及其变化,包括一个国家的社会制度,执政党的性质,政府的方针、政策、法令等。经济环境是企业经营活动的外部社会经济条件,包括消费者的收入水平、消费者的支出模式和消费结构、消费者的储蓄和信贷、经济发展水平、经济体制地区和行业发展状况、城市化程度等多种因素。社会文化环境包括一个国家或地区的军民教育程度和文化水平、宗教信仰、风俗习惯、审美观点、价值观念等。技术环境要考察与企业所处领域直接相关的技术手段的发展变化。

对每个方面的因素,企业均须确定环境变化趋势与战略的相关性。表 6-1 列举了这四大方面所包含的总体环境要素。

表 6-1 总体环境要素

方面	要素
政治/法律	政策
	税法
经济	通货膨胀率
	国内生产总值
	利率
	基金
	预算和赤字
社会文化	结婚率、离婚率
	人口结构比例
	对环境的关注
技术	产品创新
	专利及其保护情况

6.2.2 行业环境分析

行业环境是一系列能够直接影响企业及其竞争行为和反应的因素。20 世纪 80 年代初,美国战略学家迈克尔·波特(Michael Porter)提出了波特五力模型,以此来分析企业所处的行业环境。波特五力模型评估了影响行业竞争规则的五种竞争力量,分别是新进入者的威胁、替代品的威胁、购买者的谈判能力、供应商的谈判能力和现有的竞争者,如图 6-3 所示。通过研究这些力量,企业在行业中找到这样一个位置,要么能以对自己有利的方式影响这些因素,要么能保护自己免受这些力量的冲击,从而增强获得超额利润的能力。

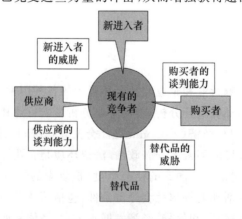

图 6-3 波特五力模型

1. 现有的竞争者

现有竞争者之间的竞争强度是指行业内各企业之间的竞争关系与程度。价格战、广告战、引进新产品以及增加对消费者的服务等都是常见的竞争手段。对现有竞争对手的研究主要包括以下内容。①竞争对手的基本情况：竞争对手的数量和分布，竞争对手的规模、资金和技术力量。②主要竞争对手：找出主要竞争对手，研究其对本企业构成威胁的主要原因以及其具体有哪些竞争实力。③主要竞争对手的发展动向：如市场发展或转移动向，产品发展动向，即竞争对手可能开辟哪些新产品和新市场。另外，还要分析行业竞争强度和发展趋势。

2. 新进入者/潜在进入者

对于一个行业来说，潜在进入者或新进入者会带来新的生产能力，带来新的物质资源，从而对已有市场份额的格局提出重新分配的要求。特别是，如果新进入者在多个领域都有涉及，则其会运用已有的资源优势对新进入的行业产生强有力的冲击，造成行业内产品的价格下跌或企业的经营成本增加，降低行业的获利能力。一般而言，某一行业被入侵的威胁大小取决于行业进入障碍、行业产品价格水平、行业对入侵者的报复能力以及入侵者对报复者的估计。

3. 替代品

替代品指那些与本企业产品具有相同功能或类似功能的产品。企业提供的产品或服务若存在替代品，就可能会形成竞争。在产品质量相似的情况下，替代品比被替代品更具价格优势，对被替代品的企业形成威胁。替代品分析主要包括两方面：第一，识别替代品；第二，判断哪些替代品可能对本企业的经营构成威胁。其中，容易导致价格变化的替代品和现行盈利率很高的替代品是两类应特别重视的替代品。

4. 购买者

为获得较低的购买成本，购买者通常会进行讨价还价。购买者总是希望以较低的价格，获得较高的产品质量或服务质量，甚至迫使供应者之间互相竞争，从而影响企业的获利能力。买方数量越小，买方购买量占供方销售量的比例越大，则购买者的谈判能力越强。同时，买方获取的信息越充分，或者买方越易实现"后向一体化"，则购买者越易获得讨价还价的优势。

5. 供应商

供应商是满足企业生产所需的生产要素的提供者，同时也制约着企业的经营。第一，供应商可能采取提高产品和服务的价格或者降低质量的方式，威胁买方企业，以发挥讨价还价的能力。第二，供应商是否能够根据企业的需要，按时、按质、按量地提供所需生产要素，这影响着企业生产规模的维持和扩大。第三，供应商是否采取"前向一体化"经营。这些因素都决定了供应商议价能力的强弱。

6.2.3 竞争环境分析

竞争环境分析这一过程是企业对总体环境分析和行业环境分析的必要补充，企业需要收集并解读竞争对手信息。在进行竞争环境分析时，需要对那些现在或将来对企业的战略可能产生重大影响的主要竞争对手进行认真分析。

一是对现有直接竞争对手的分析。企业要密切关注主要的直接竞争对手,特别是那些与自己同速增长或超越自己增长的竞争对手。例如,淘宝在了解总体环境和行业环境情况的同时,也希望能够尽可能地了解其竞争对手(京东、拼多多)的经营状况与未来战略选择。

二是对新的和潜在的进入者的分析。一般而言,来自现有直接竞争对手的竞争是最为激烈的。但是,有时候对企业构成最大威胁的可能是新的和潜在的竞争对手。那些具有潜在技术竞争优势、有明显经验效应以及协同效应的组织或相关产品的收购者,那些进入将会给企业带来财务上的协同效应的组织都是企业特别需要关注的。企业分析竞争对手能使企业了解竞争对手的未来目标、当前战略、假设和能力。一个完整的分析过程会审视那些维持竞争战略的补偿者,以及竞争对手参与的网络联盟。

【小节案例】

"滴滴"和"快的"的补贴大战

2014年,打车软件行业爆发了一场夺人耳目的补贴大战。滴滴打车与快的打车两大打车软件巨头为了抢夺用户与市场不惜大笔"烧钱"。两家公司背后都有一个"有钱"的后盾,快的打车背靠阿里巴巴,滴滴打车则倚靠腾讯。

两家公司的补贴自2014年开始,竞争愈演愈烈,颇有互不认输的架势。滴滴打车方面:2014年1月10日,乘客打车立减10元,而司机方面则是补贴10元;2014年2月18日,恢复高额补贴,并赠送腾讯热门游戏道具,乘客每次能随机获得12~20元不等的高额补贴。快的打车也不甘示弱:2014年1月21日,推出司机乘客每单返10元的奖励;2014年2月17日,乘客只要通过支付宝付款,则每单补贴11元,司机端每天最多可获得10单补贴,若司机用二维码收款,首单奖励20~50元,此后每单则奖励10元;2014年2月18日,乘客每天可获2次补贴,每单乘客最少可减免13元,并且,快的打车承诺永远比同行多补贴1块钱。

在如此疯狂的补贴政策下,乘客享受到了极大的红利,滴滴和快的两家公司的订单量也迅猛增长。在2014年1月10日至2月9日期间,滴滴打车平均每日微信支付订单约为70万单,微信支付订单总共约为2100万单,补贴总额高达4亿元。快的打车公布的数据也表明订单量有显著提升,日均订单量较春节期间增长超过110%。

思考:

1. 你如何看待此次补贴大战?
2. 这次补贴大战是两败俱伤,是双赢,还是胜者为王?

6.3 内部战略环境分析

资源、能力和核心竞争力是构成企业竞争优势的基础。企业应当将组织内的各项资源结合起来发展企业的组织能力,能力是企业核心竞争力的来源,而核心竞争力是企业竞争优势的根基所在。正如图6-4所示,资源和能力的结合能够创造出企业的核心竞争力。接下来,本节将对构成企业竞争优势的基础知识进行定义,并通过阐述翔实的例子来说明三者之间的关系。

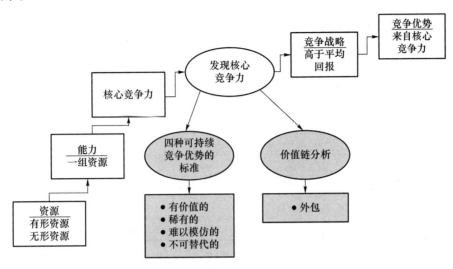

图6-4 内部分析中能带来竞争优势和战略能力的组成部分

6.3.1 资源

企业拥有有形资源和无形资源两种资源。有形资源是指那些可见的、能够量化的资产。制造机械、车间设备、服务中心或财务等其他正式的报告都属于有形资源。无形资源则是指那些长期积累下来的资产,已经深深根植于企业的历史之中。由于无形资源的存在形式独特,所以相较于有形资源而言,无形资源通常不易被竞争对手理解、分析和复制。组织固有的文化、客户关系、专利权、商标权、专有技术、企业形象等都属于无形资源。

有形资源包括财务资源、组织资源、实物资源以及技术资源,如表6-2所示。无形资源包括人力资源、创新资源以及声誉资源,如表6-3所示。

表6-2 有形资源

分类	具体的资源
财务资源	企业的借款能力
	企业产生内部资金的能力
组织资源	企业正式的报告结构,以及正式的计划、控制和协调系统
实物资源	企业的厂房和设备的地址以及先进程度
	获取原材料的能力
技术资源	技术的含量,如专利、商标、版权和商业机密

资料来源:Barney J. Firm resources and sustained competitive advantage[J]. Journal of Management, 1991, 17(1): 99-120.

表 6-3 无形资源

分类	具体的资源
人力资源	知识
	信任
	管理能力
	组织惯例
创新资源	创意
	科创能力
	创新能力
声誉资源	客户声誉
	品牌
	对产品质量、耐久性和可靠性的理解
	供应商声誉
	有效率的、有效的、支持性的和双赢的关系以及交往方式

资料来源：Hall R. The strategic analysis of intangible resources[J]. Strategic Management Journal，1992，13(2)：135-144.

1. 有形资源

企业的借款能力以及物质设施都是可见的有形资源。在财务报表中，许多有形资源的价值可以得到反映，但是这些报表会忽略一些无形资源，所以其并不能完全反映企业所有资产的价值。有形资源的价值具有边界。一般而言，企业只利用到有形资源的简单价值，很难更深地挖掘它们的价值，并获取额外的业务。例如，车间生产线是一种有形的资源或资产，但一条生产线不能同时执行五项任务，一个车间工作人员也不能同时操作五条生产线。针对生产线做出的财务投资也属于有形资源，也难以为企业提供额外的价值。

2. 无形资源

相较于有形资源，无形资源是一种更高级、更有效的核心竞争力来源。实际上，在企业的生产经营过程中，先进的知识和出色的系统能力对企业的绩效起着更大的作用。此外，在现代企业管理中，人力资源的管理能力以及将优秀的人力资源转化为有用的产品和服务的能力，正在成为非常重要的管理能力。

企业愿意将无形资源而非有形资源作为开发企业能力和核心竞争力的基础的主要原因是，无形资源具有"更加不可见，更难以被竞争对手了解、购买、模仿或替代"的特有属性。事实上，无形资源越不易被观察到，以之为基础建立起来的竞争优势就越具有持续性。无形资源的另一个优势是，相对于有形资源而言，它们的价值可以得到更大程度的利用。例如，组织之间的知识共享对于任何一个人来说，其拥有的知识价值都不会减少，反而，每个人还会收获更多的知识，进而组织就拥有了更大的价值。因而，对于无形资源，使用者数量越多，越能给各方面带来更大的收益。

如表 6-3 所示，创新资源这种无形资源是企业竞争优势的一个重要来源。新一轮科技革命和产业变革加速演进，企业的创新能力起着越来越关键的作用。良好的创新能力能为企业创造价值。

6.3.2 能力

企业将有形资源和无形资源组合起来以形成能力,进而完成企业生产、分配和售后服务等组织任务,从而为消费者创造价值。企业的能力是建立核心竞争力和竞争优势的根基,通常以企业人力资本对信息和知识的开发、传递与交流为基础。因此,人力资本在开发和使用能力,并最终形成核心竞争力中的作用是不可以被低估的。

企业的能力能够在一些具体的职能领域(如生产、研发、市场营销以及广告)得到发挥。表 6-4 列举了企业非常重视的一系列能力,这些能力承担起了企业的全部或一部分组织职能。

表 6-4 企业能力的一些例子

职能领域	能力	企业名称
配送	有效地利用后勤物流管理技术	京东
人力资源	激励、授权以及保留雇员	微软
管理信息系统	通过电子设备监控采购数据,有效地控制存货	永辉超市
市场营销	有效地推广品牌产品	三只松鼠
	有效的顾客服务	海底捞
	创新性采购	麦肯斯
		诺德斯特龙
		Crate & Barrel
管理	展望未来潮流的能力	李宁
		ZARA
生产	生产可靠的产品所需要的设计和生产技能	华为
	产品和设计质量	海康威视
	产品和产品部件的微型化	索尼
研发	技术创新	特斯拉
	开发先进的手机摄像技术	华为
	把技术快速生产化和商业化	腾讯
	数字技术	字节跳动

6.3.3 核心竞争力

企业的核心竞争力是指能带来竞争优势的能力。企业的核心竞争力是长期积淀形成的,通过不断积累来学习如何利用各种不同的经验和能力。其既能够反映企业独特的个性,也能够使一家企业具备与众不同的竞争力。

可以通过两种工具识别并建立核心竞争力。第一种工具由可持续竞争优势的四个具体标准组成。1991 年,杰伊·巴尼(Jay B. Barney)提出 VRIN 模型,表明了可持续竞争优势的四个标准:有价值的能力(value)、稀缺的能力(rareness)、难以模仿的能力(inimitability)、不可替代的能力(non-substitutability)。以上四个标准缺一不可,只有都满足才可被视为核心竞争力。企业可以用这四个标准来判别哪些资源和能力为企业提供核心竞争力(如表 6-5 所示)。价值链分析是第二个工具。企业可以利用该工具来选择那些需要不断维护、更新或发展并能创新价值的核心竞争力,或者挑选出那些应当进行外包或摒弃的核心竞争力。

表 6-5 可持续竞争优势的四个标准

标准	具体特点
有价值的能力	帮助企业降低威胁及利用机会
稀缺的能力	不被他人拥有
难以模仿的能力	历史条件:独特而有价值的组织文化和品牌
	模糊性因素:竞争的原因和应用不清楚
	社会复杂性:管理者之间、企业与供应商及客户间的人际关系、信任和友谊
不可替代的能力	不具有战略对等性的能力

1. 有价值的能力

有价值的能力是指那些能够帮助企业在外部环境中利用机会或降低威胁从而创造价值的能力。有效地利用各种能力来把握外部机会,企业就能够持续地为顾客创造价值。对于传统企业来说,电商既是一个机会(拥有更多的产品销售渠道),也是一个威胁〔对现有传统渠道(如实体店)的打击,降低了传统渠道的销售能力〕。为了降低传统渠道销售效益低下的威胁,很多传统企业尝试利用数字技术的机会来改变他们的业务。例如,很多传统企业在淘宝或京东电子商城上销售自家产品。

2. 稀缺的能力

稀缺的能力是指那些只有极少数的竞争对手能够拥有的能力。在评估企业的稀缺能力时,企业需要面对的一个问题就是:拥有多少竞争对手具有的能力。如果很多竞争对手都具有这一能力,那么其不能成为其中一方的稀缺能力。如果是有价值但又普遍存在(即不稀缺)的资源和能力,则会造成对等竞争。

3. 难以模仿的能力

难以模仿的能力是指其他企业不能轻易建立起来的能力。以下三个原因可以解释为何企业难以建立模仿能力。首先,企业的一些能力是根植于特定的历史条件而发展起来的。其次,有时候企业的竞争能力和竞争优势的界限比较模糊,竞争的原因和应用不清楚。最后,往往很多企业的能力是错综复杂的社会现象的产物,所以社会复杂性也造成了企业能力难以被模仿。

4. 不可替代的能力

不可替代的能力是指那些不具有战略对等性的能力。一般而言,一种能力越难以被替代,它具有的战略价值就越高。

6.3.4 价值链分析

价值链分析能够帮助企业区分运营环节中的价值创新环节和无法进行价值创新的环节。识别出这些环节对于企业来说是至关重要的,因为只有当企业的生产价值大于其耗损的成本时,企业才能获得利润。

企业可以通过价值链进行成本定位,并据此来确定可以推动业务层面上战略实施的方式。如此,伴随着全球化的深入,国与国之间的价值链相互嵌入,企业间的竞争愈演愈烈,因此企业需要兼顾本国范围内和全球范围内两个方面的价值链分析。尤其是,供应链相关的企业行动更应该在全球范围内展开研究。

图 6-5 展示了价值链分析的模式,包括主要业务环节和辅助业务环节两个部分。主要业务又称价值链活动(value chain activities),是指企业在生产产品,并以为消费者创造价值的方式开展销售、配送、售后服务的过程中,执行的各项活动和任务。辅助业务又称辅助功能(support functions),是指企业为了给产品的生产、销售、配送和售后服务等工作提供必要的支持,而执行的各项活动和任务。无论在哪一项主要业务和辅助业务中,企业都可以培育自己的能力和核心竞争力。企业在这样做时,便建立起一种为消费者创造价值的能力。

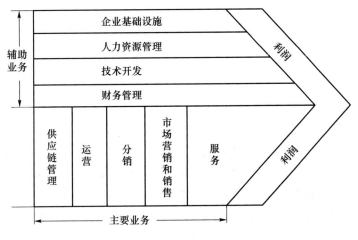

图 6-5 价值链分析的模式

6.4 战略制定

6.4.1 SWOT 分析

SWOT 分析是为确定企业的生存环境和发展战略,进而分析企业内部优势(strengths)和劣势(weakness)以及外部环境机会(opportunities)和威胁(threats)的一种决策分析方法。SWOT 分析中一般需要考虑的因素如表 6-6 所示。

表 6-6 SWOT 分析中一般需要考虑的因素

	潜在外部威胁(T)	潜在外部机会(O)
外部环境	市场增长缓慢 竞争压力增大 不利的政策 新进入者进入行业 替代品销量上升 购买者的谈判能力增强 用户需求与兴趣逐步转变 通货膨胀 其他	纵向一体化 市场增长迅速 可增加互补产品 新的用户群进入 有进入新市场或市场面的可能 有能力进入更好的企业集团 在同行业中竞争业绩优良 扩展产品线满足用户需要 其他

续表

	潜在内部优势(S)	潜在内部劣势(W)
内部条件	产权技术 成本优势 竞争优势 特殊能力 产品创新 具有规模经济 良好的财务资源 高素质的管理人员 工人中的行业领先者 购买者的印象良好 适应力强的经营战略 其他	竞争劣势 设备老化 战略方向不同 竞争地位恶化 产品线范围太窄 技术开发滞后 营销水平低于同行业其他企业 管理不善 战略实施的历史记录不佳 资金拮据 相对于竞争对手的高成本 其他

无论是对企业还是对具体的业务经营，管理者必须在组织目标、外部环境和内部条件之间取得动态平衡，才能成功地制定出指导其生存和发展的战略。企业必须结合自己的业务目标和内部条件，识别适合组织的机会。外部环境机会只有在与企业自身拥有或将拥有的资源及能力相匹配的情况下，才可能转变成企业真正的机会。另外，企业并不需要实施SWOT矩阵中所有的战略，应根据自身的需求来选择适合自身的战略。

6.4.2 竞争战略选择

基本竞争战略是任何行业或企业都可以采用的竞争战略。在《竞争战略》一书中，迈克尔·波特把竞争战略描述为：在与五种竞争作用力的抗争中，公司采取进攻或防御行动，以便在行业中建立有利地位，赢得超常的投资收益。波特在书中提出了三种基本竞争战略，即成本领先战略、差异化战略和集中化战略，其中，集中化战略又可分为集中成本领先战略和集中差异化战略。

1. 成本领先战略

成本领先战略(cost leadership strategy)是指企业通过采取一系列行动，与竞争对手相比，以最低的成本提供可以被消费者接受的产品或者服务。一般来说，实施成本领先战略的企业以低成本的竞争优势，获得超过平均水平的利润率。要成为成本领先者，企业必须在管理方面高度重视成本控制，并且向消费者提供的产品或服务也应该是标准化的。

成本领先战略的优点在于：第一，低成本意味着更低的价格，企业可以有效开展价格竞争；第二，在购买者施加压力时，处于低成本地位的企业相较于成本较高的企业虽收入减少，但仍有利润可赚，成本领先地位得到加强；第三，当供应商抬高原材料、零件等的价格时，处于低成本地位的企业承受能力更强，能有效降低供应商的议价能力，同时也能与供应商建立稳定的合作关系；第四，企业利用已经建立的规模经济和成本优势，构筑起进入壁垒，能削弱新进入者进入的威胁；第五，在与替代品竞争时，低成本的企业往往有较大的降价空间，可通过降低价格的方式吸引现有客户。

成本领先战略的风险在于：第一，成本领先战略适用于需求量大而广的企业进行少品种大批量生产,因此前期投资较大,有较高的退出壁垒;第二,生产技术的进步导致生产技术和工艺发生变化时,原有投资或经验可能会失去效果;第三,行业中的新进入者可能会进行模仿,对原成本领先企业造成威胁,模仿难易程度取决于企业获得成本优势的来源或手段;第四,企业将注意力放在生产成本上,可能会忽视消费者的需求特性。

成本领先战略适用于将价格竞争视为一种主要竞争因素的行业,此行业提供的产品差异性小,品牌影响力小,产品易标准化且需求量较大。

2. 差异化战略

差异化战略(differentiation strategy)是指企业通过集成的一系列行动,以顾客可以接受的成本向其提供独特的产品或服务。通过差异化战略,企业提供非标准化、更加多样的产品或服务,以此建立差别竞争优势,构筑行业进入壁垒。同时,企业实施差异化战略,使消费者集中于特定的需求,为企业带来较高的边际利润,提升自身的盈利能力。实践表明,企业依靠用户高度依赖产品的差异化特性,提升品牌忠诚度,在一定程度上也降低了消费者的议价能力。

差异化战略利用消费者对品牌的忠诚度和由此产生的对价格敏感度的下降,使组织具有差别竞争优势,同时使组织在追求高利润时不必追求低成本。差异化战略一般与高成本相联系,一旦差异化战略失败,高投入将无法收回,因此具有一定的风险。此外,竞争对手可能会进行模仿,制造伪造品来侵犯采取差异化战略的公司的权利。如果竞争对手的模仿使得顾客认为竞争对手能提供同样的产品或服务,有时还能提供更低的价格,那么会降低企业差异化战略的价值。

企业实施差异化战略时,必须仔细研究消费者的需求或者偏好,以便设计生产出满足顾客需求的、含有一种或多种差异化特征的独特产品。企业成功实施差异化战略需要具备下列条件:在行业中,存在使产品或服务具有差异的多种方式或方法,消费者认为这些差异有价值;只有少数竞争对手会采取与本企业类似的差异化行动,企业能快速实施差异化战略,并且使竞争对手在进行模仿时付出高昂的代价。

【案例】

"没特色"的必胜客

必胜客有哪些特色产品?榴莲比萨?龙虾比萨?好像无论哪种比萨,都能在其他品牌中找到同款。而那些能被记住的产品,都上了必胜客"消失的菜单"。2009年,必胜客取消了让它火爆的水果塔。必胜客官方给出的理由是"自助沙拉已经不能很好地满足顾客需求"。曾经在必胜客叠水果塔的那部分人,因为这个菜单而离开了必胜客。除了水果塔,还有千层面。有人去必胜客专门就是为了吃千层面,但这个特色产品也被取消了。消失的菜单带着必胜客曾经的辉煌一去不复返。旧产品被砍掉,新产品也没跟上。在NPC国际提交的破产申请书中,"菜单创新下降,缺乏清晰的长远策略,品牌辨识度随之进一步下降",成为重要的原因。如今的必胜客有着高档西餐厅的价格,产品却是快餐的品质。必胜客到底是快餐厅还是西餐厅的疑问,在越来越多的消费者心里种下。在如今的餐饮市场中,不出众,就出局!

> **启示**：必胜客的定位似乎成了"性价比无优势，高端消费也无优势"，越来越趋向于快餐。由于比萨配方不特别，制作也不难，因此其他比萨品牌纷纷进入市场抢占份额。可以见得，差异化战略对于企业的发展是至关重要的。

3. 集中化战略

集中化战略（focus strategy）是指企业通过设计一整套行动，生产并提供能够满足某一特定的竞争性细分市场需求的产品或服务。这种战略的核心是利用本企业的核心竞争力，以满足某个特定用户群体、某种细分产品线或某一特定行业细分市场的需求。具体来讲，按照关注焦点的不同，集中化战略又可分为集中成本领先战略和集中差异化战略。具体采用何种战略形式，应该根据企业拥有的资源而定。

企业采取集中化战略，提高其业务的专一化水平，使企业能够以较高的效率、更好的效果为某个特定用户群体、某种细分产品线或某一特定行业细分市场的顾客提供产品或服务，从而超过定位于更广泛市场范围的竞争对手。企业通过满足目标消费群体的需求实现了成本领先，或者实现了差异化，或者二者兼得，从而提高了企业的盈利能力。此外，大厂商由于追求高额销售收入，对于某些细分市场可能不屑一顾，这给中小企业实施集中化战略提供了良好的机遇。企业集中于目标细分市场，专业化能力的独特性也能够有效防御产业中的各种竞争力量。

实施集中化战略的风险在于，如果目标市场的需求发生变化、目标客户群体的兴趣发生转移，或者在目标市场中出现更强的竞争对手，企业便可能会陷入困境。

波特提出的三种基本竞争战略给管理者提供了思考竞争战略、获取竞争优势的方法，对企业管理者来说是非常重要的。但在实际应用中，企业也需要根据自身的实际情况做出不同的选择。

【小节案例】

星巴克的经营策略及危机

星巴克自1999年起进军中国市场，迄今为止已经拥有大约5 000家门店。多年以来，星巴克占据了中国零售咖啡业的大部分市场份额。

在二十多年前的中国，美式文化是非常有诱惑力的。当时，美式文化代表着先进，而星巴克代表着美式文化。星巴克创造的一大客户价值，就是能够满足一部分人消费美式文化的需求，它满足了很多人对美国的向往和憧憬。而对于喝惯了美式咖啡的美国人来讲，星巴克相对浓郁的咖啡口感代表着一种新鲜的咖啡体验。星巴克号称自己是"第三空间"。星巴克的店铺通过营造一种很好的氛围，即浓郁的咖啡香、舒适的环境和良好的体验，给客户带来了愉悦的消费感受。在一线、二线、三线城市，很多人都把在星巴克会面商谈、休息、恋爱甚至遛娃当作习以为常的事。星巴克现在是都市人社交行为的落脚点之一，而且正好面对的是25~45岁这个年龄段。

在今天的中国，一方面，中国本土咖啡品牌瑞幸咖啡大火，抢走了星巴克的一部分用户；另一方面，新中式茶饮对星巴克的冲击不断，线下的一点点奶茶、CoCo奶茶店面小，算是对星巴克的弯道包抄攻击,而奈雪の茶、喜茶、乐乐茶等一众新茶饮头部品牌,则是正面对抗星巴克,这些新茶饮的经营情况已经不输星巴克。

思考:星巴克如何面对竞争对手的跟进?

【本章小结】

战略的定义:战略是关于组织将如何经营,以及组织如何在竞争中获得成功与如何吸引和满足顾客以实现组织目标的各种方案。

战略管理的定义:战略管理是一个动态的过程,它是对企业的生产经营活动实行的总体性管理,是企业制定和实施战略的一系列管理决策与行为。

战略管理的过程:战略管理过程包含六个步骤,包括战略的计划、实施和评估。①确定组织当前的使命、目标和战略;②进行外部环境分析;③进行组织内部分析;④制定战略;⑤实施战略;⑥评估结果。其中步骤②和步骤③结合起来称为SWOT分析。

战略的层次:组织的战略层次与组织层次之间联系密切,按照组织层次,可将其分为企业战略、竞争战略和职能战略。

【综合案例】

李宁的崛起之路

作为中国领先的体育品牌企业之一,李宁集团拥有自身的品牌、研究、设计、制造、经销和零售实力,提供专业及休闲运动鞋、服装、器材和配件产品。此外,李宁集团旗下还拥有众多品牌,如李宁品牌(LI-NING)、乐途品牌(LOTTO)、艾高品牌(AIGLE)、红双喜品牌(DHS)等。李宁通过电商、供应链、众多科技成果和跨界联名等方式提高公司业绩。2019年,公司收入同比增长31.85%,实现营收138.79亿元,净利润14.9亿元,同比增长109.59%。李宁的发展曾经经历了跌入低谷与涅槃重生。

1. 企业发展的至暗时期

2010—2012年,李宁经历了发展的至暗时期:第一,李宁的国际化战略失败,接下来要考虑如何成为中国运动第一品牌;第二,业绩连年下滑,李宁的业绩既不及世界品牌耐克、阿迪达斯等,也赶不上国内品牌安踏、特步等;第三,库存严重,李宁在此期间推出的子品牌全部失败;第四,人才流失,外聘的职业经理人和内部培养的CEO离职,创始人李宁不得不重出江湖。

李宁推出的那场失败的"90后"战略是造成上述这一切的重要原因之一。2010年,为获得更高的市场份额,赢得"90后"这个非常有价值的群体,李宁开始进行品牌重塑,实施了"90后李宁"品牌策略。然而,结果却是新老客户都不买账。这正是李宁陷入困局的重要原因之一。

2. 改革重塑,迎来复苏

(1) 渠道重塑,新商业模式上线(2012—2014年)

2012年,在引入TPG的战略投资者后,李宁集团规划了全面性的变革蓝图。变革蓝图明确由批发模式转为以零售为导向、以体育营销为引领的发展策略,针对渠道、品牌和产品等方面进行根本性改进。改革主要分为两个部分,一是实施"渠道复兴计划",以加快处理积压存货,提升渠道盈利能力,二是打造以零售为导向的商业模式,改善终端消费者体验。

(2)品牌复兴,产品＋营销＋渠道助力公司腾飞(2015年至今)

2015年,李宁回归初心,逆转回暖,公司战略由体育装备提供商向"互联网＋运动生活体验"提供商转变。

其一,在战略方面,李宁采取"单品牌、多品类、多渠道"模式。

李宁通过收购与合作的方式以及自身品牌细分,打造和形成了一众品牌,有李宁品牌(LI-NING)、乐途品牌(LOTTO)、艾高品牌(AIGLE)、红双喜品牌(DHS)等,但始终以李宁品牌(LI-NING)为核心品牌。在营销渠道上,形成了经销商、零售和电商等多渠道共同发展。除此之外,李宁还在研发、营销等方面一齐发力。

其二,在研发方面,李宁利用硬核科技打造核心竞争力。

李宁重视产品科技的研发,不断加大研发投入,拥有众多运动鞋服科技。例如:在运动服上,形成了用科技防风、防雨及抗菌等完整的 AT 科技平台;在运动鞋上,有防水降温的帮面科技,李宁弓、李宁弧等中底科技以及冰面止滑等大底科技。

其三,在营销方面,李宁实行"讲好李宁故事,掀起中国之潮"的营销策略。

李宁不断结合时事热点推广企业品牌,通过体育赛事、体育明星和跨界联名等方式高频次、高质量地曝光推广自身产品。2018年,在纽约时装周秋冬秀场,李宁以"悟道"为主题惊艳全场。李宁还手握众多体育赛事和球星资源,签约韦德,牵手国家跳水队、国家乒乓球队和国家羽毛球队,不断扩大品牌影响力和品牌核心消费群体。不仅如此,李宁还跨界联名电竞豪门 EDG 战队、故宫博物院、人民日报、日本潮流品牌"Atmos"、迪士尼等推出了特色产品,深受消费者好评。

纵观李宁三十多年的曲折历程,从初期的高速发展到遭遇挫折时的决心改革,最终迎来复苏的发展历程,堪称是一段波澜壮阔的涅槃重生之路。

资料来源:

1. 陈雯,李滢. 案例分析:透过李宁波澜壮阔的30年,看国货的崛起之路[EB/OL]. (2020-07-02)[2022-03-09]. https://mp.weixin.qq.com/s/kchBARi3nCyevOSt3Nf0Kg.

2. 极致零售研究院. 李宁为什么要收购 Clarks?[EB/OL]. (2020-10-17)[2022-03-09]. https://mp.weixin.qq.com/s/npo_NIapcn4-ls4aZMIrLg.

思考:

1. 你认为李宁的核心竞争力是什么?

2. 采用 SWOT 分析,谈谈李宁面临的战略环境。

3. 对于李宁未来发展将采用何种竞争战略,你有何建议?请论述说明有何战略实施建议。

【本章习题】

1. 什么是战略竞争力、战略、竞争优势?

2. 战略管理过程分为哪几个步骤？它们各应注意哪些因素？
3. 战略分析的内容主要包括哪些？
4. 简述 SWOT 分析及其主要考虑的因素。
5. 波特五力模型指的是哪五种竞争力？它们会对企业战略产生什么影响？
6. 试讨论成本领先战略、差异化战略、集中化战略之间有何不同之处。

组织篇

第7章 组织结构设计

【学习目标】

- 理解组织结构设计的目的与意义
- 描述组织结构的六种关键要素
- 讨论各种组织结构设计模型相关的权变因素
- 描述经典及当代组织结构

【本章关键词】

组织结构、集权与分权、机械式组织结构、有机式组织结构、无边界组织

【导入案例】

韩都衣舍的组织变革

韩都衣舍是一家诞生于互联网的公司,是中国知名的互联网品牌生态运营集团。2020年,韩都衣舍是天猫女装类目粉丝数量第一的品牌,赢得了超5 000万年轻女性的青睐。韩都衣舍通过自主创新与不懈奋斗,旗下运营300多个品牌,其中包括24个自主品牌,已经成功做到中国互联网快时尚第一、国家级电子商务示范企业以及中国电商最具标杆价值的品牌。同时,韩都衣舍也是天猫史上首个粉丝数量超过1 500万的品牌,在2012—2016年勇创互联网服装销量五连冠,获得了许多奖项和认可,如被誉为电商界奥斯卡的金麦奖、艾媒榜单的2017上半年中国淘系品牌百强榜单第一名。

就是这个在电商界所向披靡的企业,它的前身竟是一家小小的"淘宝服饰网店"。从成立到2011年,韩都衣舍一直在实行单品牌战略,在这一个品牌里面构建了整个组织结构和基本框架,由于规模小,战略方向偏差谈不上进行组织结构的调整,此时的韩都衣舍属于创业型组织结构,老板负责整个组织的运转。2012—2013年,韩都衣舍做了两三个品牌,开始往多品牌方向走。过去的管理方式大家都很熟悉,是传统的金字塔式职能管理结构,由位于塔尖的管理者发号施令,通过层层传递,最后终端被动执行。2014—2015年,韩都衣舍开始步入品牌孵化平台阶段,多品牌还是公司在主导,但是孵化平台就切换成了员工来主导。此时,韩都衣舍已经步入正轨,拥有了一定数量的员工,也采取了一般意义上的职能式结构,正确的战略为韩都衣舍带来了丰厚的市场回报。从2016年开始,韩都衣舍进入互联网品牌的生态零碎建设阶段,这是最关键的一个阶段。此时,韩都衣舍的组织结构从"金字塔"转向了

"倒三角","倒三角"组织结构可以更好地支撑这一战略的发展,建立了资源的层层倒逼和传递机制,建立了以用户需求为服务起点和以用户需求的满足为服务终点的闭环管理流程。

处于最传统的服装行业,面对国外与国内的强劲对手,如优衣库、ONLY、ZARA等,韩都衣舍如何做到不断紧追甚至赶超?而在互联网上,市场需求开始从大规模、标准化变成个性化、定制化时,较之标准化的大企业,能够感知客户个性化需求的小企业优势明显,如何以一种更好的组织形态应对客户的个性化需求?

韩都衣舍当前的管理架构分为三层:一是与品牌相关的企划、视觉、市场部门;二是互联网技术、供应链、物流、客服等互联网支持部门;三是人力、行政、财务等行政支持部门。整个公司的核心是产品小组,而市场、企划、设计、客服、行政、财务等部门全是产品小组的支持部门。韩都衣舍把传统的金字塔模式倒过来了。韩都衣舍独创的"以小组制为核心的单品全程运营体系",彻底颠覆了传统的服装企业运营模式。韩都衣舍的"小组制"可以看作一种中国化的"阿米巴模式",韩都衣舍的小组由产品开发专员(选款师)、产品页面制作专员(销售员)和货品管理专员(采购员)三人组成,每三个人一组,产品小组中的三个人是刚毕业的大学生,这三个人原则上都是服装设计专业出身的,大家各司其职。产品开发专员主要负责产品设计,产品页面制作专员负责对产品的详情页做照片修饰,而货品管理专员负责与生产和仓库对接,掌握产品的库存变化,依据销售动态来确定是继续下单还是进行促销。小组权责利高度匹配,组长负责协调小组的所有事宜。小组的"权"包括选择款式、定价、确定生产量、确定打折节奏和深度等。小组的"责"表现为小组必须承担包括销售额、毛利率、库存周转率在内的销售任务指标。小组的"利"根据毛利率和库存周转率来计算,因此,毛利和库存成为每个产品小组最关注的两个指标。自动分裂与重组成为促使"小组制"加速运行的另一个驱动因素,小组裂变后,新小组向原小组连续一年每月贡献销售额的10%,作为原小组的培养费。小组每天进行销售排名,并以季度排名进行末位淘汰。

在互联网经济发展迅速的今天,韩都衣舍是"天生的"互联网平台,其发展经历了从单品牌到互联网品牌的多个品牌战略阶段,能够实现企业内部产品的不断更新,是互联网时代发展起来的"互联网+服装"行业的代表。韩都衣舍成立至今,其组织结构随企业所处环境的变化在不断地发展演化,韩都衣舍当下最火的"阿米巴+小组制模式"融合了很多现代较前沿的组织结构,对其他企业的管理具有一定的借鉴和启示意义。

资料来源:

1. 赵迎光.韩都衣舍的组织变革:如何成为中国互联网快时尚第一品牌[J].中国商人,2020,364(12):33-35.

2. 胡近东.韩都衣舍:2000亿目标背后的组织变革与S2b生态模式[EB/OL].(2017-12-09)[2022-03-13].https://www.sohu.com/a/209392882_343325.

思考:

1. 企业战略和组织结构有什么关系?

2. 从韩都衣舍组织结构存在的合理性角度分析,组织结构的六种关键因素有哪些?

3. 影响韩都衣舍结构权变的因素有哪些?

4. 韩都衣舍组织结构的演变中体现了哪些现代化的组织结构?

5. 韩都衣舍的组织变革给现代企业带来了什么样的启示?未来组织结构的发展会呈现什么态势?

7.1 组织结构设计的目的和意义

组织(organization)具有明确的目标导向、精心设计的结构与有意识协调的活动系统,同时又与外部环境保持密切的联系。

组织包含四个构成要素。①人:组织必须是以两个或两个以上的人为中心,把人、财、物合理配合为一体,并保持相对稳定的一个社会实体。②共同目标:组织必须具有为全体成员所认可并使其为之奋斗的共同目标。③结构:组织有明确的边界和一定的结构。④管理:为了实现目的,组织拥有一套计划、控制、组织和协调的管理流程。上述四个构成要素是组织存在的必要条件。

组织结构设计指的是对组织的构成要素和它们之间连接方式的设计,是根据组织目标和组织活动的特点,划分管理层次、确定组织系统、选择合理的组织结构形式的过程。组织结构设计的目的在于创建柔性灵活的组织,动态地反映外在环境变化的要求,并在组织成长的过程中,有效地积聚新的组织资源,同时协调好组织中部门与部门之间的关系、人员与任务之间的关系,使员工明确自己在组织中应有的权力和应承担的责任。

具体来说,组织结构设计的目的主要包括以下七个。
① 把需要完成的工作划分为具体的工作岗位和部门。
② 把任务和职责分配给各个工作岗位。
③ 协调各种各样的工作任务。
④ 把工作岗位组合成部门或业务单元。
⑤ 确定各个体、群体和部门之间的关系。
⑥ 建立正式的职权链。
⑦ 分配和调度组织的资源。

根据时代和市场的变化,进行相应的组织结构设计或组织结构变革(再设计)的意义在于,有效地保证组织活动的有序开展,进而大幅度地提高企业的运行效率和经济效益。

7.2 组织结构的六种关键要素

组织结构的六种关键要素包括:工作专门化、部门化、指挥链、管理跨度、集权与分权、正规化。

7.2.1 工作专门化

工作专门化(work specialization)指的是把工作活动划分为各项单独的工作任务。个体员工"专攻"一项活动的某个部分而不是从事整项活动,以高效利用各种工人的技能,大大提高工作效率。

在大多数组织中,有些工作需要技能很高的员工来完成,有些工作则不经过训练就可以做好。如果所有的员工都参与组织制造过程的每一个步骤,就要求所有的人不仅具备完成最复杂的任务所需要的技能,而且具备完成最简单的任务所需要的技能。结果,除了从事需要较高技能的或较复杂的任务以外,员工有部分时间花费在完成低技能的工作上。由于高技能员工的报酬比低技能员工高,而工资一般是反映一个人最高的技能水平的,因此,付给高技能员工高薪,却让他们做简单的工作,这无疑造成了组织资源的低效率使用。

通过实行工作专门化,管理层还寻求提高组织在其他方面的运行效率。通过重复性的工作,员工的技能会有所提高,在改变工作任务时或在工作过程中安装、拆卸工具及设备所用的时间会减少。同样重要的是,从组织的角度来看,实行工作专门化有利于提高组织的培训效率。挑选并训练从事具体的、重复性工作的员工比较容易,成本也较低,对于高度精细和复杂的操作工作尤其是这样。

不过,值得注意的是,当工作专门化程度达到某一特定值之后,会带来生产率的下滑,过度的劳动分工带来的劣势将超过它能带来的经济优势。

7.2.2 部门化

有五种常用的部门化(departmentalization)类型:职能部门化、地区部门化、产品部门化、过程部门化、顾客部门化。

① 职能部门化:根据职能来组合工作岗位。职能部门化的优势包括:把相似的专业及拥有相同技能、知识和定位的人员组合到一起可以带来更高的效率;使职能领域内部具有协调性;获得高水平的专门化。劣势包括:不同职能部门之间沟通不畅;对组织整体目标的认识有限。

② 地区部门化:根据地理区域来组合工作岗位。地区部门化的优势包括:更加有效率、有效果地处理特定区域内发生的事项;更好地满足区域市场的独特需要。劣势包括:重复设置职能;可能会与其他地区的组织彼此隔离。

③ 产品部门化:根据产品线来组合工作岗位。产品部门化的优势包括:促进特定产品和服务的专门化;管理者能够成为他们所在行业的专家;更贴近顾客。劣势包括:重复设置职能;对组织整体目标的认识有限。

④ 过程部门化:根据产品或顾客的流动来组合工作岗位。过程部门化的优势是:促进工作活动的更高效流动。劣势是:只适用于某些特定类型的产品。

⑤ 顾客部门化:根据顾客特定或独特的需求来组合工作岗位。根据顾客类型来划分部门的理论假设是,每个部门的顾客存在共同的问题和要求,因此,通过为他们分别配置有关专家,能够满足他们的需要。顾客部门化的优势是:可以由本组织的专业人员来妥善处理顾客的需求和问题。劣势包括:重复设置职能;对组织整体目标的认识有限。

7.2.3 指挥链

指挥链(chain of command)是一种不间断的权力路线,从组织最高层扩展到最基层,用来说明谁向谁报告工作。它可以帮助员工处理诸如"我向谁汇报工作""我对谁负责""遇到问题时我向谁求助"等问题。为了更好地理解指挥链,我们必须了解其他三个重要的辅助性概念:职权、职责、统一指挥。

1. 职权

职权(authority)指的是某个管理职位所固有的发布命令和希望命令得到执行的权力,

指挥链当中的管理者被赋予职权来从事他们的工作。

早期学者强调,职权与某个人在组织内的职位息息相关,而与他的个人特征毫无关联。即某个人在组织内的正式职位所固有的权利和权力是影响力的唯一来源,一旦某个命令下达,它就必须得到服从。而管理学者切斯特·巴纳德提出了**权威接受论**(acceptance theory of authority),他认为职权来自下属是否接受的意愿,如果某位员工不接受管理者的命令,那么就不存在职权。

有两种形式的职权:直线职权和幕僚职权。

直线职权(line authority)是沿着指挥链从组织的最高层延伸到最基层的雇主-雇员职权关系。作为指挥链中的一环,一位拥有直线职权的管理者有权指挥下属的工作并且在无须咨询任何人的情况下做出某些特定决策。

幕僚职权(staff authority)诞生的背景是,随着组织日益庞大,管理活动日益复杂,直线管理者不具有足够的时间、资源或专业技能来有效地完成工作。因此,需要通过幕僚职权来为他们提供帮助、支援和建议,从而改善和提高管理效率。

2. 职责

职责(responsibility)指一个岗位所要求的需要完成的工作内容以及应当承担的责任范围。只授予工作职权而不授予职责会导致滥用职权。

3. 统一指挥

统一指挥(unity of command)指一个人应该只向一位管理者进行汇报。

7.2.4 管理跨度

管理跨度(span of control)决定着组织要设置多少层级,配备多少管理人员。更宽的管理跨度可以为企业降低成本、削减企业的一般管理费用、加速决策过程、增加灵活性、缩短与顾客的距离、授权给下属等。但是,为了避免因管理跨度加宽而使员工绩效降低,各公司都大大加强了员工培训的力度和投入。

7.2.5 集权与分权

集权化(centralization)是指组织中的决策权集中于一点的程度。一般来讲,如果组织的高层管理者不考虑或很少考虑基层人员的意见就决定组织的主要事宜,则这个组织的集权化程度较高。

相反,基层人员的参与程度较高,或他们能够自主地做出决策,则组织的分权化(decentralization)程度就较高。

集权式组织的优点主要有以下几个方面:①易于协调各职能间的决策;②对报告线的形式进行了规范,如利用管理账户;③能与企业的目标达成一致;④在紧急情况下能快速决策;⑤有助于实现规模经济;⑥这种结构比较适用于由外部机构(如专业的非营利性企业)实施密切监控的企业,因为所有的决策都能得以协调。

集权式组织的缺点比较突出,主要有以下几个方面:①高级管理层可能不会重视个别部门的不同要求;②由于决策时需要通过集权职能的所有层级向上汇报,因此决策时间过长;③对级别较低的管理者而言,上升空间有限。

分权式决策的趋势比较突出,这与使组织更加灵活和主动地做出反应的管理思想是一致的。

影响一个组织更加集权或更加分权的因素有很多。使组织更加集权的因素如下:①环境是稳定的;②低层管理者在决策方面的能力或经验不如高层管理者;③低层管理者没有决策发言权;④决策是相对细微的;⑤组织正面临一个关乎生死存亡的重大危机;⑥公司的规模大;⑦公司战略的有效实施取决于对所发生事情具有发言权的管理者。

使组织更加分权的因素如下:①环境是复杂的、不确定的;②低层管理者在决策方面同样具有能力和经验;③低层管理者想拥有决策发言权;④决策的影响重大;⑤企业文化是开放的,允许各级管理者对所发生的事情拥有发言权;⑥公司各部分分散在不同的地理位置;⑦公司战略的有效实施取决于参与决策的管理者以及制定决策的灵活性。

企业在进行组织结构设计时,既要有必要的权力集中,又要有必要的权力分散,两者不可偏废。集权是大生产的客观要求,它有利于保证企业的统一领导和指挥,有利于人力、物力、财力的合理分配和使用。而分权是调动下级积极性、主动性的必要组织条件。合理分权有利于基层根据实际情况迅速而正确地做出决策,也有利于上层领导者摆脱日常事务,集中精力抓重大问题。因此,集权与分权是相辅相成的,是矛盾的统一。没有绝对的集权,也没有绝对的分权。

7.2.6 正规化

正规化(formalization)是指符合正式规范与特定标准的模式或状态。在高度正规化的组织中,有明确的工作说明书,有繁杂的组织规章制度,对于工作过程有详尽的规定。而对于正规化程度较低的工作,工作执行者的日程安排相对来说不是那么僵硬,员工对自己工作的处理拥有更多的自主权。

管理者对正规化程度的把控尤其需要关注,许多组织允许员工拥有某种程度的自由范围,向他们提供足够的自主权,使其做出他们认为在某些特定情况下最有利的决策。

7.3 组织结构设计需考虑的重点因素

7.3.1 机械式组织和有机式组织

机械式组织(mechanistic organization)是一种稳定的结构形式,它追求的主要目标是稳定运行中的效率。它的特征是:**高度的专门化、刻板的部门化、清晰的指挥链、狭窄的管理跨度、集权化、高度的正规化**。机械式组织注重对任务进行高度的劳动分工和职能分工。

机械式组织的适用条件如下:
① 环境相对稳定;
② 任务明确且持久,决策可以程序化;
③ 技术相对统一而稳定;
④ 按常规活动,以效率为主要目标;
⑤ 企业规模较大。

在机械式组织中,信息传达具有金字塔式构造,信息向顶层集中,上级的命令和指示自上而下传达,如图7-1所示。

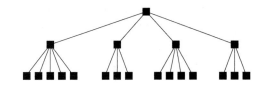

图 7-1　机械式组织

【案例】

松下的组织结构

松下电器产业株式会社(以下简称"松下")是世界上较大的电器公司之一。松下采用分级管理、分级核算,实行事业部制。公司经营管理分为两级,即总公司一级,事业部一级。总公司设有最高领导层与一套健全的职能机构。总公司以下按照产品建立事业部,事业部部长对事业部的经营管理负总责,事业部也设有一套职能机构。

松下是日本最早采用事业部制的企业。事业部是一个自负盈亏、独立核算的经营单位,因此,事业部制可以更好地明确各部门的职责和权限,发挥它们的积极性和主动性,进一步进行专业化分工。然而,各事业部独立后,比较容易脱离总公司的控制,各部门的合作也日益困难,同时,高度专业化的部门不一定会有全局观念去应对所有产品的危机。因此,总裁松下幸之助以集中四个主要功能来平衡分权之举。第一,松下设立了严格的财务制度,由财务主管负责直接向总裁报告财务状况,并且订立了严格的会计制度;第二,松下建立了公司银行,各部门的利润都汇总于此,同时,各部门增加投资时,必须向公司银行贷款;第三,松下实行人事管理权的集中,松下认为人才是公司最重要的资源,每一位超过初中学历的员工都必须经过总公司的仔细审核,所有管理人员的升迁都必须经过总公司的仔细审查;第四,松下采取集中训练制度,所有的员工都必须经过松下价值观的训练。

资料来源:https://wenku.baidu.com/view/fa0b6c6f28f90242a8956bec0975f46527d3a719.html。

思考:松下运行的是什么样的组织结构形式?有什么优缺点?

有机式组织(organic organization)的集权程度低于机械式组织。它的特征是:**跨职能团队、跨层级团队、信息的自由流动、宽泛的管理跨度、分权化、低度的正规化**。有机式组织是一种松散、灵活的,具有高度适应性的形式,它不具有标准化的工作和规则条例,有机式组织的松散结构使得它可以根据需求快速改变。

有机式组织的适用条件如下:

① 环境相对不稳定和不确定,企业必须充分对外开放;

② 任务多样化且不断变化,使用探索式决策过程;

③ 技术复杂而多变;

④ 有许多非常规活动,需要较强的创造和革新能力;
⑤ 企业规模相对较小。

在有机式组织中,成员相互作用而调整组织之间的协调合作等,权限和责任与各项规则脱离,信息传达具有网络性构造,信息和建议的传达呈水平状扩散,如图 7-2 所示。

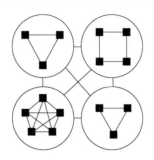

图 7-2　有机式组织

机械式结构和有机式结构的对比如图 7-3 所示。

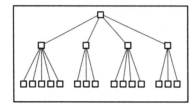
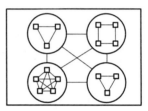

- 严格的层级关系
- 明确的指挥链
- 固定的职责
- 高度正规化
- 正式的沟通渠道
- 集权化决策
- 较窄的管理跨度

- 合作(纵向-横向)
- 跨层级团队
- 不断调整的职责
- 低度正规化
- 非正式的沟通渠道
- 分权化决策
- 较宽的管理跨度

(a) 机械式结构　　　　(b) 有机式结构

图 7-3　机械式结构和有机式结构的对比

资料来源:
1. Robbins S P. Organizational behavior[M]. 6th. New Jersey:Prentice Hall Inc.,1992.
2. Robbins S P, Judge T A. Organizational behavior[M]. New Jersey:Pearson Education,2013.

【案例】

SAM 公司的组织结构

SAM 公司是一家国内摩托车修配市场的配件供应商,其下属经销商遍布华南、华东、华北及西北 21 个省区的大型专业摩配市场,共 400 多家。这 400 多家经销商包括省级总代理及地区经销商,每一省区均有一位业务主管负责经销商管理。

多年来,SAM 公司培养了一批优秀的业务人员和一批忠诚度较高的经销商队伍,其营销中心已按照现代市场营销的理念调整架构,设市场部、销售部及客户服务部对四大区进行垂直管理。SAM公司在2000年调整策略,计划由代理制转为密集分销制,在自家"后院"广东省进行密集分销试点。这样一来,SAM公司必将面临组织结构的调整与内部沟通机制的重塑。于是,公司抽调8名精干的业务主管组成专案部,与市场部、销售部及客户服务部并列形成营销中心的四驾马车,并把广东市场从四大区中分离出来变成广东特区,直属专案部管理。专案部的干部并未脱离对原来的业务区域的管理,反而在广东市场的密集分销活动中对公司的政策有了透彻的了解,并对供应系统的作业流程和产品质量控制的状况有了全新的认识。这彻底改变了营销中心与供应中心的矛盾。SAM公司又干脆撤销供销协调会议与营销工作会议这两个看似必要而实质上已变成官僚机构的组织。现有的公司沟通机制变得灵活而畅通,公司运行以客户的满意与问题的解决为中心,打破了原有机械式、制式化程度高的运作模式。一年后,广东市场的密集分销取得成功,专案部遂把此运作模式以专案形式推广到华南、华东、华北及西北大区,这样,SAM公司的市场份额由2000年的17.5%增长到2001年的25%,销售额由2000年的1.8亿元增长到2001年的3亿元。

资料来源:熊超群.SAM:组织结构再造[N].粤港信息报,2002-05-13。

思考:试用组织有关理论,阐述SAM公司改革后的组织结构特点。

7.3.2 组织结构设计的影响因素

组织结构设计是选择机械式还是选择有机式往往会受到许多因素的影响,不同的因素将会导致企业需要选用不同的组织结构设计。

1. 战略

从企业未来发展的角度来看,战略表现为一种计划,而从企业过去发展历程的角度来看,战略则表现为一种模式。在计划组织结构时,最根本的目的是必须确保形式上的结构不妨碍企业主要目标的实现,目标是组织战略的重要组成部分。例如,在想要严格控制成本的公司,拥有效率、稳定性和严格控制的机械式组织结构可以发挥最大的效果。

2. 规模

当企业达到一定规模时,如从小型组织发展为大型组织时,从上到下的控制就会变得非常困难,因此就要求企业采用机械式组织结构。

3. 技术

按照复杂程度和先进程度可以划分出三种截然不同的技术范畴。第一种范畴是单件生产(unit production),指的是单件或小批量的生产,它最有效的结构是有机式组织结构。第二种范畴是批量生产(mass production),指的是大批量的生产,它最有效的结构是机械式组织结构。第三种范畴是连续生产(process production),这是技术最复杂的生产方式,体现了连续的流程制造,它最有效的结构是有机式组织结构。

4. 环境不确定性

有些组织面临着稳定的、简单的、不确定程度低的环境;有些组织则面临着动态的、复杂的、不确定程度高的环境。在稳定、简单的环境中,企业可以采用较为严格的、常规的机械式组织结构;而在不断变化和具有不确定性的环境中,就要求企业采用更为灵活的、可调整的有机式组织结构。

7.4 经典组织结构

7.4.1 简单结构

简单结构(simple structure)是一种管理跨度大、部门化程度低、权力集中于特定某个人、正规化程度也较低的组织结构。其结构特点是:结构简单、层级少、无正式的工作程序或规章制度。

简单结构的优点是:反应速度快,成本低,权责清晰。缺点是:如若组织规模增大,业务量增多,简单结构则难以维持。简单结构适用于规模小、业务单纯的组织。

随着公司规模增大,简单结构向专门化和正规化转变。于是,公司开始设立规章制度,工作变得专门化,各个部门相继成立,管理层级得以增加。这时,管理者可能会选择职能结构或事业部结构。

【案例】

华为——"活下去"

华为作为一流企业,拥有一流的管理水平。在华为发展的第一个阶段,其最初的目标就是"活下去"。1987年,任正非与5位伙伴共同创立了华为,组织只有6个人,组织结构是简单的,也无所谓组织结构。华为在产品开发上采取跟随战略和直线型组织结构。直线型组织结构很简单,就是直接向任正非汇报,所有的运作都接受任正非亲自的管理和监督。

资料来源:吕远洋."神秘组织蓝军":任正非说华为成功全靠它![EB/OL].(2020-04-14)[2022-03-13].https://www.sohu.com/a/387567768_170242.

启示:处于创业初期的大多数企业均选择简单结构。

7.4.2 职能结构

职能结构(functional structure)是一种把从事相似或相关职业的专业人员组合在一起的组织结构。该结构的特点是,组织内除了直线主管外还设立一些分担职能管理业务的职能机构。这些职能机构可以在自己的业务范围内命令和指挥下级。所以,下级直线主管需要接受上级直线主管和上级各职能机构的领导,如图7-4所示,其中,L_i代表直线部门,F代表职能部门。

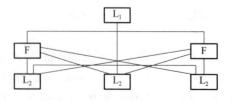

图7-4 职能结构示意图

职能结构的优点是：针对当代组织技术繁杂和管理分工精细的特点，发挥职能机构的专业管理作用。它的缺点是：导致基层员工接受多重上级领导，形成"上边千条线，下面一根针"的局面，从而导致管理局面混乱。

【案例】

华为——"强起来"

1992年，华为员工人数达到200人左右，华为实行集中化战略，组织结构也开始从直线型的组织结构转变为直线职能制的组织结构，除了有业务流程部门，如研发、市场销售、制造，也有了支撑流程的辅助性部门，如财务、行政管理等。在这一时期，华为聚焦于单一产品，销售采用"农村包围城市"的低价策略。因此，其组织结构不需要过于复杂，但权力需要集中，以便能快速统一调配资源，参与市场竞争，并快速对外部环境的变化做出反应，所以采用直线职能制与华为当时的战略相匹配。

资料来源：吕远洋．"神秘组织蓝军"：任正非说华为成功全靠它！[EB/OL]．(2020-04-14)[2022-03-13]．https://www.sohu.com/a/387567768_170242.

启示：职能结构按一定的职能专业分工，每一个层级都建立了职能机构负责技术生产、人事、财务等的管理工作，进行辅助，但是职能机构并没有直接命令权，所以员工还是只受上层领导的直接控制，这在一定程度上保证了集中统一的领导，但又可以有职能机构进行辅助。

7.4.3 事业部结构

事业部结构是对内部具有独立的产品和市场、独立的责任和利益的部门实行分权管理的一种组织结构。在这种组织结构中，事业部通常按照产品或者地区划分，拥有独立产品或市场，可自主经营、独立核算和自负盈亏。此外，在这种结构中，政策制定与行政管理相分离，政策制定集权化，业务运营分权化。企业最高决策机构的主要职责是研究并确定企业的总目标、总方针、总计划以及各项政策。各个事业部在遵循总目标、总方针、总计划和各项政策的前提下独立经营。事业部结构如图7-5所示。

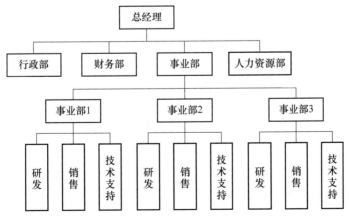

图7-5 事业部结构示意图

事业部结构的优点是：一方面可以提高公司管理的灵活性和适应性，另一方面可以充分发挥各事业部的主动性；最高管理层从事重大问题的研究和决策；各事业部是公司内部独立的组织，彼此之间可以开展竞争，克服组织层级僵化、官僚化，有利于高层管理者的培养。

事业部结构的缺点是：各事业部存在本位主义，不能够有效协调、充分利用公司资源；管理部门重叠设置，增加管理成本；对事业部一级管理人员的水平要求较高；对集权与分权关系敏感，处理不当会严重阻碍组织的高效协调。

事业部结构适用于组织规模较大且业务范围广泛的组织。

> 【案例】
>
> **事业部制组织应用——通用汽车公司**
>
> 事业部在20世纪20年代从美国的通用汽车公司、杜邦公司等兴起。美国的通用汽车公司成立于1908年，是由29家厂商联合组成的，由杜邦财团进行控制。在杜兰特的通用汽车时代里，内部管理比较混乱。通用汽车公司副总裁斯隆提出了集中政策控制下分散作业的组织结构形式，也就是后来的事业部制。他认为，通用汽车公司应采取"分散经营、协调控制"的组织体制，在保证总部集中管控的前提下，将经营管理权限适度下放到各分散作业的独立性经营组织里面，使分权得到很好的平衡。根据这一思想，斯隆提出了改组通用汽车公司的组织机构的计划，并第一次提出了事业部制的概念。
>
> 资料来源：白万纲.事业部制组织应用——通用汽车公司.[EB/OL].[2022-03-13].
> http://bbs.pinggu.org/jg/kaoyankaobo_kaoyan_1515787_1.html.

7.4.4 矩阵型结构

矩阵型结构是由纵横两套管理系统组成的矩形组织结构，一套是纵向的职能管理系统，另一套是为完成某项任务而组成的横向项目系统，横向和纵向的职权具有平衡对等性。项目结构是指为了完成某个特定的任务，而把一群具有不同背景、不同技能和来自不同部门的人组织在一起的一种组织形式。矩阵型结构具有多条指挥链，当组织需要同时满足技术和产品双重要求时，矩阵型结构可以兼顾事业部式和职能式组织结构的优点，是一种最佳的组织形式。

矩阵型结构的优点是：由具有不同背景、技能、专业知识的人员为某个特定项目共同工作，除了可以获得专业化分工的好处，还可以跨越各职能部门获取所需要的各种支持活动；资源可以灵活分配，避免职能部门相互脱节，发挥事业部结构灵活的特点。

矩阵型结构的缺点是：组织中的信息和权力等资源一旦不能共享，项目经理与职能经理之间势必会为争取有限的资源或因权力不平衡而发生矛盾；一些项目成员接受双重领导，要求员工具有良好的人际沟通和协调能力；任务不明确、权责不统一会严重影响组织效率。

图7-6是一个典型的矩阵型结构示意图。

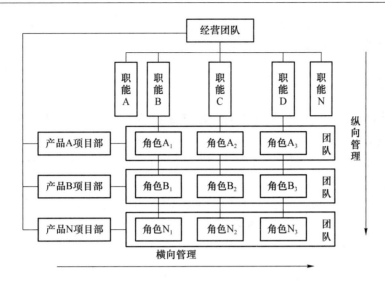

图 7-6　矩阵型结构示意图

【案例】

IBM——"换了谁也无所谓"

IBM 公司 1941 年创立于美国,是世界上知名的信息工业跨国公司,全球雇员数量有 30 多万,遍及 160 多个国家和地区。IBM 前 CEO 郭士纳大胆引进"矩阵型组织结构"。在这种组织结构中,每个员工都接受着多重领导,肩负着不同的职责,也就意味着每个员工可以做更多的工作,而且通过多个领导审核可以最大限度地降低决策失误,保证决策正确性。矩阵型组织结构给 IBM 带来的另一个管理上的好处就是,它让每一个 IBM 员工都明白自己属于 IBM 而不属于某一个区域总经理,这样就分散了区域总经理的权力而集中了公司整体的决策权和统一调配权。

"矩阵型组织结构的一个特点就是关注客户,结构中每一个节点都是一个客户群的集合。"管理学专家吴春波教授这样说。这一点在 IBM 的矩阵型组织结构中尤为突出。IBM 的每一个客户都有 3 个以上的 IBM 员工关注,这样可以让更多的人了解 IBM 甚至购买 IBM 的产品,这也是矩阵型组织结构为 IBM 带来的一个决定性的利益。IBM 通过这一错综复杂的系统,保证了各个部门的相对独立和协调,每个人的工作都和其他人相互作用。

IBM 公司流传着一句话:"换了谁也无所谓。"矩阵型组织结构是有机的,既能保证组织稳定地发展,又能保证组织内部的变化和创新。

资料来源:邹瑞霞. IBM 矩阵关系"官僚化"[EB/OL]. (2004-06-02)[2022-03-13]. https://net.blogchina.com/blog/article/32954.

7.5　当代组织结构

许多管理者发现经典的组织结构设计不能满足当代日益错综复杂的经营环境,要求组织更加有机化、灵活。管理者通过各种创新方法来构建更符合环境变化要求的组织结构,这些当代组织结构包括:团队结构、无边界组织和学习型组织。

7.5.1 团队结构

团队结构(team structure)指的是整个组织由工作小组或工作团队构成并完成工作任务的一种组织结构。这种结构不存在职权链且强调授权。

团队结构的特点是:打破部门界限;既有科层制的高效,又有团队协作的灵活性;团队成员善于接受新思想、新方法。

但团队结构也具有极大的缺陷:领导者如果不提出明确要求,团队就会缺乏明确性;它的稳定性不好,经济性也差;团队必须持续不断地管理;团队成员虽知道共同任务,但不一定对自己的任务非常了解。

> 【案例】
>
> "阿米巴"和"小组制"
>
> 稻盛和夫指出,所谓的"阿米巴经营"就是将企业划分为一个个的小集体,即阿米巴,每个阿米巴独立核算,企业以各个阿米巴的领导为核心,让其自行制订各自的计划,并依靠全体成员的智慧和努力来完成目标,每个阿米巴就像一个小商店、小企业,独立经营。
>
> 本章导入案例中提到的韩都衣舍"小组制"便是一种团队结构。韩都衣舍以淘宝网店为基础,把原来的三个部门打散,重新组合,变成一个个产品小组,使每一个产品小组有相对完整的执行功能,产品小组是核心,企业将部分"权责利"下放给产品小组。
>
> "阿米巴"和"小组制"就是典型的团队结构。

7.5.2 无边界组织

无边界组织指的是不被各种预先设定的横向、纵向或外部边界定义或限制的一种组织。通用电气公司前首席执行官杰克·韦尔奇希望消除通用电气内部的横向和纵向边界,并且打破公司与客户及供应商之间的外部边界。虽然消除边界的理念可能显得很怪异,但当今许多较为成功的组织发现,它们可以通过打破组织结构和保持灵活性来实现最有效的运营。

无边界组织的优点是:灵活性高和应对能力强;能有效利用各地人才。这种结构也有着极大的缺陷:缺乏控制、沟通困难。

我们所说的边界有以下两种类型。

① 内部边界:由工作专门化和部门化导致的横向边界,以及把员工划分为不同组织层级和级别的纵向边界。

② 外部边界:把组织与其顾客、供应商及其他利益相关群体区分开来的边界。

管理者可能会采用虚拟组织或网络组织来消除组织边界。

虚拟组织是指临时把人员召集起来,以利用特定的机遇,待目标完成后即行解散的一种临时组织。

【案例】

虚拟组织：美特斯邦威

上海美特斯邦威服饰股份有限公司（以下简称"美特斯邦威"）是中国服装产业代表企业之一，美特斯邦威迫切需要扩大生产规模却缺乏资金实力，于是采用定牌生产的方式，将生产业务外包给实力雄厚的协作厂家，把握了生产的主动权。公司欲扩大销售网络，但资金实力又显不足，于是公司决定采取特许经营策略开设连锁店，利用社会闲散资金来进行销售网络扩张。公司依靠虚拟经营为组织扩张省下的资金，大量投在经营管理、服装设计、品牌提升等核心业务上，并得到迅速发展，为组织进一步发展奠定了基础。这也成为美特斯邦威的核心竞争力所在。

网络组织利用组织自己的员工完成某些工作活动，同时利用外部供应商网络来提供其他必需的产品部件或工作流程。这种结构设计使得组织把其他工作活动外包给那些最善于从事这些活动的公司，从而能够全神贯注于本组织最善于从事的活动。

【案例】

网络组织：思科系统公司

企业组织结构网络化转型中，最为典型和成功的当属思科系统公司。2000年时，思科的第一级组装商有40个，下面有1000多个零配件供应商，但其中真正属于思科的工厂却只有两个，其他所有供应商、合作伙伴的内联网都通过互联网与思科的内联网相联，无数的客户通过各种方式接入互联网，再与思科的网站挂接，组成了一个实时动态的系统。得益于此种组织结构，思科的库存减少了45%，产品的上市时间提前了25%，总体利润率比竞争对手高了15%。该组织结构的成功、有效应用，是思科能够在极短时间内发展壮大的重要原因。

资料来源：https://www.docin.com/p-2558162576.html。

7.5.3 学习型组织

学习型组织是指通过在组织中营造学习氛围，充分发挥员工的创造性思维能力而建立起来的有机的、高度柔性的、扁平的、人性化的、可持续的组织。这是知识型组织的理想状态，也是知识型组织的实践目标。这种组织具有持续学习的能力，综合绩效高于个人绩效的总和。

学习型组织的优点是可以在整个组织中共享知识，这也是竞争优势的可持续来源。缺点是：有些员工不愿意分享知识，怕失去权力；大批有经验的员工即将退休。

学习型组织结构的特征包括：

① 本组织的成员有一个共同的愿景；
② 这个组织由多个有创造力的人组成；
③ 组织成员善于不断学习；
④ 组织结构为"扁平式"；

⑤ 自我管理；
⑥ 重新定义组织边界；
⑦ 领导者有了新的角色。

在学习型组织中，领导者接受愿景的召唤，帮助员工把握现实情况以及提高对组织制度的理解能力，促进大家的学习。

【案例】

"特易购盒子"

为了在竞争日益激烈的全球环境中开展业务，英国的零售商特易购公司（Tesco）深刻认识到了商场幕后管理的重要性，该公司采用一种已获得证明的有效"工具"——"特易购盒子"。这是一个独立而完善的 IT 系统，它的业务流程系统可以为特易购公司的所有国际业务运作提供模型。这一制度促进了公司运作的一致性，也是整个公司共享创新成果的良好方式。特易购公司是学习型组织的一个经典案例。

【本章小结】

1. 组织结构的定义：组织的全体成员为实现组织目标，在管理工作中进行分工协作，在职务范围、责任、权力方面所形成的结构体系。
2. 组织结构设计的定义：对组织的构成要素和它们之间连接方式的设计，是根据组织目标和组织活动的特点，划分管理层次、确定组织系统、选择合理的组织结构形式的过程。
3. 组织结构的六种关键要素：工作专门化、部门化、指挥链、管理跨度、集权与分权、正规化。
4. 机械式组织与有机式组织：机械式组织是一种僵硬的、严密控制的组织结构。有机式组织非常灵活、适应能力强。
5. 影响组织结构设计的四种权变因素：战略、规模、技术和环境不确定性。
6. 经典组织结构包括：简单结构、职能结构、事业部结构、矩阵型结构。
7. 当代组织结构包括：团队结构、无边界组织、学习型组织。

【综合案例】

海尔的"倒三角"型组织结构

海尔集团的张瑞敏说，互联网时代的企业一定与市场、与用户零距离。为了实现这一目标，海尔打造了"人单合一"的组织机制。在这一组织机制的作用下，海尔开发新品的速度快速提升，业绩也是稳步增长。海尔集团历经三十多年的发展，提出了五个战略发展目标，通过三次大的组织变革助力战略目标落地，海尔集团的组织变革经历了从最初的被动进行到主动变革，再到前瞻性的预判调整。战略决定组织结构，组织结构支撑战略。为了保障战略目标的实现，战略交替需要进行组织变革。

1. "正三角"型组织结构——控制组织的稳定性服从领导

海尔在品牌化战略、多元化战略和国际化战略的实施过程中,需要明确目标的管理模式,即能够有效坚决地执行战略目标。海尔最初的组织结构是"正三角"式的。从管理的层级来看,最上面是最高领导者,最下面是普通员工,中间是不同层次的管理者。从信息传递的渠道来看,底层员工通过和用户接触来收集信息,进而把用户信息依次传递给高层领导者,高层领导者反过来再将决策信息逐级传递给底层员工。这一组织结构的特点为:执行文化为主导,服从领导,分工专业化。

2. "倒三角"型组织结构——从服从领导到服从用户

要实现全球化战略目标,需要员工做到直接面对市场,快速获取外部信息,倒逼组织给予用户专业的服务和资源,迫使领导者搭建更好的机制,让专业服务和资源能够高效协同应用。从服从领导的模式转为服从用户的模式,海尔的组织结构也演变为"倒三角"。"倒三角"将顾客置于架构顶端,突出"以顾客为中心"。海尔设置了三层经营体,一级经营体(包括研发、服务和制造类经营体)直接满足用户需求,为顾客提供解决方案,二级经营体为一级经营体做后备,提供服务和支持(包括人力资源、成本管理和质量体系等),三级经营体(包括组织管理者、计划、战略等)位于组织结构的底端,对内起协同作用,对外起开发新战略机会的作用。"倒三角"阶段让海尔实现了一个目的:谁离市场最近,谁离用户最近,谁就拥有话语权。

3. 平台型组织——建立最紧密的价值创造关系

海尔目前已经进入了网络化战略阶段,员工可以通过开放创新平台成为一名创业者,在实现自身价值的同时为客户创造价值。"人单合一"与一般意义上的竞争和组织方式不同,与传统的业务和盈利模式也不同,"人单合一"这种双赢模式更多迎合了互联网时代"零距离"和"去中心化""去中介化"的时代特征。海尔在不断探索的过程中形成了领域颠覆性和系统性的动态变革。互联网现在正处于信息大爆炸的阶段,信息技术的快速发展在极大程度上冲击了传统行业,现在的消费者越来越趋向于定制化。所以想要保住好的市场,必须实现与用户的零距离交互,获取用户需求。张瑞敏提出海尔要达到"业无边界,管理无领导,供应链无尺度"的"三无"境界,通过"企业平台化,员工创客化,用户个性化"初步构建并运行了平台型组织。

资料来源:钟勃扬.以西蒙决策理论分析海尔公司倒三角型组织结构[EB/OL].(2014-11-18)[2022-03-14].https://www.xdsyzzs.com/guanlizongheng/351.html.

思考:

1. 海尔为什么会改变组织结构?

2. 请结合本案例论述各种组织结构的优缺点及适用性。现实企业管理中是否存在完美的组织结构?

3. 你认为在组织的效率和成效方面,组织结构发挥了什么样的作用?请解释。

4. 你从本案例中得到了什么启示?

【本章习题】

1. 什么是组织结构?什么是组织结构设计?
2. 传统和当代对组织结构的六种关键要素的看法有何异同?

3. 企业的组织结构是否可以快速变革？请阐述原因。
4. 试分析机械式组织与有机式组织的异同。
5. 影响组织结构设计的权变因素有哪些？
6. 有研究者主张：过度简化工作任务，看似精简高效，但却给公司和员工带来了负面的影响。你对此有何见解？请阐述原因。
7. 请阐述本章讨论的四种经典组织结构有何异同。
8. 请阐述三种当代组织结构共同反映了组织结构变革怎样的趋势，并举例说明。

第8章 人力资源管理

【学习目标】

- 掌握人力资源管理的一般过程
- 理解人力资源管理的重要性及其影响因素
- 掌握识别和甄选合格员工相关的工作任务
- 理解不同类型的上岗培训和员工培训
- 掌握员工绩效管理的评估方法
- 理解留住胜任的高绩效员工的各种战略

【本章关键词】

人力资源、招聘、甄选、培训、绩效管理、薪酬与福利

【导入案例】

"熊喵来了"招工难

某天的傍晚时分,位于大连和平广场内的"熊喵来了萌火锅"(以下简称"熊喵来了")店内灯火通明,准备迎来一天当中的用餐高峰。穿着简单的白色T恤、蓄着利落短发的女人环视店内,眉头微皱,显得忧心忡忡。女人正是"熊喵来了"鞍山店和大连店的负责人焦总,她经常往返两地,处理两店的事宜。她并没有在店内多待,只是叮嘱了收银员几句,又匆匆离开,直奔火车站。

最近又有员工离职,前台还缺着员工,好几次来店里视察,焦总都发现员工们没精打采。"这帮年轻人真是特别不知道珍惜工作,唉,思想工作做了几次,怎么就不见效呢?"焦总暗自嘀咕着。

火锅一直是深受人们喜爱的一种食物,"熊喵来了"主打台湾口味,别具特色,加之店内环境优美,焦总的两家店所在的地理位置也很优越,倒是不缺客人,然而店内的员工问题却一直令焦总很受困扰。

首要的便是招聘难题：招不到人，更准确地说是招不到合适的人。后厨、前厅经理、前台的收银员和服务员就是"熊喵来了"一家分店基本的人员配置。"熊喵来了"给服务员提供的底薪是三千多元，包吃住，待遇不差于行业平均水平。在焦总的两家店中，鞍山店有22名员工，大连店有15名员工，前台还是缺员工。

"熊喵来了"的客源集中为年轻消费群体，所以前台服务人员招收的也都是年轻人。来应聘的年轻人中，很多来自农村，普遍学历很低，他们刚出社会，没有人脉也没有别的技能，服务员从业门槛低，往往是他们走向社会的第一步。

而且，在焦总的店内，还存在着一个奇怪的现象，那就是，前台员工几乎全是男性，唯一的一名女收银员还是焦总的小妹。其实，对于传统餐饮行业来说，一般女性服务员会更加周到、细心，很多餐饮企业的招聘广告中直接声明要求女性，女性服务员的受欢迎程度高于男性服务员。然而，对于很多女孩子来说，美甲、美妆、直播、微商等产业的启动资本低，进入壁垒小，相比之下，做服务员看起来既累又不体面，还没有发展潜力，实在缺少吸引力。所以来应聘的多是男性，传统餐饮行业的人才市场备受冲击。

除了前台服务人员，厨师和经理也很重要。在焦总的两家店里面，后厨工作人员相对稳定，领班和经理级别的就是另一番景象了，应聘的人倒是不少，毕竟属于管理层，竞争的人数很可观，问题在于餐饮业发展过快，很多应聘管理层的人并非科班出身，而是基层服务员出身，虽然有实际从业经验，但缺乏管理经验，他们自认为能够胜任，实际却眼高手低，难以做好。例如，一个好的前台员工或者主管，工作表现非常好，跟其他员工的关系也不错，在工作一段时间以后就觉得自己也可以做店长，但当他真正成为店长以后，他就无法像以前一样跟员工做朋友了，而且其他管理技能的缺失也令他难以出色地完成工作，如排班、和商场的沟通、厨房盘点等。

焦总心里也明白，尽管现在餐饮行业不断升级，已经形成了良好的行业规范，在晋升制度良好的企业，服务员也可以得到高薪、高职位，甚至有些餐饮企业还会从优秀的服务员中培养管理人才，但是普罗大众对于服务员这种基础类岗位还是存在很大的偏见，在很多年轻人以及他们的家长心中，服务员是没有任何发展前途的。而有学历、有能力的大学生，除了兼职，基本不会应聘长期的服务员，一个大店，总不可能全靠兼职员工吧？更不可能让兼职员工去担任比较重要的管理岗位吧？如此下来，店里的招聘广告便长期挂在58同城等招聘网站上……

在这种招人难的情况下，焦总对前来应聘服务员的人几乎没有什么要求，一般都是先招进来上岗，有问题再辞退，不仅无法保证稳定的服务质量，更增加了重置成本。

思考：以"熊喵来了萌火锅"为代表的餐饮行业招聘难、员工工作积极性不高的根本原因是什么？如果想破解人力资源困境，应该怎么做？

组织设计使得组织结构逐步建立，组织运行有了可依托的系统和框架。但想让组织更好地发挥其作用，还需要具体的人来运行。一个组织能力的大小，在很大程度上取决于组织所聘用与保有的员工的素质，得到并保有合适的员工，是一个组织得以成功的关键之一。因此，在设计合理的组织结构时，还需为设计的岗位选配正确数量的合适人选，使员工在正确的时间处于正确的位置，这就是人力资源管理发挥的作用。

8.1 人力资源管理的内容及原则

人力资源管理是对特定社会组织所拥有的能推动其持续发展、达成组织目标的成员进行的一系列管理活动,它是指通过对人和事的管理,处理人与人之间的关系以及人和事之间的匹配,以充分发挥人的潜能,并对人的各种活动予以计划、组织、指挥和控制,实现组织的目标。

人力资源管理是企业发展的动力源泉,是企业可持续发展的根本保障。

8.1.1 人力资源管理的重要性

一个企业能否健康发展,在很大程度上取决于人力资源管理在企业管理中受重视的程度。人力资源管理的作用在任何一个组织中都越来越重要。为什么人力资源管理越来越重要?根据周三多在《管理学原理》中的描述,可以从以下几个方面来理解。

1. 人力资源管理有利于促进生产经营的顺利进行

劳动力是企业生产力的主要组成部分,只有通过合理组织劳动力,不断协调劳动力与劳动力之间、劳动资源与劳动对象之间的关系,才能充分利用现有的劳动力资源和生产材料,使其在生产经营过程中最大限度地发挥作用,并在空间和时间上使劳动力、劳动资源和劳动对象形成最优的配置,从而保证生产经营活动有条不紊地进行。

2. 人力资源管理有利于调动企业员工的积极性,提高劳动生产率

企业中的员工有思想、有感情、有尊严,这就决定了企业人力资源管理必须设法为劳动者创造一个适合他们的劳动环境,使他们乐于工作,并能积极主动地把个人的潜力和智慧发挥出来,为企业创造更有效的生产经营成果。因此,企业必须善于处理物质奖励、行为激励以及思想教育工作三方面的关系,使企业员工始终保持旺盛的工作热情,充分发挥自己的专长,努力学习技术,认真钻研业务,不断改进工作,从而达到提高劳动生产率的目的。

3. 人力资源管理有利于减少劳动耗费,提高经济效益并使企业的资产保值

经济效益是指进行经济活动时所获得的与所耗费的之间的差额。减少劳动耗费的过程就是提高经济效益的过程。所以,合理组织劳动力,科学配置人力资源,可以促使企业以最小的劳动消耗获得最大的经济成果。在市场经济条件下,企业资产要保值增值,争取企业利润最大化、价值最大化,就需要加强人力资源管理。

4. 人力资源管理有利于现代企业制度的建立

科学的企业管理制度是现代企业制度的重要内容,而人力资源管理又是企业管理中最为重要的组成部分。提高企业现代化管理水平,最重要的是提高企业员工的素质。一个企业只有拥有一流的人才,才能充分而有效地掌握和应用一流的现代化技术,创造一流的产品。可见,注重和加强对企业人力资源的开发与利用,做好员工培训教育工作,是实现企业管理由传统管理向科学管理和现代管理转变的不可缺少的一个环节。

5. 人力资源管理有利于建立和加强企业文化建设

企业文化是企业发展的凝聚剂和催化剂,对员工具有导向、凝聚和激励作用。优秀的企业文化可以增进企业员工的团结和友爱,减少教育和培训经费,降低管理成本和运营风险,并最终使企业获取巨额利润。

8.1.2 人力资源管理的任务

人力资源管理的目的是谋求人与事的最佳组合,因此,人力资源管理一方面要满足组织的需要,另一方面也要考虑组织成员的特点和需求。

1. 满足组织的需要

① 使组织系统得以运转。要使组织系统有效运转,必须使组织中的每一个岗位都配有符合相应岗位素质要求的人,从而使实现组织目标必须开展的各项工作都有相应的人去完成。这是人力资源管理的基本任务。

② 适应组织发展的需要。组织是一个动态的系统,每一个组织都处于一个不断变化发展着的社会经济环境之中,组织的目标和战略需要根据环境的变化和组织的发展做出适当的调整,由目标和战略决定的组织结构会发生质的改变,部门和岗位的设置数量也会出现相应的增减。因此,在根据当前的组织结构配备相应人员时,要考虑组织结构和岗位设置将来可能发生的变化,通过建立客观的考核体系和制度化的培养体系,来适应组织未来发展的需要。

③ 维持组织成员对组织的忠诚。人们总是力图获得最能发挥自己才能并能给自己带来最大利益的工作,而常用的方式就是通过流动和尝试不同的工作。对整个组织来说,人才流动有可能给企业带来"输入新鲜血液"的好处,但其破坏性可能更甚。人员不稳定、职工离职率高,特别是优秀人才的外流,往往会导致组织出现"知识真空",从而影响组织的正常运转和持续发展。因此,要通过人力资源管理的设计,为员工才能的充分发挥和个人发展目标的实现创造良好的条件,维持组织成员对组织的忠诚。

2. 考虑组织成员的特点和需求

人力资源管理最好的状态是,组织成员可以在组织内充分发挥自己的才能,实现自己的追求,并自觉积极地履行好岗位职责,主动为实现组织目标而努力工作。要想达到这种状态,在人力资源管理过程中需要考虑组织成员的才能特点、兴趣爱好和需求。

① 通过人力资源管理,使每个人的知识和能力得到公正的评价和运用。工作要求是否与自身能力相符,工作目标是否具有挑战性,工作内容是否符合兴趣爱好,是否"大材小用"使员工"怀才不遇",或"小材大用"使员工"不堪重负",这些因素与人们在工作中的积极、主动、热情程度有着极大的关系。

② 通过人力资源管理,使每个人的知识和能力得以不断发展和提高。知识与能力的提高,不仅可以满足人们较高层次的心理需求,也是组织成员得以不断晋升发展的基础。因此,在人力资源管理过程中,应使每个组织成员能看到这种机会和希望,从而稳定人心,满足组织成员的需求。

8.1.3 人力资源管理的内容

为了满足以上任务,根据斯蒂芬·罗宾斯和玛丽·库尔特在其著作《管理学》(第13版)中所述,组织为了使个体绩效和组织绩效都达到较高的水平,开展特定的人力资源管理活动以确保组织拥有高素质员工来完成必要的工作,这些活动构成了人力资源管理的一般内容,如图 8-1 所示。

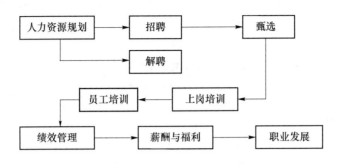

图 8-1 人力资源管理的一般内容

1. 人力资源规划

人力资源规划是为使企业稳定地拥有一定质量和必要数量的人力,实现包括个人利益在内的组织目标而拟订的一套措施,从而使人员需求量和人员拥有量之间在企业未来的发展过程中相互匹配。

在人员配备的过程中,首先要知道组织需要何种人员,各需要多少。为此,组织需要明确组织结构中的岗位设置情况,以组织设计中的岗位类型和岗位定编数为依据,明确组织需要什么样的人员以及每种岗位需要的人员数量。

由于组织是不断发展的,设置的岗位和岗位定编数也会随之发生变化。人力资源规划就是管理者为了确保在适当的时间,组织能够为所需要的岗位配备所需要的人员并使其有效地完成相应的岗位职责,而事先做好的计划工作。人力资源规划要把企业人力资源战略转化为中长期目标、计划和政策措施,确保企业在需要时能获得所需要的人力资源。

2. 招聘与甄选

按照人力资源规划的要求把优秀的、合适的人招聘进企业,把合适的人放在合适的岗位,就是招聘与甄选。通过岗位设计和分析得出组织中需要具备哪些素质的人,而为了获得符合岗位要求的人,就必须对组织内外的候选人进行筛选,以做出合适的选择。

招聘是指组织按照一定的程序和方法招募符合上岗要求的求职者,并从求职者中选择满足企业岗位要求的合适人选承担相应岗位职责的系列活动。求职者可能来自组织内部,也可能来自组织外部,不管求职者来自哪里,为了招聘到合适的人员,组织都需要依据相应的岗位要求对求职者进行素质评价和选择。

甄选是指依据既定的用人标准和岗位要求,对应聘者进行评价和选择,从而选择合格的上岗人员的活动。

通过招聘与甄选,组织可为相应的岗位配备合适的人员。如果把不合适的人员安排在相应的岗位上,不论对个人还是对组织,都会带来灾难性的后果,因此一定要谨慎、认真、细致地进行人员配备。

【案例】

人才的招聘

某企业集团处于快速发展时期,急需高素质人才加盟,通过优秀人才的加入推动企业的快速发展。因此集团要求引进中高级管理人才。人力资源部门和多家猎头公司签订了合作协议,开始了大张旗鼓的招募选拔。该公司的招聘流程是:猎头公司推荐候选人,候选人资料经人力资源部经理筛选后交总经理审阅并由其决定是否面谈,决定面谈后人力资源部和候选人协调时间来公司面谈。

  启示:该公司没有制订科学的甄选流程,对简历的筛选没有标准,简单、随意,没有科学地建立评估体系;此外,对候选人的面试也非常随意,没有科学的甄选体系。

3. 培训与开发

  人的发展是一个过程。组织成员在明天的工作中表现的技术和能力需要在今天培训;组织发展所需的干部现在就要开始培养。因此,培训与开发是人力资源管理的一项重要内容。

  组织通过学习、训导等手段,提高员工的工作能力、知识水平,激发员工潜能,最大限度地使员工的个人素质与工作需求相匹配,进而提高员工的工作绩效,这就是培训。

  培训是组织开发现有的人力资源、提高员工的素质和同化外来人员的基本途径。组织为员工提供学习机会,使其看到在组织中的发展前途,这是组织维持员工对组织忠诚的一个重要方面。因此培训的最终目的既是适应组织发展的需要,也是实现员工个人的充分发展。

4. 考核与绩效管理

  为了留住那些胜任的高绩效员工,也为了了解现有员工是否仍然适应岗位要求,需要通过考核对组织现有的人力资源质量做出评估。对员工在一定时间内的贡献和工作绩效进行考核与评价,及时做出反馈,以便提高和改善员工的工作绩效,这就是绩效管理。科学的考核和有效的绩效管理有助于对现职人员的工作情况做出客观的评估,从而为员工改进工作提供指导,为培训、晋升、计酬等人事决策提供客观依据。

  不断地培训和考核不仅为组织获得合适的人员提供了保障,而且促使员工随着组织的发展不断成长,同时在此基础上衍生出薪酬与福利、员工职业发展等方面的管理内容,从而始终保持人与事的动态最佳组合,最终达到组织发展和员工成长的双重目的。

8.1.4 人力资源管理的原则

  为了实现使合适的人在正确的时间处在正确的岗位上做适合的事,人力资源管理过程需要遵循一定的原则。

1. 因事择人、适应发展的原则

  组织中配备一定数量人员的目的在于希望其能够做好组织所分配的任务,从而为实现组织目标做出应有的贡献。为此,组织在人员配备的过程中,根据工作需要配备具备相应知识和能力的人员,因事择人是人力资源管理过程中选人的首要原则。

  同时,为了适应组织发展需要,在岗位设置和人员配备的过程中,要留有一定的余地。不能仅根据组织目前的需要配备人员,防止当组织发展需要员工履行更多的职责或进一步提高技能时,现有的员工难以胜任或提高,从而减缓组织发展的步伐。在人员配备的过程中,要做好人力资源储备,配备一定的培养性人员,或在配备某些岗位的人员时给其留出一

定的学习和培训时间。

2. 因材器使、客观公正的原则

因材器使就是要求在人员配备的过程中,根据一个人的特长和兴趣爱好来为其分配适合的工作,以最大限度地发挥其才能和调动其积极性。从员工的角度考虑,只有根据不同员工的特点来安排工作,才能使员工的潜能得到最大限度的发挥,使员工的工作热情得到最大限度的激发。因此,要根据不同员工的兴趣爱好和才能结构,为其分配合适的工作内容,在条件允许的情况下,尽可能地把一个人所从事的工作与其兴趣爱好、能力特长结合起来。

客观公正原则要求在人员配备的过程中,明确表明组织的用人理念,为人们提供平等的就业、上岗和培训机会,对素质能力和工作绩效进行客观的评价,最大限度地获得社会和员工的理解与支持。

3. 合理匹配、动态平衡的原则

合理匹配是指人员配备除了要根据各个岗位的职责要求配备相应的符合岗位素质要求的人员以外,还要合理配置同一部门中不同岗位和层次的人员,以保证同一部门中的人员能协调一致地开展工作,充分发挥群体的功能。此过程一方面要考虑能级问题,即从纵向角度考虑人员配置,形成一个合理的能级,另一方面要考虑互补问题,即从横向角度考虑人员配置,尽可能使同一层次的人员相互之间的能力互补。

组织在不断地发展变化,工作中员工能力和知识的适应性以及组织对员工素质的认识也在不断地发展变化,因此,人与事的配合需要不断地调整。动态平衡原则要求组织根据组织和员工的变化,对人与事的匹配进行动态调整。补充组织发展所需要的人员,辞退多余的或难以适应组织发展需要的人员;将能力较强并得到充分证实的员工提拔到更高层次、需要承担更多责任的岗位上去;对能力平平、不符合岗位要求的员工进行轮岗或培训,使其有机会从事力所能及的工作。通过人与事的动态平衡,使绝大多数员工能够得到合理配置,实现组织目标所需要开展的工作由合适的员工来承担。

【小节案例】

丰业银行的离职难题

多伦多的丰业银行是加拿大第三大银行,在全球范围内提供小额存放业务、公司业务、投资等服务。丰业银行在本国内有 950 多个分支机构,在其他国家有 775 个办事处。虽然丰业银行的员工数量超过了 5 万,但是其总裁兼 CEO 里克·沃(Rick Waugh)担心在接下来的 5~10 年会有大量员工离职。他预计在那段时间中,公司一半的高级经理人,包括副总裁和其他高层管理者,将会退休。

管理人力资源以使组织在适当的时间、适当的地点具备适当的人选常被认为是人力资源管理的一个重要作用。但是,沃认为那还不够。正如他在加拿大国家领导人峰会的商务会议委员会上告诉与会者:"高层管理者应当承担起发展领导的责任,虽然人力资源能够也确实在促进这一过程中起了重要的作用,但是这应由当前的领导者来完成。"

沃想使丰业银行员工的全部潜能都得到利用。例如,虽然丰业银行管理层的员工中女性占50%,但是在决策层中女性少得多。沃与高级经理人合作,确保更具胜任力的女性获得进入高层管理的机会。

资料来源:罗宾斯,库尔特.管理学[M].14版.北京:清华大学出版社,2021.

思考:如果你处于里克·沃的地位,你能怎么做以确保丰业银行:1.拥有高素质的员工;2.当其他人退休时,有足够的人选来填补重要的管理职位?

8.2 人力资源规划

人力资源的有效利用首先依赖于科学的人力资源规划。人力资源规划又称人事计划,是管理者在适当的时间,为适当的岗位获取适当数量的合格任职人员的过程。从另一个角度讲,人力资源规划是一个组织内部人员(组织现有员工)和外部人员(组织即将雇用或招聘的人员)的供给量与组织在一定时期预期拥有的岗位空缺数相匹配的系统。人力资源规划是一种将人力资源管理与组织宏观战略相结合,并最终实现组织目标的途径。

8.2.1 人力资源规划的重要性

科学的人力资源规划使组织能够对未来的人力资源供求关系做出预测,有利于充分利用现有的人力资源和对未来的人力资源进行合理配置,其在人力资源管理的整个过程中起到重要的基础作用。

1. 可以避免职业的盲目转移

职业转移(或称劳动转移)是社会生产发展的必然结果。以美国为例,20世纪50年代,美国65%的劳动力在工业部门工作,到20世纪80年代已减少到13%,而从事服务业工作的则占75%。由于新技术的采用,许多原有的职业被淘汰,新的职业大量出现,"白领"人员比例越来越大。20世纪初,美国"白领"人数占熟练劳动力的17.6%,而到1981年已增长到52.7%。在这种情况下,如果不对人力资源进行规划,势必导致盲目性,酿成恶果。

2. 便于改变人员分配不合理的状态

人力资源规划着眼于发掘人力资源的潜力,其改善方案不受现有状况的约束,视野开阔,谋求人员结构和人员素质的优化,旨在改变人员分配上的浪费和低效现象。

3. 为组织的发展提供人才保障

人力资源规划不仅要研究现有人力结构和劳动力在原有规模上的更新,还要分析、预测组织未来的发展(生产能力的更新和扩大,经营范围和手段的拓展)对人才结构的影响,以及社会人才市场供需关系的发展趋势,以便可以及时地引进所需人才,调整人员结构,保证组织发展。

4. 有利于促进人力资源的开发

人力资源规划的制订过程是一个发动群众、集思广益的过程,有利于使本单位各级管理人员透彻地了解人力资源开发上存在的问题、努力的目标以及相应的政策程序与方法,从而更积极、更自觉地为挖掘人力资源的潜力、提高人员素质而努力工作。

8.2.2 人力资源规划的流程

人力资源规划的流程涉及三个方面:评价现有的人力资源配备情况;根据组织发展战略预估将来所需要的人力资源;制订满足未来人力资源需要的行动方案。通过人力资源规划可以明确为了实现组织发展目标,在什么时候需要哪些人员、各需要多少,从而为人员的选配和培养奠定基础。

1. 评价现有的人力资源配备情况

在进行人力资源规划之前,提出的第一个基本问题是:我们的现状如何?即需要对现有的人力资源状况进行考察。对现有人力资源的评价一般通过内部调查的方式进行。在回答这个问题时,经常要用到岗位分析和技能储备库。

岗位分析是指通过调查研究,确定与某一特定岗位性质相关的基本信息的过程。岗位分析的结果包括工作说明书和工作规范。工作说明书一般是描述工作内容、工作环境和工作条件的书面声明。工作规范是指任职者成功开展某项工作所必须拥有的最低任职资格,它确定了成功完成某项工作所必需的能力、技术、个性或品质。

技能储备库是有关组织当前人力资源的汇总信息,它包含组织内员工的基本信息以及对员工的全面描述。通过对技能储备库的分析,组织能够评估其当前的人力资源质量和数量情况。技能储备库中的信息通常包括七大类:个人简介,如年龄、性别、婚姻状况等;个人技能,如教育程度、工作经验、培训经历等;特殊能力资格证明,如专业社团成员、特殊成就等;薪酬和工作经历,如现有薪酬、以往薪酬、提薪日期、担任过哪些职位等;公司资料,如盈利计划数据、退休信息、资历等;个人才能,如测试得分、文艺才能、体育才能、其他才能等;个人特别偏好,如工作地点偏好或工作偏好等。

通过以上手段,组织通常可以收集到人员统计信息、工作岗位信息和组织发展信息,通过这些信息对组织现有的人力资源状况进行评价,也为接下来进行人力资源需求预测提供重要参考。

2. 评估未来的人力资源需求

未来的人力资源需求评估是指根据组织的发展目标和战略,对未来一段时间内各类人员的需求情况所做的预测。这也是回答人力资源规划过程中的第二个问题:组织要向哪儿发展?

评估未来的人力资源需求时,首先应全面而综合地分析决定或影响未来人力资源需求的各个因素。一般地,影响未来人力资源需求的因素有以下几个方面。

① 组织的发展目标。任何组织都会制订新的发展目标和规划,如扩大组织产品数量和种类、提高劳动生产率、进入新的领域等,这些发展目标的确立,意味着未来的人力资源需求将发生相应的变化。

② 员工变动。员工队伍总是处于不断变动之中,除了内部晋升、调动之外,还存在着由退休、辞职、解雇而产生的员工数量减少。当这种正常的员工数量减少累积到一定程度时,即使不考虑组织的发展,单纯为维持组织运作现状也需要补充新员工。

③ 其他方面的因素。除上述两方面因素外,其他如劳动力成本的高低、部门的增减、管

理现代化程度、生产自动化程度等,也会不同程度地影响人力资源需求的变化。

在进行人力资源需求预测时,总体上有两种方法:一种是从整体到局部的方法,即先预测整个组织总的人力资源需求,然后再分别确定各类及各部门的人力资源需求;另一种是从局部到整体的方法,即先分别预测各类及各部门的人力资源需求,在此基础上确定整个组织的人力资源需求。

3. 制订相应的人力资源规划

在对现有人力资源状况和未来人力资源需求做出相应的评估后,就可以测算出人力资源现在和未来在数量和结构方面的短缺程度,并估计组织中人员匹配不足或过剩的岗位。将这些与对未来人力资源的可获得推测结合起来,就可以着手制订人力资源规划。

人力资源规划涉及组织内人力资源供求配置的诸多方面,人力资源总体规划一般包括以下几方面。

(1) 人力资源补充计划

在组织发展过程中,由于退休、辞职、解雇等常规人事变动,某些岗位会出现空缺,同时,随着组织规模的扩大和事业的发展,往往会增设岗位,或需要增加人力资源数量。人力资源补充计划就是以人力资源供求预测为基础,对未来一段时期内所需要补充的人力资源的类别、数量及补充渠道等做出预先安排的计划。

(2) 人力资源调配计划

随着组织的发展和员工素质的变化,员工与岗位间的适配程度也会发生相应的变化,为此,组织往往通过员工内部流动的方式实现员工的技能与岗位要求之间的动态平衡。组织内部人力资源的流动一般分为两种方式:一是垂直流动,即在不同职务层级之间流动,通常表现为晋升或降级;二是水平流动,即在同一级的不同岗位之间流动,通常称为轮岗或换岗。人力资源调配计划就是为了适应组织变化和发展需求,根据对现有员工素质的评价,通过调整和调动的方式,对现有人力资源配置进行合理调整的计划。

(3) 人力资源开发计划

人力资源是一种可再生的资源,通过对人力资源的开发,可以使之产生新的技能或获得更高的技能。人力资源开发的主要途径是培训,组织通过有计划、有步骤地对现有员工进行分门别类的培训,培养出组织发展所需要的合格人才。人力资源开发计划就是根据组织发展的需要,就培训对象、培训目标、培训内容、培训方式和培训时间等进行事先设计,以期通过培训获得组织发展所需的各类人才的计划。

(4) 员工职业发展规划

员工职业发展规划是指组织对员工的职业生涯所做的计划安排。为了保有组织发展所需要的各类人员,组织应该表明随着组织的发展和员工的成长,各类员工可在组织中获得怎样的职业发展空间。为此,就需要根据组织发展战略和目标明确各类岗位员工的职业发展规划。

人力资源规划通常由组织中的人力资源管理部门或计划管理部门负责组织制订,但因人力资源规划涉及业务活动和财务问题,所以应有业务部门和相关部门的人员参与制订。规划的期限长短一般与组织发展规划的期限相同。

【小节案例】

信达公司的人力资源计划

董事长赖先生把信达公司的人力资源哲学阐述为:"影响人的思想,将人力资源责任交给一线。"信达公司的人力资源行动纲领的焦点是对员工的承诺,它承诺公司要为员工创造良好的工作环境并提供培训机会。这种承诺最终将有助于形成该公司在航空快运业的全球领导地位。

信达公司的企业文化非常强调团队精神,公司的人力资源计划过程就是一个团队协作的过程。这个过程涉及各个部门,高级主管和经理们也参与进来了。该公司既强调全面化,也强调专业化,每个经理既要是他所在领域的专家,又要了解其他部门在做什么。因此,经理们就能从公司整体来考虑问题而不是只看到自己的部门。该公司的另一特色文化是公司管理层的分权化和本土化,管理层对下属只给予指导而不发布指令,各国的子公司可以自行制订战略计划,这使得子公司能对本地市场做出非常迅速的反应。这种做法与公司的全球化行动纲领是一致的:"在一个集中化管理的网络中的专业组织,既要跟整个组织协同工作,又要保持本地化的首创精神和及时做出适合当地特点的决策。"

信达公司人力资源计划的实践过程第一阶段的目标是周密而全面。

首先,信达公司责成市场部以市场经济状况为基础,根据历史因素、总部战略、市场调查等情况向公司提出企业战略;再把整理好的企业战略文本提交给由不同职能经理组成的高级管理小组;然后,由这些不同职能的经理们共同讨论这个企业战略将会对各部门的职能产生何种影响。这是初级阶段。

其次,经过激烈讨论后,紧接着就是一场持续两天的管理层会议。该会议对企业战略中10个左右的关键性方面进行讨论,这10个左右的关键性方面是由公司总部筛选并精练出来的,各地子公司在制订自己的战略计划时都要以此为工作指南,而与会的各个经理则都要熟知其中的每一个方面,并再次讨论这些问题对本部门运作的影响。这是复论阶段。

为充分对计划的各部分进行周密而全面的讨论,两天的复论会议由各个部门经理轮流主持,尤其是当讨论到某个方面而这个方面又对某部门影响最大时,该部门则主动来主持讨论。

为充分对计划的各细节进行周密而全面的讨论,信达公司总经理在会议前就与人力资源部一起对会议的风格、议程进行了详细的讨论,对人力资源部的会前准备工作予以全力支持,并指定两天的复论会议由人力资源部组织。

为充分对计划的有效性进行周密而全面的讨论,人力资源部对与会者提出了"开放""引起讨论""即使你可能不是专家,也要敢于发表意见"等会议准则,使会议得以达到预期效果。

信达公司人力资源计划的实践过程第二阶段的目标是专业而严谨。

信达公司在制订人力资源计划前,成立了一系列的专门小组会议。专门小组会议的核心成员包括总经理、人力资源主管、人事经理、培训与发展经理、财务与行政主管以及首席会计经理,这些成员都是各个方面的专家,能够以己之长为组织把握好自己主管的专业领域在人力资源计划中的实践。

信达公司要求各部门经理向专门小组汇报公司的详细情况,同时信达公司在制订各部门的人力资源计划时,还要求各部门经理都须按照一套严谨的格式列出问题。

另一个严谨之处就是将讨论并修改的最终结果制作成文件,并由人力资源部存档。这个经过共同讨论所通过的计划就是以周密、全面、严谨的方式成为下一阶段各部门制订行动计划的基础。

当进入人力资源计划的第三阶段时,就是各部门参与、全员行动。

资料来源:赵效.青年职业规划[M].北京:经济管理出版社,2005.

思考:信达公司是如何做到科学、详尽的人力资源规划的?

8.3 人员的招聘与甄选

人力资源招聘包括为空缺岗位寻找和吸引合格的、可供选择的候选人。组织要预测人力资源的需求量与组织内部可用人才的储备量之间的差距,这决定了组织需要招聘的人数。做出招聘决策后,组织就必须对人力资源的供给来源进行研究。

人力资源甄选过程是指从那些最有可能胜任某个职位的人员当中做选择。该过程有赖于完善的人力资源计划和招聘工作。只有当可得的合格候选者数量足够时,甄选过程才能有效地发挥作用。

人员的招聘与甄选过程(如图8-2所示)一般可以归结为三个阶段,具体包括招聘计划的制订、招聘途径的选择以及甄选。

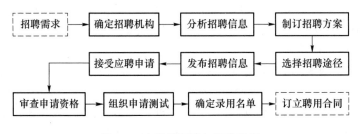

图 8-2 人员的招聘与甄选过程

8.3.1 招聘计划的制订

招聘过程从计划开始。招聘计划主要做好以下三项准备性工作。

1. 确定招聘机构

明确招聘需求后,首先要确定负责筹划并实施招聘活动的责任机构。对于小型组织而言,由于所需招聘的人员数量少、工作量小,招聘任务一般由人事部门或负责人事工作的人员负责,不需要另设专门机构。对于大型组织来说,由于每次招聘的人员数量较多,而且类别各异,并涉及若干部门,招聘过程较为复杂,因此,往往需要成立临时性的专门招聘小组负责招聘工作。招聘小组通常由分管人事工作的领导、人事部门专门负责招聘工作的人员以及人员需求部门代表组成。

2. 分析招聘信息

招聘责任部门或负责招聘的人员明确以后,根据组织的人力资源补充计划,分析组织现有人力资源的使用状况和外部劳动力市场的供求状况,了解组织所需要的人员能否从组织内部调配、可以从外部哪里获取以及各类人员在市场上的稀缺程度等,同时要了解本次招聘所需要的成本开支,包括招聘人员的工作日、广告费、场租费等,为以后制订招聘方案、明确招聘途径和招聘宣传重点奠定基础。

3. 制订招聘方案

在信息分析的基础上,着手制订招聘方案。一般而言,招聘方案包括以下内容:需要招聘的岗位和数量,各岗位人员的录用条件,招募的区域范围和招聘起止时间,招聘的程序安排及各阶段的时间安排,招募促进措施,招聘测试方法及内容,各项工作的责任人,招聘的费用开支预算等。招聘方案是指导各实施阶段和环节的依据,需精心设计。

8.3.2 招聘途径的选择

人力选聘有两种途径:一种途径是从组织内部征召;另一种途径是从组织外部招聘。组织选聘者应将职位分类和编制与人员选聘途径相联系,判定高素质人员的来源,从而根据组织发展的需要,选择合适的人员。

1. 内部征召

内部征召是从组织内部挑选适合的人员加以聘用。具体有内部提升、内部职位转换两种形式。内部征召通常采用职位公告和职位投标的做法。职位公告即在本单位的布告栏中张贴招聘启事,动员符合条件的本单位人员应聘。职位投标是指允许那些自认为具备资格的员工申请公告职位的自荐过程。

内部征召的优点主要有:能为组织内现有人员提供变换工作或晋升的机会,有助于丰富组织成员的工作经验,提高组织现有人员的士气,调动内部成员的工作积极性,促使有发展潜力的员工更积极自觉地工作,从而更好地维持组织成员对组织的忠诚;由于应聘者是组织内部人员,对组织的基本情况非常熟悉,因此能够比较快地胜任新的工作;内部征召费用较低,手续简便,加上候选人都是在本组织中已经工作若干时间的员工,组织管理者对其能力和素质、优点和缺点等情况很熟悉,这有助于降低招聘成本和提高选聘的正确性。

内部征召的缺点主要有:组织内部所能提供的人员有限,且不会增加组织在职人员的总人数,招募后的空缺岗位仍需要补充;组织成员习惯了组织内长期积累的行为方式,创新意识不强,容易造成自我封闭;组织内部人员的竞争可能会造成内部人员之间关系紧张,如可能会打击到落选者的积极性,使其产生不满情绪,从而不利于被选拔者开展工作。

因此,内部征召一般适用于招募少量空缺岗位人员且组织中存在较多的冗员或组织成员希望获得换岗机会的情况。在进行内部征召时,为了防止不公,可采取事先公开申请资格、事中公平公开竞争、事后公示征求意见的方式。

2. 外部招聘

外部招聘就是根据组织制定的标准和程序从组织外部选拔符合空缺职位要求的员工。外部招聘的渠道很多,常见的外部招聘途径包括广告招聘、校园招聘、劳动力市场招聘、职业介绍机构招聘(如人才网、猎头公司等)、员工或关联人员推荐、直接申请等。

外部招聘的优点主要有:扩大了选择的范围,有较广泛的人才来源,有利于获得组织所需的一流人才;覆盖面广,有利于提高组织的知名度;可以吸收外部的"新鲜血液",为组织发展注入新的活力,防止组织的僵化和停滞;有利于平息和缓和内部竞争者之间的紧张关系,避免组织内未能升迁的人员积极性受挫,避免造成因嫉妒心理而引起的情绪不快和组织成员之间的不团结。

外部招聘的缺点主要有:对组织内部那些希望得到这一工作的人来说,这是一个较为沉重的打击,会影响他们的积极性和士气;外聘人员与现有员工之间缺乏相互了解,初期会出现沟通和配合困难的问题,工作适应时间较长;组织对来自外部的应聘者不了解,容易导致选人失当。

两种招聘途径各有优劣,现代组织往往把内部征召和外部招聘结合起来,也有很多组织往往先进行内部征召,在内部征召无法获得合适人员的情况下,再从组织外部招聘。

8.3.3 甄选方法与程序

甄选就是依据岗位上岗素质要求对应聘者进行评价和选择,从中选出能够胜任该岗位的人员。任何一项甄选决策都会导致四种可能的结果,如图8-3所示。甄选活动的最终目的在于,减少做出错误拒绝和错误录用的可能性,提高做出正确决策的概率。

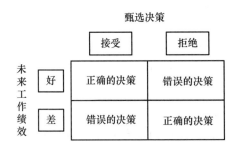

图8-3 甄选决策的结果

1. 甄选方法

管理者可采用各种甄选方法来减少错误决策的发生。常用方法包括:应聘者申请表分析、资格审查、面试、测试、体格检查等。

① 申请表分析。通过对申请表中与经历相关的、客观可证实的资料进行加权评分,评价应聘者是否符合岗位要求。应聘者填写完包含各项任职要求的申请表后,招聘单位可根据评分标准计算出每一位申请者的总分数,以此作为评判应聘者优劣的依据。

② 资格审查(履历调查)。资格审查是对求职者是否符合职位基本要求的一种审查。通过对申请资料中所填写的"事实"进行分析和核实,为录用决策提供依据。在进行资格审查时,主要从两方面对应聘者做出判断:一是应聘者是否符合所招聘岗位的基本任职条件,如年龄、学历、专业要求等;二是通过分析和调查,确定应聘者在申请资料中所提供的个人信息是否真实,如通过上网查询或向其毕业学校调查来确定其文凭的真实性等。

③ 面试。面试是双向选择的一种重要手段。由于人员资格审查不能反映应聘者的全部信息,因此组织无法对应聘者进行深层次的了解,个人也无法得到关于组织更为全面的信息。通过面试,组织和个人能够得到所需的信息,以便组织进行录用决策,以便个人选择是否加入组织。

④ 测试。测试也称测评,是在面试的基础上进一步了解应聘者的一种手段。测试可以减弱面试过程中主考官的主观因素对面试结果的干扰,增加应聘者竞争的公平性。测试还可以验证应聘者的能力与潜力,有助于剔除应聘者资料和面试中的一些"伪信息",提高录用决策的正确性。测试分为心理测试与智能测试。心理测试主要包括职业能力的倾向性测试、个性测试、价值观测试、职业兴趣测试和情商测试等。智能测试主要用于对应聘者的智

力、技能和专业知识进行测试。

⑤ 体格检查。对应聘者的健康状况进行常规性检查,以确定应聘者是否具备相应的身体条件。体格检查有助于组织事先了解应聘者的健康状况,以有效控制健康保险支出。

无论采用何种甄选方法,组织都必须事先对所采用的甄选方法做效度与信度评价。所谓效度,是指测试内容与岗位工作绩效之间的相关程度,测试成绩的高低应能反映被测试者实际能力水平的高低,测试得分与应聘者以后的工作绩效呈正相关关系。所谓信度,是指该种手段对同一事物能够做出稳定的、持续一致的测量的程度。如果你在一台体重秤上测量你的体重,每次测量结果都不一样,就说明体重秤本身缺乏信度,在这种情况下,测量结果也就说明不了什么。因此,要使甄选方法有效,就必须使其能够保持一定的一致性。

当前,一种新的测量标准——"岗位填补质量"在企业中越来越流行,它有助于帮助组织评估自身的甄选流程是否行之有效。这种测量主要考察了优秀新员工与没有发挥自身潜能的新员工所做的贡献,主要考虑五项关键因素:员工任期、绩效评估、在第一年工作期就进入了高潜能培训计划的新员工数量、得到提升的新员工数量以及新员工所表现的特征。

2. 甄选的一般程序

为保证最终人员符合岗位要求,保证员工甄选工作的有效性和可行性,组织一般会按照一定的程序,同时引入竞争机制来开展甄选工作。一般情况下,员工甄选程序分为以下几个步骤。

① 初选。在获得应聘者的申请资料以后,招聘小组一般要先进行初步筛选。应聘者的数量可能较多,出于成本等方面的考虑,组织不可能对每一个应聘者进行详细的研究和认识,或者应聘者比较盲目,应聘了其根本不符合要求的岗位。不论是何种情况,都需要招聘小组进行初步筛选。初步筛选一般采用申请表分析和资格审查方法,必要时也可与应聘者进行简短的会面、交谈,淘汰那些不能达到岗位任职基本条件的应聘者。初选工作的主要任务是从合格的应聘者中选出可以进一步参加考核的人员。

② 知识和能力的考核。在初选基础上,对应聘者进行材料审查和背景调查,并在确认之后进行细致的测试和评估。一般采用笔试和面试的方法进行。

笔试主要是对应聘者进行书面测试,包括:智力与知识测试,个性和兴趣测试。智力测试是通过应聘者对某些问题的回答来测试其思维能力、记忆能力、观察复杂事物的能力、思维灵活性和分析归纳能力等,是评价个人基本行为能力的常用方法。知识测试是通过应聘者对卷面试题的解答来考察其掌握知识的程度,侧重于了解应聘者掌握应聘岗位所需的基本知识和专业知识的程度、知识广博的程度及深度。个性和兴趣测试主要通过各种量表,测试一个人的心理和行为特征、兴趣方向及兴趣顺序、对工作及特征的价值取向等。通过对应聘者上述各方面的测试,可对应聘者适合岗位要求的程度做进一步的客观评价。

面试主要通过面对面的接触来进一步了解应聘者各方面的情况。面试按提问的技术方法可分为结构化面试、非结构化面试和混合式面试;按参加面试人数的多少可分为个别面试和集体面试。除此之外,面试中也常采用竞聘演讲与答辩、案例分析等方式。

③ 选定录用员工。在完成上述工作的基础上,利用加权的方法得出应聘者知识、智力和能力等各方面的综合得分,并根据岗位的类型和具体要求决定取舍。对于决定录用的人员,一般还要根据工作的实际要求与聘用者再做一次双向选择,最终决定选用与否。

④ 评价和反馈招聘效果。在整个甄选过程的最后,还要对整个工作过程进行全面检查

和评价,并对录用的员工进行追踪分析,一般录用者开始都有一段试用期。通过对录用者的工作绩效进行评价来检查招聘工作的成效,总结招聘过程中存在的问题,及时反馈到有关部门,以便之后改进和修正。

8.3.4 解聘

解聘也是一种控制员工供给的手段。在人力资源规划过程中发现组织存在冗员,组织面临结构性收缩要求或者员工存在违反组织政策的行为时,组织应当裁减一定的员工,这种行为就是解聘。解聘的方式有多种,表 8-1 展示了几种主要的解聘方案。

表 8-1　几种主要的解聘方案

方案	说明
解雇	永久性、非自愿地终止合同
临时解雇	临时性、非自愿地终止合同;可能持续若干天,也可能延续几年
自然减员	对自愿辞职或正常退休所腾出的职位空缺不予填补
调职	员工的横向或向下调换岗位,通常不会降低成本,但可以缓解组织内的劳动力供求不平衡
缩短工作周	让员工每周少工作一些时间,或进行工作分担,或以兼职身份做这些工作
提前退休	为年龄大、资历深的员工提供激励,使其在正常退休期限前退休
工作分享	让几个员工共享一份全职工作

【小节案例】

上海达生的人员选拔标准

上海达生进出口有限公司(以下简称"达生公司")是一家综合性外贸公司。上海对外贸易大学的赵明和孙丽两名硕士研究生到达生公司采编管理方面的案例,他们和公司总经理张强谈起了公司管理方面的情况。

"张总,达生公司在短短的五年时间中,就在外贸行业中脱颖而出,人事部门在选拔干部方面的工作压力是否很大呢?他们是否有一套具体的人员选拔标准呢?"赵明问道。

"在中层管理人员的招聘上他们没有这个权力。这么重要的岗位要求应聘者具有相当的专业技能和经验。尤其是在外贸这一行,它独特的业务运作流程和复杂的社会交际网络,这些都完全超出了人事部门的能力范围,我并没有将这项工作交给他们去办。"

"这么说,一直是您在把着招聘部门经理这道关了?"孙丽问道。

"是的,依我的经验和直觉,这道关是一定要由我来把的,而且运作下来的情况证明还不错。我们部门中层经理级人员的流动率在同行中是相对较低的,他们的业绩也都遥遥领先,我相信自己的眼光。"张总颇有自信。

"您又是通过什么特殊方法来把关的呢?"赵明更关注张总依据什么来把这道关。

"谈不上特殊的方法,在我看来人在充分放松的情况下才能正常发挥,所以我不赞同很严肃正式的面试。交谈是最常用的方式,我通常和应聘者的谈话都是在非常放松的氛围中进行的,就像是朋友的聊天那样,我相信人在无意间显露出来的正是真实的特质。这样他的交流沟通能力、过去的经验以及对管理的一些理念甚至个人的品质方面都能从交谈中发掘出来。"张总对自己的这套模式还是很有信心的。

"这么说,这是看似轻松,其实暗藏着不轻松,甚至比正式考核更加难以应对了!"孙丽说道。

"是的,通常无形的内容比有形的更难测评。有形的比如学历、资格证书等谁都可以直接来评价,但综合素质这方面就只有靠多年积累的资历和经验来判断了,当然如果能有一套方法来更加科学地进行评判,我就可以从这个任务中解放出来了。"

资料来源:徐波.管理学案例集[M].上海:上海人民出版社,2004.

思考:如何评价张强总经理在人才招聘方面的理念和方法?

8.4 员工的培训

培训是组织开发现有人力资源和提高员工素质以适应组织发展要求的基本途径,是现代组织人员配备职能的重要组成部分。适应外部环境变化的能力是组织具有生命力与否的重要标志。要增强组织的应变能力,关键是要不断提高人员素质,不断培训、开发人力资源,组织通过培训与开发的手段,掌握用人的原则,推动组织发展,帮助每一位组织成员很好地确定各自的职业发展道路。因此,培训是组织人力资源管理中的一项重要工作。

8.4.1 培训的目标

人员培训是指组织为适应业务发展和人才培育的需要,对员工进行有计划、有针对性的培养和训练,使之提高与工作相关的知识、技能、态度等素质,以适应岗位工作和新的要求,更能胜任现职工作或将来能担任更重要的职务。培训的最终目的是实现组织和员工的共同成长。培训不仅要从工作出发,保证组织目标的实现,还要能满足员工成长发展和组织发展的需要。培训在组织发展和人力资源管理中具体实现以下几方面的目标。

1. 促进员工知识与技能的提高,使其适应岗位工作要求

员工虽然经过甄选各环节进入岗位中,但并非所有员工都具备岗位工作要求的具体能力。要使员工发挥潜能、胜任岗位工作,就必须对其进行培训。同时,现代科学技术发展迅速,知识更新很快,在这种情况下,只有不断地对员工进行培训,更新其知识和技能,才能使他们不断适应岗位工作的新要求。

2. 满足员工自我成长的需要,稳定员工队伍

培训是实现员工自我发展目标的一种基本途径,根据组织及员工个人的不同需求而设计的培训,能在一定程度上满足员工的职业志趣,增长其知识和才干,并为其日后晋升发展和提高工资报酬奠定基础,进而有助于其在职业生涯中逐步实现自我价值。现代的培训执行的是组织与个人双赢的理念,即组织在谋求整体利益、追求最佳绩效的同时,把员工个人的成长、员工自身人力资本的增值和员工个人的职业发展放在重要的位置。由于培训提供了个人发展的机会,增强了员工在职业方面的安全感,因此有助于维持员工对组织的忠诚,增强员工队伍的稳定性。

3. 有助于统一思想,强化组织成员对组织价值观的认同

培训的另一个重要目的是使具有不同价值观、信念,不同工作作风及习惯的人,按照时代及企业经营的要求,进行文化养成教育,以便形成统一、和谐的工作集体。每个组织都有自己的文化、价值观念、行为准则,员工只有了解并接受本组织的文化理念,才能在其中有效地工作。为此,就需要对员工,特别是对新进员工进行培训,以使其更新观念、转换态度,了解并接受组织价值观念,按组织的主张和行为要求开展工作,这不仅可以提高组织的整体工作绩效,还可以提高员工的劳动生产率,改善人们的工作及生活质量。要提高企业竞争力,企业一定要重视教育培训和文化建设,充分发挥由此铸就的企业精神的巨大作用。

8.4.2 培训的类型

培训的类型多种多样,按照不同标准可以有多种划分。按照培训目的可以分为任职前培训、适应性培训、转换工作培训、晋升职务培训;按照培训对象可以分为普通员工培训、专业人员培训、技术人员培训、管理人员培训;按照培训内容还可以分为专业知识培训、操作技能培训、文化知识培训、组织文化培训。总体来说,不管是一般业务人员还是管理人员,都可以从以下几个角度对培训进行划分。

1. 岗前培训

岗前培训是指对新录用人员在正式上岗之前所进行的培训,也称为职前引导。岗前培训的目的在于减少新来人员在新的工作开始之前的担忧和焦虑,使他们尽快地熟悉所从事的本职工作以及组织的基本情况,对组织有一个理性的认识,了解组织文化,并初步掌握岗位知识和技能,以便能较快地融入组织并胜任岗位。岗前培训的内容一般包括:组织的历史、现状和发展目标,组织文化、职业道德和规章制度教育,岗位知识和技能。

2. 在岗培训

在岗培训是指为使现职人员适应工作要求而进行的培训。在岗培训的内容和目的主要包括:按照岗位职责和任职要求进行知识和技能培训,使工作行为和自身素质不符合工作要求者能胜任工作;给员工传输新知识、新技能、新方法和新观念,以使其适应工作岗位的新要求;进行相关岗位技能和知识培训,为员工今后的发展奠定基础。在岗培训的两种常见培训方式是工作轮换和实习。所谓工作轮换是指员工在横向层级上从事不同的工作岗位,其目的是让员工学习多种工作技术,使他们对各种工作之间的依存性和整个组织的活动有更深刻的体验和更开阔的视野。实习是让新员工向优秀老员工学习,以提升自己的知识与技能的一种培训方式。在生产和技术领域,这种培训方式通常称为学徒制度,而在商务领域,则称为实习制度。

3. 转岗培训

转岗培训不同于工作轮换,是对需要转换岗位工种或职业的人员所进行的定向培训。转换工作是人力资源调配过程中的必然现象,在组织发展中,有一部分新的人力资源需要由组织内部现有人员来补充,这就需要对这部分人进行培训以使其适应新的工作岗位的要求。转岗培训以新的工作岗位所需要的知识和技能为主,目的是使员工能尽快适应新岗位的要求。转岗培训可采用"跟岗培训"或脱产培训方式。

4. 升职培训

升职培训是指对计划晋升职务的人员所进行的专项培训。其目的是使晋升者提高工作能力,开阔视野,转换角色,以适应新职务的要求。升职培训的内容根据晋升者所晋升职务的高低及所需素质分层次设计。培训方式可采取脱产集中学习或在所晋升的职务层级以助理等形式进行不脱产培训。

8.4.3 培训的方式

国内外企业在培训实践中形成了多种培训方式。常用的培训方式有学徒制培训、工作指导培训、工作轮换、挂职锻炼、自学、内训、脱产培训和出外考察等。通常按照受训人员在培训期间是否脱离工作,可把各种培训方式归并为不脱产的在职培训和脱产的脱产培训两大类。

1. 在职培训方式

在职培训的特点是,培训在真实的工作环境和工作条件下进行,培训贯穿于实际工作之中,并可由经验丰富的训导者结合实际情况给予指导,因而能使受训者直接掌握工作技能并有效提高工作能力,培训的费用开支相对较少,适用于各类人员的岗位技能培训。具体包括学徒制培训、工作指导培训、工作轮换、挂职锻炼、自学等方式。

2. 脱产培训方式

所有暂时离开工作岗位而进行的集中培训都属于这一类。脱产培训的特点是,培训时间集中,通过教学手段以及考察等方式进行强化学习,有助于较快地提高受训者的理论知识水平和扩大其知识面。专业技术人员和管理人员常采用此种培训方式。

选择培训方式时应综合考虑各方面的因素,如培训的目标和内容要求、组织的现有条件、受训人员的意愿、各种培训方式的特点和适用性等,从而选择合适的方式实施培训活动。

【小节案例】

华安国际的学费报销计划

华安国际贸易公司是一家从事进出口贸易业务的公司。人力资源部培训科科长林文容在总经理的支持下,设立了"公司支付员工学费的培训计划"。为了激发员工的潜能,提高公司所有员工的整体素质,这项培训计划规定:只要员工通过业余时间攻读相关课程获得学士或硕士学位,凭学位证书可直接向人力资源部培训科申请报销所有学费。

此外,林文容定期聘请一些外单位的业务专家、名牌大学教授为员工传授经验、讲解贸易政策以及国内外政治形势的发展变化。每次培训结束后,进行培训效果评估,针对员工培训后的认知结果和技能成果用笔试等方式进行考核,考核成绩结合年度岗位考核,计入个人工资、职称升迁档案,目的是在公司中激起学习的热情。

林文容还建议公司高层领导,由公司出资与名牌大学管理学院一起合作开办工商管理硕士班,每年选拔、输送公司里的业务骨干进行深造,有的放矢地培养干部后备力量。

同时,在总经理的支持下,林文容还组织人力资源部和各部门领导多次在全体员工中对公司的发展规划、外部环境和公司内部的绩效评估、奖惩激励等各项制度进行讲解,并组织员工学习讨论,让公司的发展目标、面临的困难以及考核、激励等新措施为全体员工所理解和掌握。

林文容采取的一系列培训措施明显改善了华安国际贸易公司员工的业务综合能力和工作态度。

思考:根据本案例分析培训的目的和培训类型,如何评价林文容采取的一系列培训措施?

8.5 绩效评估

通过招聘层层筛选的员工在实际工作中不一定能获得令人满意的工作绩效。有些人员在选聘时所表现出来的能力并不一定能在实际工作中得到充分证实。因此,在人员上岗以后,对其工作表现进行客观考核,是保持人与事的最佳组合所必须进行的工作。

8.5.1 绩效评估的目的

1. 绩效的含义

绩效是指完成工作任务的程度。对组织而言,绩效就是任务在数量、质量及效率等方面完成的情况;对员工而言,绩效反映了一个员工完成岗位要求的质量。工作绩效具有多因性、多维性与动态性等特征。

(1) 绩效的多因性

绩效的多因性是指绩效的优劣不是取决于单一的因素,而是受制于主、客观方面的多种因素。影响工作绩效的因素主要有员工个人素质、激励、机会、环境等,其中前两者是属于员工自身的、主观性影响因素,后两者则是客观性影响因素。

(2) 绩效的多维性

绩效的多维性是指需要沿着多个维度和方面去分析考评。例如,对于一名工人的绩效,除了产量指标完成情况外,质量、原材料消耗率、能耗、出勤,甚至团结、服从、纪律等软、硬件方面,都需综合考虑,逐一评估,各个维度可能权重不等,而且考评侧重点也会有所不同。

(3) 绩效的动态性

绩效的动态性是指员工的绩效会随时间的推移和员工的个人努力而发生变化,绩效差的可能会得到改进,绩效水平有所提高,因此管理者切不可凭一时印象,以僵化的观点看待下级的绩效。

2. 绩效评估的作用

绩效评估是指组织定期对员工的工作行为及绩效进行考察、评估和测度,以形成客观公正的人事决策的过程。绩效评估可以用来决定谁将得到工资升级及其他奖酬,还可以给员工提供反馈,使之了解组织如何看待他们的工作绩效表现。绩效评估还确定了培训和发展的需要,指明了员工的哪些技术和能力目前已不合适但可以通过一些补救方案加以开发。绩效评估还可为人力资源计划提供依据,并指导晋升、岗位轮换及解聘决策。因此,绩效评估是组织管理中的一项重要工作,具有重要意义和作用。

(1) 保证组织目标的实现

通过绩效评估,可分解落实实现目标必须开展的各项工作,并及时了解各项工作的进展情况,从而明确责任、促进组织内部的沟通、及时发现工作中存在的问题,以便理顺工作关系,适时采取纠偏措施,确保计划和目标的最终实现。因此,绩效评估的首要目标是为组织目标的实现提供支持,特别是在制定重要的决策时,绩效评估可以使管理者及其下属在制订初始计划的过程中减少工作失误,为最佳决策提供重要参考依据。

(2) 促进员工的成长

绩效评估的另一个重要目标是提高员工的业绩,引导员工努力的方向,使其能够跟上组织的变化和发展。通过实行绩效评估,可使员工事先明确工作要求,以充分发挥自己的才能;通过绩效评估,可及时了解员工的工作情况,发现其长处,指导其改进不足,从而帮助员工在工作中不断成长与进步;通过绩效结果的反馈,可使员工清楚自己的进步和贡献,从而享受到工作的乐趣。所以,绩效评估也是促进员工成长、使员工乐于工作的重要手段。

(3) 为人事晋升和公平奖惩提供客观的依据

通过科学的绩效评估,可对员工的工作绩效、胜任工作岗位的程度做出客观的评价,这有助于给予员工以公平的报酬和奖惩,为人事调整提供客观的依据,从而保持人事配备的动态平衡和员工队伍的优化。通过绩效评估,可以了解员工在工作中存在的普遍不足,为培训工作的开展提供依据。

总之,对于管理者而言,通过绩效评估可落实各下属的职责,借整合各岗位的工作来达成本部门的各项目标;同时,绩效评估也提供了管理者与下属一起检查工作行为的机会,管理者可通过考核指点并激励下属把工作做得更好。对于被管理者而言,通过绩效评估可明确自己的任务及要求,从而明确工作的意义;通过考核可了解自己的劣势和优势,从而有意识地改进和完善自我,并不断明确个人的职业生涯;通过考核结果可看到自己的价值并享受成就感。

8.5.2 绩效评估的程序

绩效评估的有效性依赖于一定的执行程序,在绩效评估过程中,组织应避免使用那些不能动态反映内外环境变化的执行程序。一般来说,绩效评估可以分为以下几个步骤。

1. 确定特定的绩效评估目标

在不同的管理层级和工作岗位上,每一个员工所具备的能力和提供的贡献是不同的,而一种绩效评估制度不可能适用于所有的聘雇目标。所以,在考评员工时,首先要有针对性地选择并确定特定的绩效评估目标,然后根据不同岗位的工作性质,设计和选择合理的考评制度。

2. 确定考评责任者

考评工作往往被视为人事部门的任务。实际上,人事部门的主要职责是组织、协调和执行考评方案。要使考评方案取得成效,还必须让那些受过专门评估培训的直线管理人员直接参与到方案实施中。当然下属和同事的评价也可以作为重要参考。

3. 评价业绩

在确定了特定的绩效评估目标和考评责任者之后,根据特定的评估目标内容,通过绩效评估系统对员工进行正确的考评。考评应当客观、公正,杜绝平均主义和个人偏见。在综合各考评表得分的基础上,得出考评结论,并对考评结论的主要内容进行分析,特别是要检查考评中有无不符合事实及不负责任的评价,检验考评结论的有效程度。

4. 公布考评结论,交流考评意见

考评人应及时将考评结论通知被考评者。上级主管可以与被考评者直接单独面谈,共同讨论绩效评估的结果。被考评者应该把被考评看作一次解决问题而不仅仅是发现错误的良机。组织及时通报考评结论,可以使被考评者知道组织对自己能力的评价以及对自己所做贡献的承认程度,认识到组织的期望目标和自己的不足之处,从而确定今后需要改进的方向。如果认为考评有不公正或不全面之处,被考评者也可进行充分申辩或补充,这有利于被考评者本人的事业发展,也有利于组织对其工作要求的重新建立。

5. 根据考评结论,将绩效评估的结果备案

根据最终的考评结论,组织可以识别那些具有较大发展潜力的员工,并根据员工成长的特点,确定其发展方向。同时还需要将绩效评估的结果备案,为员工今后的培训和人事调整提供充分的依据。

上述对绩效评估程序的讨论通常是在一种文化背景下进行的,而在跨文化背景之下则必须考虑评价系统的可转换性问题。在动荡的环境中,绩效评估工作必须具有灵活性和可行性。

8.5.3 绩效评估的方法

如何进行有效的绩效评估？实践中逐步形成了多种评估的方法,其中应用较为广泛的评估方法如下。

1. 关键绩效指标考评法

关键绩效指标考评法(Key Performance Indicator,KPI)是通过对工作绩效特征的分析,提炼出最能代表绩效的若干关键指标,以此作为基础进行绩效考核的模式。关键指标必须符合 SMART 原则:具体性(specific)、衡量性(measurable)、可达性(attainable)、现实性(realistic)和时限性(time-based)。

关键绩效指标考评法的优点是考核重点突出,将注意力集中于与实现组织目标密切关联的关键指标,有助于保证战略的实施和目标的实现;强调抓住组织运营中能够有效量化的指标进行考核,提高了绩效考核的可操作性与客观性。缺点是关键指标的选取和定量受到组织原有管理基础的很大制约,若组织的管理基础薄弱,就很难量化关键指标,从而影响关键绩效指标考评法的运用。另外,绩效指标只是一些关键的指标,对那些影响工作结果的因素不加以反映,因而其结果较为片面。目前,在绩效评估中关键绩效指标考评法常与其他方法一起使用。

2. 目标管理法

目标管理法(Management By Object,MBO)是当前比较流行的一种绩效评估方法。把目标计划和考评过程联系起来的价值在于:只要员工们认为目标是可以实现的,而且他们通过努力能获得成功,他们就倾向于支持目标。基本程序如下。

① 管理者和员工联合制定评价期内要实现的工作目标,并对未实现的特定目标制定员工所需达到的绩效标准水平。

② 在评价期间,管理者和员工根据业务和环境的变化修改和调整目标。

③ 管理者和员工共同确定目标是否实现,并讨论失败的原因。

④ 管理者和员工共同制定下一评价期的工作目标和绩效目标。

目标管理法的特点在于绩效评估中管理者的作用从法官转换成顾问和促进者,员工的作用从消极的旁观者转换成积极的参与者。员工从一开始就与管理者一起参与评价的全过程，这使员工增强了满足感和工作的自觉性，能够以一种更加积极、主动的态度投入工作，促进工作目标和绩效目标的实现。

如果要用目标管理法过程中设立的目标评估一个员工，必须满足以下要求。

① 目标应该是可计量和可测量的。
② 应该尽可能地避免使用不能测量或不能核实的目标。
③ 目标应该具有挑战性、可以实现，而且目标应该可以用清楚而简练、无歧义的书面语言表达。

3. 360 度考评法

360 度考评法（360° feedback）也称全员评价法，它通过征询被考评者的上级、同级、下级和服务的客户等各方面的意见来对他的工作进行评价，根据评价结果的反馈，使其清楚自己的长处和短处，从而达到提高员工素质的目的。360 度考评法可以结合被考评者的述职报告进行，其优点是克服了单一评价的局限性，可以获得全面的评价结果，其缺点是容易受到评价者主观因素的影响。360 度考评法主要适用于员工的素质评价和能力开发。

4. 平衡计分卡

平衡计分卡（balanced scorecard）是由哈佛大学的罗伯特·卡普兰（Robert Kaplan）教授和来自波士顿的顾问大卫·诺顿（David Norton）在 1990 年共同开发的一种新的绩效评估方法。平衡计分卡将企业绩效评估有序地分为财务、顾客、企业内部流程和企业学习成长四个方面，成为一种超越财务或会计的财务指标，与非财务指标相融合的战略绩效评估方法。平衡计分卡以信息为基础，通过分析哪些是完成企业使命和目标的关键成功因素和评价这些关键成功因素的项目，并不断检查审核这一过程，以把握绩效评估过程，促使目标实现。其优点是建立了一个系统的过程来实施战略和获得相关反馈，从企业战略出发，不仅考核现在，还考核未来，不仅考核结果，还考核过程，适应了企业战略与长远发展的要求，便于阐明企业战略和传播企业战略，同时将个人、部门和组织的计划加以衔接，以实现共同目标。其缺点是事先必须具有明确的发展战略，并需要花费较多的精力于指标选择和层层分解上。这对于那些战略不明、管理基础薄弱、成本承受能力较弱的组织和初创公司而言，往往是可望而不可即的。

除了以上常用的绩效评估方法外，还有一些考评方法较为常见，如业绩评定表、排序法、关键事件法、强制比例法、情景模拟法、小组评价法等。每一种考评方法都反映了一种具体的管理思想和原理，都具有一定的科学性和合理性，同时，每一种考评方法都有自己的局限性与适用条件范围，管理者需要根据本组织的特点形成不同的考评方案。

【小节案例】

华为的薪酬管理

一谈到华为的薪酬，大家好像都有个印象就是高工资、高福利。这种有竞争性的薪酬确实能让华为网罗到更多的人才，吸引更多的目光，可是这种竞争性薪酬是企业的持续发展之路吗？不断提高人才待遇，并且还要超过竞争对手，这就好比市场营销里的价格战一样，虽然赢得了市场，却伤了根本。

但是华为却依然成功地矗立在行业巅峰，看来它的薪酬管理远不是高工资、高福利这么简单。华为薪酬管理的背后蕴藏着丰富的内涵和理念。

任正非曾经说过:"我们的待遇体系是以贡献为准绳的。"我们说的贡献和目标结果并不完全是可视的,它有长期的、短期的,有直接的、间接的,也包括战略性的、虚的、无形的结果。华为采取与能力、贡献相吻合的职能工资制。华为按照责任与贡献来确定任职资格,按照任职资格确定员工的职能工资。奖金的分配完全与部门的 KPI 和个人的绩效挂钩,安全退休金等福利的分配以工作态度的考评结果为依据,医疗保险按级别和贡献拉开差距。

华为对不同工作岗位上的员工,依据工作分析与岗位评估确定薪资结构与政策;对同等工作性质的员工,根据绩效考核与资格认证拉开合理的差距。

华为认为人不能白白付出,而是要有所回报。华为建立了一套基本合理的评价机制,并基于评价给予回报。华为尽量给员工提供好的工作、生活、保险、医疗保健条件,给员工持股分红并提供业界有竞争力的薪酬。华为倡导以奋斗者为本。华为的人力资源机制和评价体系要识别奋斗者,价值分配要导向冲锋,价值分配要以奋斗者为本,导向员工的持续奋斗,激励奋斗者。

思考:绩效评估在人力资源管理中有何作用?

【本章小结】

1. 人力资源管理是对特定社会组织所拥有的能推动其持续发展、达成组织目标的成员进行的一系列管理活动,它是指通过对人和事的管理,处理人与人之间的关系、人和事的配合,以充分发挥人的潜能,并对人的各种活动予以计划、组织、指挥和控制,以实现组织的目标。

2. 人力资源管理的内容包括:人力资源规划、招聘与甄选、培训与开发、考核与绩效管理。

3. 人力资源管理的原则包括:因事择人,适应发展;因材器使,客观公正;合理匹配,动态平衡。

4. 人力资源规划的流程有:评价现有的人力资源配备情况;评估未来的人力资源需求;制订相应的人力资源规划。

5. 招聘计划的制订一般包括:确定招聘机构;分析招聘信息;制订招聘方案。

6. 招聘途径一般有两类:内部征召和外部招聘。

7. 甄选的手段与方法有:应聘者申请表分析、资格审查、面试、测试、体格检查等。

8. 甄选的一般程序包括:初选、知识和能力的考核、选定录用员工、评价和反馈招聘效果。

9. 培训的类型有:岗前培训、在岗培训、转岗培训、升职培训。

10. 培训的方式有:在职培训和脱产培训。

11. 绩效评估是指组织定期对员工的工作行为及绩效进行考察、评估和测度,以形成客观公正的人事决策的过程。

12. 绩效评估的一般程序包括:确定特定的绩效评估目标;确定考评责任者;评价业绩;公布考评结论,交流考评意见;根据考评结论,将绩效评估的结果备案。

13. 常见的绩效评估方法有:关键绩效指标考评法、目标管理法、360度考评法、平衡计分卡等。

【综合案例】

丹佛铸币局的人力资源困境

丹佛铸币局的工作环境可能是最具有敌对性的。首先,这是美国联邦政府的工作场所。其次,更令人惊奇的是,它十分警惕非法闯入的人。但是,对于2003年向EEO(平等就业官员)投诉的71位妇女来说,丹佛铸币局绝不是一个安全的地方。投诉者开始担心,投诉没有得到调查,他们反倒成了被调查的对象。于是,其中32位妇女又向美国的EEOC(平等就业机会委员会)投诉,她们争论的焦点是:丹佛铸币局的工作环境具有敌对性。这些说法来源于长久以来发生的一系列事件。

丹佛铸币局创办于1863年,拥有414名员工,其中女性93名。一位1997年在丹佛铸币局开始工作的妇女说,她发现这里的氛围是完全敌视女性的。当她向EEO投诉其受到歧视时,她遭到了报复,她的大多数工作职责被撤销了并被要求回家工作。导致2003年投诉的事件始于2001年,另一位女性员工在打扫一男性员工的办公室时,从松动的天花板中发现了40~50本色情杂志。几个月之后,这名员工在检查顶楼的老鼠时,又发现了一些藏匿的色情杂志。之后,她对美国铸币局办事处的工作人员说,据她所知,机构没有采取任何行动处理这种情况。

2000年,也有一名女性员工向EEO投诉其遭到了报复和性骚扰。直到2003年,她才参加了EEOC的审讯,而行政法官裁决铸币局无罪。但是,当她2005年向联邦法院提起诉讼时,陪审团发现"她在一个敌视女性的环境中工作",并判给了她8万美元。

2001年,当时美国铸币局的局长参加了这个机构的新负责人举办的妇女论坛。但是,丹佛铸币局级别最高的女性即行政主管贝弗利·曼迪戈·米尔尼(Beverly Mandigo Milne)说:"一切都没有改变。"

终于,2003年2月,铸币局的代理EEO经理被降职后,女性员工再也无法忍受,最终导致了之前所说的投诉事件。该经理被降职后的一个月内,71位妇女递交了诉状,声明这是一个敌对的工作环境。旧金山铸币局的一名员工受托调查这个事件。但是,这些妇女说,调查并没有围绕事实展开,他们把矛头都指向了米尔尼。其中一位妇女说:"他们认为是米尔尼强迫大家递交的诉状。"那时候,32位妇女向EEOC提出了投诉。虽然递交了诉状,但是敌对的情况仍在继续。

2006年3月31日,经提议,美国铸币局和提出投诉的那些女性员工达成了协议。协议的条款包括,美国铸币局支付损害赔偿金和诉讼费用890万美元。美国铸币局和Class Counsel发表共同声明:"协议各方相信,协议的达成意味着这个问题得到了公平、公正的解决。"

资料来源:罗宾斯,库尔特.管理学[M].14版.北京:清华大学出版社,2021.

思考:

1. 丹佛铸币局存在哪些明显的人力资源问题?
2. 你建议对丹佛铸币局的员工进行哪些培训?解释一下培训的内容及过程。
3. 如果你是这个机构的负责人,既然达成了协议,那么你会采取什么措施以确保这个机构成为一个典型的工作场所?

【本章习题】

1. 如何理解人力资源管理的重要性？
2. 人力资源管理的内容包括什么？
3. 什么是人力资源规划？人力资源规划的重要作用如何体现？
4. 什么是人员招聘？人员招聘有何作用和要求？
5. 人员招聘需经过哪些基本程序？招聘过程中人力资源管理部门起何作用？
6. 什么是员工工作绩效？绩效有何特性？
7. 什么是人力资源开发与培训？
8. 绩效评估的程序和方法有哪些？评估中常会遇到哪些困难？

第9章 团队管理

【学习目标】

- 掌握群体的定义
- 掌握群体结构的相关理论
- 理解影响群体绩效的因素
- 掌握打造高绩效团队的九大要素

【本章关键词】

群体、群体结构、群体发展、工作绩效、工作满意度、工作团队

【导入案例】

师徒四人一团队

大家小时候都看过《西游记》动画片、电视剧或者读过《西游记》这本书,我们知道其中讲述了由师父唐僧带着三个徒弟一起去西天取经的故事。在故事中,师徒四人不畏艰险,最终取得了真经。这个故事和团队之间存在哪些联系呢?

思考:

1. 为什么西天取经团队有四个团队成员,而不是更多或者更少?大团队和小团队分别有哪些优势和劣势呢?

2. 三个徒弟在西天取经的路上分别扮演着什么样的角色?如果派三个孙悟空去能不能完成取经任务?为什么?

3. 三个徒弟尤其是孙悟空频繁与师父发生冲突,如何看待这些冲突?应该如何管理这些冲突?

4. 西天取经团队最后取到了真经,原因是什么?西天取经团队是一个优秀的团队吗?一个优秀的团队需要具备哪些特征?

9.1 群体与群体的发展

9.1.1 群体的定义

群体是指由两个或两个以上相互作用、相互依赖的个体组成的具有相对稳定的关系模

式的集合体,这些个体具有共同的利益或目标,他们认为自己属于这个群体并与群体之外的其他个体相区别。

法国社会学家古斯塔夫·勒庞在《乌合之众》这本书中提到了一个案例:在法国大革命时期,有一些群众去攻占巴士底狱,他们以为巴士底狱里面有很多的革命者。其实当时巴士底狱里面没有多少犯人,那么这些一起攻占巴士底狱的人是不是群体?首先有攻占巴士底狱的目标,其次有足够的人数,那么他们有没有相互依赖和彼此互动?案例中讲了一个看热闹厨师的例子,在抓住一个犯人之后,犯人反抗时一脚踢到了这个厨师,结果大家鼓动这个厨师说:"你应该杀了他。你看他竟然敢踢你。"最后厨师把这个犯人杀了。这说明他们有互动、有相互依赖,所以他们是一个群体。

第二个例子来自一部电影——《浪潮》。沃格尔老师所在的中学要举办一个两周的活动。活动内容就是老师来给大家讲课,本来沃格尔是教哲学的,由于该课程被其他老师提前讲了,所以他决定讲独裁。可是学生来上课的时候非常懒散,沃格尔老师就特别生气。他决定搞一个活动,他说:"从今天开始,我是你们的领袖,不是你们的老师了,我是你们的领袖。你们只要来上课,必须统一着装,而且来上课的时候必须念口号。得坐直,你们必须让自己知道,你们跟别人是不一样的。"那么沃格尔老师所带的这个班集体是不是一个群体呢?首先他们有目标,要与众不同以及检验独裁能不能实行。这个故事的结局是老师很快就完全控制了这帮学生,而这帮学生就开始在所在城市里搞破坏,举旗子或者破坏一些东西,目标是让别人知道"我们非常独特,我们是一个群体"。后来老师觉得这个群体有点失控了,就决定把这个群体给解散了。但是却发生了一个悲剧。班里有一个学生一直被别人歧视,大家都管他叫"矮脚虾",当他加入这个群体之后,产生了强烈的归属感,所以老师决定解散这个群体的时候,他极度失望,做出了自杀的举动。这就是由群体互动带来的一些结果。所以可以说这位老师所带的班级是一个群体。

第三个例子是:飞机晚点了,航空公司既不给大家准备餐食,也不告诉大家晚点多长时间,也没有决定晚点有没有一些补偿措施,乘客都很生气,所以一群人就决定要维权。那么这群由于飞机晚点决定维权的乘客是不是群体呢?答案是肯定的。

9.1.2 群体的分类

群体可以分成正式群体和非正式群体。

正式群体的定义是由组织结构所确定的工作群体,这些群体以实现组织目标为目的,具有明确的分工和特定的工作任务。正式群体有以下特征:明确的目标、任务、结构、职能以及由此而决定的成员间的权责关系,对个人具有某种程度的强制性。在正式群体中,组织的协作体系通常是通过权责体系和命令链条、规则等非人格化的因素来体现的。例如,组织中的每一个专业化分工形成的部门都是一个正式群体。

非正式群体是指由于人与人的社会作用而自发形成的群体。在正式群体之外通过人与人的相互交往而产生彼此间的共同利益和认同关系,这些关系使人们结合成非正式的不同群体。非正式群体非经法定程序建立,系自发的人际结合。

【案例】

Kaggle 的算法竞赛平台

数据科学公司 Kaggle 推出了一个举办私人和公共算法竞赛的平台,让全球超过 18.5 万名数据科学家争夺名次和知名度。

2011 年,麾下收有 40 名顶尖职业精算师和数据科学家的保险业巨头 Allstate 想看看自己的资产算法是否有改进的空间,就在 Kaggle 上举办了一场竞赛。结果,不到 3 天,Allstate 在过去的 60 年里细心推敲的算法被 107 支参赛队伍击败了。这场竞赛在 3 个月后结束时,Allstate 的原始算法已得到了 271% 的改善。

思考:数据科学家组成的群体是正式的还是非正式的?他们为什么要参加这场比赛?

启示:是非正式的。数据科学家参加这场比赛是为了:拿到名次和奖金;提升自己在业界的威望;认识更多志同道合的朋友;满足自己的尊重需要。

上述案例强调的是群体的分类,Kaggle 的数据科学家组成的是非正式群体,这个案例给企业这样的启发:①企业与员工之间不一定要建立稳定的雇佣关系,如数据科学家不是 Kaggle 的雇员,但是却可以为 Kaggle 工作,帮助 Kaggle 解决问题,他们仅仅是合作关系。②当企业打造的平台能够满足高层次人才的需要时,他们就会不请自来,这样也可以降低企业的用工成本。

企业的正式群体又可以进一步细分为四种。第一类群体——命令群体,指的是由组织架构图所确定的群体,并由向指定管理者汇报工作的个体组成。第二类群体——任务群体,是为完成一项特定的工作任务而将个体组合在一起的群体,这种群体通常是临时性的。第三类群体——跨职能团队,是由来自不同工作领域或者职能领域的个体组成的团队。第四类群体——自我管理型团队,这种团队是比较独立的团队,团队成员除了完成自己的工作之外,还会承担一些管理的职责。

【案例】

韩都衣舍的小团队

韩都衣舍创立于 2008 年,专注于年轻时尚女装品牌,曾连续 7 年全网销量领先。2020 年,韩都衣舍成为天猫女装类目粉丝数量第一的品牌,赢得超 5 000 万年轻女性的青睐。

韩都衣舍看重内部劳动力市场,鼓励员工在不同部门、岗位之间相对自由、轻松地流动。面向市场前端的是灵活的三人小组。三人小组由页面设计、运营和服装设计组成,得到了很大的授权。组长有很大的权力决定利润的分配,但是如果分配不公平,有组员可能会提出要独立出来单干,而做得差的小组中的组员就会跟过去。

思考:韩都衣舍的三人小组是正式群体,具体是哪一类群体呢?为什么?

启示:韩都衣舍的三人小组是正式群体当中的自我管理型团队,因为该团队得到了很大的授权,能够自己从事一些管理工作。在数字化时代,自我管理型团队格外盛行,自我管理型团队得到企业很大的授权,可以决定使用最恰当的方式服务于客户。

9.1.3 群体发展的阶段

如图 9-1 所示，一个群体发展的过程可以分为五个阶段。

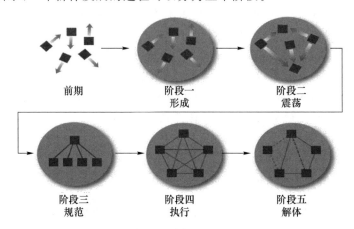

图 9-1 群体发展的五个阶段

第一个阶段是形成阶段（forming stage），包含两个分阶段。第一个分阶段是成员加入该群体。在一个正式群体中，成员由于一些工作任务的要求而加入该群体。一旦他们加入了某一群体，第二个分阶段随即开始，定义该群体的目标、结构和领导。形成阶段是一个群体成员各自探索的阶段，他们对各自承担什么角色并不清楚，也不明确地了解群体的目标，以及在群体中谁会起到控制作用，成员之间的信任程度比较低。刚刚考上大学加入班集体的学生就处于这个阶段，大家彼此不熟悉，加入班集体是为了更好地进行未来的学习和班级工作，在这个阶段，班级开始形成自己的组织结构，选出班委负责班级工作。

第二个阶段是震荡阶段（storming stage），在这一阶段，群体的领导阶层会逐渐清晰，同时，群体成员对群体的发展方向基本达成共识，但是在这个阶段群体内部容易发生冲突，因为领导阶层尚未形成自己的影响力，以及明确群体成员具体应采取哪些行动等。群体成员会相互接触、相互试探，他们会尝试了解领导的政策、想法，从而决定他们如何适应群体中的权力结构。群体在这一阶段可能会出现小团体，或有一些微妙的反抗行为，如拖延任务，有些群体可能会长时间滞留在震荡期。例如，成立班委的大学新生班级逐步开展自己的工作，每一位班委逐渐清楚自己的工作职责，每一个成员也渐渐找到了自己的位置，开始适应大学生活，此时的班集体就处于震荡阶段。

第三个阶段是规范阶段（norming stage），在这一阶段，关于权威和权力的问题通过非情绪化的、基于事实的小组讨论得以解决，成员各自找到正确的角色，成员们会体会到存在反映整体感的凝聚力。群体成员彼此的了解程度逐渐加深，群体内部的关系越来越密切，每一个群体成员都对该群体产生了较强的归属感，群体规范已经形成，群体结构逐渐稳定下来，群体成员清楚地知道该如何表现自己。大学生的班级在进入第一学年下学期的学习生活时，逐渐进入该发展阶段。

第四个阶段是执行阶段（performing stage），这是群体发展的成熟阶段，活动的重点是解决问题。群体中有开放沟通、合作和大量的互助行为，能建设性和有效地解决冲突。群体凝聚力和成员对群体目标的承诺有助于提高群体的工作效率。从大学的第二学年开始，大部分的班集体都进入该阶段,这是长期性工作群体的最后一个阶段。

第五个阶段是解体阶段(adjourning stage),在这一阶段,群体的任务结束,需要转向其他工作任务。由于成员们曾经付出努力和时间相互适应,共同完成任务,因此许多成员会产生失落感。这一阶段主要针对的是临时性群体(项目团队、特别行动组或者从事某些特定任务的群体),这个阶段的群体为解散群体做好准备,将主要精力投入善后事宜而非从事工作。例如,到大学第四学年的下学期,所有学生都在为毕业做准备,这时候班集体会有很多活动,如聚餐、毕业旅行等,学生通过这种方式表达对群体的留恋,告别过去,走向未来。

【案例】

一个投标小组的五个发展阶段

某企业要组成一个小组去完成较大的工程项目投标工作,投标小组里有来自工程部、技术部、财务部、商务部和法务部等部门的员工,五个人共同组成投标小组,由于每个人都来自不同部门,互相不认识、不了解,为了完成大项目的投标,他们需要在一起工作 6 个月的时间,那么他们就完整地经历了群体的五个发展阶段,每一个阶段的工作重点存在差异。

思考:了解群体发展的五个阶段,对管理者来说具有哪些意义?

启示:如表 9-1 所示,管理者能够清楚了解自己在各阶段的工作重点。

表 9-1 投标群体的五个发展阶段

发展阶段	主要工作
形成阶段	确定谁参加投标小组,谁担任组长,小组的目标是什么
震荡阶段	彼此不熟悉,工作的方式不同,会产生矛盾与冲突,意见不一致,因此要明确如何进行沟通,如何处理冲突,如何扮演自己的角色等
规范阶段	群体明确工作目标、工作职责、工作任务、考核方式,成员彼此相互了解,知道如何进行沟通与协作,同时使用一些手段提升凝聚力
执行阶段	群体开始准备投标文件,并根据要求进行工作调整,力争保质保量地完成自己的工作
解体阶段	投标结束后,大部分人员回到自己的工作岗位,部分人员负责处理后期解释相关投标文件、签署合同等事宜

9.2 工作群体的绩效和满意度

为什么有些群体的业绩会优于其他群体?是什么影响了工作绩效?

绩效管理对员工在一定时间内的贡献和工作中取得的成绩进行考核与评价,及时做出反馈,以便提高和改善员工的工作绩效,并为员工培训、晋升、计酬等人事决策提供依据。绩效管理从内涵上说就是对人及其工作状况进行评价,从外延上来讲,就是有目的、有组织地对日常工作中的人进行观察、记录、分析和评价。

如图 9-2 所示,影响绩效的因素有五个:①外部条件;②群体成员资源,即群体有什么;③群体结构;④群体程序,即群体如何做出决策,发生了冲突怎么处理等;⑤群体任务,群体执行的任务性质是什么。这五大因素会影响群体的工作绩效和工作满意度。

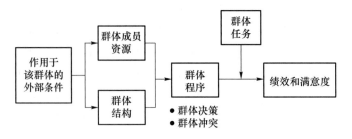

图 9-2 群体绩效和满意度的影响因素

9.2.1 外部条件

外部条件是群体产生绩效的首要条件之一。想把事情做好首先需要良好的外部条件，就像刨树得有铁锹，学习得有书本，这些就叫作外部条件。工作群体会受到作用于该群体的外部条件的影响，如所在组织的战略、权力关系、正式的规章制度、资源的可获得性、员工选聘标准、绩效管理系统与文化以及群体工作场所的总体布局等。

Locke(1976)研究指出，有多种外部因素影响到工作满意度，进而影响员工绩效，下列几个因素是最为重要的。

① 工作本身。包括工作内容的奖励价值、多样性、学习机会、困难性以及对工作的控制等。

② 公平的待遇。组织的报偿、晋升制度、政策是对员工工作最直接、最明确的物质肯定方式。这些制度和政策是否公平，极大影响着员工的工作满意度。

③ 良好的工作环境。组织特性和环境影响是预测工作满意度的重要指标。组织特性分为督导方式(领导风格)、组织承诺、激励(包括提升机会、工作安全和工作认可)、工作投入。Gimbel、Lehrman 和 Stronsberg(2003)研究发现，支持性的督导管理与工作满意度呈正相关，它提供了心理上、人际上的资源，调动起产生高绩效所需的情感。

【案例】

"富二代"接班需要哪些外部条件？

从 1000 元创业，到数百亿身家，二十多年来，新希望集团董事长刘永好头顶着多个"全国第一"的光环。2013 年，他部分退居二线，把主要家业，即主营业务所属的上市公司新希望六和交给"80后"女儿刘畅。为了顺利交接，他做了如下工作。

为解决创业元老占据高位的问题，他自己带头退出新希望股份公司的管理层，把决策权交给年轻一代。

他邀请曾出任过山东六和总裁的教授陈春花担任新希望股份公司联席董事长兼CEO，以帮助刘畅解决管理难题，同时任命陶煦出任公司总裁，稳住老团队，确保继任顺利过渡。

他努力向刘畅传递新希望集团实践多年的核心价值观——"正向、阳光、规范"，并时刻关注公司治理、企业发展、创新变化等。

> **思考**："富二代"不愿意接班或接不好班是普遍现象,刘永好是如何做到让女儿顺利接班的?
>
> **启示**:刘永好给女儿提供了良好的外部条件:①让企业元老纷纷退休,给女儿让出位置,以免德高望重的元老指手画脚造成麻烦;②考虑到女儿的管理能力还不是很强,找到两位经验丰富的管理者来辅助管理工作,有教授,有管理经验丰富的企业管理者,确保工作的顺利进行;③为女儿灌输核心价值观,确保企业有传承地发展。

9.2.2 群体成员资源

群体绩效与群体成员的资源有很大的关系,这些资源包括知识、能力、技能和个人品质特征。当群体成员具备了工作所需要的知识和技能时,群体的工作才能有效地完成,同时如果群体成员具有较强的问题解决能力,也能够提升工作绩效。由于群体成员需要在一起协同开展工作,所以群体成员需要掌握一些人际关系技巧,包括如何处理冲突、如何进行有效沟通等。群体成员是否具有一些良好的个人品质也会影响群体绩效,这些品质包括善于交际、自力更生和独立自主等。研究表明,高情绪智力的员工善于与人合作、沟通,可以通过主动调节情绪来改善和增进与同事的关系,从而使工作更加容易完成,以此形成良性循环。反之,当群体成员具备独裁主义、控制欲和反复无常等特征时,会降低群体的绩效。

> **【案例】**
>
> **西天取经团队的成员资源**
>
> 在西天取经团队中,最耀眼的"明星"是孙悟空,他有很强的业务能力——降妖除魔,还有很好的外部资源——观音菩萨和土地老儿,此外,孙悟空还善于解决问题,组织协调能力强。但是孙悟空的沟通能力比较差,常常跟师父一言不合就威胁师父:"我准备回花果山当齐天大圣去了。"
>
> 这时候猪八戒就显示出他独有的能力,虽然猪八戒好吃懒做、意志不坚定,但是猪八戒的优点是脸皮厚、嘴甜、沟通能力强,每一次孙悟空跑回花果山都是猪八戒去把他找回来。老实巴交的沙和尚虽然不爱说话,但是工作勤勤恳恳,任劳任怨,也是群体需要的成员。

9.2.3 群体结构

工作群体并非乌合之众。他们拥有内部结构,这一结构塑造了成员的行为并影响了群体绩效。如图9-3所示,群体结构涉及八个要素,分别是:角色、规范、从众、群体思维、地位、群体规模、社会惰化和群体凝聚力。

1. 角色

什么是角色?角色是指人们期望在社会单元中占据某个特定位置的个体所表现出来的行为模式。在群体当中,人们期望的群体成员角色有两个,第一个是想方设法让工作得以完成,第二个是让所有成员都感到开心。

群体角色主要分为三种类型:自我中心角色、任务角色以及维护角色。自我中心角色是指成员为自己的利益着想。任务角色是指为完成群体任务做出贡献。而维护角色则是指维护群体团结,协调人们之间的关系。

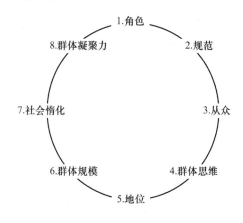

图 9-3　群体结构的要素

> 【案例】
>
> ### 独立团的李云龙与赵刚
>
> 李云龙14岁参加黄麻暴动,摸爬滚打十多年,是真正的天不怕地不怕的角色,多次带领自己的队伍在对敌斗争中取得成功,虽然对待下级比较严格,但是赢得了大家的一致信任。
>
> 赵刚毕业于燕京大学,足智多谋,枪法过硬;脾气随和,坚持原则但也善于变通;在李云龙数次陷入困境的时候,能够为其解围。

从角色的角度来说,为什么独立团需要这样的两个人呢?李云龙是个领导者而且能力很强,赵刚可以扮演润滑剂,以缓解李云龙与下级的关系,同时还能给李云龙出谋划策,因为李云龙没什么文化,而且比较鲁莽。他们扮演的角色使团队能更有效地运作下去,如果只有李云龙而没有赵刚会怎么样?会矛盾频发,会出现很多意见,最后会让团队变得效率低下。如果只有赵刚而没有李云龙又会怎么样呢?如果没有李云龙,团队就没有斗志了,大家就没有那么敢打敢拼了。李云龙较多扮演了任务角色,赵刚则是维护角色。

2. 规范

规范是指群体成员遵守的行为方式的总和。规范是约束群体成员的行为准则,也是群体成员相互期待的基础。在组织中,正式成文的行为规范是制度化的行为期待。规范规定工作产出水平、缺勤率、准时性和工作上的社交程度等。一位新入职的群体成员需要对经验丰富的群体成员保持必要的尊重,这就是群体规范。群体内部最常见的规范与工作努力程度以及绩效联系在一起,如:是否接受加班;下班后管理者没有离开工作岗位的话,群体成员是否可以先行离开;午休多久在接受范围内等,群体会给所有的成员明确或不明确的提示。

规范会对员工行为产生强烈影响。例如:一个喜欢穿西装打领带的程序员,会在很短的时间内学会穿格子衬衫去上班,并没有人直白地告诉这位程序员着装的相关规定,但是该程序员会感受到来自群体其他成员不动声色的压力,从而选择接受群体规范,改变自己的习惯。

【案例】

你该穿什么颜色的衬衫？

路易斯·郭士纳,前 IBM 公司总裁,一度被美国《时代》周刊评价为"电子商务巨子"。其罕见的管理与经营才干让一度亏空的 IBM 获得了自 20 世纪 90 年代以来的第一次盈利——30 亿美元。

郭士纳曾经写过一本书,叫作《谁说大象不能跳舞》,讲的是 IBM 在 20 世纪 90 年代初的时候,曾经一度陷入困境,IBM 决定把郭士纳请到公司来做"一把手"。第一次开高级总裁会议的时候,郭士纳穿了蓝色衬衫,其他所有总裁都穿了白色衬衫。等到下一次开会的时候,郭士纳换了白色衬衫,其他所有总裁都换了蓝色衬衫。

思考:这一事件说明了什么？能够反映 IBM 当时存在的管理问题吗？

启示:衬衫问题就说明了当时 IBM 的规范——在行为举止方面与公司老大保持一致。这说明公司内部等级森严,讲究论资排辈。由于论资排辈现象的存在,公司难以持续创新,应对市场的变化,并造成公司的衰退。

郭士纳是如何解决这一问题的？他设计了八条管理原则,其中第七条写道:"我很少有等级制度的观念。无论是谁,也无论其职务高低,只要有助于解决问题,大家就要在一起商量解决。要将委员会会议和各种会议减少到最低限度,取消委员会决策制度,让我们多一些坦率和直截了当的交流。"郭士纳在 IBM 内营造坦诚沟通的氛围,通过多种管理手段,最终使得 IBM 走出困境,重现辉煌。

3. 从众

【案例】

阿希实验

美国心理学家阿希曾经做过一个这样的实验:实验人员找来 10 个人,前面 9 个人都是提前找好的对象,他们说线段 X 长度等于 B,而且 9 个人非常一致,那么第 10 个人会坚持 $X=C$ 吗？即使他非常有把握,明明知道 $X \neq B$(如图 9-4 所示)。阿希实验的结果显示:多轮实验之后超过 1/3 的被试选择了从众行为。

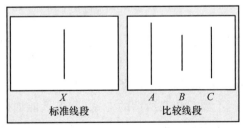

图 9-4　阿希实验

> **思考**：为什么会有1/3的被试选择从众？在管理中,从众的优势和劣势有哪些？管理者如何在工作中加以使用？
>
> **启示**：从众可以减轻群体成员的压力。在管理中,从众的优势：①通过压力,可以很容易地管理群体；②对不服从管理的个体实施群体压力,则能够较好地说服或者压制他们；③群体能较快达成一致,执行力比较强。从众的劣势：①不利于创新,尤其是当少部分人拥有一些与众不同的创新思维时；②遵循错误的思想行为,会巩固群体不良传统和助长歪风邪气；③抑制个性发展,使个体形成依赖,毫无主见。

群体成员通常希望自己被视为群体中的一员,并避免看起来与其他人明显不同。所谓从众,是指个体在群体的压力下,放弃自己的意见或违背自己的意见而采取与大多数人相一致的意见或行为,也叫作相符行为。研究发现,人们更乐于表示同意而不是反对,即使提出反对意见可能会带来群体绩效的提高。

4. 群体思维

当某个成员的观点截然不同于其他群体成员时,该群体往往会对该成员施加巨大压力,以使他与其他成员的观点保持一致,这种现象就称为群体思维。

> **【案例】**
>
> **猪湾事件**
>
> 猪湾事件(Bay of Pigs Invasion)是指1961年4月17日,在中央情报局的协助下逃亡美国的古巴人在古巴西南海岸猪湾,向古巴革命政府发动的一次失败的入侵。
>
> 1961年4月17日,这支由约1 500人组成的美国雇佣军在两名中央情报局官员的指挥下突袭古巴,他们在美国飞机和美国海军军舰的直接掩护下在古巴中部拉斯维利亚斯省南部登陆,占领了长滩和吉隆滩,并继续向北推进。三天后这支队伍被消灭,1 000多人被俘,约90人阵亡。
>
> 事后,肯尼迪总统不得不在美国大众面前公开承认猪湾事件是一个绝不能再发生的错误,然后声称对该事件负全责。这起事件让美国政府大为难堪,成为世界媒体嘲讽的对象。

猪湾事件后,一位管理学家对此进行了研究,美国政府的官员们都是社会精英,为什么会做出如此愚蠢的决策呢？结果发现,由于群体思维的存在,有些群体成员没有机会表达出自己的观点,决策的过程相当混乱,因此出现了错误的决策。事后,肯尼迪说过："在我一生中,我已经明白干什么最好,不要只依靠所谓的专家,我怎么能如此愚蠢地让他们为所欲为呢。"聪明的智囊团由于群体压力所造成的群体思维最终产生了愚蠢的决策。

5. 地位

地位是指个体对群体或群体成员的位置或层次的一种社会性界定。或者说,地位就是群体层级结构中的相对位置。地位可以是正式的,也可以是非正式的。正式的地位是由组织赋予的,如头衔、待遇等,一般来说,正式的地位与待遇密切联系在一起,例如,上司的薪酬比下属的薪酬高,高级别的员工拥有更大的办公室,公司领导能够获得更多的福利待遇等。

员工希望个体获得的"东西"应该与该个体的地位相一致。群体成员也会获得非正式的地位,例如,群体内部年龄较大、工作经验丰富且愿意为他人提供帮助的成员会得到更多的关注,这就是非正式地位。任何特征都可能拥有地位价值,只要群体中的其他人从这一特征出发来进行评估。

【案例】

迥然不同的办公室

Watson 是 IBM 创始人之一,在 IBM 百年纪念的时候,《时代》杂志写道:"他是那个时代最伟大的推销员,而他最伟大的产品总是他自己。"Watson 西装革履,拥有豪华办公室,这是地位的象征。

Facebook 的扎克伯格并没有自己的独立办公室,而是与员工一样在隔断里办公。至于他的办公桌,看上去和普通员工的没什么两样。

思考:为什么 Watson 和扎克伯格的行事风格存在差异?管理者如何体现自己的地位?

启示:Watson 生活在工业化时代,企业一般使用的是官僚组织架构,管理者需要强调自己的个人地位,保持自己的威严,才能够对大规模的企业进行良好的管理。扎克伯格生活在互联网时代,企业要求创新,应对外界环境的剧烈变化,管理者通过与员工一起办公的方式,表达公司"平等"的组织文化,以利于企业更好地创新。

6. 群体规模

群体规模是指组成一个群体的成员数量。工作群体规模应视群体任务的性质而定,任何工作群体都有其最佳人数,也应有其上限和下限。合适的群体规模应该是多大?一般来说,大群体的规模为 12 名及以上的成员,小群体的规模则为 5～7 名成员。在中国,韩都衣舍使用三人小组开展工作,华为也有著名的"铁三角",早期的中国人民解放军还使用"三三制"的方式开展对敌斗争。在亚马逊,创始人兼首席执行官杰夫·贝佐斯应用了"两块比萨饼"理念:一个团队应该足够精干,精干到仅仅需要两块比萨饼就可以将他们喂饱。这个"两块比萨饼"理念通常将群体限制在 5～7 人。作为现代企业的有机组成部分,群体的规模日益变小,这与"社会惰化"有一定的关系,随着群体规模的扩大,"社会惰化"的现象会逐渐增加。

随着群体的规模扩大,群体成员的工作效率就一定会下降,工作满意度一定会降低吗?答案是不一定,这里的影响因素是群体任务。小群体更容易达成共识,因此工作效率很高,能够更快地完成工作任务。但是如果群体的目标是创新或者解决复杂的问题,大群体也会取得和小群体一样的成绩。

【案例】

欧莱雅的小团队

欧莱雅大概有 40 个产品研发团队,各自致力于不同的创意。每个团队由 3～4 人组成,其中一般有两位是跨文化人才。在一个为拉美女性开发护发产品的团队中,一位黎巴嫩-西班牙-美洲背景的经理负责染发项目,一位法国-爱尔兰-柬埔寨背景的经理则负责护发项目,他们共用同一间办公室,以便交换想法。

思考:为什么欧莱雅喜欢小团队?

启示:团队规模小,有利于成员相互交流和沟通,同时避免内部出现"搭便车"的现象。

7. 社会惰化

社会惰化是指个体与群体其他成员共同完成某项工作时,所付出的努力比单独工作时偏小,个体积极性下降的现象。群体出现社会惰化现象的原因有以下几个方面:①个体认为其他成员没有完成自己分内的工作,所以必须通过降低自己的努力程度做到公平;②个体的投入与群体的产出之间没有明确的关系,个体可能就会"搭便车",因为他们自身的贡献难以衡量。

【案例】

拔河比赛的实验

法国人马克斯·瑞格曼1913年做了一个拔河比赛的实验,他要求被试分别在单独与群体的情境下拔河,同时用仪器来测量他们的拉力。结果发现随着被试人数的增加,每个被试的平均拉力减小了。一个人的拉力是63千克;三个人的平均拉力是53.5千克;八个人的平均拉力是31千克。

思考:瑞格曼的实验说明了什么?企业如何避免这一现象的出现?

启示:瑞格曼的研究结果证明了社会惰化的存在,社会惰化产生的原因是:第一,人们认为群体中的其他人没有完成他们分内的工作;第二,个体投入与群体的产出关系不明确;第三,个体的贡献难以衡量。

要想避免社会惰化,管理者应该:①构建小规模群体,使得每一位成员的努力付出能够被看到;②考核每一位成员的努力程度和成果;③明确每一位成员的工作角色和职责。

8. 群体凝聚力

群体凝聚力又称群体内聚力,是指群体对成员的吸引力和成员对群体的向心力,以及成员之间人际关系的紧密程度,是使群体成员固定在群体内的内聚力量。凝聚力对群体的生产效率会产生较大的影响,研究表明凝聚力强的群体比凝聚力弱的群体更加有效。当群体凝聚力弱时,会表现为内部存在大量分歧、缺乏合作,群体凝聚力强则表现为工作任务上成员达成一致共识、彼此相互合作和相互欣赏。

群体凝聚力的来源主要有三个方面:①积极的人际关系;②相互依赖的程度;③成员认为自己属于"某一类"的人。

【案例】

凝聚力与工作绩效的关系

凝聚力强的群体工作效率一定高吗？答案是不一定。这里要考虑的因素是群体态度与组织目标的一致性程度。图 9-5 说明了凝聚力与生产率之间的关系。群体凝聚力越强，群体成员就越遵从群体的目标。如果这些目标是令人满意的（如高产出、高质量的工作、与群体外的人员合作），那么凝聚力强的群体比凝聚力弱的群体具有更高的生产率。但如果凝聚力很强，而群体却对组织目标持不支持态度，则生产率将会下降。

如果凝聚力很弱而组织目标却得到了支持，生产率将会提高，但提高程度低于凝聚力和支持度都很高的群体。当群体凝聚力很弱而组织目标也得不到支持时，生产率并不会受到显著影响。

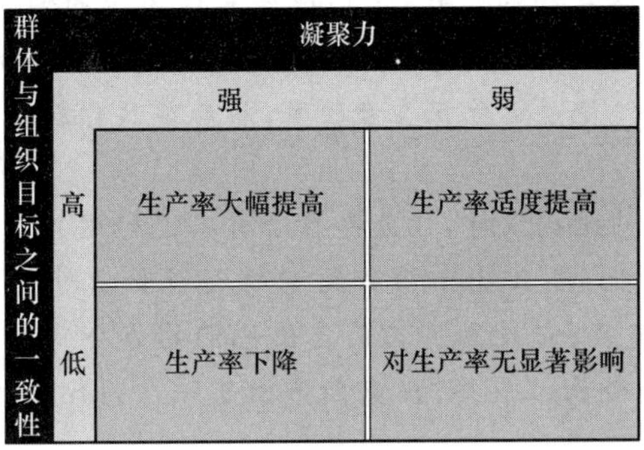

群体与组织目标之间的一致性	凝聚力	
	强	弱
高	生产率大幅提高	生产率适度提高
低	生产率下降	对生产率无显著影响

图 9-5 凝聚力与生产率之间的关系

思考：这一研究结果说明什么？管理者应如何在实践工作中加以应用？

启示：说明凝聚力与生产率之间的关系受到其他变量的影响，二者不是简单的线性关系。管理者应当设法打造群体的凝聚力，但是必须为群体设立正确的目标，打造凝聚力不是目的，实现目标才是。

9.2.4 群体程序

影响工作群体绩效和满意度的第四个因素是群体程序，群体程序又包括群体决策和群体冲突。

1. 群体决策

群体决策研究一个群体如何共同进行一项联合行动抉择。所谓联合行动抉择，既可能是各方为了共同的利益而参与同一行动，如董事会对投资项目进行表决，也可能是各方为了不同的利益而参与同一行动，如厂商和客户的谈判过程。表 9-2 呈现了群体决策的优势和劣势。

表 9-2　群体决策的优势和劣势

优势	劣势
带来更全面的信息和知识	耗时
拥有大量的多元化信息,可以产生更多多样化的选择方案	处于主导地位的小部分人极大地影响了决策的最终结果
提高了解决方案的可接受度,群体成员通常不会抵制或破坏自身协助制定的决策	群体思维会破坏群体中的批判性思维,并对最终决策的质量产生不利影响
提高了决策的合理性	责任模糊不清

【案例】

皮克斯如何使用群体决策提高效率?

乔布斯说:"这个网络互联的时代,人们很容易认为好的创想能够由电子邮件和在线聊天完成,这种想法太疯狂了,灵感来源于自发的会面和随意的讨论。你可能撞见某人,问他:你们在干什么?他告诉你正在做的事,然后突然你就会'哇哦',各种奇思妙想都涌现出来。"

他对皮克斯办公楼的结构设计,就是要推动员工进行这种不期的相遇和合作。"如果一栋建筑没有这种功能,那么就会错失大量的创新和意外产生的绝妙想法,"他说,"所以我们设计了这种建筑,它鼓励员工们走出他们的办公室,到中庭去和那些他们在其他场合见不到的同事会面。"最终,皮克斯产出了一系列优秀的动画片,如《玩具总动员》《海底总动员》。

思考:皮克斯办公楼为何如此设计?

启示:由于群体成员个性化的经验可以为每一次决策带来多元的信息,这些信息有助于创新,皮克斯因此才能够做出最好的动画。

2. 群体冲突

冲突是指由某种差异而引起的抵触、争执或争斗的对立状态。群体内部存在冲突是好事还是坏事?表 9-3 呈现了关于冲突的三种不同观点。

表 9-3　关于冲突的三种不同观点

观点	内容
传统冲突观	冲突是消极的,冲突是组织内部矛盾、斗争、不团结的征兆。管理者要极力消除、回避或掩饰冲突
人际关系冲突观	冲突是所有群体中的一种自然而然、不可避免的结果,并且冲突不一定是消极的,相反,它是一股为群体绩效做出贡献的潜在积极力量。任何一个组织如果没有冲突或很少有冲突,对任何事情都意见一致,这个组织必将非常冷漠、对环境变化反应迟钝、缺乏创新
相互作用冲突观	冲突不仅可以成为群体中的一种积极力量,而且有些冲突对群体有效开展工作是绝对必要的

【案例】

喜欢冲突的乔布斯

乔布斯曾说:"这些年我明白了一个道理:当你拥有一群很优秀的员工,你不用像对待婴儿一样哄着他们。给他们定下伟大的目标,他们就能完成伟大的成就。如果你问任何一位 Mac 团队的员工,他们都会告诉你他们的付出是值得的。"

乔布斯的追随者回忆:"乔布斯在一次会议上对我咆哮:'你这混蛋,你简直一无是处!'但我依旧认为我是世界上最幸运的人,因为我曾经和他一起工作过。"

思考:乔布斯为什么总是挑起冲突?为什么在冲突之下乔布斯的员工依然认为自己是幸运的?

启示:不要把所有的冲突都设想为是降低工作绩效的,实际上有些冲突可以提高工作绩效。如表 9-4 所示,冲突包括良性冲突和恶性冲突。良性冲突指的是一些建设性的冲突,恶性冲突指的是那些破坏性的冲突。冲突和绩效的关系是一个倒 U 型曲线关系,也就是说适度的冲突有利于提高工作效率。这是因为低度或中度的冲突激发了各种创意想法的讨论。

表 9-4 冲突的类型及作用

冲突类型	定义	与绩效的关系
任务冲突	与工作内容和目标有关	低度或中度的任务冲突能够为群体绩效带来积极的影响,因为它激发了各种创意想法的讨论,有助于群体变得更具创新性
程序冲突	关于工作如何完成的冲突	程序冲突必须是很轻微的程度才会是有益的。否则,关于谁应该做什么的激烈争论很可能会造成恶性冲突,并可能导致任务分配的不确定性,推延任务完成的时间,并导致成员在相互矛盾的目标下工作
关系冲突	人际关系的冲突	绝大多数关系冲突都是恶性的,因为人际关系的敌对会加剧个体之间的性格冲突,并削弱彼此之间的相互理解,从而使工作无法完成

9.2.5 群体任务

群体任务分为简单任务和复杂任务。简单任务是常规的和标准化的,复杂任务是新颖的或者非常规的。任务越复杂,群体越能够从各种备选工作方法的讨论中获益,而且如果任务相互依赖,也是需要互动和交流的。

9.3 打造高绩效团队

9.3.1 团队与群体的区别

团队和群体存在怎样的区别呢?团队是一个由不同成员组成的,为达成某个特殊目标或完成某项任务而共同承担责任的群体。表 9-5 说明了团队与群体的区别。

表 9-5 团队与群体的区别

团队	群体
共同分担领导角色	由一位确定的领导者负责
承担个人责任和团队责任	只承担个人责任
由团队制定具体目标	目标与整个组织的目标相同
协作完成工作	独自完成工作
会议具有开放式讨论和协作解决问题的特征	工作会议具有高效的特征,不存在协作或开放式讨论
通过评估集体工作来直接衡量绩效	根据该群体对其他群体的影响来间接衡量绩效
工作是由团队共同决定并完成的	工作由群体领导者决定并分配给群体中的个体成员
能够快速组建、部署、重新聚焦、解散	

注:选自罗宾斯.管理学[M].13 版.北京:中国人民大学出版社,2017.

9.3.2 团队的主要类型

团队一般可以划分为四种类型:问题解决型团队、自我管理型团队、跨职能团队和虚拟团队。问题解决型团队由来自同一个部门或职能领域的员工组成,以改进工作实践或解决具体问题为目的。团队成员往往就如何改进工作程序、方法等问题交换不同看法,并就如何提高生产效率、产品质量等问题提供建议。自我管理型团队是由员工组成的、不包含管理者的一种正式群体,单独负责一个完整的工作程序或部门。自我管理型团队是一种真正独立自主的团队,这种团队不但探讨解决问题的方法,而且亲自执行解决问题的方案。跨职能团队是来自不同部门的个体共同组建而成的,目的是完成单一职能部门难以胜任的项目,例如,投标团队就是跨职能团队。虚拟团队主要是指运用电子技术,跨越时间、空间、部门和组织边界的交叉职能团队。

【案例】

Uber"三人模式"团队

Uber 著名的"三人模式"是这样的:Uber 进入新城市时一般只有三名工作人员。市场经理负责营销,了解乘客痛点、了解服务质量,与媒体和乘客打交道;运营经理负责招募司机,管理与司机有关的事项,让他们和 Uber 开心合作;城市总经理负责策略性工作,把控城市风格,了解行业情况,做一些策略规划。

思考: Uber 使用的三人模式是团队的哪种类型? 该种类型的团队优势是什么?

启示:该团队是自我管理型团队,由于 Uber 扩张的速度比较快,因此必须给自己的核心团队极大的授权,以在相关区域开展工作,三个岗位的职责都是开展工作所必须具备的,这种模式促使 Uber 能够较快地在世界各地开展自己的业务。

9.3.3 高绩效团队的主要特征

如图 9-6 所示,高绩效团队与工作群体和一般的团队存在很大的区别,这些区别存在于九个方面。

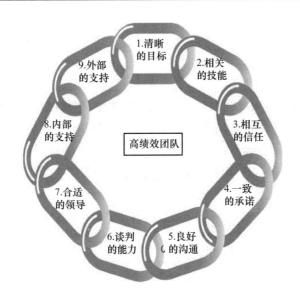

图 9-6　高绩效团队的主要特征

清晰的目标：高绩效团队要有一个清晰的目标，团队成员要了解他们应该实现什么目标以及如何实现目标。

相关的技能：在 9.2 节讲到的群体成员资源在这里依然适用，团队由个体组成，每一个团队成员必须具备一定的技能，并且彼此互补才能更好地完成工作。例如，人际交往技能在团队中是非常重要的，因为团队的协作是需要与他人友好合作的。

相互的信任：高绩效团队的成员之间高度信任。

一致的承诺：团队成员对团队目标有高度一致的承诺，愿意付出时间和精力完成团队目标，并帮助团队取得成功。

良好的沟通：通过沟通，高绩效团队传递与工作相关的信息，团队成员有足够的信息才能够开展自己的工作。此外，沟通过程中的大量反馈也有助于团队成员改善自己的行为，提升自己的业绩。

谈判的能力：由于团队需要处理来自内外部的各种问题，因此团队必须保持灵活性，团队成员要具备谈判能力，处理各种关系问题和潜在的分歧与冲突。

合适的领导：一个合适的领导能够帮助团队明确目标，鼓励团队成员的信心，帮助团队成员提升自己的工作技能，激发团队的潜能，去实现团队目标。好的团队领导不仅是领导，还是团队的教练，帮助和支持团队成员的发展，而不是仅仅使用控制的方式让团队成员开展工作。

内部和外部的支持：内部支持强调的是团队内部的制度、考核标准等，外部支持指的是完成工作的必要资源。

【本章小结】

1. 群体：群体是为了实现某个或者某些具体目标而组合到一起的两个或更多相互依赖、彼此互动的个体。

2. 群体的分类：正式群体与非正式群体，正式群体可以进一步划分为命令群体、任务群体、跨职能团队、自我管理型团队。

3. 群体发展分为五个阶段:形成期、震荡期、规范期、执行期和解体期。

4. 影响群体工作绩效和满意度的五个因素为:外部条件、群体成员资源、群体结构、群体程序与群体任务。

5. 群体结构包括:角色、规范、从众、群体思维、地位、群体规模、社会惰化、群体凝聚力。

6. 冲突:冲突包括良性冲突和恶性冲突。良性冲突指的是一些建设性的冲突,恶性冲突指的就是那些破坏性的冲突。任务冲突与工作内容和目标有关;关系冲突是指人际关系的冲突;程序冲突指的是关于工作如何完成的冲突。大部分的关系冲突都是恶性的,但是低度的程序冲突和低度或者中度的任务冲突是良性的。

7. 团队与群体存在区别。

8. 高绩效团队具备九个特征:清晰的目标、相关的技能、相互的信任、一致的承诺、良好的沟通、谈判的能力、合适的领导、内部的支持、外部的支持。

【综合案例】

韩都衣舍的团队管理

引言

韩都衣舍电子商务集团股份有限公司(以下简称"韩都衣舍")是一家 2006 年成立于山东济南的互联网公司,主营业务是销售"韩范儿"女装,品牌"韩都衣舍"在 2014—2019 年连续六年保持互联网服饰销售冠军。创始人赵迎光 1995 年毕业于山东大学韩语系,毕业后被企业派至韩国工作,在韩国期间,他做起了代购生意。但是在经营的过程中他逐渐发现了代购生意存在的问题:①顾客等待时间长;②没法退换货;③信息不对称;④性价比不高。于是他萌生了做自己的品牌的想法。

一次,在参观一家韩国女性服装企业的时候,他发现该企业虽然规模不大,但是每天的发货量却着实惊人,与企业老板沟通后,老板向他传授了这么几个主意:①做自己的品牌;②从休闲女装开始;③款式更新要快,性价比要高。感觉自己学习到了做服装的真谛后,赵迎光选择于 2007 年回国创业。

由于赵迎光确定的是多品牌战略,因此企业创业伊始,就注册了 20 多个品牌,他在产品部门引入了买手这一职位。买手的主要工作职责是:负责跟踪诸多韩国品牌的产品动态,从中选出他们认为款式不错的产品,然后进行样衣采购、试销,之后再根据试销情况在中国找工厂量产。但是这种经营模式并不能保证企业在众多的女装品牌中脱颖而出。由于女性对服装的要求多样且存在很大的变化,因此企业生产女装很难做到使用大规模生产的方式满足客户需要,"多款少量"是女装生产的主要特色。为迎合客户需求,企业需要创新工作模式,重新思考组织结构和工作机制,解决问题。

1. 引入小组制

如何做到"多款少量"以满足客户需求呢?赵迎光与自己的合伙人进行商议后,决定试运行两种模式,分别叫作南区模式和北区模式。南区模式类似于传统的组织结构,企业由各个职能部门构成,包括采购、研发、生产、销售等全流程,产品在各个流程内部流转。北区模式则类似于"包产到户",每一个小组负责一个品牌或者款式,小组由三个人组成,分别负责产品设计、页面详情设计、库存订单管理三个核心岗位,由三人中资历深并且能力强的兼任组长。通过三个月的试运行,企业发现了一个非常有趣的现象,到每天晚上的下班时间,南区的员工基本到点就走光了,而北区则是灯火通明,甚至很多时候员工是被物业赶着离开办公区的。三个月下来,北区的业绩远远超过了南区。

这是为什么?员工是这样反映的:①授权,所有的工作都需要小组自己完成,小组负责选款、制作上架、退换货,负责打包质检和后台维护,忙得不亦乐乎;②竞争,内部引入竞争机制,干得不好的小组会被淘汰,这些被淘汰的小组成员绝大多数都没有离开公司,而是重新在内部招聘中进入新的小组。韩都衣舍旗下有一个品牌,一直不温不火,那年换了一个领头的,一下子就做起来了,这相当于内部的资产重组。

通过这次尝试,赵迎光尝到了很大的甜头,于是决定在企业内部结合"阿米巴模式",通过小组制的方式进行组织结构的重组。表9-6展示了韩都衣舍的小组制发展阶段。

表9-6 韩都衣舍的小组制发展阶段

发展时间	发展阶段	发展思路	企业职能	小组职能	存在的问题
2008—2012年	自由生长	锁定集团的任务目标,激发创新创业热情,放权	启动资金:2万元 一旦盈利,公司和小组成员分成 以小组制为核心的单品全程运营体系(IOSSP体系)	每人自己联系做服装的工厂,自己决定生产件数、颜色、尺码,自己下订单	内部资源争夺
2012—2015年	体系赋能	赋能	设置服务、协调部门,逐步建立起以营销、企划、生产几个核心业务部门为主的赋能体系 中台从事标准化产品和业务 产品小组间的博弈与变革系统化	小组可以更加专注于非标准化产品的深耕	单个小组的专业能力不能满足竞争需求
2015年至今	产品共创	竞争	三人为一个小组,五到十个小组构成一个大组,每个小组团队自主决定目标,各自组织管理完成工作	小组内产生、分享、推广新构想、新产品、新创意、新流程。小组负责品牌,大组负责品类	

2. 打造适合小组制的文化氛围

韩都衣舍创建了自己的"本草文化",不仅每一位员工都以《本草纲目》中的某一种草药命名,而且会议室也使用各种名山命名,因为"名药出名山"。"本草文化"源于中国传统的中药学。公司推崇该文化的理由是:①打造平等精神。例如,创始人赵迎光的花名是"百两金"。②充分发挥员工的作用,每一味中药都有独特的药效,这和每一位员工都有自己的价值一样,多味中药搭配可成千金要方。例如,一个小组的三位年轻人,他们的花名分别是金达莱、阳桃和山柰,听到他们的花名,人们会联想起这三味中药加减配伍熬制在一起,会产生什么疗效。

由于该公司的年轻人居多,因此该公司打造信任和快乐文化,虽然每一位员工都有很大的指标压力,但是该公司通过派对、生日会、优秀员工活动、部门团建活动、韩都好声音、拔河、情人节的花、新年的团拜抽奖、小背包、节日部门礼物等方式帮助年轻人减轻压力,打造快乐文化。

案例改编自:中国管理案例共享中心《韩都衣舍:小组制团队创新成就了一个电商品牌》。

思考:

1. 韩都衣舍的小组制是哪一种团队类型?为什么?
2. 企业为什么要使用该种团队类型?请具体说明该种团队类型适用的环境。
3. 为保证小组能够顺畅工作,韩都衣舍都采取了哪些管理措施?请说明这些管理措施的作用与必要性。

【本章习题】

1. 什么是群体?群体可以划分为几种类型?
2. 群体的发展有几个阶段?请举例说明。
3. 影响群体绩效和满意度的因素有哪些?
4. 群体成员具备怎样的资源才能够提升群体的效率?
5. 什么是群体角色?什么是群体规范?
6. 群体规模对群体绩效产生怎样的影响?如何避免社会惰化的影响?
7. 群体凝聚力对群体绩效的影响是怎样的?在哪些情况下凝聚力强对群体绩效产生的影响是负面的?
8. 从众的定义是什么?影响从众的因素有哪些?
9. 如何管理群体中的冲突?
10. 群体决策有哪些特点?如何促进有效的群体决策?
11. 影响团队绩效的因素有哪些?

领导篇

第10章

个体行为与沟通

【学习目标】

- 理解组织内的个体行为
- 解释态度在工作绩效中起到的作用
- 描述各种不同的人格理论
- 描述知觉与学习理论
- 定义沟通的本质和功能
- 比较人际沟通的各种方式
- 解释沟通在组织内的传达

【本章关键词】

组织行为学、态度、人格、知觉、学习、沟通、人际沟通、组织沟通

【导入案例】

"员工第一"

印度最大的 IT 服务公司 HCL Technologies 的首席执行官维尼特·纳亚尔(Vineet Nayar)认为"员工第一"是公司最重要、最关键的文化价值观,可以帮助公司在未来延续成功。虽然大多数管理者认为顾客最重要,但纳亚尔所持的哲学认为员工满意度是公司应最优先考虑的事项。作为印度较大的公司之一,HCL 销售各种各样的 IT 产品和服务,如笔记本计算机、软件开发以及技术咨询。吸引和留住顶尖的人才是该公司面临的挑战之一。而且,以该公司现在的规模,它无法如同一家初创公司那样拥有欢快、别致的氛围。

不裁员政策是"员工第一"哲学的第一部分,这在经济衰退的巨大压力下是难以坚持的。和自己的竞争对手一样,HCL 也有冗员,并且已经暂停员工加薪。但是,HCL 坚持自己的承诺,并没有裁掉任何 HCL 分子(HCLite,纳亚尔为 HCL 员工所取的名字)。不过,随着经济形势好转,该公司的员工开始接受竞争对手提供的工作岗位。2010 年第一季度,HCL 流失了 22% 的员工,HCL 需要重新对员工满意度进行审视和反思。

思考:如果你是 HCL 的负责人,你会怎样做?

组织行为学(organizational behavior)是系统地研究人在组织中所表现的行为和态度的

学科,主要聚焦于三个领域:个体行为、群体行为以及组织的各个方面。在本章中,我们主要研究个体行为,包括态度、人格、知觉、学习等内容。

此外,在本章中我们还会讲述有关沟通的概念,并讨论有效沟通存在的障碍和克服障碍的方法。

10.1 态度与工作绩效

态度(attitude)是对物体、人或事件的评价性陈述。态度可以是赞成或反对。态度表明了个体对一个特定对象的感觉。态度由认知成分、情感成分和行为成分三部分组成。态度的认知成分(cognitive component)指的是个体持有的观点、信念、知识或信息(例如:不歧视任何人是正确的)。态度的情感成分(affective component)指的是态度的情绪或者感受(例如:我不喜欢李某,因为他不尊重残障人士)。态度的行为成分(behavior component)指的是个体以某种特定方式对某人或某事采取行动的意向(例如:鉴于我对他的感觉,我可能会避免与他打交道)。当我们提到态度的定义时,我们通常指的是情感成分。

10.1.1 管理者感兴趣的态度

通常来说,员工的所有态度并不会都引起管理者的注意,管理者一般只对员工与工作有关的态度感兴趣,并不会关心员工对其他某些事情的态度到底是怎样的,一般管理者比较感兴趣的态度包括工作满意度、组织承诺、敬业度、离职意愿、工作投入等,在企业和组织的日常管理运营当中,管理者为了提高整体的工作效率以及各项业绩指标,通常会对其感兴趣的各个态度进行考察,以此来鼓励员工更加积极、高效地工作。

1. 工作满意度

工作满意度(job satisfaction)是指组织或公司员工对当前工作的总体态度。工作满意度高的员工通常对工作持非常积极的态度;不满意当前工作环境的员工通常会持消极态度。通常在企业或组织的日常管理运营当中,员工的工作满意度直接影响着员工的工作效率,因此是管理者十分关注的一个指标,下面我们将详细解释工作满意度的重要性。

(1) 工作满意度与生产率

根据霍桑的研究,管理者认为快乐的员工是高效的员工。高工作满意度导致高生产率这一说法遭到学术界的质疑,但是,我们可以看到工作满意度与生产率之间存在显著的相关关系。此外,高工作满意度的组织往往比低工作满意度的组织更有效。

(2) 工作满意度与缺勤率

有研究表明,工作满意度高的员工的缺勤率低于工作满意度低的员工的缺勤率,但实际上工作满意度与缺勤率之间存在不显著的相关性。这就是为什么经常缺勤的员工往往是那些对工作不满意程度较高的员工,但这种关系可能受到其他因素的影响,如公司业绩、公司福利待遇、薪酬等。

(3) 工作满意度与离职率

有研究表明,相较于劳动力市场环境、对工作的预期等其他因素,工作满意度与离职率的负向关系更为显著,即工作满意度越高,离职率越低。结果表明,衡量高绩效员工离职率时,工作满意度的重要程度会显著减小。因为组织通常会通过加薪、表彰等手段来尽最大努力留住高绩效员工。

（4）工作满意度与顾客满意度

对于经常与顾客打交道的一线员工来说,他们的工作满意度与积极的顾客评价密切相关。工作满意度高的员工通常也能够提高顾客满意度和忠诚度,因为当他们对工作感到满意时,他们的态度更友好,能够积极满足顾客的需求,所以工作满意度高的员工通常离职率较低。顾客会遇到更多熟悉的面孔,并接受习惯性的服务。而不满意的客户可能会增加员工对工作的不满。许多服务型行业,如银行,强调提高员工的工作满意度以提高顾客满意度。

（5）工作满意度与组织公民行为

组织公民行为实际上属于一种自愿行为,包括帮助同事、避免不必要的冲突、向组织积极提供建议等。虽然它不属于对员工工作的正式要求,但是能够有效地促进组织运行。有研究指出,组织公民行为与工作满意度中等相关,但是这二者之间的相关关系会受到公平感这一外部因素的影响,即如果你认为你的上司、组织程序或收入政策是不公平的,那么你的工作满意度可能会受到严重影响。不过,如果你认为这些是公平的,那么你对公司会有更多信任感,进而愿意参与本职工作之外的有益活动。对个体员工的组织公民行为有影响的另一项因素是该员工所在的工作群体展现出来的组织公民行为类型。

（6）工作满意度与工作场所不当行为

工作场所不当行为指的是员工可能会产生的某些故意伤害组织或组织成员的行为,通常具有偏差、攻击、反社会行为和暴力四种表现形式。当员工对自身的工作感到不适或不满意时,他们会以某种方式来进行反抗,但是这种反应方式是难以应对的。管理者想控制工作不满所导致的各种后果,就应当更好地解决员工不满这个本质问题,而不是绞尽脑汁去控制各种各样的员工反应。

2. 工作投入和组织承诺

工作投入(job involvement)指的是企业或组织的员工赞同自身的工作、积极投入工作以及重视自身工作业绩的程度。工作投入程度比较高的员工通常会强烈认同并且真正地在意自己所从事的工作。他们所持的积极态度会驱动他们以更积极的方式努力工作。员工的高工作投入与更低的缺勤率、更低的离职率以及更高的员工敬业度密切相关。

组织承诺(organizational commitment)指的是企业或组织的员工赞同其所在的组织,以及认同组织的工作目标,并且愿意留在该组织中的程度。有研究结果显示,组织承诺会导致更低的离职率和缺勤率,在对员工的离职率进行预测的时候,工作满意度实际上并没有组织承诺这一指标有效。这是因为工作满意度只是针对某个具体的工作岗位,组织承诺则是对员工当前所在组织更为全面且持久的回应。如今,员工通常不会把自己的职业生涯的绝大部分时间奉献给某一个组织,而且他们与雇主的关系也发生了很大变化,因此员工对组织的承诺不如之前那么重要。但是有关组织支持感的研究结果显示,组织对员工的承诺也会起到正向的作用。组织支持感是员工对组织是否重视他们贡献的感知程度,以及员工对组织关心他们切身利益的程度的总体看法,通常来讲,组织支持感较高会导致更低的离职率和更高的工作满意度。

3. 员工敬业度

管理者希望员工关心和热情对待自己的工作,并且对工作感到满意,这个概念称为员工敬业度(employee engagement)。敬业度比较高的员工对于当前所从事的工作通常充满激情,并且与自身的工作会有非常密切的联系;而敬业度较低的员工通常可能会丝毫不在意自己的工作。对于组织来讲,拥有敬业度高的员工能够给组织带来诸多好处。第一,相关数据显示,高敬业度的员工比低敬业度的员工更可能实现最高工作绩效,甚至可能要高出 2.5 倍;第二,如果公司的员工大多具有较高的敬业度,那么公司的离职率将会较低,这有助于保持较低的招聘培训成本。

10.1.2 认知失调理论

人们总是想方设法地让自己当前持有的各种态度保持一致,并且会努力让自身的态度和行为也保持一致。这种倾向的存在意味着个体会尽力去缩小态度和行为之间的差异,个体通过改变自身的态度、改变自身的行为或者为不一致寻找合适的理由,从而使自己的态度和行为保持一致,以使自己显得更加理性以及言行一致。通过这一现象,我们来学习认知失调理论。

认知失调(cognitive dissonance)是指个体的态度与态度之间或者个体的态度与自身行为之间的不一致。认知失调理论认为个体态度和行为的矛盾会使人感到非常不舒服,因此个体试图通过三个方面的努力来减少本次失调:第一是造成本次失调的不同因素的重要性;第二是个体认为他们能够影响这些因素的程度;第三是本次失调所包含的奖赏。

一般来说,如果影响本次失调的因素不那么重要,那么纠正这种失调的压力可能会更小。不过,如果这些因素非常重要,那么个体可能会改变自身行为、说服自身这种失调行为并不是很重要、改变自身态度或者寻找比当前失调因素更重要的其他兼容因素。

个体对于这次失调的反应同样取决于个体认为自身对这些因素具有多大的影响力。如果个体认为此次失调是无法控制的结果,也就是别无选择,那么个体通常会不太愿意改变自己的态度,甚至会觉得根本没有必要做出某些改变。打个比方,如果导致此次失调行为的是管理者的强硬命令,那么减少失调的压力就要比自愿实施时少得多。虽然存在失调,但个体可以把它合理化并列出正当理由:我需要遵从管理者的命令。也就是说,该个体别无选择或无力控制这些因素。

另外,奖赏也会影响个体减少失调的努力程度。例如,如果一次严重失调伴随的是极高的奖赏,则往往会减少个体的不适感。

10.1.3 对管理者的意义

态度调查(attitude survey)是指通过一系列陈述或者问题来了解企业员工对他们所从事的工作、所在的工作组或是对老板的看法。态度调查对管理者的意义可以总结为如下几点。

① 态度调查能够获得管理者想要的具体信息。

管理者可以采用定期调查企业员工工作态度的方法来获得具有一定价值的反馈,这能够让管理者更加了解员工对自身目前工作条件和状况的看法。定期的态度调查有利于管理者及时发现组织中可能存在的潜在问题,或是注意到企业员工的某些意图和倾向,以便更好地采取相应措施来防患于未然。

② 态度调查能够降低员工的离职率和缺勤率。

管理者应该关注其员工的态度,因为个体的态度会影响个体的行为,具有高满意度和组织承诺的员工通常具有更低的离职率以及缺勤率。因此如果管理者要想降低员工的离职率及缺勤率,就需要采取一些积极的措施来提高员工的工作态度。

③ 态度调查能够提高员工的工作满意度。

满意的员工通常在日常工作中会具有更好的表现。所以目前已经被证明对提高员工的工作满意度有利的因素,更应该获得企业管理者的关注。举例而言,管理者可以想方设法地让员工的工作变得更有趣或者更充满挑战性,为员工提供公平的薪酬体系,营造良好的、具有支持性的工作环境,还应该积极地鼓励那些为周围人提供热心帮助的员工。管理者对以上这几点因素多加注意,就很可能帮助员工提高工作效率和工作满意度,进而提高组织的整体工作绩效。

④ 态度调查能够获得有价值的员工信息。

管理者应该定期地调查企业员工的工作态度。一项研究表明,企业和组织所能拥有的最有价值的员工信息之一就是对员工总体工作态度的准确测量。

⑤ 态度调查能够帮助员工减少失调。

管理者应该明白,员工试图减少干扰。当员工被要求做与以前行为完全不同的事情,或者在员工思考时明显不同意他们的态度时,如果员工的工资非常重要,可以弥补这种不平衡,那么压力就会减少。如果管理者认为某项工作可能会导致员工之间的某种不平衡,则执行该项工作是非常必要的,通过提出外部因素(如竞争对手、消费者或市场上的其他因素)来缓解这种不平衡,管理者还可以向员工提供一些期望的奖励,如工资和奖金。

【小节案例】

海底捞的核心竞争力

龙湖资本的毛平老师曾经说过,组织能力实际上是海底捞的核心竞争力,那么对于企业而言,组织能力体现在哪些方面呢?是让公司员工能够自愿地为公司工作,或是让一名普普通通的员工做成了很了不起的事情,这些都是从感性的角度来说的。而从理性的角度来看,可以将组织能力理解为阿里巴巴提出的上、下三板斧,上三板斧就是公司的愿景、使命和价值观,而下三板斧则是人才、组织和KPI。

而海底捞的人才是什么呢?是一群普普通通,甚至没有接受过太多培训的年轻人,他们却成为餐饮业优质服务的代表。海底捞是如何做到的?就海底捞而言,就是把员工当作亲戚,把客户当作上帝,信任员工和客户。

如果企业对员工好,员工是能够明显感受到的,那么员工也可以每天对每位顾客都笑脸相迎,这样顾客也就更愿意去消费。企业把自身提供的服务做好了,企业的口碑和声誉得到了传播,更多的顾客也都愿意来。而随着接受企业提供的服务的顾客数量的增加,企业就能够赚取更多的利益,因此企业就有能力将很多的资金和精力投入企业员工的身上,公司有足够的能力为员工提供更好的条件,员工就会被企业的行动感动,这样就能形成一个积极的良性循环,这也是罗辑思维在一场跨年演讲里提到的"信用飞轮"。换句话说,实际上海底捞的口碑树立不仅仅是一个对外区别于同行的过程,更是一个对内激励企业员工的过程。

思考：海底捞在经营过程中是怎样保持员工积极性的？

10.2 人　　格

人格(personality)是个体情感模式、思维模式和行为模式的独特心理文化功能组合。这些模式会影响个体如何与其他个体进行互动，或者个体针对不同的情况采用何种应对方式。为了预测个体可能的行为，研究者们需要对人格进行描述，而要描述人格就要对被研究个体所表现的人格特质进行测量。就像态度一样，人格也会影响人们如何行事以及为何如此行事。这些年来，许多研究者试图确定哪些人格特质可以最好地描述人格，并在多年的实践当中总结出了一些对人格进行测量和描述的方法。在接下来的内容当中，我们会介绍两种最常用的描述人格的方法，分别是迈尔斯-布瑞格斯类型指标(Myers-Briggs Type Indicator, MBTI)和大五人格模型(big five model)。

10.2.1　迈尔斯-布瑞格斯类型指标

迈尔斯-布瑞格斯类型指标是一个常用的描述人格的评估工具，其中包含了100个与人格相关的问题。它主要询问的是人们在各种不同的实际情况下通常可能会如何进行思考或采取行动。根据被试者的回答就可以判断评估对象在以下四个范畴中表现出哪种偏好：外向型或内向型(E或I)；领悟型或直觉型(S或N)；思维型或情感型(T或F)；判断型或感知型(J或P)。下面我们将对这些人格类型进行进一步的详细阐释。

1. 外向型(E)与内向型(I)

表现为外向型人格偏好的个体往往性格开朗，善于与人交际，面临选择时能够果断地做出决定。一个不断变化、以个体行动为导向的工作或生活环境会让他们感到如鱼得水。他们有较强的与他人共处并交流互动的需求，并且比起一成不变的生活，他们更喜欢丰富多彩的人生经历和体验。

表现为内向型人格偏好的个体则恰恰相反，他们更加害羞且内敛，需要一个安静的、可以让他们专注于工作的环境，而不必受到社交活动的打扰。与多变的人生体验相比，他们更喜欢针对某一项事物进行深入的探究。

2. 领悟型(S)与直觉型(N)

表现为领悟型人格偏好的个体更加关注实际问题，在工作和生活中更喜欢遵循常规、遵守秩序。面对新的问题会让他们感到厌恶，除非他们有一套规范化的管理方法可以帮助解决这些新的问题；他们喜欢封闭的工作环境，往往会从细节入手去处理工作内容，在常规工作中会表现出极大的耐心。

表现为直觉型人格偏好的个体则更注重感觉的反馈，第六感、潜意识等都是他们关注的对象。他们会从全局入手去解决问题、得出结论，不喜欢重复性的工作，一些常规的细节工作在他们眼里往往是枯燥乏味的。比起重复性的劳动，他们更喜欢解决新的问题，并且往往会以跳跃性的方式得出结论。

3. 思维型(T)与情感型(F)

表现为思维型人格偏好的个体往往更加喜欢采用理智的方式进行决策。他们喜欢使用逻辑分析和推理等有条理的方式进行思考,只注重对效率和工序的改进,却常常会忽略其他人的心情。这种人常常能够带来高效率、高回报,但是在人际关系上却会稍有欠缺,显得不近人情,更喜欢采用惩罚,甚至是解雇的方式管理员工。

表现为情感型人格偏好的个体会更看重个人情感的满足和个人价值观的体现,对其他人和他们的情感世界有敏锐的知觉。他们富有同情心,需要和谐相处的人际关系,喜欢经常受到其他人的表扬,能够与绝大多数人愉快地相处。但他们往往不愿意将不愉快的事情告知他人。

4. 判断型(J)与感知型(P)

表现为判断型人格偏好的个体常常想要一切尽在自己掌握中,喜欢自己周围的世界秩序井然、有条不紊。他们对自我要求非常严格,有明确的目标,并且能够坚决果断地执行,是非常优秀的规划者。他们只专注于完成当前的一项任务,能够快速地做出判断和决策,在收集资料的过程中只想获得完成当前任务所必需的信息。

表现为感知型人格偏好的个体更加率性,他们在处理问题的过程中会表现得比较灵活。在完成某项任务时,他们更关注启动任务的过程,由于他们具有旺盛的好奇心,因此会希望在启动任务之前就获得全部的信息,而这常常导致他们推迟做出决策。除此之外,感知型的个体适应不同环境的能力更强,并具有更强的包容性。

通过对这四组偏好进行组合,我们就可以得到 16 种不同倾向的人格类型。表 10-1 简要总结了其中两种人格类型。从这两种类型的描述中可以看出,在对待工作和处理人际关系时,不同的人格类型往往会采取不同的方式,而这些方式尽管有所不同,但无法分出优劣。

表 10-1 MBTI 人格模型的两种示例

类型	描述
内向型-领悟型-情感型-感知型	敏感而和蔼,谦虚且害羞,能够友善地对待他人。这样的人会力图避免产生意见分歧,因为这会让他们感到厌恶。他们具有很高的忠诚度,并且很乐意完成工作任务
外向型-直觉型-思维型-判断型	待人友善、热情,能够果断地做出决定,为人比较直率。擅长处理需要逻辑推理和智慧的复杂任务,尽管有时会显得能力不足

对于我们每一个人而言,对 MBTI 人格模型进行一定的了解是很有必要的,因为它能够帮助我们和上级或下级进行良好的沟通。如果你与你的上司分属领悟型和直觉型,为了使你与你的上司能够融洽地相处,你在进行汇报时就需要采取一定的策略,着重描述你对当前情况的感觉,而非局限于相关的事实。因为直觉型的个体在收集信息的方式上与领悟型的个体存在一定的差异,相较于偏好事实的领悟型,直觉型的上司可能更喜欢本能的反应。此外,迈尔斯-布瑞格斯类型指标还被用来帮助管理者更好地实现员工与工作岗位的匹配。

10.2.2 大五人格模型

近年来的研究已经表明,有五种特质能够囊括绝大多数重要的人格变量,研究者将这五项基本人格维度总结为大五人格模型,其中包含的五种人格特质如下。

① 外倾性:个体喜爱交际、健谈、果断以及善于和他人相处的程度。
② 随和性:个体性情随和、乐于合作和值得信任的程度。

③ 尽责性：个体值得信赖、承担责任、言行一致和以成就为导向的程度。

④ 情绪稳定性：个体平静、热情、有安全感（积极的）或者紧张、焦虑、沮丧、缺乏安全感（消极的）的程度。

⑤ 开放性：个体聪明、兴趣广泛、富有想象力和好奇心以及具有艺术敏感性的程度。

大五人格模型所能提供的远远超出一个研究框架，其中包含的人格维度，已经被实践验证会对工作绩效产生重要的影响。例如，有一项研究针对以下五类职业展开了考察：警察、销售员、管理者、工人，以及专业技术人员。研究结果显示，这五类职业的绩效都可以通过尽责性基本准确地得到预测，而具体职业和工作情境则会对其他几个人格维度的预测产生影响。但出乎意料的是，情绪稳定性不与任何职业的绩效具有正相关关系。另一项研究则考察了此模型能否预测管理绩效。该研究发现，在采用360度绩效评估法的情况下，大五人格模型能够预测管理绩效。其他一些研究表明，能够在工作相关的领域获得更多知识的员工往往在尽责性维度上得分更高，这也许是因为他们的这一人格特质会督促他们学习更多知识，以在工作上取得更高的成就。

10.2.3 其他有关人格的见解

除了上述的两种方法外，我们还可以采用其他多种类型的人格特质对人格进行描述。下面将要介绍的几种人格特质也能够有效预测组织中的行为。

1. 控制点

控制点包含内控型和外控型。控制点为内控型的人是相当自信的个体，他们认为个人的命运掌握在自己手中；而控制点为外控型的人则相对悲观，他们认为自己的生活更容易受到外部因素的影响，诸如运气或机遇等都是可能的影响因素。有研究指出，内控型员工更容易对自己的工作感到满意，能够更好地融入工作环境，在工作中也会表现出更强烈的奉献精神。此外，当出现令人不甚满意的绩效评估结果时，外控型员工更容易将这一结果归咎于外部因素，而内控型员工则更愿意进行自我反思。

2. 马基雅维利主义

马基雅维利主义以政治家尼科洛·马基雅维利的名字命名。马基雅维利认为为达目的可以不择手段，马基雅维利主义也因此成为权术和谋略的代名词。高马基雅维利主义的个体相较于群体的利益更在乎自己的实际利益，认为只要结果是好的，那么为了达成这一结果所采取的手段就是正当的，并且在生活中也较少与他人产生情感方面的牵连。如果在评估工作绩效时，不将道德因素纳入考量，那么高马基雅维利主义的个体往往会被评为优秀员工。不过高马基雅维利主义者在达成自身目的的过程中，所采取的手段可能会对群体中的其他个体造成损害，因此马基雅维利主义是一个值得注意的倾向。

3. 自尊

自尊是人们喜爱自己的程度，这一人格特质会直接影响个体对成功的期望值。低自尊者往往不认为他们有取得事业成功的可能性，而高自尊者在选择工作时的冒险倾向更重，因此更容易选择一些非常规的工作岗位。与高自尊者相比，低自尊者更需要通过他人的赞美来获取信心，因此更倾向于寻求他人的认同，容易受到外部影响，并且乐于尊重自己认为是权威的那些人的观点和行为。在管理岗位上，低自尊的管理者甚至会取悦他的员工，因而在公司策略的制定上会更多地从员工喜好的角度出发。此外，一些研究发现，自尊与工作满意度之间存在相关关系，这些研究表明，高自尊者更容易对自己的工作感到满意。

4. 自我监控

自我监控指的是根据外部情境因素调整自己行为的能力。高自我监控者能够捕捉到外界的任何一点风吹草动，他们会像变色龙一样根据外部环境的变化做出实时的反应，从而灵活应对各种不同情境。高自我监控者能够使自己的公共形象与真实自我截然不同，而低自我监控者在面对不同的环境时都会持续表达真实的自我，所作所为表现出很高的一致性。一些关于这一人格特质的研究显示，高自我监控者会对他人的一举一动施加更多的关注，从而更加灵活地调整自身的行为。此外，相较于低自我监控者，高自我监控者在工作中有更多取得晋升的机会，职业生涯的流动性也更强，更有可能在公司中担任重要职位。高自我监控者可以适时地表现出各种"面孔"，这对于管理者来说是一种重要的特质，因为他们需要扮演不同的角色以应对工作中的不同情境。

5. 冒险

人们的冒险意愿各不相同。研究表明，在面对风险时，不同的个体可能会倾向于承担或规避风险，而这种个体间的差异使得管理者在制定决策或做出选择时要采取不同的策略。为了最大限度地实现组织的效力，管理者应当根据具体的工作要求选择具有不同冒险倾向的员工。

6. 其他人格特质

还有一些人格特质也值得注意。

主动性人格描述了这样的个体：他们能够发现机会并表现出主动性以及采取行动，直到发生有意义的变化。研究表明，具备主动性人格的个体能够给组织带来许多有价值的行为。例如：他们更有可能被视为领导者，而且更有可能在组织中扮演变革推动者；他们更有可能对现状提出质疑；他们具有企业家的精神和能力；他们更有可能实现事业成功。

心理弹性指的是个体克服挑战并将之转化为机遇的能力。心理弹性是维持一份工作的一项关键因素；具有心理弹性的个体可能会更加灵活和以目标为导向，具有更强的适应能力。组织行为学领域的研究者考察了心理弹性和其他一些个体特征，其中包括积极心理资本概念中的效能、希望和乐观主义。研究发现，这些特征与更强的幸福感及更少的工作压力是有关联的，最终影响人们在工作中如何行事以及为何如此行事。

此外，没有哪个国家的国民会共同拥有某种特定的人格特质。例如，在几乎每一种文化中，你都会发现爱冒险者和不爱冒险者。不过，一个国家的文化会对其国民的主流人格特征带来影响。在人们认为自己能够掌控外部环境的程度方面，各种民族文化之间存在差异。因此，对于一些跨国企业的管理者而言，从某一国家和民族文化的角度来看待该文化情境下的员工人格差异是非常重要的。

10.2.4　情绪和情绪智力

情绪（emotions）是对某人或某事的强烈感受。情绪是针对具体对象的，也就是说，情绪是对某个对象做出的各种反应。研究已经确定了六种普遍的情绪：愤怒、恐惧、悲伤、快乐、厌恶和惊奇。

面对同一种刺激，人们在情绪方面的反应会有所不同。在有些情况下，这种差异是源于个体的人格，因为每个人表达情绪的能力是不一样的。不过，在另外一些情况下，人们在情绪方面如何应对则是源于工作要求，对于需要表现出什么类型的情绪以及多大强度的情绪，不同工作具有不同的要求。例如,人们期望空中交通管制员、急诊室护士和法官即使在面对巨大压力时,也能保持沉着冷静。

在情绪智力领域进行的研究也对人格提供了一些有趣的见解。情绪智力(Emotional Intelligence,EI)指的是察觉并管理情绪线索和信息的能力,它由以下五个维度构成。

① 自我意识:认识自身情绪的能力。
② 自我管理:管理自身情绪和冲动的能力。
③ 自我激励:直面挫折和失败并坚持不懈的能力。
④ 感同身受:察觉他人情绪的能力。
⑤ 社会技能:处理他人情绪的能力。

情绪智力与所有组织等级上的工作绩效都存在正相关关系。杨慧芳和顾建平于2007年对211名企业管理者的情绪智力、自我效能感、成就动机的特征及它们与企业管理者绩效的关系进行了研究。其结论是不同管理层级、不同管理岗位、不同地区的企业管理者的情绪智力、自我效能感、成就动机水平存在显著差异;情绪智力的他人情绪评估维度对高层管理者绩效有显著的正向预测力。

10.2.5 对管理者的启示

对于管理者而言,如果他们想让员工取得更高的工作绩效,或者想提高员工对工作的满意度,那么他们就要将不同人格类型的员工分配到相匹配的工作岗位上去。如何合理分配员工?这就涉及一个新的理论——工作匹配理论。这一理论是由心理学家约翰·霍兰德(John Holland)提出的。他认为,一名员工的人格是否与工作环境相匹配,决定了其离职的可能性大小以及对工作的满意程度。表10-2描述了霍兰德划分的六种人格类型、每种人格类型的特征以及所适合的职业类型。

表10-2 霍兰德的人格-工作匹配

人格类型	人格特征	职业类型
现实型:偏好需要技能、力量和协调性的体力活动	害羞、真诚、坚持不懈、稳定、顺从、注重实际	机械师、钻井操作工、装配线工人、农场工
研究型:偏好需要思考、组织和领悟的活动	独立、重视原创和分析、好奇心强	生物学家、经济学家、数学家、新闻记者
社会型:偏好可以帮助和开发他人的活动	合作、友善、善解人意、好交际	临床心理学家、教师、咨询顾问、社会工作者
传统型:偏好有规可循的、有序的、清楚明确的活动	顺从、高效、注意实际、缺乏想象力和灵活性	档案管理员、业务经理、银行出纳员、会计师
企业型:偏好有机会影响他人和获得权力的言语活动	自信、雄心勃勃、精力充沛、喜欢支配他人	律师、房地产经纪人、公共关系学家、小企业经理
艺术型:偏好模糊的、不规则的、可以发挥创造力的活动	富有想象力、喜欢无拘无束、理想主义、情绪化、脱离实际	室内装潢设计师、音乐家、作家、画家

霍兰德认为,要想让员工的离职率最低、工作满意度最高,就要使员工的人格特质与其职业及岗位相匹配。这个理论的核心观点是:①在人格方面,不同的个体存在明显的本质差异;②工作类型是多种多样的;③当工作环境与员工的人格类型相匹配时,员工对工作更满意,更不容易离职。

如果管理者想要理解为什么不同的员工对某个快速决策展现出了不同的接受程度,为什么有的员工在着手完成某项任务之前要收集大量相关的信息,他们就需要认识到,不同的个体解决问题或做出决策所采取的方式是不同的。例如,如果一个管理者对控制点理论有了解,那么他就能够预料到内控型员工愿意为自己的行为承担相应的责任,对工作的满意度也更高。

一位成功的管理者,要通过与组织内外的不同个体开展合作以实现目标,因此需要对不同的个体有深入的理解,而这种理解在很大程度上取决于管理者对人格特质的认识。此外,管理者还必须具备的一项技能就是根据情境的变化来对自己的行为进行调整。

【小节案例】

交叉销售战略的失败

在一家经营办公设备的公司中,管理者决定实施交叉销售战略,即让售后服务部门既提供售后服务,同时兼顾其他办公设备的销售。在这一决策的驱动下,公司对售后服务部门的工作人员进行了培训,以帮助他们获得销售技能。然而,许多售后服务部门的工作人员无法适应销售工作,不能很好地完成销售人员和服务人员的双重身份转变。为了落实这一战略,公司又组织了多次教育和培训,为了督促员工达成业绩目标,甚至设置了硬性业绩考核标准,但销售业绩仍旧没有明显提高,部分员工甚至因为不合理的工作设置产生了抵触情绪。

人力资源部门认为,不应该采取这样"一刀切"的做法,而应该让对销售感兴趣的人去销售产品,而其他人仍旧只做售后服务。在人力资源部门的要求下,陈经理给该公司引入了"职业性向理论",并组织售后服务部门的员工进行了测试。测试结果显示,性格为外向型、微外向型或双向型,职业性向为创业型的员工兼顾售后服务和销售工作,其他人则只专注于售后服务工作。

公司在进行战略调整后,平均每月的销售业绩上涨了28%,顾客的满意度也从78%上升到了91%。管理层正在论证将这一战略推广到全公司的可能性。

思考:为什么该公司最开始的战略失败了?陈经理的做法正确吗?

10.3 知　　觉

知觉(perception)是个体通过组织和解读自身感觉到的印象而对周围环境赋予特定意义的一种过程。关于知觉的研究一致表明,即便人们看到相同的事物,也会产生不同的知觉。

10.3.1 影响知觉的因素

有许多因素会对知觉产生影响,有时甚至会给知觉带来一定程度的扭曲。这些具有影响力的因素主要存在于具体知觉者、需要我们具体感知的知觉处理目标或处理对象,以及知觉处理活动可能发生的实际情境中。

1. 知觉者

当一个新的目标出现在产生知觉的个体面前时,个体就会尝试对目标进行分析和解读,这一解读过程可能会受到知觉者某些个人特征的显著影响。这些个人特征通常包括态度、人格、动机、兴趣、经验以及预期等。

2. 所感知的目标或对象

被观察的对象本身的特征也会影响人们的知觉。在一个群体当中,安静的人可能更不会引起他人的注意,而爱热闹的人可能被一部分人认为非常讨厌,同时另一部分人则认为他们非常迷人。另外,被观察的对象与其客观背景及周围事物之间的联系也会影响人们对其的知觉,因为人们往往并不会单独分析某种事物,而是以组合的方式看待它们,这种组合中往往包含许多相似的或彼此关联的事物。

3. 具体情境

我们在观察一个物体或其他事件时的具体情境也是十分重要的。物体或事件被看到时的情况,包括时机、地点、光线、温度以及颜色等各种情境因素都会在不同程度上对人们的知觉产生影响。

10.3.2 归因理论

归因理论(attribution theory)被广泛用于解释我们对个体某种特定行为的归因是如何影响我们对他人的判断的。基本上来说,归因理论认为当我们对个体的某一特定行为进行观察时,我们会分析究竟是外在因素(外因)还是内在因素(内因)导致了个体的这一行为。外因指的是个体无法控制的外部因素,即个体感受到的情境压力,内因影响的则是个体可以控制的行为。不过,这种判断取决于以下三个因素:区别性、一致性以及一贯性。

区别性指的是个体是否在不同情境中表现出不同的行为。例如,小明——一个今天没有完成作业的同学——是否被大家认为是经常拖欠作业的人?对于例子中的小明来说,如果该行为不常见,那么知觉者往往认为这一行为是由不受个体控制的外部因素导致的。不过,如果该行为很常见,那么它很可能被视为是由内因导致的。

如果面临某种相似情境的所有人都做出相同的应对,那么我们可以说这种行为表现出一致性。例如,如果班级上的所有同学都没有完成作业,那么这就是一个表现出一致性的行为。从归因理论的角度看,在一致性较高的情况下,观察者可能会把没有完成作业的行为归于外因,也就是说,某种外部因素(也许是作业太难或者有集体活动)导致了这种行为。不过,如果班级上的其他同学都按时完成了作业,那么观察者会认为某位同学没完成作业的行为是由内因导致的。

观察者还会考察个体行为的一贯性。这个人是否总是实施这些行为?这个人是否长期以来都做出相同的应对?没有完成作业会由观察者做出不同的解读。如果是一名总是能按时完成作业的同学,在观察者眼中这只是一个偶发事件。而如果是一名经常不交作业的同学,观察者则会认为这是其固定模式的组成部分。观察者往往会将一贯性程度高的行为归结于内因的影响。

在归因理论的实践过程中,研究者们得出了一个有趣的结论:错误或偏见会扭曲我们做出的归因。一种被称为基本归因错误（fundamental attribution error）的倾向是，当观察者在对他人的行为做出判断时，总是倾向于高估内因的影响，同时低估外因的影响。另一种被称为自我服务偏见（self-serving bias）的倾向则描述了人们经常将自己的失败归咎于外因，而将自己的成功归功于内因的行为。有证据表明，文化的差异会导致扭曲归因结果的错误或偏见不同。

10.3.3 对他人进行判断的其他常用方法

感知并解读他人的行为是一项繁重的工作，因此，我们会利用各种捷径来使这个任务更易于完成。在下文中我们会介绍三种不同的技巧，这些技巧非常有价值，因为我们可以凭借这些技巧快速做出基本正确的解读，也能够获取作为预测依据的有效数据。不过，它们并不是完全正确有效的，并且经常使我们陷入各种麻烦。

如果假设其他人和我们相似，那么判断其他人则是一件容易的事情。在假设相似性（assumed similarity）或"像我"效应中，在更大程度上影响观察者对他人知觉的是观察者自身的特征，而非被观察对象的特征。

当我们根据自己对某一个体所属群体的印象来判断该个体时，我们正在采用一种被称为刻板印象（stereotyping）的捷径。不过，许多刻板印象并不是真实的，会扭曲我们的判断。

当我们根据个体的某种单一特征而形成对该个体的总体印象时，我们正受到晕轮效应（halo effect）的影响。

【小节案例】

庞统的"窘境"

在小说《三国演义》中，庞统（一位同诸葛亮一样备受称赞的谋士）去拜见孙吴帝国的建立者孙权。孙权见他"浓眉掀鼻，黑面短髯"，长相非常丑陋，因而不喜欢他。他又去拜见刘备，刘备也因为他丑陋的容貌而不悦。两个领导者都认为像庞统这样长相丑陋的人，必定没有才能，因而并不重视他。

思考：孙权和刘备对庞统的看法体现了什么理论？这种看法受什么因素的影响？

10.4 学　　习

个体行为类别最后一个需要掌握的概念是学习。我们之所以在讨论个体行为时把学习也纳入进来，是因为几乎所有行为都是通过学习获得的。要想解释、预测和影响个体行为，就需要深入了解学习的过程和模式。

一般人通常认为学习是"我们在学校里做的事情"，但心理学家对学习的定义要广泛得多。我们始终都在学习，因为我们会持续不断地从自己的经历当中吸取经验教训。学习（learning）可以被定义为：通过经历而发生的相对持久的行为变化。有两种学习理论可以帮助我们理解个体行为如何发生以及为何发生。

10.4.1 操作性条件反射

操作性条件反射(operant conditioning)理论认为,行为是其结果的函数,也即自然发生的行为导致的结果会决定该行为再发生的频率是增加还是减少。通过学习,人们可以知道如何通过正确地做事来获得自己想要的东西,并避免自己不想要的东西。这种过程即是通过奖励或惩罚来增加或减少某一个行为。和与生俱来的反应不同,操作性行为是自愿的或习得的行为,而不是天生就已经掌握的行为。如果这种行为所直接导致的结果被强化,那么将会影响该行为再次发生的倾向。也就是说,使用强化物会强化这种行为,增加该行为被重复的次数,缺乏强化物会削弱这种行为,并且减少该行为被重复的次数。

伯尔赫斯·弗雷德里克·斯金纳(Burrhus Frederic Skinner)的研究显著扩展了我们对操作性条件反射的认识。斯金纳的观点认为,行为主要是后天习得的,并不是发端于内部(或者说是反射行为或天生的行为)。他指出,如果实施某种行为会得到正向的激励,那么人们会更愿意实施该行为;而且,如果在实施某种行为之后,立即提供一定程度的奖励刺激,则奖励效果最为明显。此外,如果一项行为不仅没有得到正向的奖励刺激,反而受到一定程度的惩罚,那么该行为重复的可能性会大幅度降低。

10.4.2 社会学习

个体不仅可以通过直接体验来学习,还可以通过观察或聆听发生在他人身上的事情来学习。不仅加诸个体本身的刺激物可以让其获得或失去某种行为,观察别的个体的社教化学习过程也可以获得同样的效果,这个过程被称为社会学习。受到积极强化、消极强化、无强化、惩罚的影响,个体将改变某一具体行为的发生概率。而通过观察他人(榜样),如父母、教师、同伴、管理者等,学习者可以获得许多的社会经验和知识。这种认为我们可以通过直接经验以及观察他人来学习的观点称为社会学习理论(social learning theory)。在社会学习理论中,个人将会受到组织中他人(榜样)以及环境的影响,且因榜样的不同,个体受到影响的程度也不同,总体上这种影响可以分为以下四个过程。

① 注意过程。注意是个体意识或者心理活动所处的状态,当个体注意到并发现榜样的一些关键特征时,就是向榜样学习的过程。对个体而言,重要的或者吸引人的、反复出现的行为将对个体产生重要的影响。

② 保持过程。保持即注意到一些典型的特征或者行为后,依然可以记起注意过程的状态。即使榜样的特征或者行为随后不会出现,但只要个体依然清晰地记得对榜样的注意过程,则榜样对个体的影响会持续存在。

③ 复制过程。个体将头脑中的一些有关榜样的表现、符号转化成行为的过程。个体通过观察榜样,学习到一种新行为后,必须转化为亲自的实践才是对注意过程的延伸。因此,只有当个体成功表现出了复制过程,才能表明该个体通过注意和保持过程对关键特征进行了学习,并能够真正实施榜样行为。

④ 强化过程。强化过程学习需要训练对象不断地和环境进行交互,通过试错的方法来选择出最佳的决策。如果个体做出某项行为后,获得了积极的奖励,就会激励个体做出该行为。个体将会学习得更好,而且该行为将会出现得更加频繁。

10.4.3 行为塑造：一种管理工具

由于学习行为发生在工作的全流程当中，因此管理者需要重视如何培训员工在组织中的做事方式。为此，管理者常常采用一种被称为行为塑造的方法。该方法的含义即按照一定的流程和模式来对员工进行培训。

行为塑造有四个重要方向，包括：正向强化、负向强化、惩罚、忽视。当个体做出一种行为之后伴随着愉快的感觉，即正向的强化激励，将会提高这种行为再次出现的可能性。例如，表扬员工的工作出色、工作认真细致，这就是正向强化。当个体做出一种行为后伴随着不愉快的感觉，即负向的强化激励，就会降低这种行为再次出现的可能性。例如，告诉员工不应该这样做，或对员工进行口头批评。惩罚是在个体做出某种行为后，对其进行处罚，目的是消除这种行为的再次发生，如书面批评、检讨、处分等。把所有维持某种行为的因素都取消的方式是忽视。在这种方式中，所有存在强化个体行为的强化物都会被取消。正向强化和负向强化会导致学习，这种学习是通过强化合乎组织发展的行为来提高行为的重复性。惩罚和忽视也会导致学习，但它们是通过削弱不合意的行为并减少其发生频率来发挥作用的。

【小节案例】

员工的自觉打扫

某企业是一家经营高精尖产品的大企业，清洁卫生工作对产品十分重要。在一次工作中，领导视察并批评某基层单位部门的卫生状况不好。直管部门对此召开专门的工作总结会议，对为什么会出现此类情况进行了深入的分析和总结。从此之后，每当企业领导要视察该单位，员工们就立即自觉打扫卫生，保持车间的清洁卫生。直管领导随后又对该现象进行了深入的总结，对员工的这种行为进行了表扬。

思考：员工自觉打扫卫生的行为是怎么获得的？领导是如何培养员工的这种行为的？

10.5 沟通的本质和职能

10.5.1 沟通的本质

沟通（communication）就是意思的传递和理解。即要表达一定的信息和观点，同时有另一方对该信息和观点进行接受。在企业管理中，不仅领导者需要大量的沟通，员工之间也会因工作的开展和推进而不断协调沟通。沟通的发生常出现在问题发生之后，针对问题，需要不断传递信息和理解信息来解决问题。在日常工作过程中，每位员工都需要与其他人打交道，通过对话、协商、争论、说服等沟通方式来解决发生的问题。

一般来说，沟通的方式多种多样，通过文本、声音、肢体语言、眼神、气味等都可以实现沟通。因沟通目的和沟通内容不同，沟通的方式也千变万化。如果没人听见讲话者说话，或者没人阅读作者撰写的材料，那么也不会发生沟通。同时，沟通最核心的目的是互相理解对方想传达的信息，实现对所传递信息的正确接收与理解，最后达成一定程度的共识。或者说，一次成功的沟通过程会涉及传递的信息被准确地表达与理解,信息发送者发出准确的信息,信息接收者对该信息进行了准确的接收并充分理解该信息。

如果总是不能理解别人传达的意思,就无法实现成功或者完美的沟通交流,相应的交流成本会增加,从个人角度会对人际关系造成不利影响,从组织角度会对工作推进产生阻力。对一个组织而言,良好的沟通可以让组织里的成员认清形势,在思想和行动上保持高度的一致性,提高决策的效率和执行的效果。可以说,通过良好的沟通,员工间可以更加团结紧密合作,实现决策并达成共识。

良好的沟通常常被沟通双方误解为对信息达成一致意见,而不是对信息的清晰理解。如果某个人不同意我们的观点,那么我们认为这个人并没有完全理解我们的立场。换句话说,有许多人把良好的沟通定义为让某个人接受自己的观点或意见。但是,沟通也可以这样表示:我能够清楚地理解你的意思,但却并不同意你所说的话。

沟通过程是管理工作的重要过程,通过有效沟通,可以提高员工的工作效率,实现组织目标。沟通过程既包括以个人为主体的个人间的沟通,也包括以组织为主体的组织间的沟通。对于管理者来说,这两种沟通类型都非常重要。

10.5.2 沟通的职能

沟通具有四种主要职能:提供知识和信息,激励,控制与协调,传达意见态度与情感。对企业上下的管理者而言,可以通过几种不同的沟通方式来实现管理活动,以实现对企业的管理过程进行良好的控制。

沟通的第一个重要职能是提供信息提供者想表达的知识与信息,企业组织中的成员通过沟通来实现信息的共享。在组织的管理与运转中,信息的准确传达是非常关键的一个因素。优秀的管理者会通过有效的沟通手段保证知识和信息被准确有效地提供。沟通可以提供信息来帮助员工或管理者完成组织中的工作任务。

沟通的第二个重要职能是激励,组织间的深入沟通将有效发挥激励作用。这种激励作用的前提是管理者通过有效的沟通手段来向员工阐明需完成的任务范围、应当有的工作表现、预期的工作成果等。当员工设置具体目标、为实现这些目标而努力以及获得目标进度反馈时,沟通都是不可或缺的。

沟通的第三个重要职能是控制与协调,通过管理者在组织中的权力层级,按照一定的指导原则来对员工的行为和管理活动进行控制。在实际的管理活动中,沟通的控制职能常发生在组织上下级间,而协调职能常发生在组织成员的内部,如员工之间。

沟通的第四个重要职能是传达意见态度与情感。与提供知识与信息不同,组织通过沟通交流可以实现情感层面的交互,从而增进员工与管理者之间的感情,让对方在接受知识与信息的同时感受到情感与态度,这样的沟通才会有效果。对一个组织而言,优秀的管理者可以通过沟通交流改善人际关系与人际氛围。

【小节案例】

艾琳和李先生的关系恶化

艾琳是某大型公司销售部门的一名年轻员工,很受销售经理迈克的赏识,为人和善,与周围同事的关系都很融洽。但两周前,销售部门的老员工李先生总是在工作中挑艾琳的错误,在众人面前指出艾琳的错误,或者故意在其他员工面前指桑骂槐。更为甚者,李先生通过各种手段,将艾琳手中的一些重要客户抢走了,一些重要的订单成了李先生的功劳,艾琳倒显得"出力不讨好"。

一开始的时候,艾琳心想自己是新员工,多出力是应该的,受到前辈的指教也是应该的。虽然艾琳有点失落,但抱着以和为贵的办事态度,也从没有在迈克面前提过自己与李先生的事情。但是,面对艾琳的退让,李先生不仅没有理解,反而变得更加嚣张,在抢走了艾琳的重要客户后,又到副总那里告状,说艾琳工作不出力,差点造成公司的重大损失。艾琳气不过此事,也跑去向自己的领导迈克告状。迈克听闻此事后,将李先生叫到办公室批评了一顿。从此,艾琳和李先生的关系更加恶化,成为绝对的"敌人"了。

思考:艾琳和李先生最后的结果是没有发挥沟通的哪个作用?销售经理迈克对这件事情的处理到位吗?

10.6 人际沟通

10.6.1 人际沟通的方式

在沟通发生之前,必须存在一个意图,我们称之为将被传递的信息(message),它在发送者(信息源)与接收者之间传递。该信息首先转化为符号形式(编码,encoding),然后通过某种媒介(渠道,channel)传递给接收者,接收者则对收到的符号进行再译(解码,decoding)。通过这一过程,信息就能够在发送者和接收者之间形成回路,也就是说,发送者和接收者之间能够发生沟通。但是,信息的传递并不是在真空的环境下进行的,信息在传递过程中容易被干扰或破坏,这就涉及一个新的概念:噪声。噪声(noise)指的是对信息的传送、接收或反馈造成干扰的因素。任何能够影响信息传递效果的因素都可被称为噪声,常见的噪声包括来自网络的信息偷窃、发送者或接收者处的背景干扰音、信息传递过程中的误投等。噪声是无处不在的,不可能有完全不受噪声影响的信息传递过程。此外,噪声对信息传递过程的影响并不局限于某一个环节,在信息传递的全过程,噪声可以随时进行干扰,影响信息的传递。图 10-1 描述了沟通过程(communication process)的要素。

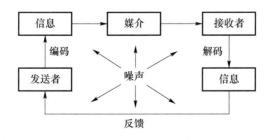

图 10-1 沟通过程的要素

沟通往往包括图 10-1 所示的全过程,缺一不可,但是沟通的方式是多种多样的,我们可以根据自己的情况进行选择。表 10-3 比较了各种不同的沟通方式。管理者最终选择的沟通方式应该综合体现发送者的需要、所沟通信息的特性、渠道的特性以及接收者的需要。

表 10-3　对各种沟通方式的比较

比较方面		对应的沟通方式
反馈潜力	高	面对面沟通 电话沟通 视频会议
	低	刊物
容纳复杂性的能力	高	面对面沟通
	低	公告牌
宽度潜力	高	面对面沟通 公告牌 电子邮件
	低	传统邮件 录音带或录影带
保密性	高	面对面沟通 语音邮件
	低	刊物 公告牌 录音带或录影带 电视电话会议
编码容易度	高	面对面沟通 电话沟通
	低	刊物
解码容易度	高	面对面沟通 电话沟通 热线电话 语音邮件
	低	备忘录 传统邮件 刊物 传真
时空限制	严格	面对面沟通 群体会议 正式宣讲
	宽松	备忘录 传统邮件 传真 刊物 语音邮件

续 表

比较方面		对应的沟通方式
费用	高	群体会议 正式宣讲 视频会议
	低	公告牌
人情味	浓	面对面沟通
	淡	备忘录 公告牌
正式程度	高	传统邮件 刊物
	低	面对面沟通 电话沟通 语音邮件
信息可得性	高	备忘录 传统邮件 传真 刊物 公告牌
	低	正式宣讲 面对面沟通 电话沟通 群体会议 录音带或录影带 热线电话 电子邮件 语音邮件 电视电话会议 视频会议

资料来源:罗宾斯.管理学[M].11版.北京:中国人民大学出版社,2012:404-405.

非语言沟通(nonverbal communication)是指不借助语言完成的沟通,它也是一种人际沟通的方式,是人际沟通中不可或缺的一项。非语言沟通的方式有很多,最常见的是肢体语言和语调这两种。

肢体语言(body language)指的是传达意义的手势、面部表情和其他肢体动作。简单举例来说:当一个人大笑时,这个人当前一定是愉悦的、满意的,传递了这个人的积极心理;当一个人哭泣时,这个人一定是伤心的、低沉的,传递了这个人的消极心理。肢体语言能够表达一个人的心情、状态、观点甚至这个人的习惯、特性、心理想法,对于微观表情学家来说,仅仅通过一个人的肢体语言就能够在一定程度上理解这个人当前的心理状态和想法。也许我们不能像微观表情学家那样专业、具体,但是观察一个人的肢体语言也能够让我们了解一个人表达出的表面意思或潜在意思,有助于我们更好地和他进行交流。了解肢体语言的含义也有助于我们使用肢体语言向其他人传递信息,更好地表达我们自己。

语调(verbal intonation)指的是个体为表达特定的意思而对某些单词或短语的强调。在这里我们可以举一个较为明显的例子来说明语调不同对意思的影响。我们假设一名下属向领导汇报近期的工作,这位领导回答说:"你最近工作可真努力啊。"根据这位领导回答时的语调,这名下属的反应应该是不同的。对于绝大多数的人来说,如果领导的语调是平稳的,甚至是鼓励的,这表明领导对员工这一阶段的工作应该是赞许的、肯定的,是积极的表象。如果领导的重音放在第七个字"真",并且语调起伏较大,这说明领导对员工这一阶段的工作状态表示否定,暗示员工近期工作积极性不高,需要继续改进。尽管领导的回答语句是一样的,但是语调的不同使得表达的意思千差万别,这就是语调的力量。在日常生活中,我们需要注意别人说话时的语调,不能仅仅注意语句。

10.6.2 人际沟通的障碍

1. 过滤

过滤(filtering)是指故意操纵信息以使其更容易被接收者认同。例如,我们离家工作时,总是会向家人报喜不报忧,这时候信息就被过滤了。或者,当一个八卦出现,人们总是会口口相传,信息就变得越来越离谱,这也是对信息进行了过滤。组织中常常会发生过滤的情况,这种情况既有可能是从下到上的,也有可能是从上到下的。组织中的过滤和组织层级数是相关的,组织纵向层级越多,发生过滤的可能性和过滤的程度越大。此外,组织文化也会影响过滤。如果组织文化偏重于自由、诚实,发生过滤的可能性就会略小。如果组织文化偏重于绩效考核、严格规定,那么发生过滤的可能性就很大。因此,我们可以把过滤的程度看作组织纵向层级数量和组织文化的函数。也就是说,在组织中会发生多少过滤,往往取决于组织纵向层级数量和组织文化。一个组织中的纵向层级越多,发生过滤的机会就越多。为了减少这种过滤,组织可以采用协作的工作方式或鼓励诚实的组织文化。此外,组织还可以使用技术手段,如电子邮件,来减少过滤的影响。

2. 情绪

接收者的情绪也可能成为沟通的障碍,这是因为沟通的本质是信息的传递与理解,但是情绪会影响接收者的理解能力。当我们心情愉快时,我们接受别人的观点的可能性会更大。但是,一些负面情绪会使我们失去理智、失去对信息的判断能力,做出不理智的决策。因此,在沟通时,一定要注意接收者的情绪,减少情绪化的影响。

3. 信息超载

信息超载指的是信息超出接收者的处理能力范围。人们处理信息的能力是有限的,当传递的信息超出了人们的处理能力范围时,往往不可避免地会产生信息的忽视和遗漏,从而降低信息传递的效率,甚至是停止沟通。在当今这个信息爆炸的年代,这种情况时有发生,产生了严重的影响。面对这种情况,我们一定要注意对关键信息的传递,减少无效信息,提高沟通效率。

4. 防卫

防卫指的是人们在感觉自己受到威胁时,会采取各种方式保护自己免受伤害。当人们在沟通中感觉自己受到威胁时,会不自觉地产生防卫心理,采取各种方式拒绝沟通。具体的表现可能是在语言上攻击他人、拒绝发表自己的意见、对他人态度讽刺、质疑他人的观点等,这些行为都会降低沟通的效率,难以清晰地传递信息的真实含义。所以,我们在进行沟通时要尽量采取温和的方式,避免激起他人的防卫心理。

5. 语言

语言是指沟通时使用的词句,通过语言我们能够清晰地传递自己想要表达的意思。但是,有许多因素会影响语言的效力,其中最为明显的是年龄、受教育程度和文化背景。对于同样的词汇,有些专业人士能够很快明白其中暗含的意义,但是有些外行人却很难清晰地明白该词汇所代表的含义,很难实现沟通。因此,沟通时我们需要注意对语言的应用,尽量使用接收者能够清晰理解的语言,增强沟通的效果。

6. 民族文化

民族文化也是沟通的障碍之一,这不仅表现在同样的语言在不同的民族文化中含义不同,还表现在不同民族在思维方式、生活方式上存在差异。例如,我们可以把重视个人主义的国家(如美国)与强调集体主义的国家(如中国)进行比较。在一个重视个人主义的国家,如美国,会使用更加正式的沟通方式,而且语义表达会更加明确,管理者在很大程度上依赖于报告、备忘录以及其他各种正式的沟通方式。在一个强调集体主义的国家,如中国,会发生更多的人际接触和交往,而且鼓励进行面对面的沟通,管理者会首先就某个事项征询下属的意见,然后再起草一份正式文件来阐述已经达成的一致意见。

10.6.3 克服人际沟通障碍

1. 运用反馈

各种沟通障碍往往都会造成对信息的误解或不理解,因此,为了保证信息被正确地传递,可以采取反馈的方式。反馈是指接收者在接收信息之后向发送者给予反应或意见。这种反馈既可以是对信息的简单重复,也可以是对信息的意见;既可以是语言的反馈,也可以是非语言的反馈。通过这种反馈,发送者不仅可以了解接收者对信息的理解程度,还可以根据接收者的意见做相应的改进。在日常沟通中,发送者还可以向接收者提出各种问题,来保证接收者能够准确地理解相应的信息。

2. 简化语言

语言也是一种沟通障碍,因此发送者在发送信息时应该对语言反复斟酌,尽量使用简洁的、能够被接收者理解的、生动的语言来进行沟通。中国有句俗语是"见人说人话,见鬼说鬼话",这就是一种良好的沟通方式。例如,在做演讲时,要慎重使用专业术语,避免非专业人士因为这些"暗号"产生误解。如果是对专业人士做演讲,就可以放心地使用这些术语,来帮助你们进行快速的思想交流。

3. 积极倾听

倾听是指主动思考说话者的意思,而单纯地听则是被动的。倾听和听是完全不同的两个概念,其关键差别就在于是否进行主动的思考。积极倾听(active listening)是指听取说话者的完整意思而不做出先入为主的判断或解读。积极倾听要求听者全神贯注。倾听往往比听要累得多,也要难得多,但是只有倾听才能够实现有效的沟通,而这往往是我们很多人所欠缺的。

想要实现积极倾听,我们不妨设身处地地站在发送者的角度来思考问题,换句话说,就是寻求与发送者之间的共鸣。有时候我们很难积极地倾听,往往是因为我们有自己的看法、思想、兴趣、需求,在听的过程中,我们的主要目标实际上是满足自己,因此常常会被外物分心或难以理解发送者真正的含义。但是,当我们站在发送者的角度去思考时,我们首要的任务将不再是满足自己,而是去理解信息的真正含义,然后再给出自己的意见,避免了先入为主的窘境。只有这样,才能够真正地实现有效沟通,进行思想上的碰撞与融合。图10-2所示是积极倾听者的一些具体行为,我们可以在日常生活中对这些行为进行不断训练,养成积极倾听的良好习惯。

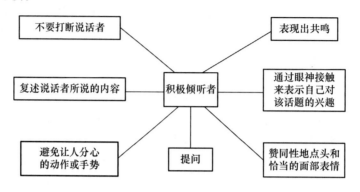

图10-2　积极倾听者的行为

4. 控制情绪

情绪会妨碍和扭曲沟通,当接收者内心充斥着负面情绪时,他会对接收到的信息进行先入为主的否定,很难完全理解接收到的信息并无法清晰、准确地传达自己的意思。因此,在沟通之前要冷静下来并控制自己的情绪。

5. 注意非语言线索

非语言沟通也是沟通中的重要一环,并且和语言沟通的重要性是相同的。因此我们在沟通时应该确保语言和非语言的一致性,防止两者之间相互矛盾,误导接收者。在与他人沟通时,我们同样要注意他人的非语言线索,读懂他人的深层含义。

【小节案例】

张丹峰与员工的沟通

张丹峰是某大型企业的一名制造部门经理,他刚从名校管理学专业硕士毕业,一上任就决心在制造部门开展大刀阔斧的改革。通过对制造部门的现状进行评估,他发现现在的制造部门缺少生产报表,很难将现场的数据及时上报,不利于管理者进行统筹规划。因此,他基于跨国公司的生产报表,设计了自己公司的生产报表。该报表十分细致,能够完美呈现生产中的任何环节,张丹峰很高兴,并马上让各部门投入使用。

员工每天会根据报表上的内容填写数据,然后将报表放在张丹峰的办公桌上,以便他早上进行查看。张丹峰看完数据后,自以为掌握了工厂的第一手数据,认为公司的一切经营处在正常范围内。但是,不久之后,公司出现了一次很大的产品事故,正当他想根据报表找出问题时,他才发现报表上的数据和现实根本对不上。原来,大家在填写报表时,都是随意填写数据,所以根本反映不出现实存在的问题。张丹峰知道这件事情之后很苦恼,他多次和负责人强调报表的重要性,并且增加了对报表的监管。然而,即使采取了这种措施,效果也不是很明显,随意填写数据的情况时有发生。

思考:张丹峰可以采取什么方法实现和员工的有效沟通,解决报表的问题?

10.7 组织中的沟通

管理沟通十分重要,但它是一条双向道。如果不考察组织沟通,我们就无法真正理解管理沟通。在这一节,我们将学习组织沟通的几个重要方面,其中包括正式沟通与非正式沟通、沟通的流动方向、正式的和非正式的组织沟通网络,以及工作场所设计。

10.7.1 正式沟通与非正式沟通

一个组织内的沟通常常被描述为正式沟通或非正式沟通。

正式沟通(formal communication)指的是在规定的指挥链或组织安排内发生的沟通。举例来说,当组织需要针对某一个项目进行团队之间的协商、分派任务以及汇报工作时,就会发生正式沟通。

非正式沟通(informal communication)指的是不被组织的层级结构限定的组织沟通。非正式沟通的地点并不是固定的,员工可以在走廊或茶水间展开非正式沟通,也可以在食堂或咖啡厅进行非正式沟通。非正式沟通的内容也不是固定的,员工可以聚在一起聊聊最近的工作进展,也可以聚在一起讨论公司内的小道消息,在这一过程中,员工们可以形成良好的友谊,加深对彼此的了解。组织内部需要非正式沟通,这是因为:①非正式沟通能够满足员工的社交需求;②非正式沟通能够提供多元化的沟通渠道,有利于信息的传播,也有利于管理者多方面倾听组织内的意见,从而提高组织绩效。

10.7.2 沟通的流动方向

我们还可以考察组织沟通的流动方向:下行、上行、横向或者斜向。

1. 下行沟通

下行沟通(downward communication)是从管理者流向下属员工的沟通。管理者可以使用下行沟通来控制员工,也可以使用下行沟通来组织和领导员工。简单来说,当管理者向员工告知他应该做什么或者他做得怎么样时,管理者就在使用下行沟通来管理员工。下行沟通时管理者单方面向员工传递信息,是组织中比较常见的沟通。下行沟通也是一种沟通,所以管理者可以运用先前描述的任何沟通方式来进行下行沟通。

2. 上行沟通

上行沟通(upward communication)是从下属员工流向管理者的沟通。组织需要进行上行沟通,这是因为上行沟通不仅能够提供管理者需要的信息,还能够传递员工的意见。具体来说,管理者在制订计划、做出决策、控制组织的过程中,需要知道员工都在做什么、做得怎么样,需要知道当前进度和预期计划的差别,而这一切信息都依赖于员工的工作汇报、信息统计,也就是需要进行上行沟通。同时,组织并不是管理者一个人的组织,管理者的个人决策可能会导致不良后果或给员工增添不必要的负担。所以,组织需要进行上行沟通,使得员工有足够的渠道向管理者反映自己的意见,也使得管理者能够更改自己的错误决策。不同的组织进行上行沟通的程度是不同的。如果组织鼓励相互信任、鼓励员工参与决策、鼓励开放、自由,就更有可能发生上行沟通。相反,如果组织的权力较为集中、规矩较为刻板,那么上行沟通能起到的作用就会很有限,尽管它依然会存在。

3. 横向沟通

在同一组织层级的员工之间发生的沟通称为横向沟通(lateral communication)。组织中的任务往往需要多人共同合作完成,因此横向沟通在组织工作中是十分重要的。通过横向沟通,完成同一个任务的成员能够交换信息和资源,从而进行亲密无间的合作。许多团队,特别是跨职能团队,能够依靠横向沟通获得良好的绩效。但是,仅有横向沟通是不够的,员工之间进行横向沟通之后,需要向管理者汇报结果,才能开展活动。

4. 斜向沟通

斜向沟通(diagonal communication)是跨越不同工作部门和组织层级的沟通。由于其具有的效率和速度,斜向沟通对组织大有裨益。电子邮件的更广泛使用可以促进斜向沟通。在许多组织中,员工可以通过电子邮件与其他任何员工进行沟通,无论该对象属于哪个工作部门或组织层级,即便是高层管理者。

10.7.3 组织沟通网络

横向和纵向的组织沟通可以组合成各种各样的沟通模式,也称为沟通网络(communication network)。图 10-3 描绘了三种常用的沟通网络。

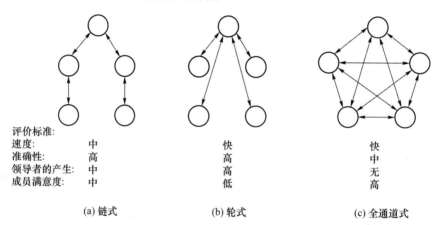

图 10-3 三种常用的沟通网络

在链式网络中,无论是上行还是下行沟通,都按照正式的指挥链流动。在轮式网络中,则是由一位明确的、强有力的领导者与工作群体或团队中的其他成员进行沟通,该领导者充当所有沟通都会经过的中心。在全通道式网络中,沟通可以在工作团队的所有成员之间自由流动。使用哪种形式的沟通网络,取决于具体的目标。图 10-3 还根据以下四种评价标准概括了每种沟通网络的效果:速度、准确性、领导者的产生、成员满意度。有一个结论是显而易见的:没有哪一种沟通网络是万能"灵药"。

除了上述的几种沟通网络,在组织中还存在一种非正式的沟通网络,即小道消息(grapevine)。小道消息存在于每一个组织中,并且是一种活跃度很高的沟通方式,在组织中起到重要的作用。管理者可以通过了解小道消息,掌握组织最近的热点问题、员工对组织的意见与建议、市场上的动态信息,从而对组织进行管理。需要说明的是,小道消息不一定是真实的,由于小道消息会在组织成员中口口相传,因此容易出现谣言、偏见等问题。但是,小道消息的产生是无法避免的,因此管理者应该重视小道消息的传播,及时采取应对的措施。

小道消息的传播可能带来正面或负面的作用,这都是无法避免的,因此管理者需要采取一定的措施。管理者可以采用开会、演讲、谈话等开诚布公的方式,回应小道消息提出的观点或意见或者进行澄清。但是,需要注意的是,小道消息是不可纠正的,消息一旦产生,就会产生不同的后果,管理者只能通过自己的努力尽量降低小道消息带来的影响。

10.7.4 工作场所设计

除了沟通的流动方向以及组织沟通网络之外,对组织沟通产生影响的另一个因素是工作场所设计。研究表明,工作场所设计应当为四种类型的员工工作提供有力支持:聚精会神地工作、协作、学习、社会化。

聚精会神地工作指的是员工专注于完成某项工作任务。在协作时,员工需要在一起工作,以完成某项工作任务。学习指的是员工参与培训或从事某项新任务,它可能需要聚精会神地工作和协作。当员工非正式地聚集到一起进行闲谈或交流时,社会化就会发生。有一项调查发现,当员工的附近具有这种类型的"绿洲"或非正式聚会场所时,他们进行面对面沟通的次数要比那些很少有机会进入这种区域的员工多出102%。因为沟通能够而且确实发生在这种环境中,所以,工作场所设计需要考虑所有的组织沟通和人际沟通——无论什么类型和方向——并且做出相应的调整,以实现最有效的沟通。

管理者设计具体的工作环境时,两种常用的设计要素对沟通具有最显著的影响。第一种设计要素是工作场所中使用的隔墙和屏障。当今的许多组织采用开放式工作场所(open workplace),也就是说,它们很少使用有形的隔墙和屏障。研究表明,开放式工作场所既具有优点,也存在缺点。对于这种设计及其对沟通的影响,我们可以肯定的一项优点是可视性(visibility)。与在可视性更低的区域办公的员工相比,在开放式格子间办公的员工与团队成员进行面对面沟通的次数要多出将近60%。可以肯定的另一项优点是密度(density)。更多员工处于同一个工作区域意味着会发生更多的面对面沟通。与员工密度低的工作场所相比,员工密度高的工作场所中团队成员沟通的次数要多出84%。如果员工之间的沟通和协作非常重要,那么管理者需要在工作场所设计中考虑可视性和密度。

第二种设计要素是可调节式工作安排、设备和办公家具的可获得性。由于越来越多的组织已经转向非传统的工作安排,因此可调节的、量身定制的工作场所变得至关重要,而且能够显著影响组织沟通。例如,有一项研究发现,可调节式隔墙可以增强私密性,并且导致更有效的沟通。

随着公司压缩工作场所以节约成本,管理者需要确保更狭小而且通常更开放的工作场所能够行之有效,并促进有效率、有效果的工作。如果工作场所在为员工提供一些私密空间之余还可以使员工有机会实施协作努力,那么人际沟通和组织沟通的水平会相应提高,并提高该组织的整体绩效。

【小节案例】

沃尔玛的沟通系统

我们都知道沃尔玛公司,它是由沃尔德家族控股的一家世界性连锁企业。它的总部位于美国阿肯色州的本顿维尔,按照营业额来算,沃尔玛称得上是全球最大的公司。沃尔玛主要涉足零售业,是世界上雇员最多的企业,曾连续三年在美国《财富》杂志全球500强企业中居首位。

美国沃尔玛公司总裁萨姆·沃尔顿曾说过:"如果必须将沃尔玛管理体制浓缩成一种思想,那可能就是沟通。因为它是我们成功的真正关键之一。"为了实现良好的沟通,沃尔玛向全体员工共享信息,从而促使大家产生对于现实情况的共识。因此,沃尔玛设立了严格的信息共享、责任共担的沟通系统,由公司的行政管理人员收集公司的所有业务情况,随后共享给所有的员工,通过这一方式,沃尔玛的所有员工都能够知道公司当前的经营状况,知道公司的发展方向。除此之外,在沃尔玛的所有商店里,也都实行这种沟通系统,需要向所有店员(不管他是临时工还是管理人员)公布商店的利润、销售、进货等经营情况,让所有员工都能够了解店铺内的情况并努力工作。就这样,沃尔玛在公司内部和每一家商店内部都实现了信息的透明流通,构成了良好的沟通系统,从而获得了成功。

思考:在沃尔玛公司中,沟通的流动方向是什么样的?采用哪种组织沟通网络?

【本章小结】

本章包含个体行为和沟通两方面的内容,是管理学中较为重要的章节。

在个体行为部分,我们讨论了态度、人格、知觉、学习等内容。态度是对物体、人物或事件的评价性陈述,通常来说,管理者对与工作有关的态度感兴趣,包括工作满意度、工作投入、组织承诺、员工敬业度。人格是个体情感模式、思维模式和行为模式的独特组合,在本章需要掌握迈尔斯-布瑞格斯类型指标、大五人格模型、控制点等评价方式。知觉是个体通过组织和解读自身感觉到的印象而对周围环境赋予意义的过程,受到知觉者、所感知的目标或对象,以及知觉发生的具体情境的影响。学习是指通过经历而发生的相对持久的行为变化,包括操作性条件反射、社会学习。通过这些概念,应该对个体的行为有所了解,并学会掌握自己的情绪,学会适应未来的工作。

在沟通部分,首先要明白沟通指的是意思的传递,有控制、激励、情绪表达、信息的功能,包括人际沟通和组织内的沟通。人际沟通的障碍包括过滤、情绪、信息超载、防卫、语言、民族文化。我们可以通过运用反馈、简化语言、积极倾听、情绪管理、注意非语言因素来克服这些障碍。组织内的沟通包括正式沟通和非正式沟通,沟通的流动方向包括下行、上行、横向和斜向。管理者在进行沟通管理时既要注意正式的沟通渠道,也要关注小道消息等非正式的沟通渠道。

【综合案例】

杜蕾斯的微博营销

2009年8月,新浪推出"新浪微博"内测版,成为门户网站中第一家提供微博服务的网站。微博是指基于用户关系信息分享、传播以及获取的通过关注机制分享简短实时信息的广播式的社交媒体、网络平台。微博允许用户通过 Web、Wap、Mail、App、IM、SMS 等方式接入,并且允许用户通过 PC、手机等多种终端接入,以文字、图片、视频等多媒体形式,实现信息的即时分享、传播互动。

杜蕾斯是一家较为知名的避孕产品公司,也是一家典型的运用微博进行营销的公司。在杜蕾斯的内部人员看来,使用微博能够帮助企业很好地倾听消费者的反馈,并迅速做出反应。除此之外,微博还是一个能够很好地与粉丝沟通交流的平台,杜蕾斯官方每天频繁地在微博上和粉丝互动,以风趣幽默的话语"挑逗"粉丝,更是让粉丝觉得杜蕾斯是一个有个性的品牌。借助于微博这一沟通渠道,杜蕾斯不仅可以及时地解决消费者反馈的问题,还大大提高了品牌的影响力,收获了大批忠实的粉丝。

思考:如果你是一名企业的管理者,你会采用何种方式与消费者交流互动?杜蕾斯的广告怎样影响消费者对于杜蕾斯的感知?

【本章习题】

1. 管理者关注员工的哪些态度?
2. 有关人格的理论有哪些?
3. 如何理解沟通?
4. 如何进行人际沟通和组织沟通?怎样能够实现有效沟通?

第11章 成为有效领导者

【学习目标】

- 掌握领导者的含义和类型
- 掌握传统和当代领导理论
- 理解解决二十一世纪领导问题的相关因素

【本章关键词】

领导、领导者、领导理论

【导入案例】

"坏人"好上位,还是"好人"才能身高居位?

到底是自私、耍心机、好斗的人还是慷慨、正直、友善的人更容易获得权力?这是绝大多数人比较关注的话题。

为了解开这一谜团,美国加州大学伯克利分校的科学家做了一项长期追踪研究,并于2021年9月1日发表在《美国国家科学院院刊》(PNAS)上。安德森等人在1999—2008年对一批大学生的性格特征进行了测量,采用大五人格模型中的"随和性"来衡量一个人是"坏人"(即具有自私、耍心机、好斗的性格特征)还是"好人"(即具有慷慨、正直、友善的性格特征)。如果一个人的"随和性"得分比较低,就把他定性为"坏人",反之,则是"好人"。十年后,这批大学生早已进入工作岗位,安德森等人又对同样一批人进行测量,看看他们是否已经成为领导者或有没有权力。最后,经过漫长的调查和数据分析,第一项研究发现:"坏人"并不比"好人"容易获得权力。换句话说,自私、耍心机、好斗或慷慨、正直、友善与一个人能否成为领导者或获取权力无关。一个人自私、有心机也好,无私、正直也罢,均不能获得权力的提升。这项研究结果打破了我们的普遍认知。因为,有的人看到别人自私、耍心机,随后一路高升成为领导者,就会把本身无实权归结于自己不够自私,缺少心机;而有人觉得别人无私慷慨、热情友善,然后身居高位,就以为自己还不够好。然而,科学定论表明,"好人""坏人"之分与有没有获取权力毫无关系。第二项研究则更加深入,将研究重点放在哪些行为方式能让人们获取权力上,最后得出结论:自私、耍心机、好斗性格的"坏人"更容易实施支配性行为,控制别人,进而获取权力,但是他们忽视了集体行为,忽略了名誉和声望的重要性,导致人心向背,从而抵消了优势。

思考：什么样的人才能成为领导者？优秀领导者应具备哪些特征？

怎样才算是一个好的领导者？出色的领导者应该具备什么特征？领导风格有哪些？在领导力的研究过程中，无数学者围绕以上问题展开了众多研究，最终组成了学术界的领导力研究框架。

11.1 谁是领导者？什么是领导？

领导者与领导既相互区别又相互联系。顾名思义，领导者作为名词，重点强调人，而领导作为动词，重点强调事，即过程。具体来说，领导者（leader）指的是在组织中具有一定影响力，并能凭借其管理职权实现组织目标的人。领导（leadership）是指一项管理职能，领导者通过对管理职能的运用来对组织成员发号施令，带领员工一同完成组织目标。不论是领导者还是领导，其目的都是实现组织的共同目标。

11.2 早期的领导理论

11.2.1 领导特质理论

领导特质理论形成于20世纪30年代，从这一时期开始，相关学者逐渐将研究焦点放在了领导者本身具备的个人特征上，试图找出有效领导者应该具备的个人优秀特质。研究者们走访了大量公司、集团、学校的优秀领导者，发现有效领导者往往具备一些共同的个人特质：不会轻易自我怀疑的强烈自信心，不欺骗、不隐瞒的正直品质，解决问题、正确决策的聪明睿智，善于交际、充满活力的外向性，经验丰富、知识渊博的专业性，渴望影响他人、敢于承担责任的领导和控制欲，勤奋努力、追求成功的极大驱动力，善于自我反省、敢于承认错误的自我内疚倾向。

11.2.2 领导行为理论

研究人员在针对领导特质的研究过程中发现，具有这些特质的人不一定能成为优秀的领导者，因此后续领导研究方向发生了改变，学者们开始聚焦于研究领导者的行为方式。

1. 艾奥瓦大学的研究

艾奥瓦大学把研究重点放在了哪种领导风格对组织才是最有效的这一问题上，将领导风格分为以下三个行为维度。独裁型领导会规定具体的工作方法并限制员工参与决策。民主型领导允许甚至鼓励员工积极参与决策制定，必要时充分授权员工于工作，并提供个性化反馈。放任型领导认为决策主体不是管理者而是团队，强调可以用任何合适的方法解决问题。

2. 俄亥俄州立大学的研究

俄亥俄州立大学的研究则不同于艾奥瓦大学，学者们从众多维度展开分析，经过归纳、整理、对比，将领导风格归结为两个行为维度。结构维度（initiating structure）：领导者在多大程度上界定自己、团队、员工的角色进而达成组织目标。关怀维度(consideration)：领导者在多大程度上与下属建立高质量关系，并考虑、理解、尊重员工的想法。通常情况下，结构维度越高，员工工作满意度往往越低，反之就会越高。这是因为员工需要在领导者的结构范围内保持高绩效指标。关怀维度越高，员工工作满意度往往越高，反之就会越低。因为领导者的关怀展现了团队或组织的和谐度，员工能感受到被尊重和领导者的亲近性。

此外，研究进一步表明，结构和关怀两种行为维度并不是独立存在的，领导者也可能同时具备这两种行为维度，具体组合方式如图11-1所示。其中，在结构和关怀维度均高的领导者一般能获得更高的团队任务绩效和更高的团队成员满意度，当然也不排除有例外发生。也有学者进一步发现，领导者对员工的关怀程度越高，其绩效评估等级反而越低。因此，总的来说，结构和关怀维度均高的领导者往往能给组织带来高绩效，但并不是绝对的，不能轻易忽略情境因素的影响。

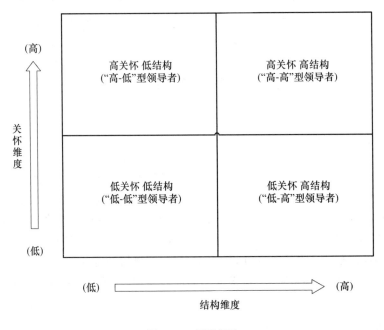

图 11-1　领导行为

3. 密歇根大学的研究

为了判断哪些领导风格与员工绩效密切相关，密歇根大学的相关学者也将领导风格归结为两个行为维度，强调领导者是以员工为导向还是以生产为导向。员工导向型领导者尊重并考虑员工的利益和需求，此类领导者比较注重人际交流和沟通，强调团队成员的和谐性。与之相反，生产导向型领导者更在意工作任务本身，强调工作任务的完成程度，往往会忽视员工感受和需求。经过系列实验探究，密歇根大学研究发现：员工导向型领导者相比于生产导向型领导者，其团队成员的工作绩效及工作满意度往往更高。

4. 管理方格

20世纪60年代，布莱克和穆顿基于前人领导行为二维观点的研究，总结出著名的管理方格理论，如图11-2所示。管理方格图中横坐标代表的是领导者对任务的关心程度，纵坐标则是领导者对人的关心程度，两个维度又分为9个不同程度，因此产生了81个方格的组合,每个方格均代表一种领导风格。在 81 种领导风格中,比较典型的几种风格和对应坐标是:贫乏型管理(1,1)、任务型管理(9,1)、中庸型管理(5,5)、乡村俱乐部型管理(1,9)、团队型管理(9,9)。研究者们推断运用团队型管理风格〔坐标为(9,9)〕能取得最佳绩效,但该推论并未得到证实,因此管理方格实际上只是提供了一个概念化的框架,并不是科学的划分依据。

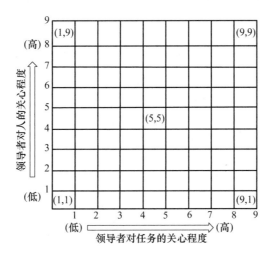

图 11-2　管理方格图

基于大量的研究,领导行为相关领域的研究者们发现,不能仅靠研究领导特质和行为来定义领导风格,而应该加入对情境因素的考量,并由此发展出了领导权变理论。

11.2.3　领导权变理论

1. 费德勒权变模型

20 世纪 60 年代,弗雷德·费德勒(Fred E. Fiedler)在人格测评与情境分类相关知识的基础上,提出了著名的有效领导的权变模式理论——费德勒模型。费德勒认为有效的领导方式不仅依赖于领导风格,还与情境因素有关。换句话说,并不是哪种领导风格最为有效,关键在于领导风格与具体工作情境的匹配程度,最适合的才是最有效的。当然,领导风格作为有效领导的关键要素,费德勒将其分为两类:其一是关系导向型,其二是任务导向型。关系导向型领导注重塑造和谐的人际关系,任务导向型领导则强调完成工作任务。

费德勒认为领导者的领导风格是天生固有的,不会轻易变化。因此,费德勒开发了最难共事者量表(LPC 量表),目的是衡量领导者属于哪种领导风格。在填写该量表时,被试者会被要求从合作过的同事中选出一位最不愿意再次与之共事的,并在量表中对给出的对立的形容词从 1~8 进行打分(1 代表消极的形容词,8 代表积极的形容词)。倾向于用积极的词汇来形容最不喜欢的同事的领导风格被称为关系导向型,习惯用消极的词汇来形容的领导风格被称为任务导向型。

通过 LPC 量表划分领导风格之后,费德勒开始对工作情境进行考察,总结出了工作场所中的三种情境因素:领导-成员关系、任务结构、职位权力。领导-成员关系即员工在多大程度上尊重、接纳、支持、信任领导;任务结构即工作任务在多大程度上表现为正式化、结构化;职位权力即领导者凭借本身职权能在多大程度上影响员工。三种情境因素的程度分别用好差、高低、强弱来衡量。那么八种不同的情境或类型便由这三种情境因素的好差、高低、强弱组合而成(如图 11-3 所示)。费德勒在对上千团队进行观察后,发现任务导向型领导者更适用于对领导者高度有利(情境Ⅰ,Ⅱ,Ⅲ)和高度不利(情境Ⅶ,Ⅷ)的情况,关系导向型领导者则在对领导者适度有利(情境Ⅳ,Ⅴ,Ⅵ)的情况下表现最佳。

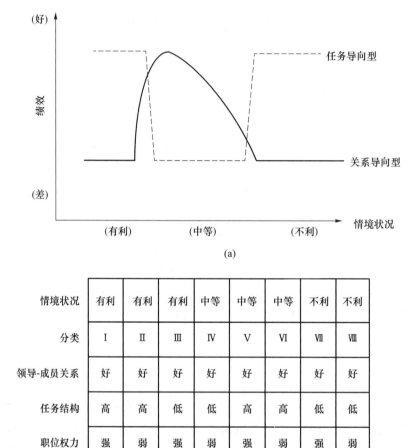

图 11-3 费德勒模型

2. 赫塞和布兰查德的情境领导理论

电视剧《亮剑》深受国人喜爱,李幼斌饰演的李云龙形象可谓家喻户晓,红遍大江南北。剧中李云龙形象展现的不只是英雄的风采,还有在强大敌人面前敢于亮剑的精神。如果从管理学角度来审视这部电视剧,会发现其中隐含了许多领导力的秘诀和学问。剧中,骑兵连长孙德胜是个粗人,没有文化,往往会在军事训练中打骂体罚笨的、不听话的战士,团长李云龙和政委赵刚得知后便与其谈话。赵刚说:"八路军部队严禁打骂体罚战士,这是原则性问题。"而李云龙笑了笑,表示:"遇到笨的、不听话的战士可以在屁股上踢两脚,但要掌握尺度。"从这段对话中可以看出李云龙和赵刚展现的是两种不同类型的领导风格,那么谁应用了领导行为理论？谁应用了领导权变理论？李云龙教孙德胜依据什么来掌握尺度呢？

司马迁在《史记·货殖列传》中谈到治国之方，即如何对待人民追求欲望的满足或如何解决国家的经济发展和人民的生活问题时说："故善者因之，其次利道之，其次教诲之，其次整齐之，最下者与之争。"其意大概是对于人民最好的管理是顺其自然，其次是因势利导，再其次是进行教育，再其次是制结构章，限制他们的发展，而最坏的做法是与民争利。

因此，不管是管理军队还是治理国家，体现的都是领导力学问。以上两个案例提示我们要根据不同情境调整领导风格。其所根据的情境即下属，领导之所以为领导是因为有下属，领导发挥作用的关键也是下属。领导效果不是看领导者本人应该做什么，而是取决于下属的行动，具体来说，关注的是下属的成熟度。

情境领导理论是由赫塞和布兰查德提出的，该理论主要围绕下属的成熟度来选择匹配领导方式的权变理论，认为不同成熟度的员工应当对应不同的领导风格。成熟度指的是下属在多大程度上有能力和意愿完成工作任务，大致可以分为工作成熟度和心理成熟度两个维度。工作成熟度是指员工具备工作所需的经验、技术、能力的高低程度。员工的工作成熟度越高，说明其工作经验、专业知识或技能水平越高，反之就会越低。心理成熟度是指员工有主动意愿去完成工作任务的强弱程度。员工的心理成熟度越高，说明其工作意愿越强。对于成熟度，赫塞和布兰查德将其分为以下四个阶段。

R_1：低工作-低心理成熟度。处在"低-低型"成熟度阶段的人在工作能力和工作意愿方面均有所欠缺，他们消极学习，不思进取。

R_2：低工作-高心理成熟度。处在"低-高型"成熟度阶段的人虽然能力欠缺却乐于完成领导者下达的任务指标，工作富有激情却不能达到令人满意的结果。

R_3：高工作-低心理成熟度。处在"高-低型"成熟度阶段的人明明可以保质保量地完成工作任务却不愿意付诸行动，难以调动自己的主动性和积极性，浪费才华。

R_4：高工作-高心理成熟度。处在"高-高型"成熟度阶段的人实力强悍，而又愿意主动承担责任、完成任务。

情境领导理论中将领导维度分成任务行为和关系行为两个维度，每个维度又都有高、低两种水平，由此组合成了以下四种特定的领导风格。

告知型（高任务-低关系）：领导者全权负责员工的工作日程，领导者会明确地告诉员工任务内容和完成任务的方法、手段。

推销型（高任务-高关系）：领导者在向员工发号施令的同时，也支持员工在一定程度上拥有自主行为。

参与型（低任务-高关系）：领导者鼓励员工参与决策，乐于和员工交朋友，也会为员工提供其所需的发展资源。

授权型（低任务-低关系）：领导者将权力下放，基本不过问员工的工作进展，也不会主动为员工提供指导建议。

对于成熟度不同的下属，领导者要及时做出调整，选择合适的领导风格，确保工作的顺利完成。若下属的成熟度处于 R_1 水平，告知型领导风格最佳，确保任务下达的细致准确；若下属的成熟度处于 R_2 水平，推销型领导风格最适合，可以适当地给予一些员工自我决定的空间；若下属的成熟度处于 R_3 水平，参与型领导风格最匹配，以确保公司人际关系融洽、员工乐于付出；若下属的成熟度处于 R_4 水平，授权型领导风格即可，领导者不需要过多干涉（如图 11-4 所示）。

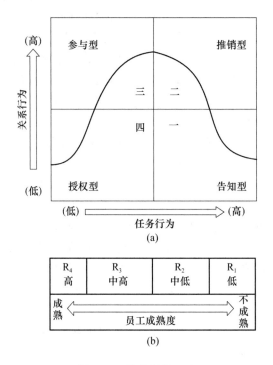

图 11-4　情境领导理论

3. 豪斯的路径-目标理论

路径-目标理论是由罗伯特·豪斯（Robert House）在期望理论和领导行为四分图理论的基础之上，于 20 世纪 70 年代提出的。该理论指出，领导者要保证下属的工作目标与组织或团队目标的一致性，进而为员工提供个性化支持，从而实现组织目标。

豪斯将领导行为方式分为以下四种。

① 指挥型领导是指领导者亲自对员工安排工作任务，并提出标准要求。

② 支持型领导是指领导者为员工提供个性化支持和反馈，关心员工的内在需求和成长需要，为员工工作提供帮助。

③ 参与型领导是指领导者要求员工参与决策制定，在重大问题上协商交流，听取员工的想法和建议。

④ 成就型领导是指领导者为员工制定高标准、高要求，激励员工应对挑战，激发其潜在价值，成就自我。

从图 11-5 中可以看出，路径-目标理论提出了领导方式与工作结果的两个调节变量，分别是：个人特征变量和环境变量。个人特征变量是员工本身具有的个人特质，如工作经验、控制点或控制力、理解和知觉能力。环境变量是员工不可控制的外部环境，如工作团队或组织、工作任务结构、权力系统。

环境变量和个人特征变量同时决定了领导方式与工作结果之间的关系。领导风格由环境因素决定，不同的环境应采用不同的领导行为；而个人特征变量会影响员工对工作环境和领导行为的认知。因此环境变量和个人特征变量两者均不可或缺。

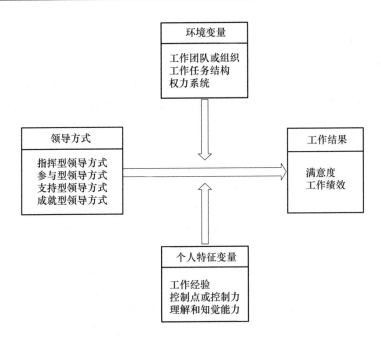

图11-5　路径-目标理论

指挥型领导方式适用于任务分工不明确、组织规则不清晰、员工毫无主见，不知道怎么去做的情况。支持型领导方式则在员工工作任务简单低级、挑战性不高时应用效果最好。倘若员工有能力独立自主地完成某项任务，就不需要指挥型领导。在正式权力关系越明确的情况下，领导者越应减少指挥型行为，多采用支持型领导方式。毕竟员工能够清楚地了解自己当前行动的目的，知道该做什么、不该做什么，领导只需要支持即可。此外，若团队成员人际关系比较紧张，员工直接交流沟通存在问题，往往指挥型领导方式就会派上用场，因为需要有个敢担当、能负责的领导者稳定局面，这样也能提高员工的工作满意度。参与型领导方式则对内控型下属行之有效，因为内控型下属有比较强的控制欲，他们有能力也有信心掌握工作的整体情况，在重大决策面前偏好于领导者与之协商共同制定。外控型下属则与内控型下属恰好相反，他们更喜欢指挥型领导方式，愿意上级领导直接分配任务，他们认为，在大多数情况下，外部环境因素往往会决定工作结果。成就型领导方式则适用于工作任务不太明确的情况，对员工具有高标准要求，以此让员工产生高预期，激励员工完成工作目标，进而使其高绩效工作。

通过研究该模型我们发现：当员工个人特征或工作环境不佳，而领导方式恰好能弥补其不足时，该领导方式就能对工作结果产生积极影响；而当领导方式与员工个人特征或工作环境不协调时，就会成为无效的领导行为。

11.3　当代的领导观

领导力是社会科学普遍关注的热点话题之一。而影响领导有效性的因素以及如何提高领导有效性是领导理论研究的核心。以往的研究表明，领导特质（人口统计特征、技术和能力、个性特征）对领导有效性有很强的预测力。随后，领导特质范式的批判者促使学者们超越领导特质,考虑领导行为如何作用于领导有效性。从此,相关学者开始启动关于领导行为的研究,发现领导行为是领导有效性的重要预测因素。

尽管领导特质和行为的研究不胜枚举,也具有丰富的理论和应用价值,但领导力研究还缺乏整合视角。领导力研究中缺乏整合的现象在特质和行为范式上都很明显,因为每种范式的研究通常集中在单一的特质或行为视角上。例如,贾奇和皮科洛对变革型-交易型领导,贾奇、皮科洛和艾丽丝对结构维度(指导行为)和关怀维度(支持行为)的元分析,这些研究均没有整合领导行为,也没有考虑其影响是否独立。而结构维度(指导行为)和交易型领导都关注任务型领导行为,关怀维度(支持行为)和变革型领导都包含关系型领导行为。因此,几十年来塑造的两类领导者行为模式可能不是独立的,更重要的是,尚不清楚其中哪一种能更好地预测领导的有效性。虽然之前的研究已经证实了领导有效性受领导特质和行为的影响,但还不清楚领导特质和行为如何相互补充,以及如何将它们纳入一个更综合的领导效能模型中。经过文献梳理,我们发现大多数领导特质可以分为三类:①人口统计特征;②与任务能力相关的特质;③人际属性。同样地,领导行为也经常被讨论为:①任务过程;②关系动态;③变化。基于这一分类方案,斯科特·德吕(Scott DeRue)等人开发了一个新的概念性框架,该框架综合概括了领导特质和行为如何影响领导有效性。这一框架整合了大量领导特质和行为。关于领导特质,重点关注人口统计特征(性别、年龄、教育背景、社会地位等)、任务能力(勤奋程度、经验开放性、情绪稳定性、知识技能、领导自我效能等)、人际属性(外向性、随和性、沟通技巧、情商等)。对于领导行为,关注变革型领导、交易型领导的具体维度(即权变奖励领导),关怀维度(支持行为)以及结构维度(指导行为),同时我们也关注与消极领导力相关的领导行为,如放任型领导和消极例外管理。另外,德吕还认为领导特质对结果的影响不是通过实际行为,而是通过他人对领导特质的感知,以及人们对领导特质的归因。

那么,当代的最新领导观是什么呢?德吕等人认为领导行为可以分为四类:任务导向(权变奖励领导、积极例外管理、指挥型领导、结构维度即指导行为等)、关系导向(授权型领导、服务型领导、参与型领导、关怀维度即支持行为等)、变革导向(变革型领导、魅力型领导、愿景型领导等),以及消极领导力(消极例外管理、放任型领导等)。由于篇幅有限,我们专门讨论每一类型中的两种典型领导。

11.3.1 任务导向

1. 权变奖励领导

权变奖励领导已成为学术界和企业领域备受关注的话题,指的是领导者基于工作绩效、工作表现以及工作任务等对员工实施考核,对于那些表现佳的员工给予奖励,包括精神奖励和物质奖励两个方面。权变奖励对领导者和员工而言是一种积极的交换关系,领导者以奖金、价值品等物质方面的奖励以及荣誉证书、职位晋升等精神方面的奖励与员工良好的工作绩效等作为交换,以激励员工努力提高工作绩效,完成组织目标。员工为了获取权变奖励,会主动、自觉地做好工作任务,按照相关标准和要求努力完成领导者的考核指标,从而完成社会交换。

研究表明,权变奖励的核心要素是互惠性(reciprocity),遵循互惠性原则,领导者以权变奖励兑换员工的高绩效能够在领导者-成员之间建立一种忠诚、信任的情感依托关系。下属期望自己最佳的表现能够得到领导者的回报,而权变奖励不仅满足了员工的内心需求,还能使其体会到领导者对员工的支持和认可,在提高下属组织承诺方面起着关键性作用。

权变奖励领导有一套统一的奖励规则,能够明确工作任务,界定工作角色,提出工作期望等。权变奖励能够正向影响下属的心理认知、工作态度和工作行为,不仅可以促进员工的心理认知过程,还可以激励员工创新型发展,提高创新绩效。

当然,权变奖励领导也有其适用时机,往往在以下几种情况下能得到积极效果:
① 领导者有良好的人际沟通能力,有信心与员工做好协商和沟通工作;
② 领导者拥有给予表现佳的员工奖酬的权力;
③ 工作本身简单、低级、无意义,不能充分调动员工积极性;
④ 对员工的工作表现或工作绩效有公平、公正的评判;
⑤ 员工渴望获得奖励,希望领导者重视;
⑥ 权变奖励标准能够让员工掌控,可凭员工的努力达到。

2. 积极例外管理

所谓积极例外管理,指的是领导者作为员工的监督者,在员工工作中主动指出下属的错误或失误,并给予意见加以纠正,同时让员工了解自己错在哪里,又教给他如何纠正,从而确保员工顺利完成工作任务。积极例外管理的领导者能引导员工按照标准的组织规则办事,对于那些偏离工作标准的员工,领导者能及时发现并给予意见积极纠正。因此,积极例外管理是在员工违反要求的行为或错误发生之前,就采取措施加以干涉的领导方式。

积极例外管理的领导者给予员工必要的支持和帮助,在员工遇到工作问题时提供及时的引导和纠正意见,所以领导者是以任务为导向,其目的是协助并保证组织目标成功实现。

11.3.2 关系导向

1. 授权型领导

随着知识经济的快速发展,知识型员工成熟度逐渐提高,人力资本在组织有效运作中扮演着关键性作用。员工渴望独立自主,追求自我管理。因此,授权型领导逐渐进入学术界的视野,领导力领域的学者开始重视其相关研究。

授权型领导是以情境领导理论、社会认知理论、领导-员工交换理论等为基础形成并发展的新型领导方式。曼茨最先提出授权型领导的概念,认为领导者有必要将权力下放给员工,从而使员工实现自我管理,自我领导。曼茨的研究指出,领导者给员工授权,能激励员工主动完成工作任务,提高工作动机,从而实现工作目标。

现有对授权型领导的研究主要从两个视角出发,分别是心理授权视角和结构授权视角。心理授权考察的是下属对于领导者授权行为的心理感知及认识状态,通过授权影响员工的感知和评价,进而激发其内在潜能。结构授权则关注领导者向员工授权的行为过程,即领导者通过一系列活动给予员工实际权力,从而激发员工内在潜能的过程,包括帮助员工解决实际问题、对员工保持信心、提升员工工作满意度、鼓励员工参与制定决策四个方面。在现有研究中,学者们通常将心理授权与结构授权整合起来对授权型领导进行研究。

2. 服务型领导

20世纪70年代,格林利夫首次提出了服务型领导理论,又称仆人型领导。直到20世纪90年代,该理论才引起相关学者的广泛关注。格林利夫认为,伟大领导者都应以服务至上,先做好服务他人,再去领导他人。优秀领导者应把他人需求和利益放在首要位置,关注的是服务而非被服务,因此"服务"构成了服务型领导的核心特征。尽管服务型领导也是为了实现共同的组织目标,但是领导者是通过服务于他人、团队或组织,为他人谋得利益来实现的。那么,如何识别领导者是不是服务型领导风格呢?最好的办法就是关注下属的成长发展情况:服务型领导者所带领的下属有没有真正进步?有没有更加聪慧、更加健康?有没有自己变为服务者?

尽管国内还没有明确提出服务型领导的概念,当然其实证研究更是寥寥无几,但在中国体现服务型领导的例子却屡见不鲜。例如:孔子的"仁爱"原则;孟子的"民为贵""仁政学说";三国时期刘备视百姓如生命,关爱部下,礼贤下士;毛泽东提倡"为人民服务";邓小平提出"领导是人民的公仆";胡锦涛提出"权为民所用";习近平总书记更是强调"我的工作是为人民服务,很累,但很愉快"。

而在如今快速发展的知识经济背景下,很少有人认同甚至了解"服务型领导"。他们不能把服务与领导者联系在一起,认为服务不是领导者干的,服务有损领导者的权威和领导力。殊不知,时代的改变促使人们不仅追求物质,也更注重精神生活:渴望精神自由,追求人人平等、自主独立、期望被尊重、拥有成就感。而以员工为中心的服务型领导更是从人性出发,满足了人的精神需要,服务于员工,帮助其成长和发展。服务型领导首先要倾听并了解员工。清楚员工想要什么、想做什么,才能有针对性地服务。例如,鼓励员工敢于建言,积极建言,对于良好建议给予支持和奖励。倾听员工想法,掌握其心理状态,使其良好健康发展。其次,要培养与发展员工。服务型领导要注重员工的成长和发展,给员工安排学习机会,要求进步。例如,可以通过专业化的培训活动和讲座来实现,采取各种激励措施刺激员工不断学习新知识、新技能。最后,服务型领导要宽容与谅解员工,从员工的角度出发,以退为进。例如,员工不小心犯了错误(在不侵害组织利益的情况下),可以用宽容和谐的方式处理化解,塑造和谐友爱的团队氛围。

研究表明,服务型领导具备以下共同特征:①善于倾听;②愿意培养他人;③有远见卓识;④有同情心;⑤有大局意识;⑥有管家精神;⑦能劝导他人;⑧开展社区建设;⑨有自我认知;⑩善于抚慰心灵。

11.3.3 变革导向

1. 变革型领导

20世纪80年代,伯恩斯在其经典著作《领导力》中首先提出了著名的变革型领导理论,它是在领导特质理论、领导行为理论以及领导权变理论的基础上形成并发展的。伯恩斯认为领导者作为组织的核心要素,应当注重采取措施激发员工的主动性和积极性,以实现共同的组织目标。具体来说,变革型领导是指领导者给员工描绘美好的组织愿景,让下属认识到工作的挑战性和意义感,关心员工的个人成长和发展,使下属能够为了组织利益而牺牲个人利益并完成组织目标的过程。因其很大的包容性,变革型领导不仅解释了领导力作用于员工的影响机制,还从多个层次、多种角度形成了自己独特的观点,所以一经提出,就引起了领导力相关学者的高度重视。

伯恩斯首先将变革型领导分为六个维度,后来阿沃里奥在伯恩斯的基础上将其总结为四个维度,分别是:愿景激励(inspirational motivation)、智力激发(intellectual stimulation)、个性化关怀(individualized consideration)、领导魅力或理想化影响力(idealized influence)。具备这四种因素的领导者往往有极高的个人素质,他们能成为员工的榜样,可以引导员工为了组织利益而放弃个人利益,从而达成共同的组织目标。

(1) 愿景激励

愿景激励指的是领导者给员工描绘出美好的、有吸引力的工作愿景,并对他们提出高标准、高期望,并通过给员工提供具有意义和挑战性的工作来激励员工的程度。愿景激励可以增强组织成员之间的团队精神和合作意识,提高组织凝聚力,使员工心往一处想、劲往一处使,为实现共同的组织目标而努力。

(2) 智力激发

智力激发指的是领导者通过质疑假设、重新定义问题和以新方式应对旧情况来激发员工的创新和创造力的程度。智力激发的领导者鼓励员工勇于挑战自我,善于发现问题,激励下属用新观点、新思维处理工作中遇到的难题。此外,领导者还会为员工创造一些激发智力的活动,要求员工对问题进行批判性思考,鼓励他们摆脱旧的思维方式,并产生具有挑战性的新想法,进而发展其以新方式思考问题的能力和倾向。

(3) 个性化关怀

个性化关怀指的是领导者充当教练或导师的角色,以此来关注员工个人的成就和成长发展需求的程度。个性化关怀为员工提供个性化的支持和反馈,为员工创造新的学习机会和支持性的成长环境,特别关注员工的愿望、能力和需要,并为员工创造良好的沟通环境。因此,变革型领导的个性化关怀能够真正关注员工的内心需求和成长需要,掌握员工的心理状态,以便使员工健康良好发展。

(4) 理想化影响力

理想化影响力又称领导魅力,指的是领导者以令人钦佩的方式行事,代表了领导者受人钦佩、尊重和信任的程度。因此,具备理想化影响力的领导者具有极高的影响力,其能运用自己的权力来影响员工,也可以很有效地激发员工的信任,此外,领导者能够得到下属的认同、尊重,在工作和生活中都成为下属的行为典范。显然,领导者本身具有极高的素质和道德标准,他们成为员工崇拜、尊重和信任的榜样。

2. 魅力型-愿景型领导

魅力型领导者可以通过个人的魅力和行动影响下属追随并做出重大组织变革。魅力型领导者的人格特质包括:

① 有对公司未来的愿景;
② 具备清晰地描绘公司愿景的能力;
③ 甘愿为实现愿景承担风险;
④ 对环境约束和员工需求很敏感;
⑤ 行为敢于打破常规。

许多研究证明,魅力型领导与更好的绩效和更高的员工满意度密切相关。虽然也有一项研究结果显示魅力型首席执行官无法显著影响后续的组织绩效,但领导魅力的重要性仍然不可忽视。

愿景型领导与魅力型领导并不完全相同。愿景型领导是指领导者能提出一个实际可行的、吸引人的、让人理解和接受的美好工作愿景。这一美好工作愿景能极大地吸引员工朝着既定目标不懈努力,还可以汇聚组织的优质资源和才能,使大家齐心协力为组织目标服务。当然,组织愿景并不是空画大饼,而是清晰可信,能让人产生共鸣,并激发员工的工作干劲儿和激情。因此,美好工作愿景对员工有着无形的强大推动力。

11.3.4 消极领导力

1. 消极例外管理

和积极例外管理恰恰相反,消极例外管理指的是领导者往往把重点聚焦在下属工作结果、问题或错误上,对员工缺少个性化的支持和帮助,也不会给予意见加以纠正,而是任其发展。当问题出现时,领导者通常给予批评或其他处罚措施,并没有指导并引导员工改善工作问题。因此,消极例外管理是在员工违反要求的行为或错误发生之后,采取措施加以处罚的领导方式。

消极例外管理领导者严格按照自己设定的工作标准行事,不懂得变通,也不改变任何工作标准,不给予员工必要的支持和帮助,不关注下属是否会遇到工作问题,只留意员工的工作结果,倘若出现问题,就采取惩罚措施。所以消极例外管理是一种消极领导力,其最终结果是组织目标受挫,不能成功实现。

2. 放任型领导

所谓放任型领导,顾名思义,指的是领导者给予员工充分的自由权,领导者以放养式对待员工,放任员工自行决定本身工作,下属想做什么就做什么,拥有绝对的自由权。

当然,放任型领导具备以下特征。

① 工作并无事先安排,没有事中监督,也无事后检查。

② 权力绝对下放,员工拥有绝对的自由权,可以自行决定工作安排和制定决策。

③ 工作没有标准和原则,无制度约束。员工执行工作任务全靠自主性、自觉性。

④ 工作安排没有具体规划,往往走一步算一步。

放任型领导者对下属的支持性和帮助性行为少,不像变革型领导者那样给予个性化的支持和反馈。当然,领导者对员工也缺乏一定的关心和指导,往往一些决策都交给下属决定和执行,他们希望将工作安排都交给下属,遇到问题需要员工自己纠正,自行解决。员工基本放任自流,各行其是,领导者不给予激励,也不指挥、引导员工。如果员工实在没有能力继续接下来的工作,领导者可能会给予一点帮助。因此,放任型领导者往往积极性不足,所带领的组织绩效普遍偏低,秩序混乱。放任型领导者不能成为员工的工作榜样和模范,他们也想经营好企业,可是要么缺乏能力,要么权力受限,往往不能得到组织成员的信任和尊重。长此以往,组织健康、良性、持续发展必然受挫。

11.4 新时代的领导问题

11.4.1 管理权力

领导者想要有理有据地对下属员工发号施令,需要具备一定的权力,这些权力主要包括以下几个来源。

① 法定权力:法定权力并不是字面意义上法律保障的权力,它是组织给领导者赋予的权力或权威,拥有法定权力意味着员工要尊重并追随领导者。

② 强制权力:是指领导者拥有的强制性权力。领导者通过该项权力的行使对员工进行惩罚和控制。例如,员工不能根据自身喜好选择工作岗位,必须由领导者自行分配,或者对犯错误的员工安排降职或停职。

③ 奖赏权力:是指领导者给予表现佳的员工奖赏的权力,奖励内容不限,如升职加薪、调动工作场所、颁发荣誉证书等。

④ 专家权力:是指因拥有专业知识、特殊能力、过硬技术而获得的权力,当然,员工也可以获得专家权力。

⑤ 参照权力:是指个体具有独特的个人特质或者丰富资源而产生的权力。例如,个体拥有某种特质或资源,以使他人想要模仿甚至取悦自己,那么个体就可以拥有参照权力。

11.4.2 建立信任

领导者想要赢得员工的喜爱和尊重,就必须保证自己是个诚实正直的人,而信任正是员工相信领导者的正直、品质和能力。与员工建立信任关系的领导者能获得员工的追随,下属愿意听其指令,因为他们坚信领导者不会伤害自己的权力和利益。信任由以下五个维度构成。

① 正直:诚实、真诚。
② 胜任力:具备工作所需的知识、技术、能力。
③ 一致性:解决问题判断力佳,可靠性及预测能力强。
④ 忠诚:尊重并维护他人想法和意愿,包括生理和情感两个方面。
⑤ 开放性:思想开放,可以让员工自由表达想法和意愿。

想要赢得信任,领导者要遵守承诺,保持信心,展现出胜任力,保持开放性,公平公正,及时说出感受,说出真相,表现出言行一致性。

11.4.3 给员工授权

当代的管理者已经越来越多地通过给员工授权的方式来领导员工。授权意味着让员工拥有了制定决策的自主性,使员工可以制定直接影响他们工作内容的关键业务决策,承担了部分管理者的工作职责。给员工授权之所以受到欢迎,主要有两个原因:其一,公司想通过让处于低层级的员工参与解决问题来提高效率,总之,想获得竞争优势,必须要求员工能快速地对环境变化做出反应;其二,如果目前组织内包含的人数较多,管理者不可能面面俱到,因此将管理权力下放就不失为一个好方法。

11.4.4 如何成为有效领导者?

如何成为有效领导者一直是领导者密切关心的话题。有效领导者可以确保下属得到所需的信息和资源,推动工作任务顺利进行,保持组织高绩效。要想成为有效领导者,首先,领导者自身业务能力必须过硬,同时注重时刻提升自己,可以通过领导者培训来实现。其次,领导者必须明白,自己并不是一个不可或缺的人,在某些时候,哪怕领导者不干预,工作也可以进行。

1. 领导者培训

在领导者的培训与开发上,全球范围内的组织已经投入了数十亿美元,并开展了多种形式的努力,如参加大学的领导培训项目、去拓展培训学校参与帆船体验等。领导者培训的效果一般很难预测,但也有一些措施可以帮助管理者在领导者培训中达到最好的效果。首先可以从领导者品质出发。例如,有研究结果显示,自我监控程度更高的个体更有可能在领导者培训中获得更好的效果,因为自我监控程度高的个体能够根据不同情境灵活调整自身的行为。此外,也有证据表明,具有更高领导动机水平的个体更容易在领导者培训中获得成功。因此,选择具有更高领导品质的个体能够从领导者培训中获得更佳效果。其次,个人可以通过学习领导者技能来提高领导者培训的效果。领导者培训可以从传授技能出发来让被培训者成为更有效的领导者。例如,传授信任构建、员工辅导的技能,教授领导者怎样评估环境、怎么改变情境来使其与自己的领导风格契合,在特定的情境中怎么确定哪些领导行为最有效等。

2. 有时候不领导也是有效领导

在某些情况下,完成任务并不需要领导者参与。也就是说,存在可以替代领导者的个体、工作和组织变量。例如:在个体上,员工本身具备的工作经验,掌握的知识、技术及能力等特性;在工作上,清晰明确、简单低级、机械重复的工作任务,或工作本身能给员工带来较高的满意感等特征;在组织上,清晰的组织愿景,严格有序的组织规则,或和谐友爱的组织氛围等,都可以作为领导者的替代。有效领导者要善于根据情境变通,根据员工特征选择是否干预工作进程,必要时应充分授权。因此,从这一层面上讲,有时候不领导也是有效领导。

【本章小结】

1. 领导是指一项管理职能,领导者通过对管理职能的运用来对组织成员发号施令,带领员工一同完成组织目标。凡是在组织中具有一定号召力的人都可以称为领导者。

2. 不同个性特质的员工适合不同领导风格的领导进行管理,不同领导风格没有优劣之分,重要的是能够与员工特性相匹配。

【综合案例】

忧患型领导如何"过冬"?

虽然国内新冠疫情已经得到很好的控制,不少企业早已复工复产,但企业面临的全球经济形势却发生了巨大的变化,很多行业的冬天被无情地延长。

这么长的冬天应该如何度过,成为很多实践者和研究者共同思考的话题。一些领导力学者发现,有这么一类企业领导者,在"黑天鹅""灰犀牛"来临之前就已经做好了应对准备,这就是忧患型领导者。

1. 何为忧患型领导?

事实上,忧患意识自古有之。"忧患"二字在中国传统文化中有着深刻的思想渊源,一直以来都是警醒世人的至理名言。孟子认为人在忧患环境中会放手一搏,努力不被困难打倒,在安乐环境中反而会不思进取。范仲淹则秉持在盛世之中也要试着发现潜在危机,只有所有人都过上满意的生活的那一天才能松懈。欧阳修更是将留存危机意识,不沉迷于须臾享乐奉为人生哲理。

作为有很深中国传统思想渊源的领导理念,忧患意识在不少中国企业领导者身上都能找到佐证。例如,华为创始人任正非就是忧患型领导的一个重要代表,他一直强调"唯有惶者才能生存",认为企业哪怕处在行业发展的"春天",也要未雨绸缪,为"冬天"的到来做准备。

与其他领导风格不同,具有忧患型领导风格的领导者身上有着鲜明的特点。一个是关注潜在威胁,但忧患型领导者对潜在威胁的关注不等同于变革型、交易型领导者的问题导向,而是强调未雨绸缪。另外一个是前瞻思维,但忧患型领导者所体现的前瞻思维不等同于变革型、愿景型领导者的愿景激励,主要体现在对潜在威胁的预见之上。

从本质来看,忧患型领导是一种通过引导员工关注、搜寻以及应对未来潜在威胁等领导行为,带领下属实现群体目标的领导过程。

2. 忧患型领导的过冬心态

忧患型领导不同于担当"救火队长"的危机型领导风格。不管是否处于冬天,都保持过冬心态是忧患型领导区别于其他领导风格的显著特点。

当岁月静好时他们能够居安思危,而当硝烟弥漫时他们则能够向死而生。

(1) 居安思危

居安思危是指要随时做好应对危险的准备,哪怕所处环境再安全,也要时刻考虑是否会有危险发生。《华为的冬天》出版时,华为各项业务增长势头喜人,但是任正非在书中并没有丝毫提及企业蓬勃发展的喜悦,反而用严肃的语气分析了华为将来可能遇到的问题。不久后,他又在公司内部网站上发表了题为《北国之春》的文章,在其中说道:"华为经历了十年高速发展,能不能长期持续发展,会不会遭遇低增长,甚至是长时间的低增长;企业的结构与管理上存在什么问题;员工在和平时期快速晋升,能否经受得起冬天的严寒……这些都是企业领导人应预先研究的。"他认为所有企业有一天都会面临自己的寒冬,华为也不例外,所以他内心一直绷着一根弦,不允许它松懈。正是由于任正非这种居安思危的意识,在随后到来的电信市场寒冬,华为才能再次一骑绝尘,在众多营收惨淡的同行中脱颖而出,保持了良好的发展势头。

(2) 向死而生

如果说居安思危反映的是一种底线思维的话,那么向死而生所反映的则是忧患型领导的一种极限思维。当冬天没有来临的时候,底线思维会促使忧患型领导者居安思危,但当进入严冬,根植于内心的忧患意识会驱使他们思考,如何在死亡即将到来这种极限状态下延长生命。

向死而生是存在论名著《存在与时间》所提出的,海德格尔认为既然所有人最终都会离开这个世界,不如着眼于如何在活着的时候发挥价值,以此来应对不知何时会到来的生机断绝。

死亡不仅是人类面临的一个永恒主题,同样也是企业不可回避的宿命。忧患型领导者从来都不会回避死亡,任正非表示,华为要时刻警惕,可能离死亡只有一步之遥。

需要注意的是,忧患型领导的向死而生不等同于"破釜沉舟"式的冒险主义(视死如归,大无畏地选择去死),而是用直面死亡来激发重生的力量。就像我们中国人所说的:置之死地而后生。

正如任正非所言:"过去,华为的最低纲领是活下去;现在不同了,活下去已成为华为的最高纲领。"

所谓"未知死,焉知生",想清楚有可能死于何种原因,才有可能找到活下去的道路。换而言之,向死而生寻求的是一种否极泰来、触底反弹!

在对"下一个倒下的会不会是华为"这个问题进行多年的系统思考之后,任正非又提出了"熵减"理论。他清楚地认识到,"熵增"(组织懈怠)会导致华为死亡,这是一个必然的规律。想延缓死亡,只有避免"熵增",强化"熵减"(增强组织活力)。

3. 忧患型领导的过冬之道

不管是冬天尚未来临时的居安思危,还是数九寒天、极度严寒中的向死而生,忧患型领导者如何带领下属做好过冬准备或者度过寒冬呢?

子曰:"人无远虑,必有近忧。"前瞻思维是忧患型领导者应该具备的基本素质。

任正非在《华为的冬天》中提到,企业想成功度过行业寒冬,知道冬天会到还不够,还要备好"棉衣"。

前瞻思维的首要体现是预见,也就是以预见作为前提。对于如何做好预见,任正非见解独到,提出"一杯咖啡吸收宇宙能量":公司的高层拒绝故步自封,选择向杰出人才取经,通过请这些人喝咖啡的方式建立友谊,形成认知。

像任正非这样对未来进行假设就是一种预见。但这种预见的提出一定是经过论证的,而非拍脑门拍出来的。

但有预见并不一定有预防,预见冬天来临但是没有做好棉衣,依然会在严冬之中被冻死,因此做好预防也是前瞻思维在日常工作中的体现。

"防微杜渐"和"防患未然"就是忧患型领导者做好预防的两种体现,两者的区别就在于祸患或威胁是否已出现苗头。

(1) 忧患型领导者应善于防微杜渐

"千里之堤,溃于蚁穴",如果不能及时处理微小问题,终将产生巨大的负面结果,即需要"防微杜渐"。

脍炙人口的《扁鹊见蔡桓公》就讲到了不能"防微杜渐"的危险:蔡桓公本来只得了小病,但是他不听从医师扁鹊的建议,一直放任病情恶化,最后不治而亡。

在 VUCA 时代,复杂多变的内外部环境中蕴藏着大量机会,同时还潜伏着诸多问题。虽然不少问题不会造成太大影响,可以通过程序化的方式加以识别或者解决,但还存在大量微小的问题很难被人们识别出来,甚至有时候还披着机会的"外衣"。忧患型领导者在领导工作中首先应该善于防微杜渐,在这些问题通过从量变到质变的过程演化为"祸患"之前将其扼杀掉。

如何防微杜渐?

任正非在华为推崇的自我批判和持续改进就是很好的做法。任正非指出,自我批判是提出建议,继续优化,而不是彻底推翻,全面否定。相比于相互批评,自我批判不容易激发团队成员之间的矛盾,反而能够敦促大家自我反省,不断超越自我。领导者只有注意自我批判,才能确保持续改进自己的工作。而持续改进的关键是在细微之处见真知,从发现并改进企业的小问题入手。

(2) 忧患型领导者更应注重防患未然

防患未然是指在危机发生之前就找到隐患并试着解决。在新冠疫情爆发后,各个企事业单位迅速采取防控措施,做好安全防护,各个社区街道进行封锁,严格控制进入人员,这些都是防患未然的表现。

除了上文中提到的《扁鹊见蔡桓公》,《史记》里还有一篇记录了魏文王和扁鹊的一次对话。对话中魏文王向扁鹊询问在扁鹊和他的两个哥哥中谁的医术最高,扁鹊认为自己两个哥哥的医术水平胜于自己,大哥的实力又胜过二哥。他之所以这样认为,是因为自己的大哥在疾病未呈现出明显症状时就能一眼看出,二哥能力虽不及大哥,但是在病情初见端倪时也能及时发现,而自己只能在病情发展起来后采用放血、敷药等手段诊治病人。扁鹊二哥的医术就属于"防微杜渐",大哥的风格则是"防患未然"。

防患未然是指在祸患发生之前就加以预防,这才是忧患型领导区别于其他领导风格最为核心的体现。

如何防患未然?

华为的"红蓝对决"和"备胎计划"就是可以借鉴的好办法。

"红蓝对决"中蓝军的任务是寻找漏洞并评估当前的战略是否适应企业发展,力求在面临极端挑战时,能保持企业生机与活力。蓝军的一个重大事迹就是成功阻止了终端业务的出售。2008年,蓝军调查明确提出:端—管—云三位一体将是未来电信行业的发展趋势,电信行业的需求依赖于终端,放弃终端就是放弃华为的未来。也正是这个不出售的决定,为华为日后成功转型提供了保障。

"备胎计划"也是防患未然的一种做法。2019年5月,海思总裁何庭波的一封公开信让"备胎计划"成为当年的一个网络流行语。在美国的突然制裁打压下,华为隐秘打造多年的多项"备胎"开始密集转正,逐渐进入公众视野。2019年,拥有诸多"备胎计划"的华为并没有被美国打垮,2019年华为的年销售收入和净利润相较于2018年均得到了增长。

"备胎计划"之海思芯片:2012年,华为公司创始人任正非做出战略性决策——自主研发芯片,目的是摆脱对美国芯片的依赖,防止出现战略性漏洞而产生巨大损失。该项目得到了足够的资金支持,任正非扬言哪怕亏损严重、回报周期长也要做下去。

当然,任正非不是忧患型领导的个例。阿里巴巴集团创始人马云、京东方科技集团创始人王东升等企业领导者身上都具有忧患型领导风格。值得一提的是,领导者表现出忧患型领导风格并不意味着他们真的对未来充满悲观,而是由于他们把生存法则摆在了第一位,采取了与魅力/变革型领导不同的策略,通过前瞻思维、防患未然、防微杜渐等措施做好了过冬的准备。

思考:忧患型风格的领导者具有什么特点?你能从忧患型领导者身上学习到什么?

【本章习题】

1. 四种领导行为理论的主要内容是什么?
2. 请解释费德勒的领导权变模型。
3. 情境领导理论和路径-目标理论的内容分别有什么?
4. 变革导向的领导力有哪些?它们是如何理解领导的?

5. 如何区分交易型领导者、变革型领导者、魅力型领导者和愿景型领导者？这些领导者各自有什么特点？

6. 领导权力的五大来源是什么？

7. 除了书中的领导理论外，是否有其他一些提高领导有效性的视角？

8. 影响领导有效性的因素有哪些？如何提高领导的有效性？

第12章 员工激励

【学习目标】

- 掌握动机的定义
- 掌握早期动机理论的主要内容
- 掌握当代动机理论的主要内容

【本章关键词】

动机、需求层次理论、激励-保健理论、强化、公平、期望、目标、当代动机理论的整合

【导入案例】

跟乔布斯一起去改变世界

1983年,苹果公司还是一个名不见经传的小公司,而百事可乐已经是个成立近百年、声名远播的大企业了。作为当时百事可乐的总裁,约翰·斯卡利是美国知名的职业经理人。乔布斯特别想吸引斯卡利到苹果公司来做管理工作,但是斯卡利怎么可能放弃优渥的待遇、丰厚的年薪,以及高尚的社会地位呢?乔布斯与斯卡利接触了数次,都遭到了他的拒绝,最后,乔布斯是用一句话打动斯卡利的,他说了什么呢?他说:"你是想卖一辈子糖水还是想跟我一起去改变世界?"据说,这句话打动了斯卡利,使得他毅然决定辞去百事可乐总裁的职位,加盟困难重重、随时有可能倒闭的苹果公司。

思考:为什么这句话能够打动斯卡利?如果是一个刚刚毕业的大学生,他能够被这句话打动吗?为什么?

启示:能够被乔布斯一句话吸引的斯卡利已经功成名就,不仅拥有了高品质的生活,也拥有了相当的社会地位和名气,按照美国心理学家马斯洛的看法,斯卡利的生理、安全、社会和尊重需要已经得到了有效的满足,因此,对斯卡利来说,在此基础上建功立业,成就更大的事业,改变世界就是他的下一个人生追求。对于一个刚刚毕业的大学生来说,如果他的生理需要还没有得到有效的满足,他可能更加在乎薪酬待遇,因此乔布斯这句话未必能够产生激励作用。

12.1 什么是动机？

动机是个体为实现目标而付出努力的强度、方向和坚持性。人为什么要工作？很多人会回答"为了养家糊口"，那么为了更好地养家糊口，人可以付出多大的努力？可以坚持多长时间？可以朝哪个方向去努力呢？这里要回答的就是动机问题。动机这一概念涵盖三个要素。第一个要素是强度，即为了实现一个目标付出多大程度的努力，会不会起早贪黑、废寝忘食？还是做得差不多就行了？第二个要素是努力的方向，有些员工努力工作的方向是实现组织目标，同时提升个人能力，实现个人成长，但是也存在这样的员工，他把自己的个人利益放在第一位，当组织目标与个人利益存在冲突时，他会优先关注自己的利益。第三个要素是坚持性，即为了达成一个目标会坚持多久。一位民营企业家在最初创业的时候，他是一个"三无"人员，无学历、无资金、无背景，但是他工作的时候非常坚持，具有百折不挠的勇气，即使多次被客户拒绝，也会不断努力提升产品的质量，最终得到了客户的信任。

【案例】

你会为了钱去非洲工作吗？

在课上，我常常会问学生这样一个问题：如果你现在刚刚大学毕业，家里没有钱，还特别需要钱，这时候有一个公司给了你一份工作，年薪50万元，但是要派你去非洲，而非洲的工作条件非常艰苦，你会去吗？

虽然，我给学生设定的情境是需要钱，但是绝大多数的学生会选择不去，为什么？因为这项工作太艰苦了，大家的安全没有保障，生理需要可能得到满足，但安全需要却有缺失，所以，即使有高薪酬，也很难吸引到现在的大学生。

启示：企业在激励人的时候，首先要考虑的就是员工的动机。例如，如果企业希望以高薪的方式吸引年轻人去艰苦的地方工作，在今天这个时代就有一定难度。为什么？现在年轻人工作不只是为了钱，还要考虑自身的安全、家庭的幸福、能力的成长，甚至身心自由与个体娱乐等。

12.2 早期动机理论

在早期动机理论当中，重点需要掌握四个理论，分别是：①马斯洛的需求层次理论；②麦格雷戈的X理论和Y理论；③赫兹伯格的双因素理论；④麦克莱兰的需求理论。早期动机理论强调的都是内部因素，即员工自身的特征。

12.2.1 马斯洛的需求层次理论

马斯洛是一名犹太人，出生于纽约市，是一位非常著名的哲学家、心理学家，同时也是人文主义心理学的主要发起者之一。在马斯洛之前的管理学家大多采取比较负面的方式看待人性,例如,弗洛伊德认为,驱使个体努力工作、不断进步的因素是力比多,是性驱力,所以弗洛伊德看到的是人性黑暗的一面。而马斯洛看到了人性光明的一面,他认为人类有成长、发展与自我实现的诉求。因此有人曾经这样评价马斯洛:正是由于马斯洛的存在,做人才被看成是一件有希望的好事情。在纷乱动荡的世界里,他看到了人性的光辉,看到了光明与前途。

马斯洛提出了需求层次理论。该理论把人的需求分成五个层面,如图12-1所示,最低层次的需求是生理需求。生理需求是人类生存的最低条件,简而言之:人饿了要吃饭,渴了要喝水,晚上累了要睡觉,就是在满足生理需求。安全需求指的是人们保护自己免受生理和情感伤害的需求,如安全、稳定、有秩序,以及免受恐惧的侵袭等。

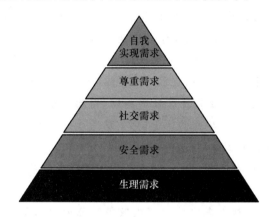

图12-1 马斯洛需求层次理论

社交需求:在生理和安全需求得到满足后,人们产生了社会交往方面的需求,涉及了归属感,包括友谊、信任、接受并给予爱。一位大学生每天下了课回到宿舍,特别愿意跟自己宿舍的同学打成一片。但是假如今天这位同学不跟室友们说话了,早上独自到教室去,中午独自吃饭,下午独自上课,晚上回到宿舍立刻上床睡觉,他会感觉很难受、很孤独,因为社交需求没有得到满足。

尊重需求:马斯洛将尊重需求划分为两类,分别是对自我的尊重和对名誉或他人尊重的渴望,前者如尊严、成就,后者如声望与地位等。当学生回答问题答得好,得到了老师的表扬,学生心里会觉得很开心,这就是外部尊重的需求得到了满足。

自我实现需求是指释放个人潜力、追寻个人成长和达成个人理想抱负的需求,是一种"成为一个人能够成为的一切"的渴望。人在这一生当中可能不只喜欢钱,正如导入案例中所说的斯卡利,他的生理需求和安全需求已经得到了满足,所以斯卡利就会有更高的追求。为什么乔布斯说的那句"你是想卖一辈子糖水还是想跟我一起去改变世界"可以打动斯卡利呢?改变世界其实就是自我实现需求,斯卡利要满足自己的自我实现需求。

生理需求和安全需求被认为是低层次需求;社交需求、尊重需求和自我实现需求被认为是高层次需求。每当一个需求层次得到充分满足后,下一层次的需求就会占据主导地位。一旦员工的某种需求得到了实质性的满足,这种需求就不再具有激励作用。斯卡利为什么追求改变世界呢?因为他的生理需求和安全需求已经得到了满足,所以他才会冲击更高层次的需求。

因此，要想激励员工，就要了解他目前处于哪个需求层次，然后重点满足该层次或该层次之上的需求。古人曾经讲过的"仓廪实而知礼节"就是这个道理，仓廪实意味着生理需求得到了有效的满足，知礼节则是更高层次的尊重需求，生理需求满足后才能产生尊重需求。为什么乔布斯可以打动斯卡利，但是不一定能够打动一个刚刚毕业的大学生呢？因为在很大程度上，大学生的生理需求还没有得到有效的满足，因此尚未产生自我实现需求。

【案例】

温水真能煮青蛙？

一次，我去某开放大学讲课，这所大学的前身是该省的广播电视大学。在20世纪八九十年代，开放大学给国家培养了大批的人才。因为那个时候上大学是很不容易的一件事情，所以很多人会选择去上开放大学。但是进入21世纪，随着生活条件的改善，民众追求的不仅仅是上大学，还会看重专业、大学培养学生的能力等，所以更多的学生会选择去上正式的高校，开放大学的业务就逐渐萎缩。课间一位开放大学的老师给我讲了自己的困惑：由于开放大学的业务现在日渐萎缩，因此开放大学老师的工资比较低，在他们开放大学有很多知名大学毕业的博士，他们满足于每月的低工资，却不会去帮助学校拓展新的业务，让学校也让自己赚到更多的钱。为什么？

最大的可能性是他们在小的时候，安全需求没有得到满足。大多数人在成长的过程中，取得成绩会得到父母的表扬，但是失败会受到父母的惩罚，久而久之，在大多数人的心目中，失败是可耻的，那么怎么才能不失败呢？他们树立了一个这样的逻辑：不犯错＝成功。一个满足于拿着低薪酬却不愿意努力奋斗的高学历人才是因为害怕失败才做出这样的选择的。试想一下，离开现在的舒适圈，意味着自己要进入市场的残酷竞争，要做的事情可能是自己不擅长的，要接纳自己可能的失败，这对他们来说，是一个很大的人生挑战。

启示：企业管理者不要总是盯着员工的失败，因为在工作中要大胆尝试，才能取得成功，要在员工内心构建这样的公式：大胆尝试＝成功。管理者要在企业内部构建安全的工作环境，让员工做出更多的尝试，这样不仅员工的能力能够得到提升，企业的管理水平也能够得到提高，企业的创新发展才有希望。

12.2.2 麦格雷戈的X理论和Y理论

道格拉斯·麦格雷戈是美国知名的行为科学家，他创立了著名的X理论和Y理论。X理论认为，人性本恶：一般人都是好逸恶劳、厌恶工作的，因此，必须通过监督、惩罚等强制手段，才能使员工完成工作目标。Y理论认为，人性本善：人们并不懒惰，并且也愿意承担责任，只要工作设计合理，员工便热衷于在工作中展现自身的才能和创造力。秉承X理论的管理者在工作中会选择批评、训斥的管理方式，会严格地对员工进行管理，秉承Y理论的管理者则恰好相反，他们愿意为员工规划合理的工作设计，打造宽松的工作环境，以便让员工更好地发挥自己的能力。麦格雷戈相信Y理论人性假设应该更多地用于企业的管理实践，并且参与管理决策、提供承担责任和充满挑战性的工作能够使激励员工的效果最大化。但是,在管理中,使用 X 理论还是 Y 理论受到很多情境因素的影响,目前没有证据证明哪一种人性假设对管理更有利,因为也很难说 Y 理论人性假设是激励员工的唯一途径。

【案例】

打造良好的工作环境是秉承 Y 理论吗?

在谷歌,员工去一层餐厅吃饭的时候,不一定非得走楼梯,他可以从二层坐着滑梯滑下来,谷歌一直设法给员工提供良好的福利待遇,如:免费的美食、24 小时开放的健身房、免费洗衣和干衣的服务、班车等。

中国的很多企业也在尝试给员工提供好的福利条件,例如,大部分的大型企业都有自己的餐厅,为员工提供免费或者带有补贴的午餐与晚餐,为优秀员工解决户口问题,提供子女托管服务,让员工能够安心工作。

为员工打造良好的工作环境是秉承 Y 理论,认为人性本善,所以应该好好对待自己的员工吗?这是一个非常复杂的问题。实际上,谷歌的高管曾经讲过,他们愿意为员工提供午餐、免费服务的原因是他们希望解决员工的后顾之忧,让员工更好地把自己的精力放在工作上,以更好地提升工作效率,为企业创造更大的价值。

启示:无论企业是秉承 X 理论还是秉承 Y 理论,都应该为员工打造良好的工作环境,以提升工作效率。

12.2.3 赫兹伯格的双因素理论

佛雷德里克·赫兹伯格是美国心理学家和管理学家,他于 1968 年在《哈佛商业评论》上发表了一篇文章——《再问一次,你如何激励员工?》,结果当月期刊共售出 100 万份,该文章成为《哈佛商业评论》见刊以来最受欢迎的文章。这篇文章来自赫兹伯格在 20 世纪 50 年代末期的一个研究:赫兹伯格跟他的助手在美国的匹兹堡地区,对 200 名工程师和会计师进行了调查访问。在访问的过程当中他问了两个问题:第一个问题是"在工作中是什么让你感到特别满意",第二个问题是"在工作中是什么让你感到不满意"。

如图 12-2 所示,通常情况下,人们普遍认为满意的对立面是不满意。但是赫兹伯格经过调研发现,满意的对立面是没有满意,而不满意的对立面是没有不满意,也就是说,还存在一种既没有满意,也没有不满意的中立状态。

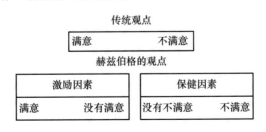

图 12-2 赫兹伯格的双因素理论

赫兹伯格的研究结果表明,使员工感到满意的都是工作本身和工作内容方面的(如挑战性的工作、成长与发展等),而使员工感到不满意的都是工作环境和工作关系方面的(如管理制度和工作环境等)。使员工感到满意的因素被称为激励因素,工作中的激励因素不存在不会导致员工的不满意,但如果存在,员工便会表现巨大的满足感。使员工没有不满意的因素叫作保健因素,保健因素的存在不会带来员工的满意,保健因素不存在便会带来极大的不满。因此该理论也被称为"双因素理论"或者"激励-保健理论"。图12-3列举了常见的激励因素和保健因素。

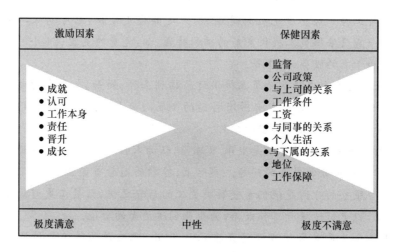

图12-3 常见的激励因素和保健因素

按照赫兹伯格的观点,导致员工满意和不满意的因素是相互独立的,而且差异很大。因此,试图在工作中消除不满意因素的管理者只能给工作场所带来和平,而未必能够激励员工。这些导致员工不满意的外部因素称为保健因素,当它们得到充分改善时,人们便没有了不满意,但也不会因此感到满意(或受到激励)。要想真正激励员工努力工作,必须注重激励因素,这些内在因素才是增加员工满意度的依据。赫兹伯格的理论常常被诟病,因为赫兹伯格的研究对象是会计师和工程师,这两类人在美国都属于收入较高的阶层,按照马斯洛的观点,他们的生理需求和安全需求得到了满足,因此他们更关注工作的成长、认可、成就等高层次需求。但是如果调研的对象是所谓的"蓝领阶层"或者需要靠打短工满足生理需求的低收入人群,调研的结果还适用吗?不管怎样,赫兹伯格都为管理者提供了一个新的管理视角:薪酬待遇不是激励员工的唯一手段,在很多情况下,工作的趣味性、成长和发展的机会也会产生激励作用。

【案例】

九阳的激励方式

优秀员工和一般员工的激励差距拉大是九阳激励"牛人"的原则。在奖金方面,前者与后者得到的奖励相差最多有50%,而针对研发人员差距还会更大。九阳专门设置了针对优秀项目的奖励,好项目和差项目之间奖励相差五六倍。九阳还设有创新奖,每年颁发一个奖项。为了激励"牛人",九阳将创新奖从10万元提高到了15万元,再到20万元甚至更多,对创新的激励力度越来越大。此外九阳还有一些其他的专门奖项,如创新提案奖,对于那些提出好建议的员工,公司也会颁发奖项。

> **思考**：按照双因素理论，九阳的优秀项目奖励、创新奖励等属于激励因素还是保健因素，为什么？
>
> **启示**：九阳的优秀项目奖励和创新奖励属于激励因素。因为九阳已经通过发放薪酬福利的方式满足了员工的生理需求，现在的奖励是为了鼓励员工更好地发挥自己的作用，释放自己的能量，重点是为了满足员工成长、成就和发展的需要。

12.2.4 麦克莱兰的需求理论

戴维·麦克莱兰提出有三种后天的需求推动员工从事工作，员工受到这三种需求的影响，但通常受到其中一种需求的强烈激励，有效的管理者需要意识到哪一种需求最能激励员工。成就需求指的是个体追求卓越，渴望达到最高标准，以无可比拟的成功作为自身的终极目标。一位管理者给自己定了目标：每天要走一万步。但是他有时候实在太忙了，没有时间走，晚上回到家里，也很累了，怎么办呢？他选择瘫坐在沙发上用手甩自己的运动手表，以达到一万步的步数。这看上去是自欺欺人，但是也说明这位管理者有很强烈的成就需求。权力需求是指个体希望对他人产生深切的影响，可以指挥并控制他人，左右其行为。很多孩子小时候都有这样的人生经历，父母为了让孩子服从管教，会想出很多办法，包括：在孩子听话顺从的时候给予物质奖励或者精神激励，但是在孩子不服从的时候以威胁甚至打骂的方式对待孩子。这时候父母就在满足自己的权力需求。归属需求即个体渴望被他人喜爱和接纳，建立亲密的人际关系。这个需求其实就是马斯洛讲的社交需求。

这三种需求可以通过投射测验来测量。投射测验也称为主题认知测验，它要求被试对一系列图片做出反应。在测验中，被试就所展示的每幅图片写一个故事。然后，训练有素的解读人员可以判断出该被试成就需求、权力需求和归属需求的水平。实验发现：成就需求高的人，一般通过故事中的人物想把某件事情做得更好来确定；归属需求高的人，通过故事中的人物想与别人交往并建立友谊来确定；权力需求高的人，通过故事中的人物想对其他人产生影响或留下印象来确定。

> **【案例】**
>
> **雷军与董明珠的对决**
>
> 2013年12月12日，在中国经济年度人物盛典大会上，小米CEO雷军大胆向格力董事长董明珠立下战帖——如果小米在5年期限内营业额能超过格力，后者便要输给他一块钱。董明珠当场表示一块钱毫无意义，要赌就赌大的，直接抛出10个亿的"赌资"。截至2018年9月30号，小米总营收为1 305亿元，格力是1 487亿元，两者之间的差距高达近200亿元。在2018年中国企业领袖峰会上，董明珠也正面回应道这场赌局是格力赢了。
>
> **思考**：按照麦克莱兰的观点，雷军和董明珠分别表现的是什么需求？应如何对他们进行激励？

> **启示**：雷军表现的是成就需求，因为一元钱没有太大的经济价值，但是作为新晋企业的小米，如果能够打败格力，则是巨大的成功。董明珠表现的是权力需求，她完全可以在胜过小米后选择低调，但是她一定要在公开场合表现出自己的胜出，说明她有很强的控制欲望。

在实际工作中，如何对雷军这种成就需求很强烈的人进行激励呢？由于他们关注取得成就，因此要在工作中为他们设计有挑战性的工作目标，在工作的过程中给他们提供实时的反馈，帮助他们不断完善和发展自己。如何对董明珠这种权力需求很强烈的人进行激励呢？给他们成为管理者的机会，满足他们的权力需求。

12.3　当代动机理论

当代动机理论包括：①目标设置理论；②强化理论；③激励性工作设计；④公平理论；⑤期望理论。当代动机理论和早期动机理论的区别在于：早期动机理论更多强调的是员工自身的特征、员工的需求，当代动机理论不仅强调员工的需求、人性，还强调外界因素，如目标设计、奖励处罚、公平对待员工等。

12.3.1　目标设置理论

目标设置理论认为，具体的工作目标会提高工作绩效，困难的目标一旦被员工接受，将会比容易的目标产生更高的工作绩效。目标设置理论的要点：第一，努力实现某个目标是工作动机的一个主要来源，具体的、富有挑战性的目标是极为有效的激励力量；第二，员工参与目标设置工作将有利于提高目标的可接受性；第三，如果员工在完成目标的过程中得到了必要的反馈，他们会表现得更佳。

目标设置理论有以下几个关键词。第一：努力。一个富有挑战性的目标能不能激励员工付出更大的努力，首先取决于这个目标对员工是否有意义，当员工认为这个目标是有意义的，他更愿意付出努力。例如，企业希望员工在年底前加班完成海外的圣诞节及新年订单，为完成高额订单的需要，企业给全体员工设定了很高的目标，同时给出了高额的奖励计划，但是如果某位员工的亲人生病了，他很想请假回家去看望亲人，则这个高目标就无法被该员工接受，也很难使得他付出努力。第二：参与。在目标设置的过程中，参与是非常重要的。参与提高了目标的可接受性，在参与的过程中，员工能够更好地体会目标的价值、目标与自己工作的联系，因为会给这个目标高度的承诺。第三：反馈。在实现目标的过程中，当员工知道自己的工作进展以及目标完成的情况时，他们会表现得更好，因为他们知道自己想要的目标与现状之间的差距，从而可以更好地调整自己的表现。

> 【案例】
>
> **韩都衣舍的目标管理**
>
> 韩都衣舍在公司内建立了以小组制为核心的单品全程运营体系，运用自我孵化以及

投资并购,将公司变成了一个时尚品牌孵化平台。这种以小组制为核心的单品全程运营体系就是小前端大平台结构的一种典型代表。那么小前端指的是什么?就是以小组为核心的单品全程运营体系,称为小组制。小组制打破了传统的直线职能制,从设计师团队、商品页面团队以及直接对接生产管理订单的部门中,各抽一个人组成一个三人小组,这个小组要负责一款服装的设计、生产营销以及销售工作。小组拥有比较大的权力,包括产品的款式、颜色、尺码,生产的数量,销售的价格以及折扣,公司不会多加干涉。小组的提成或者奖金会按照毛利率、资金周转率等指标来进行计算,与整个小组对商品运营的效果直接挂钩。

思考: 按照目标设置理论,韩都衣舍的做法有哪些激励作用?

启示: 韩都衣舍设定的目标非常明确,即运营效果,在运营过程中,小组成员高度参与目标完成的过程,而且小组成员得到的反馈相当及时,消费者的购买数据就是给他们的反馈。因此,这种方法对小组成员有高度的激励作用。

12.3.2 强化理论

强化理论认为个体的行为是获得刺激的函数:若刺激产生的结果对个体有利,行为就会重复地出现,即为正强化;若刺激产生的结果对不利,行为就会逐渐减弱直到消失,即为负强化。俄罗斯第一位获得诺贝尔生理学奖的科学家巴甫洛夫曾经做过一个实验:每一次给狗提供食物的时候都打铃,时间久了,狗在打铃与食物之间建立了联系,那么下一次不提供食物,仅仅打铃,狗也会分泌唾液。动物园驯化动物进行表演的时候也使用了类似的方法,如果动物做对了饲养员要求的某些动作,饲养员马上就会喂给动物食物或者对动物进行抚摸,这时候的食物或者抚摸就扮演了强化物的角色。

按照心理学家斯金纳(B.F.Skinner)的观点,如果个体在表现某一种行为后得到奖励,则该个体很有可能继续表现这种期望的行为,在期望的行为产生后立即给予奖励则效果最好。反之,如果该行为得不到奖励或者得到惩罚,则产生该行为的可能性会大大降低。运用强化理论,管理者可以使用正强化促进有利于组织目标的行为,对于达不到期望的行为,则采取惩罚或者忽略的方式。虽然惩罚可以快速减少组织不期望的行为,但是惩罚带来的负面影响是较大的,如管理者与员工的冲突、沟通的失败、员工离职率的上升等,因此,惩罚的策略非常重要。

【案例】

物质激励还是精神激励效果更佳?

在《重新定义团队》一书中,谷歌的人力资源总监讲述了他在谷歌员工中调查他们想要哪种奖励时,员工明确地表达了对现金奖励的倾向性,他们认为现金比体验的实际意义要高31%。于是谷歌就做了一个实验:在一段时间里,对照组中获奖的谷歌员工一如既往获得现金奖励200美元,而实验组中获奖的员工得到的是旅行、团队派对以及与现金价值相当的礼品奖励。

> 调研结果令人震惊,尽管员工说他们喜欢现金奖励超过体验奖励,但是更开心的反而是实验组的员工,他们认为自己得到的奖励更有趣,更令人难忘。5个月之后再做调查,获得现金奖励的谷歌员工开心程度降低了25%,而实验组员工的开心程度反而比获奖时更高。
>
> **思考**:物质激励与精神激励都是强化物,目的是提高员工士气,促使员工更加努力地工作,而且员工也更倾向于接受物质激励,为什么谷歌的实验结果发现精神激励的效果更好?
>
> **启示**:不管是现金还是体验都是强化物,但是这两个强化物满足了员工的不同需求,物质激励(如金钱)可能满足的是生理需求,而精神激励(如团队共同出去游玩)满足的是社交需求和尊重需求。谷歌的案例说明奖励可以基于物质,也可以基于精神。对某些员工来说,精神激励的作用可能更大。

12.3.3 激励性工作设计

在电影《摩登时代》中,卓别林创造了一个工人的角色,这个长期在流水线上工作的工人,把一切都看作螺丝,不仅会去拧螺丝,还会去拧同事的鼻头。由于流水线作业的高度分工,企业提升了员工的工作效率,但是工作效率的提升以牺牲员工的成长与发展为代价,人不再是人,仅仅是操作机器的一个工具而已。

> 【案例】
>
> #### 富士康员工的十三连跳
>
> 2010年是富士康的多舛之年,十三连跳的员工不仅惊动了富士康的高层,更惊动了社会。据说跳楼员工的父母去富士康的时候,觉得不可思议,因为他们发现富士康的居住条件和工作条件比家里好太多了,孩子为什么要选择自杀呢?父母百思不得其解。
>
> 这些员工的父母早期都生活在相对贫困的时代,生理需求没有得到满足,因此他们认为有良好工作条件和居住条件的企业就是很棒的企业了,但是这些员工生活在经济条件相对较好的时代,他们的基本生理需求已经得到了满足,在工作中他们不仅希望满足生理需求,还希望满足更高层次的需求。
>
> 富士康是一家代工企业,主要是为手机企业从事生产工作,作为一家劳动密集型的企业,它需要通过流水线作业的方式提高工作效率。劳动工人每天的工作就在流水线上,只干一件事,如贴标签、贴膜等,所以工作真的非常枯燥,完全是机械化、重复化的。在从事这份工作的过程中,员工得不到成长,体会不到自己的价值与工作的意义,加之有些管理者的管理方式简单粗暴,不关注员工的高层次需求,长期工作下去员工的身心俱疲,有些员工就选择以跳楼的方式表达自己的不满。
>
> **思考**:分工是亚当·斯密提出的重要管理理念,高度专业化的分工提高了企业的工作效率,降低了企业对员工能力的依赖程度,但是高度的分工也给企业和员工带来了一些困惑。企业应如何解决这些管理问题呢?

工作设计是将各种工作任务组合成完整工作的方法,并充分反映不断变化的环境、组织的技术以及员工的技能、能力和偏好等因素的要求。企业可以通过工作设计的方法为员工设计激励性工作。设计激励性工作的方法一般来说有三种。第一种是工作扩大法,通过增加工作中的岗位职责或者扩大工作范围,使得员工减少因工作乏味枯燥产生的厌倦等情绪,提高满意度,进而改善服务的质量以及降低差错率、提高劳动效率,该方法包括横向和纵向两种方式。例如:一个流水线上的工人不只负责贴标签,也负责下一个工作流程的工作;一个薪酬专员不只负责薪酬的发放,还负责薪酬的调整以及激励性薪酬的设计。第二种是工作丰富法,即工作的丰富化,指的是通过增加工作岗位的技术及技能含量,使得工作更加具有自主性与挑战性,从而满足员工更高层次的心理需求。设计工作丰富化时,员工会得到授权去完成一些本来由管理者完成的工作,工作的丰富化使得员工有更多的自由、责任和独立性去完成自己的工作。例如,工作丰富化设计后,一位牙医有更多的自由决定自己的工作时间、自己与病人沟通的方式以及自己所使用的治疗方案。第三种是岗位轮换法,是指让员工在一定时间内定期进行工作岗位的轮换,从而获得各个工作岗位的工作经验,达到激励员工的目的,使其明确自己擅长的工作岗位。

在设计激励性工作时,需要使用工作特征模型。工作特征模型是一种用来分析和设计工作的框架,该模型确定了五种核心工作维度,以及它们的相互关系和它们对员工生产率、动机、满意度的影响。图12-4展示了激励性工作设计模型,五种核心工作维度分别如下。①技能的多样性:一项工作可以包含多项活动,从而可以使用到员工的多项技能,帮助员工提升自己的能力。②任务的完整性:一项工作需要完成一个可辨识的、完整的工作任务的程度。③任务的重要性:一项工作对员工工作和生活的影响程度。④工作的自主性:一项工作给员工的自主权、决策权和自由度。⑤工作反馈:员工在工作的过程中,能否得到关于自己工作的及时、有效的反馈以及反馈的明确程度。

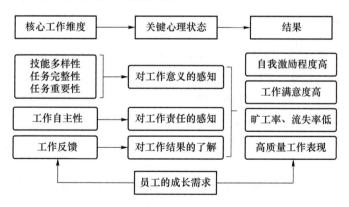

图12-4 激励性工作设计模型

工作特征模型的相关研究表明,当员工能够通过反馈了解到在自己认可的工作上(通过技能多样性、任务完整性和任务重要性体会到工作的意义)能够取得工作成绩时,他们的工作满意度高、离职率低。工作维度与工作结果之间的关系受到员工个体因素(如是否具有对尊重、成长和自我实现的需要)的影响,当员工的工作包含上述五个维度时,那些成长需要强烈的员工体会到关键心理状态高于成长需要不强烈的员工,成长需要不强烈的员工并不能有效地提升自己的工作绩效。

> 【案例】
>
> **NASA 打扫卫生的工作人员**
>
> 20 世纪 60 年代,美国总统肯尼迪去 NASA 时,看到了一位清洁工,他问清洁工:"你是做什么工作的?"清洁工自豪地回答:"我在帮忙把人送上月球。"
>
> 思考:使用设计激励性工作的理论解释清洁工的回答,为什么清洁工对自己的清洁工作感到非常自豪?
>
> 启示:相信 NASA 在设计清洁工的工作时,让他了解到自己工作任务的完整性、重要性以及自主性,此外,相信这位清洁工在工作中也得到了及时的正向反馈,使得清洁工认识到自己工作的意义,因此对清洁工产生了激励作用。

在实际工作中,管理者要想设计激励性工作,可以采取以下的一些措施。

① 合并工作任务:把一些碎片化的工作任务重新整合成新的、完整的工作模块,以提供具备技能多样性和任务完整性的工作。

② 形成自然的工作单元:管理者可以将工作设计为一个自然、有意义的工作单元,以增强员工的"拥有感",让员工体会到自己的工作不是无意义的。

③ 建立客户关系(内部或外部):管理者让员工的工作与客户建立直接的联系,这样员工能够快速得到反馈,同时看到自己工作的价值与意义。

④ 纵向拓展工作:员工可以负责以前仅由管理者负责的工作,工作的自主权增大。

⑤ 建立反馈渠道:管理者与员工之间建立畅通的反馈渠道,员工有机会清晰地了解自己工作的成绩。

12.3.4 公平理论

公平理论是由斯塔希·亚当斯提出的,该理论主要探讨工资报酬的公平性和合理性对员工工作积极性的影响。该理论认为,员工会通过横向比较和纵向比较两种方式对其工资报酬的公平性和合理性进行判断:横向比较即将自己从工作中得到的和付出的进行比较;纵向比较即将自己的付出所得与其他相关人的付出所得进行比较。如表 12-1 所示,个体先思考自己的投入产出比,分析自己现在的投入产出比与以前的投入产出比是否一致,再思考其他人的投入产出,比较自己的投入产出比与其他人的投入产出比是否一致,这就是公平比较。第一种情况是投入产出比相等,第二种情况是投入产出比不相等,自己得到的多,第三种情况是投入产出比不相等,自己得到的过少。后两种情况都会导致员工产生不公平感受,尤其是第三种情况,当员工产生不公平感受的时候,他们会设法采取一些措施,如提高或降低自己的生产力,决定是否"摸鱼"或者"磨洋工",考虑是否离职等。

表 12-1 公平理论

觉察到的比率比较	员工的评价
$\dfrac{A \text{所得}}{A \text{付出}} < \dfrac{B \text{所得}}{B \text{付出}}$	不公平（报酬太低）
$\dfrac{A \text{所得}}{A \text{付出}} = \dfrac{B \text{所得}}{B \text{付出}}$	公平
$\dfrac{A \text{所得}}{A \text{付出}} > \dfrac{B \text{所得}}{B \text{付出}}$	不公平（报酬太高）

注：A 代表某员工，B 代表参照对象。

员工会选择谁来做参照对象呢？参照对象指的是为了评估公平性，个体用来与自己进行比较的其他个体、系统或者自我。"个体"参照对象包括在同一组织中从事相似工作的其他个体，但也包括朋友、邻居和同行。"系统"参照对象包括组织报酬的政策、程序和分配制度。"自我"参照对象指的是每个员工自身的投入产出比，这一比例反映了个体过去的经历。例如，某企业开始实施年薪制，一位员工是这样说怪话的："薪酬增加了 50%，工作量却增加了 100%，还是老板厉害啊！"这就是拿现在的"自我"与未来的"自我"进行比较。

公平可以划分为两类：一类聚焦于结果，称为"分配公平"，即人们认为报酬数量以及报酬分配的公正程度；一类叫作"程序公平"，用来确定报酬分配的程序所具有的公正程度。研究表明，分配公平比程序公平更能影响员工的满意度，而程序公平往往会影响员工对组织的承诺、对上司的信任以及辞职的意愿。这对管理者而言有什么意义？管理者应该考虑将关于分配决策如何制定的信息公开化，遵循稳定、公正的程序，并采取措施以提高员工对程序公平的认同感。通过提高员工对程序公平的认同感，即使在他们对报酬、晋升或其他个人所得不满意的情况下，员工也可能会积极地看待他们的上司和组织。

【案例】

企业如何看待公平？

在薪酬方面，企业如何做到公平对待员工呢？很多企业是这样做的：首先在市场上收集每一项工作的市场数据，而后设定控制界限，界定员工的个人薪酬可偏离市场薪酬和其他员工薪酬的范围，通常企业会允许薪酬与市场水平相比上下浮动 20%，最优秀的员工或许能够得到市场水平或高于市场水平 30% 的薪酬。平均水平的员工每年能加薪 2%～3%，特别优秀的员工每年能够加薪 5%～10%，具体的幅度会根据企业的不同而有所差异。这种做法其实关注的就是分配公平。

而谷歌的做法却与之有很大的不同。谷歌认为，薪酬与贡献要匹配，就是要做到有巨大的差异，而不是差 5%、10%。比尔·盖茨说过："了不起的车工的工资是普通车工的几倍，但是了不起的软件程序员的工资应当是普通程序员的一万倍。"美国的一项研究表明：10% 的产出来自最顶尖 1% 的员工，26% 的产出来自最顶尖 5% 的员工，换言之，最顶尖 1% 的员工的产出是平均产出的 10 倍，最顶尖 5% 的员工的产出是平均产出的四倍多。所以在谷歌确实存在两个做着同样工作的人所得奖励却有百倍之差的情况。一位员工得到了 1 万美元的股权分配,而另外一位在相同领域工作的员工却获得了 100 万美元的股权分配,这并非常态,几乎每个级别的薪酬差异都很容易达到 300%~500%,谷歌提供的薪酬差异水平很高,为异乎寻常的员工预留了足够的薪资空间。

思考:第一种公平是差异比较小的,而第二种公平是差异比较大的,那么从企业管理的角度来说这两种公平的优势和劣势分别是什么?

启示:第一种公平:员工之间的差距较小,不会产生巨大的差别感,适用于难以客观衡量员工绩效的情况,也适用于需要大量团队协作、个人力量无法有效突出的企业。第二种公平:虽然对高产出的员工有较好的激励作用,但是在团队协作方面会变差。谷歌在员工激励方面使用的是丛林法则。

12.3.5 期望理论

期望理论是由维克托·弗鲁姆提出的,在这一理论中弗鲁姆聚焦了四个变量,分别是个人努力、个人绩效、组织奖励和个人目标,在这四个变量之间建立了三种联系,如图 12-5 所示。

联系①:个人努力—个人绩效,指的是个体认为付出一定的努力能达到某一特定绩效水平的概率,也称为期望值。

联系②:个人绩效—组织奖励,指的是个体所认为的某一特定绩效水平有助于获得期望结果的程度。

联系③:组织奖励—个人目标,奖励的吸引力,指的是在工作中可能获得的结果或奖励对个体的重要程度。组织奖励—个人目标同时考虑了个体的目标以及需求,也称为效价。

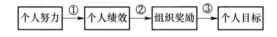

图 12-5 期望理论

按照期望理论,如果个体预期某种行为会带来某种特定的结果,而且该结果对自己具有吸引力,那么该个体往往会采取这种行为。该理论包括三个要素:第一个要素是期望,就是说个体的努力是不是一定能够带来绩效;第二个要素是手段,就是说这个绩效是不是一定能够带来奖励;第三个要素是效价,就是说这个奖励是不是个体想要的。

【案例】

韩都衣舍的小组更新机制

为了促进小组的成长,韩都衣舍建立了一种小组自动更新的机制,每日公司会对小组的销售状况进行排名,鼓励小组之间相互竞争和共同进步,同时给予业绩优秀的小组更丰厚的奖励。业绩优秀的小组会对其他小组形成良好的示范作用,优秀小组的成员也可以选择单干,从而吸引其他小组成员的加入。韩都衣舍授予了每个小组高度的自主权,让每个小组实现了责、权、利的相对统一。通过在组织内部设计小组人数、排名机制等,鼓励小组问责,将小组压力转嫁给公司公共服务部门,从而推动了公共服务的不断完善。

思考:使用期望理论说明,韩都衣舍的激励方式是如何产生作用的?

> 启示：①在个人努力方面，只要员工肯努力，他们就能达到他们所有期望的绩效；②在奖励方面，组织允许优秀小组的成员选择单干，同时给予业绩优秀的小组更丰厚的奖励；③在目标方面，韩都衣舍授予了每个小组高度的自主权，让每个小组实现了责、权、利的相对统一，这样每个人都能得到自己想要的利益，每个人可实现自己的目标。

期望理论的关键在于要弄清个体的目标以及三种联系，即努力与绩效的联系，绩效与奖励的联系，奖励与个体目标满足的联系。期望理论认识到没有一种普遍适用的原则能够解释是什么在激励员工，于是强调管理者必须明白员工为什么认为某些特定的奖励有吸引力或者没有吸引力。毕竟，管理者希望以员工重视的东西来奖励他们。此外，期望理论还强调被期望的行为。员工是否知道组织对他们的期望是什么以及组织会如何评估他们？期望理论还关注员工的感知，个体对工作绩效、奖励和目标的感知（而不是客观情况本身）决定了他的动机（努力程度）。

12.3.6 当代动机理论的整合

当代动机理论的很多思想其实是相互补充的，管理者如果能够综合地使用这些思想，就能够更好地激励自己的员工。

如图 12-6 所示，该模型以弗鲁姆的期望理论为主要框架，通过目标设置理论，个人努力与个人目标之间可以建立直接的联系。同样，当员工是高成就需求者时，他们也会绕过个人绩效和组织奖励，在个人努力与个人目标之间直接建立联系，因为他们看重自己取得的成功。

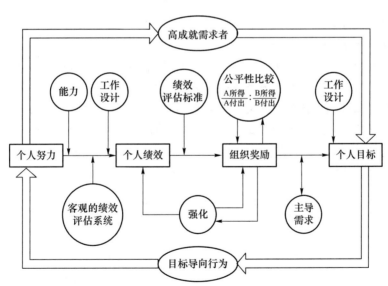

图 12-6 当代动机理论的整合模型

个人努力要想转化为个人绩效，不仅需要员工有工作能力，还需要有良好的工作设计促使员工产生业绩，同时，客观的绩效评估系统要能够把员工的绩效衡量出来。从个人绩效到组织奖励，首先需要客观的绩效评估标准，同时起作用的还包括强化理论和公平理论。组织奖励能否达到员工的个人目标呢？传统的需求层次理论就在这里发挥了作用。

因此，该模型在期望理论的基础上融合了需求层次理论、目标设置理论、成就需求、强化理论、公平理论和工作特征模型，管理者通盘加以考虑，才能更好地达到激励员工的效果。

【本章小结】

1. 动机的定义：动机是个体为实现目标而付出努力的强度、方向和坚持性。
2. 早期动机理论：马斯洛的需求层次理论、麦格雷戈的X理论和Y理论、赫兹伯格的双因素理论、麦克莱兰的需求理论。
3. 当代动机理论：目标设置理论、强化理论、激励性工作设计、公平理论、期望理论。

【综合案例】

爱离职的银行新生代员工

引言

某年年底的一个普通工作日下午，某银行分行营业部挤满了来办理业务的客户，有些业务办理起来时间过长，就会引起客户的不满。看上去业务十分兴旺，但是营业部内部却隐藏着很大的危机。该银行是一家国有企业，每年招聘的新员工基本来自国内211大学的经济、金融相关专业。银行给员工提供的福利待遇也非常不错，在绝大多数人看来，能够进这家银行工作很让人羡慕，但是最近几年来，员工离职率在不断上升，该年下半年就已经有5位员工离职了。按照人力资源部的观点，这些员工属于银行急需的人才，银行给这些年轻人提供的工资也是有竞争力、吸引力的。怎么员工就会频繁离职呢？

1. 银行对离职问题的问卷调研

该分行本部坐落于北京市区。下辖8家一级支行、82个网点，在职员工有1 800名左右。分行领导要求人力资源部好好解决一下分行员工离职的问题。于是，带着这个任务，人力资源部经理老王带领2位员工开展了一系列的访谈和调研工作。首先，他们先在部分新生代员工内部开展了一些问卷调研工作。问卷调研的结果如表12-2所示，形势看上去很不乐观。调研的结果显示，员工普遍对目前的工作岗位、收入公平、晋升机会以及职业生涯规划的满意度较低，满意度相对较高的是企业文化、工作环境、后勤保障以及培训机会。

表12-2 工作满意度调查情况

内容		非常满意（人数）	满意（人数）	一般（人数）	不满意（人数）	非常不满意（人数）	平均得分（满分5分）
对工作回报的满意程度	对工资收入的满意程度	13	31	69	49	19	2.83
	对收入公平的满意程度	7	17	101	26	30	2.71
	对福利的满意程度	8	40	89	26	18	2.97

续表

内容		非常满意（人数）	满意（人数）	一般（人数）	不满意（人数）	非常不满意（人数）	平均得分（满分5分）
对个人职业生涯发展的满意程度	对晋升机会的满意程度	6	26	59	66	24	2.58
	对培训机会的满意程度	17	36	87	24	17	3.07
	对培训内容的满意程度	19	46	57	14	45	2.88
	对职业生涯规划的满意程度	7	32	70	44	28	2.72
对银行经营管理的满意程度	对企业文化的满意程度	21	40	98	16	6	3.30
	对工作环境的满意程度	25	59	59	22	16	3.31
	对激励措施的满意程度	11	36	71	26	37	2.77
	对领导关心的满意程度	35	53	64	21	8	3.48
	对绩效考核的满意程度	13	25	92	27	24	2.87
	对企业后勤保障工作的满意程度	22	31	86	26	16	3.11
对当前自身工作的满意程度	对银行发展前景及未来展望的满意程度	17	25	87	26	26	2.90
	对工作压力的满意程度	11	32	80	42	16	2.90
	对当前岗位的满意程度	9	22	50	74	26	2.53

注：本表格信息改编自唐杰.中国建设银行A分行员工离职倾向影响因素研究[D].邯郸：河北工程大学，2020.

这个结果倒是也在老王的预料之内，行里同事也多次找他反映过相关的问题。老王下一步想对提交离职申请的员工进行访谈，以便得到更多有价值的信息。

2．银行对拟离职员工的访谈结果分析

根据问卷调研的结果，老王又带着2位员工对提交离职申请的员工进行了访谈分析，并将访谈的结果整理为一张表格，如表12-3所示。

表 12-3 员工离职原因分析

姓名	人口统计学资料	拟离职原因
小 A	1995 年出生,本省 211 大学金融系毕业,入职 4 年	无法忍受日复一日地坐在柜台里处理没完没了的简单业务。每天帮别人数钱,工作枯燥。唯一能与自己专业沾点边的是帮顾客换外汇。吃饭、上厕所都像"打仗",晚上、周末要加班,很累,还得对客人赔着笑脸
小 B	1989 年出生,工龄 6 年,硕士毕业	为了提高本行理财产品的吸引力,她辛辛苦苦、通宵达旦地研究方案。新方案设计了新的活期和中短期限的理财项目,新产品上线后立即给公司贡献了几百万元的销售额。但最终结果却是她自己的顶头上司居功,并得到了提升。同一部门的另一位比自己晚半年进公司的年轻男同事升上了部门经理的位置。她得到的只是可怜的 3 000 元奖金
小 C	1994 年出生,985 大学毕业,工龄 4 年,家庭条件好	被"大妈"领导管着,"大妈"领导经常要求周末加班,不考虑自己周末已经有安排,小 C 经常当面与"大妈"发生冲突,被领导扣了两次绩效。部门同事对小 C 的印象是这样的:思维活跃、善于思考,办事效率高,有创新精神,但是缺乏集体意识(如不参加集体活动、经常顶撞领导等)。小 C 已经参加过另外一家公司的面试,最近打算走人了
小 D	1988 年出生,211 大学金融专业硕士,来自边远山区	办事认真,能吃苦,身上没有同龄人的浮躁和任性,与上司和同事也相处融洽。他想离职的原因是:工作压力太大,每年的存、贷款任务都要绞尽脑汁才能勉强完成。这两年为了完成任务,他找遍了自己的同学、朋友,甚至老师。行里分配给个人的指标明年还会增加,可自己的人脉资源都快耗尽了,这个职位不可持续发展

注:本表格信息改编自中国管理案例共享中心相关案例"工行 NT 支行'金饭碗'为何'Hold'不住年轻知识型员工?"。

看了辛苦调研的成果,老王陷入了沉思,他应该如何向行长进行汇报呢?分行可以采取哪些措施来解决员工离职问题呢?拿小 A 来说,分行总得有人去柜台工作,大家都不做,这个岗位怎么服务客户?而小 B 呢,顶头上司确实做得不合适,但这也是一些部门的"潜规则"。至于小 C,他为什么从来就看不到自己也存在问题呢?小 D 离职的原因是工作压力大,但是总行每年给分行的考核指标也在增加,这些指标就得分配给具体员工啊!如此说来,这些问题是不是就无解了?老王该怎么办?

思考:

1. 使用马斯洛需求层次理论或者麦克莱兰需求理论解读员工离职的主要原因。
2. 使用当代动机理论,尝试分析:企业应如何进行员工激励,才能有效地解决员工离职问题。

【本章习题】

1. 动机的定义是什么?
2. 马斯洛需求层次理论的主要内容是什么?如何理解"仓廪实而知礼节"?
3. X 理论和 Y 理论的主要内容是什么?二者在管理实践方面的区别是什么?

4. 双因素理论的主要内容是什么？对双因素理论的批评主要来自哪些方面？
5. 麦克莱兰需求理论的主要内容是什么？
6. 目标设置理论的要素有哪些？
7. 按照公平理论，企业应该采取哪些措施，才能做到公平对待员工？
8. 简述工作特征模型的主要内容，如何根据工作特征模型设计激励性工作？
9. 强化理论的主要内容及其应用有哪些？
10. 期望理论的四因素与三途径分别是什么？
11. 如何评价当代动机理论的整合模型？

控 制 篇

第13章

控 制

【学习目标】

- 解释控制的性质和重要性
- 了解控制的过程
- 了解如何控制组织绩效
- 掌握组织绩效的测量方法
- 讨论当代的控制事项

【本章关键词】

控制、控制过程、组织绩效、绩效测量工具

【导入案例】

小瑕疵阻碍大研究

哈勃空间望远镜（以下简称"哈勃望远镜"）取名自一位著名的天文学家——哈勃，在设计这一望远镜时，科学家们花费了很多心血。它比其他的地基望远镜都要好得多，这是因为科学家们把它安放在地球的大气层之上，所以哈勃望远镜中呈现的画面可以避免受到大气湍流的影响。此外，因为不会受到大气散射造成的背景光的影响，所以哈勃望远镜能够被用来观察和测量紫外线。哈勃望远镜作为天文历史上最重要的仪器，自从它发射之后，科学家们能够用它解决很多问题，并使地面观测变得更完整。1946年，哈勃望远镜开始进入构想阶段，其在建造的全过程中，一直受到预算问题的限制并不断被延迟，哈勃望远镜到1990年才发射成功。然而，在哈勃望远镜发射之后，科学家们发现它的主镜存在球面像差的问题，而这一问题将严重影响望远镜的质量，甚至会对研究造成严重影响。数周后，哈勃望远镜虽然传来了观测的照片，但是照片却显示出严重的光学问题。

尽管哈勃望远镜传回来的图像在整体上要比其他望远镜传回来的图像更加明锐，但这显然没有达到哈勃望远镜的最优状态，因为哈勃望远镜没有被设置成最佳的聚焦状态，所以结果远低于科学家们的期待。科学家们紧急分析了图像出现的问题，其根源在于，在制造哈勃望远镜时，打磨的主镜形状是错误的。尽管这只是一个极为微小的差异（只是镜片的边缘有一点平），但就是这极为微小的2微米，却对最终的结果产生了灾难性的影响，使得最终成像产生了严重的球面像差,导致从镜面边缘反射过来的光,不能与中央的反射光聚焦在同一焦点上。这一微小瑕疵导致外围大片的光没有办法聚焦到焦点上,从而产生了晕像,使得望远镜观察暗天体或高反差影像的能力被降低了,这大大影响了科学的核心观察,也意味着对宇宙的研究重新陷入了瓶颈。

思考: 如果在制作哈勃空间望远镜时能够进行严格控制,结果还会失败吗?

13.1 控制的重要性及控制过程

控制(controlling)指的是监控、比较和纠正工作绩效的过程。即使管理者所管理的部门在执行工作时完全符合计划,管理者也应该实施控制职能。这是因为,管理者只有通过实施控制职能,才能够了解自己或组织的工作进度,并做出下一步发展的决策。换言之,管理者通过评估、比较工作绩效,能够考察自己和目标的距离,并决定组织是否沿既定路线继续向前。通过控制这一职能,管理者能够保证各项活动的进度符合预期,并最终圆满实现目标。因此,控制措施的有效与否取决于该措施能否帮助管理者和员工实现目标。

13.1.1 控制的重要性

控制职能的价值体现在计划、员工授权、保护工作场所三个具体方面。

1. 计划

管理者可以通过计划来为员工制定目标,可以通过组织来安排员工的工作和员工之间的合作,也可以通过领导来激励员工努力工作,但是仅仅拥有这些职能却难以保证最终的结果。仅仅拥有上述三种职能并不能保证组织按照计划开展各项活动,也不能保证组织在开展活动的过程中严格按照目标前进,更无法保证活动的完成性和质量。因此,控制这一职能是至关重要的,只有通过控制职能,管理者才能够知晓目标的实现程度并根据结果制订下一步的计划。

2. 员工授权

员工授权是指向员工授予一定的权力,使得员工在工作范围内拥有更大的自主权和掌控权,从而更好地完成工作。但是许多管理者不愿意进行员工授权,因为他们认为将自己的权力授予员工之后,自己将会承担员工造成的后果,产生额外的风险。但是,员工授权的缺失会降低组织的工作效率,也会降低员工的积极性,对组织产生不良影响。为了实现员工授权,可以采用控制这一职能,通过控制方法,管理者可以掌握员工的工作进展和工作效果,使得风险降到可控的范围内。

3. 保护工作场所

保护组织及组织的资产是管理者实施控制职能的另一原因。在如今的社会环境中,自然灾害、财务丑闻、工作场所暴力、恐怖袭击等事件都会给组织带来严重的威胁。因此要在这些事件发生的时候,注重保护组织的资产,这需要管理者采取足够的措施去快速应对。全面细致的控制措施和应急计划有助于降低以上事件对组织的影响和伤害。

13.1.2 控制过程

控制过程(control process)包括测量实际绩效、将实际绩效与标准进行比较、采取管理行动来纠正偏差或调整不合适的标准(如图 13-1 所示)。在进行控制的全过程中,我们假设绩效的衡量标准是确定存在且可以量化的,实际上它们也确实存在,在管理者制订计划时产生的目标可以作为绩效的衡量标准。

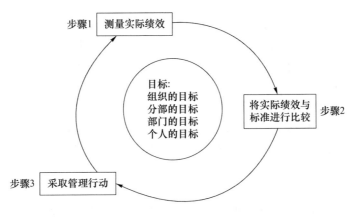

图 13-1　控制过程

1. 测量实际绩效

为了判断实际绩效究竟如何,管理者首先必须收集关于实际绩效的信息。因此,控制的第一个步骤是测量。

(1) 如何进行测量?

管理者能够通过以下四种方法来测量并报告实际绩效:个人观察、统计报告、口头汇报、书面报告。表 13-1 简要总结了每一种方法的优点和缺点。

表 13-1　测量绩效方法的优点和缺点

方法	优点	缺点
个人观察	获得第一手资料 信息没有过滤 对工作活动的关注度高	容易受个人偏见的影响 耗时 可能有莽撞之嫌
统计报告	易于直观化 有效地显示数据之间的关系	提供的信息有限 忽略主观因素
口头汇报	容易获得相关信息 可以提供语言和非语言的反馈	信息被过滤 信息不能存档
书面报告	全面 正式 容易存档和查找	需要更多时间准备

(2) 测量什么?

对于控制过程来说,测量什么很可能比如何进行测量更为关键。因为选择错误的标准会导致各种严重的问题。此外,测量什么往往决定着员工将会做什么。

有些控制标准可以用于任何管理环境中。例如,所有管理者都要与人打交道,因此管理者可以测量诸如员工满意度、离职率或缺勤率之类的标准。把成本控制在预算范围内也是一种相当普遍的控制标准。其他控制标准应当考虑管理者监管的不同工作活动。绝大多数工作活动都可以通过量化的方式来表示,但是当涉及某些较为主观的标准或步骤时,管理者也可以采用主观打分的方法来测量。虽然这样的测量标准可能有各种局限性,但总比没有标准和不进行控制要好。

2. 将实际绩效与标准进行比较

这个步骤就是判断实际绩效与标准之间的偏差。所有工作活动都可能会出现某种绩效偏差,因而确定一种可接受的偏差范围(range of variation)极为关键,处于该范围之外的偏差需要管理者特别关注。

3. 采取管理行动

管理者有以下三种可能的方案选择:什么都不做、纠正实际绩效、修改标准。"什么都不做"就是指管理者任由事态发展,是一种消极的应对方式,在工作中很少使用,因此我们着重考察其余两种方案。

(1) 纠正实际绩效

根据造成偏差的原因,管理者可以"量体裁衣",采取不同的解决方案。管理者必须做出的一项决策是决定采取直接纠正行动(immediate corrective action),还是采取彻底纠正行动(basic corrective action)。采取直接纠正行动是立刻采取措施以纠正存在的问题,从而使绩效恢复正常;而采取彻底纠正行动则首先要探查绩效的偏差是如何产生的,并找到导致这一偏差的根本原因,然后通过采取一系列的措施来纠正偏差。许多管理者往往采取直接纠正行动,他们以没有时间为借口,放弃对根本原因进行探究,而是满足于直接纠正行动所产生的效果,仅解决表面上的问题。有效的管理者会对偏差进行认真分析,并且在可以带来足够利益的情况下,投入时间来找出和纠正绩效偏差的根源。

(2) 修改标准

造成实际绩效与标准之间出现较大差异的原因还有可能是不恰当的标准,当标准过高或过低时,实际绩效与标准之间当然会出现很大的差异。在这种情况下,应该针对不恰当的标准采取措施进行纠正,而不是想办法去改变实际绩效。如果实际绩效总是高于标准,那么管理者应当研究目标是否过于容易实现,进而考虑是否需要提高标准。此外,管理者必须对降低标准持谨慎态度。当一名员工或者一个团队没有实现目标时,责怪当初所制定的目标是很自然的事情。关键是当实际绩效没有达到标准时不要立即归咎于当初制定的目标或标准。如果管理者认为标准是符合实际的、公平的和可以实现的,那么告诉员工你期望他们改进未来的工作绩效,然后采取必要的纠正行动使期望变成现实。

【小节案例】

目标和结果相差甚远怎么办?

汤姆在一年之前成为一家工厂的厂长,但是他最近却遇到了一些麻烦。在刚刚担任厂长这一职务时,他指出工厂目前存在资源浪费、运输困难等问题,这些问题亟待解决,他为此制定了许多目标。可是今年工厂有关部门的统计资料却让汤姆大为震惊,十分生气。当时汤姆规定的目标是以一年作为期限,降低10%~15%的原材料费用,并且将工人加班的人工费用降低5万美元,同时还要节约3%的废料运输费。在制定目标的时候,汤姆把这些目标详细清楚地告知了各部门的负责人,并且得到了他们的承诺。然而统计资料显示,原材料的浪费占成本的16%,这一项比去年的浪费还严重得多,工人加班费仅仅降低了2万美元,成效很不显著。更可气的是,废料运输费分毫未变,这让汤姆火冒三丈。

为了探究造成这一现象的原因,汤姆询问了主管生产的副厂长,并严厉地批评了他。但是这位副厂长却争辩说:"之前我已经对工人特别强调过了,告诉他们要注意原材料的使用,减少浪费现象的发生,我原本以为工人都会按我提出的要求去做。"这时人事部门的相关负责人也说:"我也已经为削减加班费做了我能做的最大努力,只支付了那些我们必须要支付的款项。"而主管运输的负责人则对汤姆说:"事实上我对于不能降低运输费用不感到意外,但是我已经想尽了一切办法,做了最大的努力。甚至我预测明年的运输费用可能会上升3%~4%。"

在与大家进行交谈之后,汤姆又把他们召集起来重新布置工作目标,他说:"生产部门下一次一定要降低10%的原材料费用,人事部门一定要把加班费降到7万美元;就算运输费用明年会升高,也决不能超过今年的费用标准。这就是我们设定的明年目标。我到明年年底再看你们的结果!"

思考:请总结汤姆的控制过程。

13.2 对组织绩效的控制

13.2.1 组织绩效的概念

绩效(performance)是一项活动的最终结果。这项活动既可以是一场聚会活动,也可以是在组织中每个员工被分配的工作任务,甚至可以是观看一场电影,我们都可以拿绩效当作这项活动的结果。

管理者关注组织绩效(organizational performance),组织绩效指的是将组织中所有工作活动积累后的结果。组织绩效是一个比较复杂的概念,管理者应该清楚地知道能够影响组织绩效的因素都有哪些。

13.2.2 组织绩效的测量标准

所有管理者都必须了解哪些组织绩效测量标准会向他们提供所需的信息。组织生产率、组织效力以及公司排名是三种常用的测量标准。

1. 组织生产率

生产率(productivity)等于产品或服务的总产出除以产生这些产出的总投入。组织希望能够尽可能地提高自己的生产率,也就是能够在投入更少的情况下获得更高的产出。我们可以用销售额来测量产出的值,销售额是组织销售产品获得的收入,可以用销售价格和销售数量的乘积来计算。投入是通过该组织为获得产品而购买和加工各种资源所花费的成本来测量的。提高组织生产率是管理者的工作。当然,最容易的方法是提高产品或服务的价格,但是在当今竞争激烈的环境中,这可能并不是一种可行的办法。那么,唯一可行的选择是降低投入。组织可以通过更有效率地开展工作,从而降低组织的投入。

2. 组织效力

组织效力(organizational effectiveness)指的是组织目标的合适程度以及目标实现程度的测量结果。管理者在制定管理决策时,需要重点考虑有关组织效力的事项,通过这些事项,管理者能够设计更符合目标的战略和工作活动,并且能够有效地协调员工的工作。

3. 公司排名

管理者也常常通过排名来测量和掌握组织绩效。各种权威或不权威的机构会提供各种各样的排名,这些排名的衡量标准也都会侧重不同的方向。有些公司会关注自己在某一排行榜上的排名,来了解自己和同行的发展情况,还有一些公司会综合考察自己在不同排行榜上的排名来确定未来的发展方向。排名是十分重要的,这是因为这些排名能够向管理者以及其他人说明他们的公司相对于其他公司表现如何。

13.2.3 组织绩效的测量

管理者会想方设法地找寻恰当的工具来监控和测量组织绩效。在对一些具体的控制工具进行学习之前,我们首先要了解前馈控制、同期控制和反馈控制的概念。

1. 前馈/同期/反馈控制

管理者可以在一项活动投入时、过程中以及产出后实施控制。第一种控制称为前馈控制,第二种控制称为同期控制,第三种控制称为反馈控制,如图13-2所示。

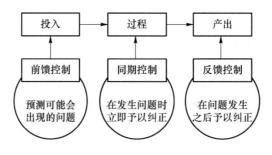

图 13-2 控制方式

(1) 前馈控制

前馈控制(feedforward control)是发生在实际行动开始之前的控制,其关键在于在问题出现之前就进行控制。在管理者看来,前馈控制实际上是最理想的控制方式。通过这种方式,管理者可以防止问题的发生,而不是等到问题(如收入下降、客户减少、产品或服务出现质量问题等)出现之后再采取措施进行纠正。但是,想要实施这种控制方式,就需要管理者能够及时、精确地获得相关信息,这在日常经营过程中是很难做到的。因此,管理者在实际控制时也会使用其他控制方式作为辅助。

(2) 同期控制

从名称就可以看出,同期控制(concurrent control)指的是管理者对一项工作活动进行的实时控制。直接观察是最常见的同期控制方式,即管理者自己深入工作现场实时地观察员工的工作,从而获得自己需要的信息并进行控制。此外,管理者还可以通过走动式管理

(management by walking around)来进行同期控制,即管理者在工作现场与员工直接交流和互动,在交流和互动的过程中收集有效信息并实施控制。

(3) 反馈控制

反馈控制(feedback control)指的是在某项活动完成之后实施的控制行为,这实际上是管理者最常用的控制方式。但是,反馈控制不是最佳的控制方式,这是因为,管理者掌握的信息较为滞后,即使管理者能够在问题发生之后采取强有力的方法和措施进行控制,问题也已经造成了不良的后果。不过,对于某些行业,如金融行业,只有通过反馈控制才能够实现对组织的控制。尽管反馈控制并不是最佳的控制方式,但是它依然有自己的优势。第一,反馈控制能够为管理者提供与计划实施效果相关的反馈信息。如果反馈信息显示实际绩效与标准之间的偏差比较小,则说明管理者此前实施的计划在大体上是准确有效的。如果反馈信息显示实际绩效和标准之间的偏差非常显著,那么管理者也能够利用反馈信息来重新制订计划。第二,反馈控制能够对员工形成激励作用,通过向员工展示工作绩效,能够让员工明确自己的工作状态和贡献,并促进员工在接下来的一段时间内继续努力。

2. 财务控制

每家企业都想获取利润。为了实现这个目标,管理者需要实施财务控制。管理者可以采用传统的财务测量标准,如比率分析和预算分析。表 13-2 简要总结了一些常用的财务比率。

表 13-2 一些常用的财务比率

目标	比率	计算公式	说明
流动性	流动比率	流动资产/流动负债	检验组织偿还短期债务的能力
	酸性测试	不包括存货在内的流动资产/流动负债	更精准地检验当地库存周转缓慢或者难以销售时的流动性
杠杆	资产负债率	总负债/总资产	该比率越高,组织的杠杆比率就越高
	已获利息倍数	息税前利息总额/总利息	测量组织能够偿还其利息费用的倍数
活动性	库存周转率	销售额/库存	该比率越高,库存资产的利用率就越高
	总资产周转率	销售额/总资产	利用越少的资产来实现某个既定的销售额,管理者利用组织总资产的效率就越高
收益率	销售利润率	税后净利润/总销售额	确定组织创造的利润

预算既是计划的工具,也是一种控制方法。管理者编制预算实际上就是在帮助组织做计划。因为预算能够分清工作活动各步骤之间的重要性差异,并根据这种差异为每个步骤提供不同的资源且设定花费的上限。当管理者实施预算时,预算就是一种控制方法,因为它实际上也可以看作一种既定的标准,可以用来衡量实际花费和预算花费之间的差异,从而对组织进行控制。如果二者之间的差异较为明显,管理者可以考虑采取不同的纠正行为,并引导组织走向正轨。

3. 平衡计分卡

平衡计分卡(balanced scorecard)是一种常被用来测量和评估组织绩效的方法。平衡计分卡以有形的目标和衡量指标来表现组织的使命和战略,通常被用来考察财务、顾客、内部流程、人员/创新/成长方面的资产这四个对组织绩效有贡献的领域。根据平衡计分卡方法,管理者应该仔细考虑每一个领域,并根据不同领域的特点制定目标,然后通过平衡计分卡的指标来量化评估目标的实现程度。

虽然平衡计分卡中的各个领域都有着十分重要的意义,能够帮助组织全面发展,但管理者常常会重点考察某些能够帮助组织获得更大利益的领域,而且使用相应的策略来帮助组织在这些领域中获得成功。例如,如果组织的战略是以顾客为中心,那么顾客领域可能会比其他三个领域获得更多的关注。当然,管理者不能仅仅强调测量某个领域的绩效,因为其他领域也会影响这个领域。

4. 信息控制

随着信息技术的发展,信息已经成为组织最重要的资产,因此,管理者需要对信息资产进行控制。管理者可以采用以下两种方法利用信息控制:一是将其作为一种工具来使用,以便帮助管理者对其他组织活动进行控制;二是将其作为一个组织领域,这时管理者需要自己来实施控制。

(1) 如何在控制过程中利用信息?

管理者需要做的是在正确的时间点,利用正确的信息来监测和度量组织活动和绩效。在测量实际绩效时,管理者为了能够将实际绩效与标准进行比较,需要掌握关于其职责范围内所发生情况的信息以及关于测量标准的信息。管理者也需要依靠信息来帮助自己制订妥善的行动方案,可以利用管理信息系统来获得足够的信息工具。

管理信息系统(Management Information System,MIS)是用来定期为管理者提供所需信息的系统。从理论上讲,这种系统可以以人工或计算机为基础,但如今绝大多数组织已经转为使用以计算机为支持的应用系统。在管理信息系统中,"系统"这个术语意味着秩序、安排和目的。此外,管理信息系统特别强调为管理者提供信息(经过筛选和处理的数据),而不仅仅是数据(初始的、混乱的事实数据)。现在的组织就好像是一家拥有大量书籍的藏书馆,其拥有足够的、多样的数据来支撑自己运转。但是问题的关键不在于数据的多少,而在于组织是否能够合理、有效地利用这些数据,包括将数据进行分类、保证员工在需要的时候能够准确提取数据、寻找数据之间的关联价值等。管理者可以通过管理信息系统来实现对数据的收集和处理,从而满足自己和员工对数据的需求。

(2) 控制信息

近几年,信息泄露、信息盗取等安全事故层出不穷,给组织和顾客带来了极为严重的损失。对于组织来说,组织中的每一项活动都离不开信息,因此管理者必须重视对信息的控制,要采取全面有效且可靠的方法对组织相关的信息进行控制。这样的控制措施涵盖广泛的范围,包括数据加密、系统防火墙、数据备份及其他各项技术。不过,问题也许会潜伏在组织从来没有想到的地方,如搜索引擎、微博以及其他社交媒体。敏感的、诽谤的、机密的或者令人尴尬的组织信息可能会成为搜索引擎查找的结果。组织需要定期对信息控制的各项措施进行检查,以确保能够有效地运行所有可能的预防措施,进而更好地保护重要的信息。

5. 标杆管理

标杆管理(benchmarking)指的是从竞争对手和其他各种组织那里寻找导致它们获得卓越绩效的最佳实践。标杆管理应当确定各种标杆(benchmark),即用于测量和比较的卓越标准。换句话说,所谓的标杆管理实际上就是组织对其他组织先进行为的学习。作为监控和测量组织绩效的一种工具,标杆管理可以用来确定具体的绩效差距以及潜在的改进领域。

但是,并不是只能从组织外部发现最佳实践,有时候也可以在组织内部发现最佳实践,而管理者需要做的就是在全组织范围内分享这些最佳实践。员工建议信箱就是一种很好的方式,管理者从中可以发现大量精彩的绩效改进创意。研究表明,最佳实践往往已经在组织内存在,但通常没有被发现和引起关注。在当今的环境中,追求高绩效的组织不能忽视这些可能具有重要价值的信息,否则会给组织带来无法承受的损失。

【小节案例】

中国一汽的平衡计分卡实践

1953年,中国第一汽车集团公司(以下简称"中国一汽")奠基兴建。目前,中国一汽已经形成了东北、华北、华南和西南四大基地,累计产销各类汽车2400余万辆,实现利税5000多亿元。中国一汽不仅在国内市场实现稳步扩张,也不断在海外开拓布局,逐步建立起全球营销和采购体系。

2009年,集团公司通过几次研讨,提出了"建立战略导向的绩效考评体系,实施全员绩效管理"的重要战略决策。同年8月1日,中国一汽集团绩效管理体系建设工作正式启动,按照"总体设计、分步实施、逐步完善"的方针推进项目实施。首先,集团再分析了已有的考核体系,提炼出适合自身发展的基础体系。其次,集团组织研究小组对国际上的主流考核方式进行了调研,吸取国外的先进经验来改进自身的体系。最后,集团决定以平衡计分卡为主要的绩效测量工具,以战略为指标导向,建立开发集团公司及各级部门的绩效指标管理体系。自绩效指标管理体系生效后,集团的面貌焕然一新,不但在销售额、利润等方面实现了大幅度增长,而且能够超额完成国资委下达的各项指标任务。此外,在全球财务500强的排名上,中国一汽稳步快速上升,体现了此次绩效管理体系改革的成效,为其他企业未来的发展树立了标杆。

思考:测量组织绩效的方法有哪些?

13.3 当代的控制事项

控制是一项重要的管理职能。跨文化差异、工作场所中的问题、工作场所暴力和客服质量是当代管理者需要面对的四种控制事项。

13.3.1 跨文化差异

对于不同的国家,控制技术可能截然不同。这种差异主要体现在控制过程中的测量和纠正行动的步骤中。在一家全球化企业中,总部对国内和国外分支机构的管理控制力度是不同的。由于国外分支机构与总部的距离较远且管理人员、企业所处背景和总部地区大不相同,因此总部的管理者无法及时地直接掌握国外各分支机构的发展状况以及环境变化。为了实现正规化以及对各分支机构的控制,全球化企业往往采取年度报告、述职报告等方式获取来自各分支机构的信息，这些手段通常是通过网络来实现的。

技术对控制的影响也是十分显著的，特别是在比较技术相对先进的国家和技术相对落后的国家时，我们能够清楚地感受到它们之间的差距。除了通过标准化的规章制度以及直接监管来确保工作活动按计划进行之外，技术先进国家的管理者还常常利用非直接的控制手段（如电子化的报告和分析）、更加及时的信息收集系统（如OA系统等）以及便捷的沟通方式。但是在技术较为落后的国家，管理者通常采用直接监管和高度集中的决策来进行控制。

在国外工作的管理者还需要了解他们能够采取的纠正行动所具有的各种限制条件。有些国家的法律禁止关闭工厂、解雇员工、把资金转往国外或者从国外空降过来一个新的管理团队。

此外，全球化企业中的管理者在收集数据进行测量和比较时常常会面临可比性问题。例如，一家企业在柬埔寨的工厂生产服装，而该企业在苏格兰的工厂可能同样生产这些产品。然而，为了充分利用柬埔寨的低劳动力成本，前一家工厂与后一家工厂相比可能是更加劳动密集型的。这种差异使得管理者难以进行比较（如单位产品劳动力成本）。

13.3.2 工作场所中的问题

当今的工作场所给管理者的控制职能带来了大量挑战。从监督员工在工作时对计算机的使用，到保护工作场所免遭不满员工想要制造的破坏，管理者需要采取各种控制措施来确保工作能够按照计划有效率、有效果地完成。

1. 工作场所隐私监控

管理者之所以要监控员工的计算机，一个重要的原因是管理者想要保证员工有效工作的时间。在制造业时代，管理者可以通过查看员工生产的产品数量或者给员工设定工作量来保证员工的产出。但是，自从计算机在工作中逐渐普及后，员工花费在浏览网页、聊天、打游戏上的时间逐渐变多且难以进行控制。因此，通过对员工的计算机进行监控，管理者能够清楚地知道员工在工作时间都在做什么并且能够进行有效的控制。

此外，我们还可以从三个方面来探究管理者监控员工计算机的原因。第一，管理者可以通过监控员工的计算机来保护员工。管理者可以通过监控员工的计算机来保护员工免受非法信息、电信诈骗、不良诱惑的骚扰，也可以防止员工因无意间浏览不良信息而被指控。第二，管理者可以通过监控员工的计算机来保护工作场所的稳定。当员工之间出现种族歧视、性骚扰或其他问题时，管理者可以根据计算机上的电子记录，判断过错到底是谁以及发生了怎样的事情，从而快速进行应对，维护工作场所的稳定。第三，管理者可以通过监控员工的计算机来保护组织的机密。在网络发达的时代，机密信息的泄露防不胜防。除了监控员工的计算机外，许多公司还会禁止员工对机密信息拍照或录音，从而保证机密信息不被员工泄露出去。因为任何的泄露，即使是员工在无意之间透露的信息，都会给组织造成巨大的损失。

考虑潜在的巨大成本以及如今许多工作都必须使用计算机这个事实，许多企业都设立了工作场所的监控制度。此类制度需要以一种体面的、顾及员工尊严的方式来对员工行为进行控制,而且管理者应当向员工传达这些制度。

2. 员工偷窃

员工偷窃(employee theft)被定义为员工未经允许就将公司财产据为己有的行为。它的范围非常广泛,从贪污到填写虚假报销单据,到从工作场所拿走设备、零部件、软件或者办公用品。这一严重问题最早产生于零售行业,并给零售行业造成了严重的损失。现如今,任何一个财务控制松懈的组织,不管是初创企业、小型企业还是大型企业,都会产生这一现象。员工偷窃不仅会造成组织产生大量的费用,降低组织的效率,还会造成员工的懈怠,降低员工的工作效率。因此,管理者需要重点关注这一问题,并制定相应的解决方法。

行业安全人员认为松懈的控制和有利的环境为员工提供了机会,因此才会发生员工偷窃的行为。犯罪学家表示员工偷窃是因为员工在财务方面的压力(如个人财务问题)或者恶习造成的压力(如赌博欠债)。临床心理医生则提出,员工偷窃是因为员工在内心将自己所做的事情合理化,认为这是正确、合适的行为("公司已经大赚特赚,不会在意这点小钱""我这么辛苦,这是我应得的")。尽管这些观点都能够合理地解释员工的偷窃行为,并且能够为制止员工的偷窃行为提供理论基础,但是员工的偷窃行为依然没有停止。这时候,就需要管理者采取相应的控制方法。

前馈控制、同期控制和反馈控制的概念有助于管理者找出各种措施来防止或减少员工的偷窃行为。表13-3简要总结了几种控制员工偷窃的管理行为。

表13-3 控制员工偷窃的管理行为

前馈控制	同期控制	反馈控制
在雇佣前进行仔细筛选 制定详细、具体的规章制度来界定偷窃、欺诈行为以及明确相应的纪律程序 让员工参与这些规章制度的制定 就这些规章制度对员工进行教育和培训 让专业人员检查公司内部的安全控制措施	尊重员工 向员工公开传达偷窃的代价 定期让员工知道公司在防止偷窃和欺诈行为方面取得的成功 如果条件允许,使用摄像头等监控设备 在计算机、电话和电子邮件上设置"锁定"选项 鼓励员工通过公司热线电话举报偷窃事件 树立良好的道德典范	确保员工知道何时发生了偷窃或欺诈行为——不具体点名,但是让员工知道这是不可接受的行为 利用专业调查人员提供的服务 重新设计控制措施 评估公司的文化以及管理者和员工的关系

13.3.3 工作场所暴力

不确定性极高的经济环境、工作的不确定性、不断减少的退休金缴费、冗长的工作时间、信息超载、工作过程被打断、不切实际的最后期限以及漠不关心的管理者都会导致员工产生巨大的压力。毫无疑问,这种压力是导致工作场所暴力的一个重要原因。被分隔成小格子间的工作场所布局设计也被认为是导致工作场所暴力的一个原因,因为在这种环境中,员工在工作时总会受到周围同事的各种噪声和喧闹的影响。有些专家认为功能严重紊乱的工作环境是导致工作场所暴力的主要原因,这种工作环境具有以下特征:

- 员工的工作是由TNC(时间、数字和危机)驱动的。

- 迅速和难以预料的变化导致的不确定性和不稳定性折磨着员工。
- 管理者在和员工沟通交流时采用激进、傲慢、暴躁或消极的方式。
- 僵硬、粗暴的管理者对员工实施独裁型领导,不允许员工质疑管理者的意见、参与决策或者干预团队建设工作。
- 管理者对员工采取防卫态度,很少提供或者根本不提供绩效反馈;管理者只关心数字;管理者往往以咆哮、恐吓和回避的方式处理矛盾和冲突。
- 在政策、程序、培训计划等方面对管理者和员工实行双重标准。
- 组织不提供相关机制或者只提供非常不利的机制来解决员工申诉,导致员工提出的申诉无法得到有效解决。由于根深蒂固的规章制度、工会合同条款或者宁肯袖手旁观也不愿意解决问题的现象,导致失职的组织成员受到保护或者被忽视。
- 在有些员工的情绪出现问题时,管理者并不设法为这些员工提供帮助。
- 员工从事重复性的枯燥工作,没有机会从事其他工作任务或者没有新同事加入进来。
- 有故障或不安全的设备或者不充足的培训,导致员工无法有效率、有效果地开展工作。
- 员工面临着在温度、空气质量、重复性动作、空间拥挤程度、噪声等方面超标的有害工作环境。为了尽量减少成本,即便员工工作负荷过重,组织也不另外招募员工,从而导致工作要求和工作条件具有潜在危险。
- 在组织中泛滥着暴力文化;组织容忍在工作时间内饮酒。

此外,在当今全球经济形势下,开展竞争并获得成功的要求依然会给员工带来巨大压力。同样地,前馈控制、同期控制、反馈控制的概念能够给管理者提供建议,如表13-4所示。

表13-4 控制工作场所暴力的管理行为

前馈控制	同期控制	反馈控制
通过走动式管理来找出潜在的问题,观察员工之间如何相处和互动 提供员工援助计划(EAP)来帮助行为有问题的员工 推行工作场所愤怒、攻击性或暴力零容忍政策 在招聘员工时进行仔细筛选 不忽视任何威胁 就遇到特殊情况时如何避免危险对员工实施培训 向员工明确传达有关的规章制度	确保管理层致力于建设良好的工作环境而不是功能紊乱的工作环境 允许员工或工作群体在重大的组织变革期间表达"伤心和难过" 在对待他人方面以身作则,树立好榜样 利用公司热线电话或其他机制来调查暴力事件 进行快速、果断的干预 如果发生暴力事件,让专家提供专业的帮助 提供必要的设备或程序(如手机、报警系统)来应对暴力事件	就暴力事件以及所采取的措施与员工进行开诚布公的沟通 对暴力事件进行调查并采取适当的行动 如果有必要,可对公司的规章制度进行评估和修改

13.3.4 客服质量

客服领域很可能最适合观察计划与控制之间的关联。如果一家公司把顾客视为自己的目标之一,那么通过了解顾客对公司所提供服务的满意度,公司可以迅速、明确地知道这个目标是否已经实现。本节我们引用服务利润链这一概念来帮助管理者控制目标与结果之间的关联。

服务利润链(service profit chain)指的是从员工到顾客再到利润的服务顺序。根据这个概念,公司的战略和服务交付系统会影响员工对待顾客的方式,即员工为顾客服务时的效率和质量,从而影响顾客对服务价值的认知。当服务价值高时,它会对顾客满意度产生积极影响,从而导致顾客忠诚。顾客忠诚则会提高公司的收入和利润。

对管理者而言,这个概念意味着想要控制客服质量就应当设法在公司、员工以及顾客之间创建长期的互惠互利关系。如何做到这一点?通过创建一种能够使员工提供优质服务并且使他们相信自己能够提供顶级服务的工作环境。在这样一种服务氛围下,员工有充足的动力去提供卓越的服务。员工为使顾客满意而付出的努力,再加上公司提供的服务价值,可以提高顾客满意度。顾客获得高水平的服务价值后,他们会变得忠诚并成为回头客,而这最终会促进公司的发展和盈利。

【小节案例】

如何解决工作场所暴力问题?

尽管我国学者对工作场所暴力问题的相关研究才刚刚起步,但是工作场所暴力问题长期广泛存在于工厂、政府机构、企业部门中,并且产生了极为负面的影响。尤其是当前我国处于经济高速发展、社会转型升级的关键阶段,人员、资源、环境等方面的社会矛盾较为明显,容易引起社会失序、经济失调以及员工的心理问题,并导致工作场所的不平稳。工作场所暴力不仅会危害员工的人身安全、职业发展以及组织的正常发展,还会在社会上引起动乱,产生连带效应,进一步危害社会治安。面对这一情况,国家和各组织积极为员工谋福利、做疏导,努力控制工作场所的安全秩序,保障每一位员工能够发挥所长,积极工作,实现人生价值。

思考:我们可以采用哪些方法对工作场所暴力行为进行控制?

【本章小结】

控制是监控、比较和纠正工作绩效的过程,其主要价值体现在计划、员工授权、保护工作场所三个方面。控制过程包括测量实际绩效、将实际绩效与标准进行比较、采取管理行动来纠正偏差或调整不合适的标准。

绩效是一项活动的最终结果,组织绩效就是组织中所有工作活动的累积结果。常用的组织绩效测量标准包括组织生产率、组织效力以及公司排名。控制的手段包括前馈控制、同期控制和反馈控制,对组织绩效进行测量可以使用财务控制、平衡计分卡、标杆管理等工具。

在本章中,我们还对当代的控制事项进行了讨论,包括跨文化差异、工作场所中的问题、工作场所暴力和客服质量。

【综合案例】

阿里巴巴的管理"引擎"

组织目标的实现离不开控制,组织目标能否实现会受到控制是否恰当的直接影响。阿里巴巴在日常经营中会将取得的成果与原本的组织目标进行对比,不断纠正出现的偏差,以确保计划目标真正地被实现,这种控制保证了阿里巴巴能够平稳、有序、高效地运行。阿里巴巴组织结构的设置对于组织内部信息及时、高效、可靠地交流传达也十分有利,阿里巴巴还从时间、数量、质量、成本这四个方面严格确保控制的有效性。同时阿里巴巴还采用了许多控制方法,将前馈控制、反馈控制、同期控制等灵活地糅合在一起,实现了事前预算和事后反馈的统一。高效的控制就像能量巨大的"引擎",源源不断地为阿里巴巴这辆"超级跑车"提供动力。阿里巴巴是娴熟运用管理学理论的成功典范,更是理论在实践中得以诠释的表现。在市场经济的环境下,管理学的理解和运用显得更加重要,其他的企业如果想要创造下一个"阿里奇迹",甚至超越阿里巴巴,就必须在管理上做得更加游刃有余。市场和企业都需要管理,管理会让市场和企业更上一个台阶。

思考:阿里巴巴在经营过程中运用了哪些关于控制的理论?

【本章习题】

1. 什么是控制?我们为什么要实施控制活动?
2. 控制可以分为几个步骤?分别是什么?
3. 组织绩效的测量工具有哪些?
4. 当代的控制事项有哪些?

第14章 自我管理

【学习目标】

- 了解科特对管理者核心工作的研究和卡茨的技能理论
- 了解明茨伯格的角色理论
- 掌握时间管理的策略与方法
- 了解情绪管理的方法

【本章关键词】

管理者素质、管理者角色、时间管理、情绪管理

【导入案例】

林肯的失败经历

大人物在人生发展道路上也不总是一帆风顺的,他们往往经历了无数次失败的磨炼。林肯的人生之路就充满了坎坷。他虽然是美国最伟大的总统之一,但是在入主白宫之前,却一次又一次地经历失败。以下是林肯在当总统之前的一些经历。

1816年,林肯的家人被赶出了曾经居住的地方,他必须用工作来养活他们。1818年,林肯的母亲去世,林肯痛不欲生。1831年,林肯经商失败。1832年,林肯竞选州议员,但是落选了,同年,他丢失了工作,他想进入法学院但是遭到了拒绝。1833年,林肯向朋友借钱经商,但是年底就彻底破产了,从朋友那里借来的钱也荡然无存,他花了16年的时间才把债还清。1834年,林肯终于成功当选了州议员。1835年,林肯订婚,就在准备结婚时,他的未婚妻却不幸去世,林肯为此痛不欲生。1836年,林肯的精神完全处于崩溃的状态,他卧病在床6个月,这一年他想争取成为州议员的发言人,但是没有成功。1840年,林肯争取成为选举人但是失败了。1843年,东山再起的林肯参加国会竞选不幸又一次落选。1846年,林肯终于在国会竞选中当选并且前往华盛顿特区,表现非常出色。1848年,林肯寻求国会议员连任,但他再次失败了。1849年,林肯想在自己所在的州担任土地局局长,但是遭到了拒绝。1854年,林肯参加美国参议员的竞选,还是没有选上。1856年,林肯在共和党的全国代表大会上争取副总统的选举提名,结果得票不到100张。1858年,林肯再度参加美国参议员的竞选,结果再度失败。1860年,林肯参加美国总统大选并当选为美国总统。

思考:林肯在成为美国总统之前有很多失败的经历,但是每次失败之后他都能振奋精神,继续努力,这体现了他怎样的性格特征?

14.1 能力与角色

《吕氏春秋·季春纪》中记载："汤问於伊尹曰：'欲取天下，若何？'伊尹对曰：'欲取天下，天下不可取；可取，身将先取。'凡事之本，必先治身，啬其大宝。"商汤王问伊尹，要想得到天下该怎么做？伊尹非常深刻地说，只想着夺取天下，天下是不可能得到的，如果真的想得到天下，应该从自身做起。做事情的根本就是从自身做起，加强自我管理。这段小故事展示了中华传统文化中的一个重要理念，就是"欲成大事，先取己身"，这个理念简称为"先己"。

《吕氏春秋》对"先己"这个理念做了进一步的探讨："故欲胜人者，必先自胜；欲论人者，必先自论；欲知人者，必先自知。"这段话说得很清楚：要想战胜别人，首先要战胜自己；要想评论别人，首先要看看自己做得怎么样；要想了解别人，首先要有自知之明。"先己"这个理念也是中国古代管理思想对管理者加强权威、强化个人影响力的一个重要的概括和总结。

正所谓"打铁还需自身硬"，管理学的学习分成两个部分，一是自我管理和自我提升，二是团队管理和团队提升。在管理学的课程中如果不讲自我管理的方法与策略，那么这个课程的内容是缺了一半的。进一步来说，自我管理包含两个层面的内容：一是价值观层面的内容，二是技能层面的内容。技能层面包含四大模块：时间管理、情绪管理、沟通管理、选择管理。当然还可以加上健康管理。把这些基础工作做好了，才能够挺身而出，担当大任，纵横天下，成就一番事业。正所谓"千里之行始于足下"，成就大事，要从自身小事开始。《吕氏春秋》所强调的"先己"理念是中国古代管理思想、管理智慧中非常重要的内容。

要完成能力提升的目标，首先要搞清楚能力到底是什么。

能力是个体完成某一活动所必备的心理特征的总和。能力分为一般能力、特殊能力和创造力三种。一般能力就是我们所说的智力，是人在认知过程中表现的基础能力，包括感知力、记忆力、表达力、理解力、想象力、思维力。特殊能力是从事某一具体活动所要具备的能力。创造力是指个体产生创新思维的能力。

能力作为一种心理品质，具备四个特性：①实践性，没有脱离"做事"的能力，能力是具体的，是在事情的执行过程中态度、效率以及结果的综合体现；②习得性，能力是可以通过学习锻炼来培养的；③层次性，能力具有内在的结构，是分层次的；④相关性，一般能力、特殊能力、创造力之间相互关联，相互促进。

需要指出的是，知识、经验的积累可以提高人的能力，但是知识、经验本身不是能力。能力是一种实践力，知识和经验都是实践的结果而不是实践本身。在开始管理者能力的话题之前，先介绍一个有趣的现象——"电影院效应"。假如在一个按传统方式排列座位号的电影院里，大家都在看电影，放映时有一个人要去洗手间，如果这个人坐在靠边的位置，他只要站起来悄悄离开就可以了，但如果这个人坐在中间的位置，他站起来往外走，则他旁边的人就要给他让路。我们可以看到，一个人做同样的事，影响的人和制造的场面却是如此的不一样，这并不是因为他自身的影响力或素质发生了变化，而是因为他所处的位置不同。正是因为位置不同，所以他做同一件事所影响的范围完全不同。这种现象在社会生活中普遍存在。不要把位置当作能力！有些人能够把事情做得引人注目、风光无限，并不是因为他的能力有什么不同，只是他所处的位置不一样而已。很多时候，人们会把一个人的表现归因于他有特殊的能力、超常的素质，这就是位置特殊性造成的"能力光环"。清楚地认识这种现象以后，我们每一个人都应该树立自信心，要能够透视能力光环，坚信通过学习，特别是通过扎实的基础知识学习和规范的专业知识学习，加上一定的磨炼，我们也能够担当重任。

一个管理者必备的素质到底包含什么？应该如何去训练呢？许多人对此进行了研究，最著名的有1973年亨利·明茨伯格的研究和1982年约翰·科特的研究。学者亨利·明茨伯格是管理学领域非常有影响的人物，1973年，他提出了一种新的观点，认为管理的世界并不是井然有序的，特别是高级经理的世界，它是一个充满短暂接触的和互不连接的网络状的世界。高级经理所做的事情是反应而不是创造，他所做的很多事是被动的，而不是自己创造出来的，高级经理很多时候是在回答而不是在"做"。他需要处理的是一些分裂的任务而不是完整的任务。按照这种说法，高级经理倾向于采取行动而不是坐在椅子上深思熟虑。他所做的主要是通过电话进行一些正式的或非正式的交谈，用口头的形式进行沟通，很多时候要解决当务之急，处理一些特定的、具体的任务，而且要解决的问题所涉及的人和外部环境都处在不断变化当中。

明茨伯格认为，管理工作包含许多不同的但相互关联的职责，这些职责围绕着需要展开。明茨伯格对高级经理的描述的一个不足之处在于计划、深思熟虑、确定方向这类被称作概念技能的东西没有得到突显。在竞争日益激烈、环境日趋复杂、作用范围日益广阔的今天，这种概念技能变得十分重要。所以，作为补充，1984年，明茨伯格提出管理工作有一部分属于思想工作，而且研究人员已经发现，管理者在做计划方面所用的时间和资源越来越多了。

1982年，哈佛的科特教授对管理者做了进一步的研究。他说明当职业从外部看处于混乱时，它的内部也是需要计划的，而且有时很多松散的目标是通过制订日程表来完成的。科特进一步研究了管理者的行为特征。总经理们到底都在做什么事情呢？科特历时5年对全美9个不同企业集团的15位经理做了持续研究，发现他们所做的事主要有以下两类：

① 研究和确定日程安排；
② 寻找、建立和维护关系网。

他们所做的工作主要围绕着这两类事，抽象一点儿说，就是在解决两个问题：第一是"你要干什么"，第二是"你要依靠哪些人"。围绕这两个核心，总经理们有以下12种典型的行为：

① 大部分时间用于与人交往；
② 交往的对象有上级、下级、同级、客户，还有其他很多人；
③ 交谈话题十分广泛；
④ 在交谈中提了很多问题；
⑤ 很少在交谈中做重大决定；
⑥ 交谈包含着打趣玩笑和其他无关内容；
⑦ 偶遇而交谈占很大的比重；
⑧ 在这些交谈中基本上不做任何命令，保持相对平等；
⑨ 总是希望通过交谈影响对方；
⑩ 安排交谈上的被动性；
⑪ 在简短不连贯的交谈上花费更多时间；
⑫ 工作时间很长。

科特的研究进一步揭示了管理者行为中某些相同的、抽象的、共通的规律。1998年，美国学者保罗·戴蒂和莫里哀·安德森进行了更深入的研究，他们把观察的结论和调查的结果综合在一起，认为管理者主要在三个领域进行活动，他们的职责有以下三个关键方面。

第一是确立。确立的含义就是确定个人和企业当前的位置，彻底地全面考虑选择的方向和前进的道路。它的一般内容包括：检查个人在运营中所处的环境、工作的要求和限制，了解企业和个人，确定方向，制定目标，寻找目标。

第二是提供条件。提供条件的含义是使个人和企业得到发展必备的东西，确定需要什么帮助和资源，开发一种活动框架和方案，以更好地实现目标。它的一般内容包括：建立网络来接触和交换信息，分配企业资源，使企业的计划尽可能得到满足，发展企业的结构和文化。

第三是制定条令。制定条令的含义就是采取行动，维持企业当前的发展。它的一般内容包括：保持工作的程序，维护一个良好的班子；在重大问题上做出决策，使企业向前发展；制定各种规范、流程和框架。

最近的一些研究表明，高级管理者的日程是充满干扰的，他们80%的时间不得不花在与别人交谈和处理信息上，而且他们经常处于要对下一步的任何情况做出反应的状态。不过，管理者对于活动还是有选择的，他们更加集中于那些至关重要的问题上，所以一个管理者总要面临"维持和发展"的双重任务。正如1992年卡隆哥和米斯拉所指出的那样，管理一家企业包含着对环境的稳定和对变化的特征做出适应性的反应，若一个管理者过多地致力于维持现状，就会出现忽视发展或不利于发展的状况。

角色的概念是明茨伯格提出的，后来被广泛地应用，明茨伯格把管理者的角色分成以下三大类。

一是人际角色，它直接来自正式的权力基础，管理者在处理组织与组织成员和其他利益相关者的关系时就扮演着人际角色。人际角色有三种：代表人角色、领导者角色、联络者角色。作为所在企业的最高职权者，管理者须行使某种象征性的职能，代表企业出席某些公开场合，这就是代表人角色。由于管理者对企业成败负有重要责任，因此他必须扮演领导者角色，通过时刻提醒，带领大家朝着目标前进，并且矫正每个人的方向，确保组织目标的实现。管理者还扮演着联络者角色，他是内部成员之间以及内部与外部之间沟通的桥梁，这就要求管理者在企业外部建立一个良好的关系网，在企业内部协调上下左右的关系，特别是通过与基层建立良好的联系，确保企业内部信息渠道的高效畅通。

二是信息角色，管理者既是信息传递中心，也是其他亚单位信息传递的渠道，整个组织依赖于管理结构和管理者进行必要的内外信息沟通。信息角色有三种：①监督者角色，管理者持续地收集组织内、外部的变化信息来监督组织的发展过程，识别机会和威胁，调整方向、方式和途径；②传播者角色，管理者将获取的大量信息分配出去，传递给各部门和单位，确保他们能有效完成工作，有时这种传播是面向每一个组织成员的，就要采取公开的方法，有时信息的传播对象是特定的，就要采取很多限制措施，如限定范围和层次、采取特定编码、规定方向等；③发言人角色，管理者必须把某些信息传递给组织以外的单位和个人，例如，必须向政府提供相关信息，必须向消费者说明产品的品质和保证，必须向利益相关者报告企业进展情况，必须受到舆论的监督等。

三是决策角色，管理者通过处理信息得出结论，然后以此作为依据来决定组织的方向。

决策角色有四种：①企业家角色，管理者对所发现的机会进行投资，利用这种机会取得相应的收益；②对抗者角色，管理过程中总会出现各种冲突和矛盾，管理者必须解决这些矛盾，平衡各方面的利益关系，协调部门、员工间的各种争端，保证组织沿着正常轨道运转；③资源分配者角色，组织的资源用在哪，用多少，都是需要管理者来分配的；④谈判者角色，正像以科特为代表的一系列研究者发现的那样，管理者每天在会见人和与之进行谈判方面消耗了大量的时间和精力，这些人有企业内部员工，有作为利益相关者的团体、工会、股东，也有整个产业链上游的供应商、批发商，还有新闻记者，等等。他们随时会出现在管理者的办公桌前和他讨论各种问题，每次讨论都是一种谈判，只不过有时随意，有时正式。

根据卡茨在1974年的研究，管理者要具备三种主要的技能以确保管理的实现，它们是：①专业技能，它对于基层管理者非常重要，对于中层管理者比较重要，对于高层管理者就不太重要。②人际技能，它包括对下属的领导能力、协调能力，管理者必须掌握它，运用人际技能平衡各方利益关系，协调矛盾，使企业朝一个方向发展，它对于各层管理者都非常重要。③概念技能，它是把观点设想出来并加以处理，以及将关系抽象化的精神能力。具有概念技能的管理者通常把组织看成一个整体，了解组织内部的相互关系，能把握单位之间、个人之间、单位与个人之间的关系，了解组织行动的过程和结果，能识别问题，发现机遇和威胁，选定方案进行决策。概念技能对高层管理者最为重要，对中层管理者比较重要，对基层管理者就不太重要。

随着企业规模的扩大，环境不确定性的增加，以及活动范围的扩大，管理工作对技能的要求发生了一些变化。首先，社会技能（也就是与人打交道的技能）变得越来越重要了，其次，极其需要领袖技能。一般都认为社会技能总括性地包含领袖技能，但实际上随着情况的发展变化，领袖技能已经逐渐成为一种独立的技能。领袖技能实际上包含两个方面：一方面是传播理想、信念和价值观的能力，另一方面是影响他人、使他人前进的能力。

14.2 管理者的个性

根据前面提到的研究，管理者的个性因素，包括能力、性格、气质，都是有一定的共通性的，这些共通性决定了他们能够取得个人事业的成功，能够在管理领域取得成就。在个性心理方面，主要是性格和蔼、乐观、情绪稳定，善于与人交往，适应能力强，同时拥有一般以上的智力，善于分析，直觉比较强，有想象力；在个性倾向方面，主要是有成就感，有雄心或者说有野心，倡导积极的价值观，喜欢自己的工作。

为了精确研究能力的具体内容，1993—1994年，学者们对能力做了进一步的研究和调查，根据能力的重要性进行了排序，一共确定了10种能力，根据调查得出的重要性，这些能力依次是：行动和构造的能力、影响的能力、组织能力、发展的能力、认识能力、成熟的能力、凝聚的能力、洞察的能力、应付外部的能力、领导能力。

一般认为前三种能力是最重要的。实际上不同的学者会有不同的观点，而且我们每个人在实践中也会形成自己的观点。需要注意的是，最重要的问题并不是单一品质的培养，对于成功的管理者，更为重要的是能力之间的组合和能力的稳定性。就好比一幢壮观的大厦，它是由一些普通的砖块、水泥等基本的建筑材料盖成的,这些材料的组合方式和存在状态对大厦起着决定性作用。

从总体上看,社会技能正变得越来越重要,主要包括五大能力:形象塑造能力、语言表达能力、体验感受能力、自我调整能力和情感沟通能力。这些能力需要前面我们提到的更为一般的能力的支持。例如,情感沟通能力在智力方面需要表达能力、理解能力、想象能力和思维能力的支持,同时它还需要一定的情感和意志来支撑。也就是说,认知、情感和意志这几个因素相互结合才能构造出情感沟通能力,任何时候都要清醒地认识到仅有智慧和经验是不够的,还必须有情感和意志,伟大的事业总饱含着创造者的情感和意志。社会技能可以从身边的小事情、眼前的实践开始进行锻炼。管理作为一门科学,它是深入日常生活的每一个方面的,所以,它最大的独特性在于它的实验不是发生于实验室内的,不像物理和化学实验要准备必要的条件,在专门的实验室里开始。管理学的实验和创造可以从身边的事做起,随时随地就可以开始。一个人完全可以通过观察自己的生活、研究自己的行为来提高管理素养。

1887年,在美国《大众科学》杂志上,"心理学之父"威廉·詹姆士系统地提出了一些养成良好习惯的要点,包括要学会立即行动,见到之后就要马上行动,而且要学会强制,每天早上醒来要做计划。在计划表上要写上你最不喜欢做的事,把做这件事情的条件、目的和方法都定下来,这样就能保持全天做事的状态,同时要不断地重复,一个好的习惯通常需要两三周才能养成。詹姆士举了一个非常好的例子,就是小孩学走路,孩子生下来时是不会走路的,但是他有会走路的基础,走路实际上是第二天性,是在先天基础上逐步培养出来的。所以,詹姆士强调要通过阶段性的努力和不断重复去培养良好的第二天性。不同的人有不同的行为习惯。中国古人在教育子弟时十分强调要清晨即起,洒扫庭院,为什么要把早起扫院子这件事放在强调的位置上呢?其目的是通过一种简单的、积极向上的习惯,培养一种良好的精神状态。有了这种精神状态,很多事情就能做得很好了。

【小节案例】

自我效能感低了就容易"躺平",推荐几个自我激发的小方法

上小学的时候,有一段时间参加考试时我特别喜欢从后往前做题。当时一个比较幼稚的想法就是后边的题分值比较高,前面那些填空题和选择题多的5分,少的1分,没有什么价值,后面一道题就15分,当然要先做。不过老师就提醒我,做题一定要先易后难,从前往后做,如果一上来就做最后一道比较难的题,万一做不出来,一方面耽误时间,另一方面再做前面的题发挥也会受影响,而且就算是做出来了,也会影响状态、影响节奏,对正常发挥水平没有什么好处。实际上老师说的是对的,在吃了几次亏以后,我再做题就改成了从前往后慢慢做。

其实大家想一想,做题从前往后、从易到难,这个过程是符合自我效能的原理的。如果一上来就完成最艰难、最具有挑战性的任务,一旦完成状况不理想,甚至根本就完不成,自信心就会受到打击,自我效能感就会被压制,一旦自我效能感降低了,做前面比较容易的题时也会受到影响。相反,一开始就做比较容易的题,然后越做越有手感,越做越成功,在这个进

步的过程中自我效能感增加了,然后做后面的难题时也会有更好的表现。

不仅考试是这样的,人生也是这样的,我们在做事情的时候,不能一上来就选择一个最艰难的任务,可以考虑从相对容易的环节入手,从那些简单的任务入手,一点一点地积累经验,训练手感,提升自我效能感,由浅入深,渐入佳境。很多人在遭遇挫折之后一蹶不振,其根本原因就在于,他的资源也在,能力也在,机遇也在,但是自我效能感降低了,所以接下来他就"躺平"了,不想进步了。

其实动不动就"躺平"这件事,跟自我效能感是有很大关系的。我们讲三国故事,大家看到刘备曾经五易其主,四失妻子,打了十几次大败仗,但是刘备百折不挠,坚持不懈,最后终于三分天下,成就了一番事业,可以说刘备就是一个自我效能感比较强的榜样。那么对于我们这些普通人,特别是一些曾经遭受过挫折、打击的人,应该如何快速提升自我效能感呢?接下来推荐几个比较有效的小方法。

一是软柿子法。大家都听说过一句话,"吃柿子专挑软的捏",其实这种做法在工作和生活中都是有价值的。我们在完成任务的时候,可以选择那些相对容易的、难度比较低的任务,从这样的任务入手,快速取得成功之后,就能逐渐培养自我效能感。

二是开抽屉策略。在成长的路上,我们每个人都会经历成功和失败,既有鲜花掌声,也有痛苦的泪水。成功的经历和失败的经历分别装在不同的抽屉里面,在回顾过去的时候,人们更容易打开失败的抽屉去品尝这些痛苦,这个时候自我效能感就会受到压制。所以一个比较有效的做法就是把那些失败的、痛苦的经历放在一个抽屉里,然后把这个抽屉关上;同时打开另一个装有成功的、精彩的、光荣的、甜蜜的经历的抽屉,提醒自己过去已经过去了,现在的情况跟过去不一样了,我会有新的机会,会取得新的进步。

三是找亮点策略。一件事就算做得不成功,其中也会有一些比较成功的环节、比较成功的阶段。在总结和回顾的时候,千万不要全盘否定自己。例如,你要准备控制饮食进行减肥,计划坚持10天,结果只坚持了7天,这个时候千万不要说自己意志不坚定,你应该看到自己还是坚持了7天的,在这7天里自己的表现还是可圈可点的。

四是放礼花策略,就是回顾过去的成功,把代表过去成功的一些标志物都保存好,如奖状、证书、奖杯、视频、照片等。当面临压力和挑战,感觉自己状态不好的时候,就赶紧回头看一看,回顾一下那些光荣、精彩的高光时刻,自我效能感立刻就会增加。

五是听掌声策略。当自己不自信,感觉能量不足的时候,要倾听来自他人的认可和支持,特别是那些你认可的人对你的认可,意义特别重大。

14.3 时间管理

1766年2月13日,英国的众议院进行了一场激烈的辩论,这场辩论的主角就是本杰明·富兰克林(Benjamin Franklin),他的核心诉求只有一个,就是要求英国废除在北美殖民地实施的印花税法案。整场辩论持续了四个多小时,富兰克林先后回答了174个问题,那个场面有点像诸葛亮舌战群儒。面对各种刁难、指责、质疑、攻击甚至漫骂,富兰克林谈笑风生,口若悬河,就像是一个大师在回答一些调皮学生的提问一样,表现得从容不迫,游刃有余,整个辩论过程充满了戏剧性。这场辩论直接促成了印花税法案的废除,美国人因此把富兰克林视为英雄。不过英国方面不甘心失败,他们也不会放弃自己的利益,于是又出台了新的法案。接下来北美殖民地跟英国的矛盾越来越激烈,最终美国独立战争爆发。在美国独立战争中,富兰克林表现了政治家的智慧、外交家的高明和战士的忠诚。他参与撰写了《独立宣言》和《美利坚合众国宪法》。他远赴法国进行外交活动,从而获得了法国对美国独立战争的支持,这种支持成为美国打败英国至关重要的胜利因素。

富兰克林是一位令人惊讶的通才,他不仅是革命的先驱,也是科学的先驱。如今我们在学电学的时候,所使用的"正电、负电、充电、放电、导电、电池"这些说法都是他提出的。他研究了电荷的运动规律,提出了守恒的思想。他发明了避雷针,改进了路灯,发现了墨西哥湾的洋流,制定了《新闻传播法》,绘制了暴风移动图。他最早解释了极光,最先创立了消防组织,他是美国近代邮政制度的创立者,而且还被称为"近代牙医之父"。他在声学、光学、电学、气象学、地质学、海洋学等方面都有很深的研究。

富兰克林出生于一个贫困的家庭,而且他只读过两年书。一个没上过大学的穷小子,如何能取得这样巨大的成就呢?对于这个问题,我们可以从他的自传中找到答案。1771年,富兰克林开始执笔写作自传,经过十七年的努力,终于写成了《富兰克林自传》。可以说在美国的文学史和文化史上,《富兰克林自传》具有划时代的意义。这本书在美国特别受欢迎,同时也是享有世界级声誉的一本自传。整本书充满了睿智的思想、智慧的火花,而且叙事简约,语言风趣,让人读起来倍感亲切并且特别易于接受。这本书里面有很多名言都让我们印象特别深刻。例如,我记得上小学的时候就学过其中的一句话"读书使人充实,思考使人深邃,交谈使人清醒",还有一句话我曾经写在日记里,这句话是"没有准备的人就是在准备失败。人生的悲剧就在于我们衰老得太早而又聪明得太晚"。

富兰克林是时间管理做得特别好的人,他在自传中也一再强调时间管理的重要意义。这方面引用他的一句名言,推荐给大家:"你热爱生命吗?那么请别浪费时间,因为时间是组成生命的材料。"很多人在谈到婚姻的时候,会引用他的另一句名言:"结婚前一定要把眼睛睁圆,但结婚以后眼睛就要半睁半闭。"我的语文老师在课堂上曾经说过一句话:"人要为活着而吃饭,但不能为吃饭而活着。"当时我就觉得这句话太深刻了,其实这些名言都出自《富兰克林自传》。富兰克林告诉我们一个人应该具备25%的职业技术、25%的想象力,其余50%就是自身的涵养。正是每天坚持对习惯的培养和对修养的追求,促成了他最终的辉煌成就。

富兰克林在时间管理方面提出了著名的美德十三条,他给自己定了时间表,每天早晨五点起床,把这一天的言行都记录在时间表上,一旦言行出了问题,就画一个小小的黑点。《富兰克林自传》中有一句名言:"勤奋是好运之母。"优秀的成功者身上都有一个共同的特点,就是高效管理自己的时间,坚持不懈地每天认真把小事做好,这种坚持精神是我们最应该学习、最应该磨炼的。

在时间管理方面,推荐一套方法:定时定点,视觉呈现;由小到大,合理切片;当下行动,干扰阻断;抓住两点,落实三件。

14.3.1 定时定点,视觉呈现

完成任务的时候一定要定时定点,千万不要随便找一个地方,想干就干,想停就停。这

种随意的方式特别容易降低效率。我在北京邮电大学读研究生的时候,有一个固定的学习地点,就是学生食堂二楼自习区下台阶从右往左数第三排桌子最右边的座位。我们读书的时候北京邮电大学没有教三楼,教室座位紧张,大家就去食堂上自习,经常在那一坐就是一天,吃饭的人多了就戴个耳机防干扰。我整个研究生时期主要的学习任务都是在这张桌子上完成的。定时定点有个好处,就是能启动你的心理能量,让你迅速地进入状态。如果随意选择时间和地点,心理能量启动起来就需要一段时间,容易慢热,而且注意力特别不容易集中,得不断地调整自己。其实,定时定点更像是一种仪式,这种仪式增加了抗干扰的能力,可以保证自己快速地投入任务当中。另外要注意一点,尽量不要在宿舍里学习,不要在卧室里学习,看见床的时候人们的潜意识会启动休息机制,效率会比较低。

除了定时定点,还有一个要点就是视觉呈现。有人做过研究,凡是通过视觉确认的信息,大脑就会优先处理,落实起来效率会更高。大脑特别偏爱视觉信息,如果没有视觉,只有听觉,或者只有一些内在的提醒,信息在大脑里总体上就会变得比较模糊,容易被忽略。

根据大脑偏爱视觉信息的原理,建议把一天要做的事写到一张纸上,以视觉的方式呈现在自己眼前,然后用打钩法,做完一件事就打一个钩,这种方法简单而有效。一件事装在脑子里是烦恼,写在纸上是承诺,装在脑子里是犹豫,写在纸上就是效率。

14.3.2 由小到大,合理切片

有个人到意大利某地去品尝美食,当地的特产是一种美味的腊肠,服务员把腊肠端上来后,这个人一看就傻了,整根腊肠又粗又大,还特别油腻,想拿着啃都不知道从哪里下嘴。就在他踌躇的时候,服务员提醒他,这根腊肠应该切成薄片吃,还给他做了示范,另外又提醒他,把巨大腊肠放到后边,吃的时候就看着眼前这两片,这样感觉会更好。果然,按照服务员的指导,他吃得很顺畅、很舒服,不知不觉就把整根腊肠给吃光了。这个故事是一则管理学的寓言,艰巨的任务就是那根令人难以下嘴的腊肠,我们必须把它切成片,一片一片来完成,这种工作方法叫作切片法。举个例子,很多同学考研都要考数学,数学对有些人来讲,真是不可逾越的障碍,在高数这棵树上是挂了很多人的。其实数学备考可以使用切片法,先总结考试的十几种题型,然后找几十道典型题,再把大任务切片,每天完成四道题,做通做透,这样的方法效果非常好。切片法的核心就是化整为零,化大为小,每天进步一点儿,在不断积累中不断进步。

在切片的过程当中要注意三件事,称为腊肠三原则,如下所述。

第一是关注原则。行动的时候不要去惦记那个艰巨的总任务,要把注意力集中在眼前比较简单、比较轻松的任务上,就好比在吃腊肠时,不要去关注那根巨大油腻的腊肠,而是应该看眼前薄薄的几个切片,这样心理能量就会比较充足,效率会不知不觉地提升,这一点非常重要!九十道题分到一个月当中,每天掌握三道,做的时候就把注意力放到眼前这三道题上面,不要想明天、后天的任务,也不要想着九十道题好多啊,集中精神把眼前这三道题做好就可以。关注原则强调的是把注意力集中在眼前任务上,这样有利于排除干扰,提高效率。

第二是定量原则。切片会有很多,但盘子里不要放太多,每次就放那么几片,吃完了再放。吃腊肠是这样,我们做事情也是这样。每天完成的任务要定量,把这个定量任务完成了,再安排下一步的任务。不要太随意,不要看心情,最忌讳的就是今天心情好就多做一点,明天心情不好就不做了。这种情绪起伏会极大地影响整体的进度与效率。

第三是顺序原则。吃腊肠的时候一定要循序渐进,最开始切得不要太厚,要小一点、薄一点,让自己有一个适应过程,等逐渐找到了感觉,就可以动手吃厚片了。做事情也是一样,最开始安排任务的时候不要上来就安排那个最具挑战性的、最艰巨的。要坚持由小到大、由易到难的原则,先安排一些相对简单的任务,等自己逐渐有状态了,再去完成艰巨的、有挑战性的任务。

14.3.3 当下行动,干扰阻断

很多人都会遇到这样的情况,手机里的照片需要整理一下,分类转存到计算机或者移动硬盘里,结果打开手机发现以前的照片太多了,根本就整理不过来,一来二去就放弃了。或者想整理一下这个月的课堂笔记,结果发现上个月、上上个月的笔记都没有整理,欠账太多,补了几次也没补全,后来这件事就进行不下去了,这个月的笔记也没有整理。这种现象总结成一句话,就是由于过去欠账太多,因此放弃了眼前的进步。这是很多人做事情没有坚持下来的一个重要原因。建议就是不要纠结过去的欠账,今天觉得这事有意义,就从今天开始做,以今天为新的起点,斩钉截铁地投入行动。例如:你发现应该记录自己的收获,那就记录今天的收获;你发现应该写读书笔记,那就从今天开始写第一篇读书笔记。

人的思维模式有一个特点,你一旦回头看过去的欠账,就会有一种亏欠感,有一种负罪感。而这种心理压力最终会使你放弃正确的行动。在前进的过程中,要立足于当下,立足于当天。想到了该做的事情,那在太阳落山之前一定要动手去做!人生只有一天,那就是今天,过去已经死了,未来还没有来。我们只要活在当下,抓住今天,就拥有了改变人生的力量。不要把希望寄托在明天,也不要把任务安排给昨天。要抓住今天,把握当下,这就是当下行动的全部意义。

在行动的过程中,还要注意克服各种干扰,千万不要让那些琐碎的事情偷走你的才华和潜力!研究发现,一个人在日常环境中完成任务的时候,每个小时会有五六次干扰,每次干扰的持续时间平均为 5 分钟左右。大家可以算一下,假设一个小时内有 6 次干扰,一次干扰 5 分钟,加起来就是 30 分钟,一个小时的时间就这样被偷走了一半。还有一个更严重的情况,人们每次在被打扰了以后,重新调整恢复状态需要 3 分钟,6 次干扰需要 6 次调整,合计是 18 分钟,刚才剩下的 30 分钟再减去 18 分钟,只剩下 12 分钟。也就是说,在一般情况下,我们投入的时间大概只有 20% 是有效的,其他时间都是低效或无效时间。换句话说,如果排除了干扰,高效工作或学习一个小时,其实就等于在一般情况下工作或学习五个小时,这个效率实在太高了!在排除干扰方面要把以下几件简单的事情做好。

第一是关手机。手机上存在各种干扰源,如微信、微博、短信、短视频等,关手机这个措施几乎能挡住一半的干扰。如果不方便关机,也可以将手机调成静音模式,设置短信自动回复,这样做的抗干扰效果也很好。

第二是断网。研究发现,在 WiFi 信号比较好的咖啡厅里,人的工作效率就会相对低一些。相反,在 WiFi 信号比较差或者没有 WiFi 信号的地方,人的工作效率就会比较高。因为一旦信号特别好,有了免费网络,人们忍不住就想上网浏览一番,把这个干扰阻断后,能保证自己做事更投入、更专注。

第三是远离娱乐用品和娱乐环境。娱乐方面的东西只要存在就会分散注意力,正所谓眼不见心不烦,远离它们是最好的办法。

第四是清理杂物,使环境尽量简单。杂物会带来杂念,完成任务的时候桌面一定要干净,争取把所有乱七八糟的东西都清理掉,保证环境特别简洁,杂物清理掉了,杂念就没有了,效率就会显著提升。

第五是学会说"不"。懂得拒绝别人非常重要。例如,你在完成重要任务的时候,有同学来了,约打球、约逛街、约聊天,这个时候你必须处于自我肯定状态,客气而坚定地拒绝对方。其实说"不"是有技巧的,拒绝的技巧分成三步:第一步是肯定双方的关系,例如,"咱们是多年的老朋友""当年的那些事历历在目""今天见到你心里特别高兴";在肯定关系之后,第二步就是讲讲苦衷,要告诉对方最近任务太多了,必须都按时完成,时间排得满满的,非常抱歉;最重要的是第三步,一定要指明出路,可以告诉对方,下周或下个月等忙完了随时可以安排见面,一定随叫随到。这样的拒绝就算比较到位了。

14.3.4 抓住两点,落实三件

养成每日立三事的习惯,就是每天一定要确定最重要的三件事,以这三件事为核心来安排一天的日程。早晨可以一边收拾整理,一边开始想——今天最重要的三件事是什么?把这三件事找出来,定时定点地安排好。只要这三件事完成了,这一天就算是成功的一天。

在每日立三事的过程当中,要特别注意,重要的事情应该安排时间和地点,甚至安排进度和流程。但是千万不要给琐碎的事情专门安排时间!这个规则背后还有一个有趣的比喻:重要的事情像石头,例行的事情像沙子,琐碎的事情像水,而一天的时间容量就是一个容器。如果先装了石头,自然有缝隙再装沙子,倒满了沙子,依然有空间装水。但是反过来,如果提前装满了水,就再没有空间装石头和沙子了。所以在时间管理上,请大家务必注意这个原则:要事优先,不要给琐碎的事情专门安排时间。很多人都会在网上晒自己一天的时间计划,这些计划当中有好多特别琐碎的小事,甚至有些人对吃饭、喝水、看报纸、上厕所这类琐事也要专门安排时间,做这种计划的结果就是效率不升反降。

在每日立三事的过程当中,要注意积极反馈。一方面,事情完成以后,对自己要有一个小小的奖励,另一方面还要及时进行反思总结。每天在睡觉之前,最好想一想今天这三件大事完成的质量怎么样,效率怎么样。这种反思可以写到纸上,也可以在脑子中进行。

在完成每天要事的过程中,还有一个重要的策略不容忽视,就是用好两个高效的时间段。一个人一天的状态是波动起伏的,用一条曲线来描述的话,这条曲线有点像一个驼峰,在一天当中一个人有两个时间段状态特别好,做事情的效率会特别高:一个是上午10点半左右,另一个就是晚上8点半左右。所以有人说:看一个人现在怎么样,就看他上午10点半在干什么;看一个人将来怎么样,就看他晚上8点半在干什么。一天当中状态的低谷是哪个点呢?就是下午3点半左右。尤其是当一个人中午吃了点油腻的、难消化的食物,到下午3点多,确实会昏昏欲睡,精神萎靡,所以建议中午安排一段休息时间,这样下午3点半左右状态会有所改善。

在一天当中,人的注意力平均每隔一个小时左右就要波动一次,现在流行的一种时间管理方法叫作番茄工作法:把25分钟或者35分钟作为一个时间段,称为一个番茄时间,每过完一个番茄时间就停下来休息一下,手机上还有专门的App,这种方法经过测试效果比较好,大家可以试一下。

人的精力像弹簧,压一下就会反弹;人的能量像皮球,拍才能蹦得更高。每天要给自己

安排15~30分钟的运动,突破身体的舒适区,挑战一下自己的精神和体能,第二天的状态会特别好。观察一下周围的人就会发现,其实,越懒的人效率越低,因为每天都懒洋洋地停留在舒适区里,心理能量会越来越少,效率自然就会下降,过度的休息比过度的工作更让人疲惫不堪。

【小节案例】

如何应对"拖延症"?

每次讲到"时间管理"的时候,我都首先会想到拖延症的问题。其实拖延症有一些深层次的心理原因,比如说完美主义标准过高,比如说追求完备,过度准备,或者说切换困难,无法启动。拖延症一旦发作,后果往往很严重,会影响人际关系,影响毕业论文,影响考研,影响工作,那种煎熬的心理就是又焦虑又担忧,又着急又缓慢,一边为所有的事情着急,一边又把每一件事情都耽误了。

应对拖延症其实有一个很有效的方法,这个方法要从一个幼儿园家长的育儿经验谈起。这位家长的孩子最近出了一个问题,就是特别不爱洗澡,说也说了,劝也劝了,道理也讲了,妈妈还发了脾气,但是孩子就是不想洗澡。后来爸爸发现了,孩子可能对洗澡有点畏惧心理,所以爸爸就使用了一个有效的方法,他跟孩子说:"咱们不洗澡,咱就洗洗头发,简单洗几下就可以,你可以站着不用动,我拿水龙头帮你简单冲几下,很快就好了。"这个建议孩子接受了,随后的事情大家其实可以想象到,在洗头的过程中孩子逐渐克服了心理上的不舒服,接下来就顺理成章地把澡也洗了。

这件事情告诉我们一个重要的规律:当一个人对某种任务有畏难情绪,有退缩心理的时候,可以先启动一个小任务,在心理状态调整好了之后,就可以启动大任务了。研究发现,有相当一部分拖延症是由畏难情绪和逃避心理引发的,比如说要写一篇论文,潜意识里就觉得写论文很难,恐怕自己完成不了。由于有了这种畏难情绪,每一次要写论文的时候都会觉得很痛苦,潜意识就忍不住地转移注意力,千方百计地推迟时间,尽量不去启动艰难的任务,这样拖延症就反复地发作了。

拿我的亲身经历来说,我每次动笔写书的时候,都会有畏难情绪,都会有逃避心理,甚至会出现一些拖延的倾向。在这种情况下,我是如何应对的呢?很简单,我会把计算机打开,然后把草稿本铺开,接下来就提醒自己,只要搭一个简单的框架,稍微列些提纲就可以,先完成这个小任务,其他的再说。当目标缩小了,工作量变小了以后,一瞬间自己就感觉比较轻松了,逃避心理也逐渐地消失了。

接下来就是在纸上写写画画,在计算机上敲敲打打,写着写着状态就出来了,然后很快就能完成8 000字或1万字。同样的道理,如果你在准备考研,数学对你来说非常具有挑战性,每次一想到要做模拟题,要做数学卷子,心里就会产生畏难情绪,就会有抵触心理,在这种情况下很有可能拖延症就不知不觉发作了。应对方法就是缩小目标,把工作量先减少一点,告诉自己先做半张卷子,做几道简单题就可以,等你把开始的几道简单题做完了,就已经进入学习状态了,接下来就可以完成更艰巨的任务了。

所以我们在做事情的时候,要有愚公移山的精神,心里不要想着那巍峨的高山有多么庞大,任务有多么艰巨,否则就会产生拖延症。在移山的时候,心里只要想着眼前的小土堆,然后把它移走就可以。王阳明先生所强调的"山高万仞,只登一步",其实也是这个道理。在产生拖延症的时候,我们不妨把心中的大目标转换成眼前的小目标,因为比较容易的小目标可以让人迅速地进入状态,而那些艰巨的大目标则容易让人逃避和拖延。

14.4 情绪管理

《论语》开篇第一句是"学而时习之,不亦说乎?",讲的是学习。第二句是"有朋自远方来,不亦乐乎?",讲的是交朋友。第三句是"人不知而不愠,不亦君子乎?",讲的是情绪管理。《论语》告诉我们,其实圣人的修养就是这三件事,一是抓好学习的事,二是搞好交朋友的事,三是搞好情绪管理的事。这三件事搞好了,圣人之道、君子之道就向你敞开大门了。

一个人日常的自我修养需要从"修口"二字做起。北京白云观有一副对联:"世间莫若修行好,天下无如吃饭难。"这副对联就和"修口"有关。《易经》六十四卦中的第二十七卦叫作"颐卦"。"象曰:山下有雷,颐。君子以慎言语,节饮食。"可见,所谓修口,一是要管理好饮食,做到饮食有节,二是要管理好言语,不说恶言恶语。一个人的心态平和、健康长寿、生活幸福,都要从修口开始。管理者更需要明白"慎言修口"的重要性。

隋朝有个大将叫贺若弼,《隋书·贺若弼传》记载,贺若弼的父亲贺若敦是北周大将,坐镇一方,贡献很大。但是贺若敦这个人口无遮拦,心直口快,结果有一次说话过火得罪了权贵,最终被逼自杀。临死前,贺若敦让儿子贺若弼把舌头伸出来,贺若弼不知道父亲要做什么,就把舌头伸出来。贺若敦二话没说,拿锥子"扑哧"一下在贺若弼的舌头上扎了一个洞,血立刻就流了出来。接着,贺若敦就告诉贺若弼:祸从口出,以后千万不要口无遮拦,我就是死在了这件事上。

如今,互联网给我们提供了自由发表见解的平台。越是这样的时代,越是要管住嘴,言语谨慎。所以,在言语的表达上要谨慎三思,切莫乱说,要对自己说的话负责任。特别是当情绪激动、发脾气的时候,要先忍住,沉下心,认真想想该不该这么说。人人都可以发表言论,但言论需要的是发表,不能发泄,更不能排泄。

我们经常说一句话,"狐狸吃不到葡萄,就说葡萄酸",通过说葡萄酸,让自己心里舒服一点儿,这种方法叫否定。还有一种更强烈的否定,就是吃不到葡萄就说谁吃葡萄谁倒霉,当不上领导者就说谁当领导者谁倒霉。这种否定方法从眼前看有一定的自我宽慰效果,但从长远看,会积累不良情绪,造成心理扭曲,甚至可能产生攻击社会、反社会的倾向。除了此种否定方法之外,以下三种心态也是不健康的。

第一种是暴躁。暴躁型狐狸吃不到葡萄就想,是谁把葡萄种在这儿,连吃都吃不着。我吃不着别人也别想吃,于是狐狸弄壶开水,要把葡萄浇死,结果被巡逻队给打死了。

第二种是倔强。倔强型狐狸说,我就不信我吃不到葡萄。吃不到怎么办?吃不到就拼命蹦,蹦蹦蹦。结果狐狸精疲力竭,吐血而亡,临死之前看了一眼葡萄,狐狸点点头说,至少我尽力了。

第三种是忧郁。忧郁型狐狸吃不到葡萄,风吹着葡萄藤"哗哗"响,有一片叶子落到狐狸的脚下,狐狸拿起叶子叹口气说,今天吃不到葡萄的是我,他日吃不到葡萄的不知是谁,这辈子连葡萄都吃不到,还有什么意思,不如我也和葡萄叶子一起去了吧。于是狐狸在葡萄架上自杀了。

否定、暴躁、倔强和忧郁是人面对挫折、失败时最常见的四种心理不良倾向,程度轻的人生活不顺利，心情郁闷，程度重的人可能会精神失常，甚至自杀。但是，挫折和失败又是生活中的常事，我们经常说要受点挫折教育，挫折教育的目的不在于引导人们忍受挫折，而在于教育人们在遭遇挫折之后学会应对。下面是四种比较积极的应对方法。

第一种是改进。失败是人生的营养品，挫折是进步的基石。狐狸吃不到葡萄，它会想吃不到葡萄的原因是什么。于是，狐狸参加袋鼠的跳高培训班，学会了跳跃，自然就吃到葡萄了。或者狐狸参加蝙蝠的滑翔培训班，后来它也吃到葡萄了。这种方法就是改进，当遇到困难时，先从自身找原因，然后积极想办法弥补自己的缺点与不足。

第二种是替代。狐狸吃不到葡萄，它可以这样想，到小松鼠家去买葡萄干，不是一样吗？而且我还可以吃荔枝、桂圆、橙子、橘子、柿子、李子、栗子、梨，为什么非要吃葡萄呢？这种方法就是替代，得不到没有关系，天涯何处无芳草，退一步海阔天空。

第三种是合理化。狐狸吃不到葡萄，对着葡萄想，天下好多人都吃不到葡萄，连号称兽中之王的老虎也照样吃不到葡萄呢。遭遇点挫折是很正常的事，不必大惊小怪，这种方法就是合理化。

第四种是升华。遇到挫折和失败的时候，应该学会把打击转化成前进的动力、创新的动机。狐狸吃不到葡萄，它想的是，怎么越吃不到就越觉得好吃呢？于是，狐狸写了篇论文——《论美的本质以及美的不可实现性》，狐狸变成哲学家了。或者，狐狸想葡萄要是从爬藤变为灌木，我不就可以吃到了？于是狐狸写了一篇论文——《论葡萄的灌木型栽培技术》，狐狸变成植物学家了。或者，狐狸吃不到葡萄，在树下瞅着葡萄，越看越心动，越看越感动，于是狐狸在葡萄架下写了一首长诗——《啊，葡萄》，狐狸变成文学家了，而且开创了一种新的诗的体裁——葡萄体。所以，人不要怕挫折，不要怕逆境，关键在于怎么去应对。成功的人会进行有效转化，把挫折和失败转化为前进的动力以及人生的经验。

以上所强调的是，一个人在遭遇挫折和失败之后如何进行合理的自我解释，其实除了学会自我解释之外，我们还要学会控制自己的怒火。

情绪管理中有一个经典的案例，叫作"踢猫效应"，内容是这样的，话说公司领导今天不开心，在会议室找碴儿把员工阿三骂了一顿。阿三无端被骂，心怀怒火下班回家，见他回来了，老婆迎上去问："亲爱的，我们晚上吃什么？"阿三没好气地说："吃吃吃，就知道吃！"老婆本来是好心，无端被骂一顿，心情很不好，回头看儿子在那儿写作业，有一个字写错了。老婆愤怒地说："连个字都写不好，跟你爹一样！"说完"啪"一巴掌打在儿子脑袋上。儿子无端被打，心情十分糟糕，低头一看桌子底下蹲着一只小猫，一脚把小猫踢出门外。小猫无辜被踢，惊慌失措地跑了出去，横穿马路的时候来了一辆车，司机看到猫过马路，慌忙一打轮，一下把一个路人撞成重伤，灾难就这样发生了。

"踢猫效应"给我们的启示：第一，人们往往喜欢蹂躏弱者来发泄自己的怒火，一个团队中的弱者往往容易成为牺牲品，其实，生气的时候欺负弱者，怒火并不会消失，反而会导致痛苦增加；第二，不良情绪会传染，传染给身边的每个人，进而污染整个团队，所以我们要治理环境污染，更要治理不良情绪的污染；第三，亲人容易成为发泄对象，人们对陌生人往往采用的是最文明礼貌的沟通方式,而对亲近的人往往采用的是最简单粗暴的沟通方式,这是一种非常错误的沟通模式,对亲人、家人不乱发脾气,这是每个人都应该具备的修养。

讲到情绪管理这个话题,推荐一个佛家的小故事。小和尚心情特别不好,他问师父:"师父,我为什么学佛?"老和尚说:"为了成佛。"小和尚说:"师父,怎么成佛?"老和尚说:"找到自己的佛性,莫向身外求。"小和尚急了:"师父,你们人人都有佛性,我咋就没有佛性呢?"老和尚笑呵呵地说:"问这句话的不就是你的佛性吗?多问几次,就找到了自性光明。"这个故事在情绪管理中特别有意义。学生说:"老师,大家都有控制力,我怎么就没有控制力呢?"老师反问:"问这句话的,不就是你的控制力吗?多问几遍,你的心就亮了。"这就是反问法。

事到临头,要拍桌子瞪眼睛、发脾气闹情绪的时候,可以先做个深呼吸,然后反问自己:"我怎么就没有控制力呢?讲了半天道理,我自己都做不到吗?连自己都管不好,还怎么去管别人?"这样反问自己的时候,内心世界就有光明了。由反问引导反思,由反思带来反省。经常反省,就会有掌控力,反问不仅是智慧的开始,还是智慧本身。

除了反问法,再介绍以下五个控制情绪的小方法。

第一,冷却法。生气的时候,什么也不要说,什么也不要做,离开现场找个地方让自己冷静下来,然后再做决定。中国古人言,"武不可怒,怒可解,人命不可活。文不可怒,恨能消,恶语不能消",意思是搞武术的人别生气,生气杀了人你的气能消除,但是杀的人活不了了,有文化的人别生气,生气骂完人,气解了,但那句恶意的话却收不回来了。生气的时候可以先冷静一下,恢复了理性再来处理问题。

第二,换位法。想朝别人发怒的时候,可以试着想一想,如果自己是对方,自己的感受会如何。每个人都要坚守"己所不欲,勿施于人"的原则,家长要理解子女,子女也应该体谅家长;领导者要知道员工不容易,员工也要知道领导者不容易。理解了他人的难处,自己就不会乱发脾气了。

第三,转移法。生气的时候,可以听听音乐、散散步,看看蓝天白云、花朵盛开,读读喜欢的书,做点喜欢的事情,转移一下注意力,负面的情绪就会逐渐消除。

第四,榜样法。找一个在控制情绪方面做得特别好的榜样,把对方当成自己的标杆,了解他的言行,学习他的风范。自己要发脾气的时候,可以提醒自己想一想,如果眼前这件事情是自己的榜样来处理,人家会怎么做,会采取何种方式。

第五,预设法。在自己心情平静的时候提前找张纸,把可能出现的问题,还有对自己的提醒都写在纸上。在情绪要发作的时候,拿出这张纸看一看、念一念,负面情绪很快就会被控制住。情绪管理改善了,境界、格局都会随之提升,无论是工作、生活,还是人际关系,都会迈上崭新的台阶。

【本章小结】

本章介绍了明茨伯格的角色理论、卡茨的技能理论和科特对于管理者核心工作的研究。

明茨伯格把管理者的角色分成三大类:一是人际角色,包括代表人、领导者、联络者;二是信息角色,包括监督者、传播者、发言人;三是决策角色,包括企业家、对抗者、资源分配者和谈判者。

科特发现管理者所做的事主要有以下两类：①研究和确定日程安排；②寻找、建立和维护关系网。

打铁还需自身硬，自我管理是管理者的必修课，在自我管理过程中，时间管理和情绪管理非常重要。时间管理的方法包括：定时定点，视觉呈现；由小到大，合理切片；当下行动，干扰阻断；抓住两点，落实三件。情绪管理的方法包括：反问法、冷却法、换位法、转移法、榜样法、预设法。

【综合案例】

幸福是什么？

人们经常探讨幸福是什么，媒体也曾经做过相关的调查，在街头随机采访路人，询问对方过得幸福不幸福。有人认为幸福就是拥有很多物质财富，有人则认为幸福和物质没有任何关系。有人向往诗和远方，也有人宁可坐在宝马车上哭，也不愿意坐在自行车上笑。

那么幸福到底是什么？诺贝尔经济学奖获得者萨缪尔森提出了一个幸福感的计算公式：幸福感＝效用/欲望。这个公式比较抽象，通俗解释是这样的，幸福感等于手里的除以心里的，也就是手里拥有的除以心里想要的。例如，一个人拥有1亿元的财产，他幸福吗？不一定，手里有1亿元，心里想要10亿元，幸福感只有0.1。另外有一个人手里财产只有30万元，但是他心里想的是有吃有喝，父母健康，孩子成长，家庭和谐，事业进步，觉得有10万元就够了，30除以10等于3，他的幸福感是前面那个亿万富翁的30倍。

在生活中我们可以看到，有人粗茶淡饭，其乐融融，有人荣华富贵，痛不欲生。人生获得幸福有两条路：一方面要在分子上做加法，积累财富，谋求进步；另一方面要在分母上做减法，节制自己的欲望，不要贪得无厌。正所谓"广厦万间夜眠八尺，良田千顷日食三顿"，明白这个道理就可以。人们常说"三十而立、四十不惑"，说的就是三十岁的时候学习做加法，四十岁的时候学习做减法。好东西少一点儿是享受，多了是折磨，太多了是灾难。所以要节制自己的欲望，不要贪得无厌，这是一种非常重要的人生境界，这种境界叫作淡泊。诸葛亮在《诚子书》中提到了"非淡泊无以明志，非宁静无以致远"，懂得节制，懂得做减法，就能看到远大的未来，就能成就远大的事业，这是诸葛亮给我们的提醒，是中国古人的高级智慧。

与幸福感相关的还有一个关键词，叫作"初心"。初心这个词完全可以用经济学规律来解释，比如现在你很饿，到食堂买了三个包子，吃第一个的时候心情激动、兴高采烈，感觉太好吃了！吃第二个的时候，心情平稳多了，一口一口地细嚼慢咽，吃第三个的时候，平平淡淡，感觉已经饱了。这个时候如果勉强吃第四个，就会觉得很难受，甚至有点儿恶心。同样是包子，第一个和第四个给你带来的感受完全不一样。满足感会随着拥有个数的增加而逐渐减少，这种现象叫作边际效益递减。也就是说，一件让人特别兴奋的事情，经历多了感觉就会逐渐麻木，最后可能还会心生厌倦。初心的奥妙在于"常将有时思无时，眼前快乐不贬值；人生若只如初见，幸福美满全出现"。经常想想第一次拥有某种事物时的画面，把自己的感受保持在第一次拥有时的那种状态中，生活就会变得格外美好。

思考：如何理解在追求幸福的过程中，做加法和做减法的关系？

【本章习题】

1. 根据明茨伯格的研究,管理者的角色有哪几种?
2. 时间管理的策略有哪些?
3. 面对挫折如何进行合理的自我解释?
4. 情绪管理的方法有哪些?

参考文献

[1] 明茨伯格.经理工作的性质[M].孙耀君,译.北京:团结出版社,1999.

[2] 艾施.玫琳凯谈人的管理[M].王吉美,等译.北京:中信出版社,2009.

[3] 白新文,黄明权.与上司冲突总是有害吗?上下级任务冲突和关系冲突对共享心智模型及团队绩效的差异化影响[J].中国人力资源开发,2019,36(12):6-21.

[4] 博瑞森.卓有成效的目标管理[M].北京:中国商业出版社,2006.

[5] 曹新明,马子斌.基于激励理论的人工智能发明人身份探究[J].科技与法律(中英文),2021(2):42-50.

[6] 曹元坤,张倩,祝振兵,等.基于扎根理论的团队追随研究:内涵、结构与形成机制[J].管理评论,2019,31(11):147-160.

[7] 曾明,秦璐.工作满意度研究综述[J].河南教育学院学报(哲学社会科学版),2003(1):101-104.

[8] 常涛,刘智强,周苗.团队中成员间人际竞争维度解构:调节聚焦视角[J].管理工程学报,2018,32(4):28-36.

[9] 陈春花,宋一晓,曹洲涛.中国本土管理研究的回顾与展望[J].管理学报,2014,11(3):321-329.

[10] 陈国权.学习型组织的组织结构特征与案例分析[J].管理科学学报,2004(4):56-67.

[11] 陈佳贵.管理学百年与中国管理学创新发展[J].经济管理,2013(3):195-199.

[12] 陈黎琴,赵恒海.管理学理论发展及其研究方法综述[J].兰州学刊,2009(S1):76-79.

[13] 陈志军,马鹏程,董美彤,等.母子公司研发管理控制点研究[J].科学学研究,2018,36(10):1828-1836.

[14] 陈忠卫.团队管理理论述评[J].经济学动态,1999(8):64-67.

[15] 成明明.北宋馆阁召试除职论略[J].求索,2008(3):224-226.

[16] 成思危.中国经济改革与发展研究[M].北京:中国人民大学出版社,2008.

[17] 丛日云.世界著名思想家传[M].郑州:河南人民出版社,1999.

[18] 达夫特,马西克.管理学原理[M].高增安,马永红,李维余,译.5版.杭州:机械工业出版社,2010.

[19] 代毓芳,张向前.面向2035年我国青年科技人才薪酬激励研究[J].科技管理研究,2021,41(9):131-137.

[20] 卡耐基.卡耐基人性的弱点人性的优点全集[M].上海:上海世界图书出版公

司,2010.
[21] 单凤儒.管理学基础[M].北京:高等教育出版社,2008.
[22] 党国英,刘朝阳.绿色技术创新政策激励效应的量化评估研究[J].学术探索,2021(4):146-156.
[23] 德鲁克.21世纪的管理挑战[M].朱雁斌,译.北京:机械工业出版社,2010.
[24] 德鲁克.创新与企业家精神[M].蔡文燕,译.北京:机械工业出版社,2007.
[25] 德鲁克.管理的实践[M].齐若兰,译.北京:机械工业出版社,2009.
[26] 德鲁克.卓有成效的管理者[M].许是祥,译.北京:机械工业出版社,2009.
[27] 德鲁克.管理的实践[M].齐若兰,译.北京:机械工业出版社,2006.
[28] 丁以中,Jennifer S. Shang.管理科学:运用Spreadsheet建模和求解[M].北京:清华大学出版社,2003.
[29] 天人.中国历代名人家书[M].呼和浩特:内蒙古人民出版社,2003.
[30] 段万春,曹勤伟.外智引联型创新团队任务分配模型与方法[J].科技管理研究,2017,37(6):151-156.
[31] 法约尔.工业管理与一般管理[M].迟力耕,张璇,译.北京:机械工业出版社,2007.
[32] 樊志娟,王金根.工业4.0时代企业管理的创新思考与研究[J].现代经济信息,2015(23):51.
[33] 冯梦龙.智囊补[M].北京:气象出版社,1997.
[34] 冯友兰.中国哲学简史[M].北京:北京大学出版社,1985.
[35] 高艳.基于我国领先企业实践案例的管理理论建构的逻辑研究[D].青岛:青岛理工大学,2018.
[36] 高中华,赵晨,付悦,等.团队情境下忧患型领导对角色绩效的多层链式影响机制研究[J].管理世界,2020,36(9):186-201.
[37] 葛芳.情绪智力如何影响员工绩效和工作压力?[J].中国外资,2021(15):94-95.
[38] 顾琴轩.绩效管理[M].3版.上海:上海交通大学出版社,2015.
[39] 郭继民,苗青.《周易》管理思想探微[J].中国石油大学学报(社会科学版),2013,29(1):71-76.
[40] 郭咸纲.西方管理思想史[M].北京:联合出版公司,2014.
[41] 郭咸纲.西方管理思想史[M].3版.北京:经济管理出版社,2004.
[42] 韩大卫.管理运筹学——模型与方法[M].2版.北京:清华大学出版社,2014.
[43] 郝云宏.管理学[M].2版.杭州:机械工业出版社,2018.
[44] 胡晓东,袁亚湘,章祥荪.运筹学发展的回顾与展望[J].中国科学院院刊,2012,27(2):145-160.
[45] 胡泳,郝亚洲.海尔创新史话(1984~2014)[M].北京:机械工业出版社,2015.
[46] 黄怀信.尚书注训[M].济南:齐鲁书社,2009.
[47] 黄津孚.现代企业管理原理[M].北京:北京经济学院出版社,1997.
[48] 黄朴民."杯酒释兵权":赵匡胤的政治智慧[J].文史天地,2015(3):1.
[49] 黄薇.企业流程应一优再优[J].中国建设信息,2010(12):60-61.
[50] 黄诣迪.企业的跨文化管理[D].长春:吉林大学,2019.

[51] 德斯勒.人力资源管理[M].北京:中国人民大学出版社,2005.
[52] 姜杰.管理思想史[M].北京:北京大学出版社,2019.
[53] 金杨华,王重鸣,杨正宇.虚拟团队共享心理模型与团队效能的关系[J].心理学报,2006(2):288-296.
[54] 柯林斯.从优秀到卓越[M].俞利军,译.北京:中信出版社,2009.
[55] 柯林斯,等.基业长青[M].真如,译.北京:中信出版社,2002.
[56] 克云纳.管理的核心理念[M].陈维政,马渝根,译.大连:大连理工大学出版社,1999.
[57] 孔茨,韦里克.管理学[M].郝国华,等译.北京:经济科学出版社,1993.
[58] 论语·大学·中庸[M].太原:山西古籍出版社,2003.
[59] 雷恩,贝德安.管理思想史[M].孙健敏,译.6版.北京:中国人民大学出版社,2014.
[60] 李昌南.管理思想史[M].北京:科学出版社,2010.
[61] 李辰,刘巍,游家兴.高管薪酬激励的团队协同与审计费用[J].审计研究,2021(3):72-83.
[62] 李春瑜.国有控股企业限薪影响及股权激励调节作用[J].北京理工大学学报(社会科学版),2021,23(2):101-111.
[63] 李德民.非正式组织和非权力性影响力[J].中国行政管理,1997(9):24-25.
[64] 李海,朱金强,张勉,等.如何激励多样化的知识员工?——基于一个分类框架和差异激励模型[J].科学学与科学技术管理,2016,37(10):164-180.
[65] 李剑锋.组织行为管理[M].北京:中国人民大学出版社,2000.
[66] 李进,刘军,刘超,等.基于需求理论框架的职场排斥缓冲效应研究[J].管理学报,2016,13(2):221-228.
[67] 李平.中国本土管理研究与中国传统哲学[J].管理学报,2013,10(9):1249-1261.
[68] 李焘.续资治通鉴长编[M].北京:中华书局,2004.
[69] 李伟康.魅力型领导者对追随者个体绩效的积极影响及其机制[J].城市建设理论研究:电子版,2014(7):1-7.
[70] 李武,席酉民,成思危.群体决策过程组织研究述评[J].管理科学学报,2002(2):55-66.
[71] 李由.存亡之道:管理创新论[M].长沙:湖南大学出版社,2000.
[72] 厉伟,胡兴球,杨恺钧.管理学[M].南京:南京大学出版社,2017.
[73] 梁工谦.质量管理学[M].2版.北京:中国人民大学出版社,2014.
[74] 梁觉,李福荔.中国本土管理研究的进路[J].管理学报,2010,7(5):642-648.
[75] 廖青云,朱东华,汪雪锋,等.科研团队的多样性对团队绩效的影响研究[J].科学学研究,2021,39(6):1074-1083.
[76] 刘伙根,彭月萍.论杨万里的讽刺诗及其诗学底蕴[J].江西社会科学,2007(4):89-92.
[77] 刘井建,徐一琪,李惠竹.产业政策对研发投资的激励是否一视同仁——投资增长效应与行业内部差距[J].科学学研究,2021,39(7):1176-1187.
[78] 刘庆元,刘宝宏.战略管理:分析、制定与实施[M].大连:东北财经大学出版社,2001.
[79] 刘人怀,姚作为.传统文化基因与中国本土管理研究的对接:现有研究策略与未来探

索思路[J].管理学报,2013,10(2):157-167.
[80] 刘树华,鲁建厦,王家尧.精益生产[M].北京:机械工业出版社,2010.
[81] 刘树林,唐均.成员差异性对群体绩效影响的国外研究综述1[J].科研管理,2005(5):141-146.
[82] 刘向.战国策[M].太原:山西古籍出版社,2008.
[83] 刘雪峰,张志学.模拟情境中工作团队成员互动过程的初步研究及其测量[J].心理学报,2005(2):253-259.
[84] 刘亚恩.中庸思想在管理中的运用研究[D].北京:北京工商大学,2010.
[85] 刘永好,黄宏生,鲁冠球,等.总裁的智慧[M].北京:中央编译出版社,2002.
[86] 刘正周.管理激励[M].上海:上海财经大学出版社,1998.
[87] 罗宾斯,贾奇.组织行为学[M].孙健敏,王震,李原,译.16版.北京:中国人民大学出版社,2016.
[88] 罗宾斯,库尔特.管理学[M].刘刚,程熙镕,梁晗,译.13版.北京:中国人民大学出版社,2017.
[89] 罗宾斯.管理学[M].黄卫伟,孙健敏,闻洁,等译.4版.北京:中国人民大学出版社,1997.
[90] 罗宾斯.管理学[M].李原,孙健敏,黄小勇,译.11版.北京:中国人民大学出版社,2012.
[91] 罗宾斯.管理学[M].孙健敏,黄卫伟,王凤彬,等译.7版.北京:中国人民大学出版社,2004.
[92] 西奥迪尼.影响力[M].北京:中国社会科学出版社,2001.
[93] 罗哲.管理学[M].2版.北京:电子工业出版社,2014.
[94] 罗仲伟,罗美娟.网络组织对层级组织的替代[J].中国工业经济,2001(6):23-30.
[95] 吕慧,宋琪,陈扬,等.CEO授权领导对TMT绩效及组织创新的影响研究[J].科研管理,2020,41(7):138-147.
[96] 吕微,唐伟.国有企业知识型员工激励机制研究[J].经济问题,2012(12):57-60.
[97] 马工程.管理学[M].北京:高等教育出版社,2019.
[98] 马仁杰,王荣科,左雪梅.管理学原理[M].北京:人民邮电出版社,2013.
[99] 毛海峰.企业安全管理群体行为与动力理论探讨[J].中国安全科学学报,2004(1):48-52.
[100] 孟慧.变革型领导风格的实证研究[J].应用心理学,2004,10(2):18-22.
[101] 明茨伯格.管理工作的本质[M].方海萍,等译.杭州:浙江人民出版社,2017.
[102] 威策尔.管理的历史[M].北京:中信出版社,2002.
[103] 南怀瑾.论语别裁[M].上海:复旦大学出版社,2009.
[104] 倪渊,张健.科技人才激励政策感知、工作价值观与创新投入[J].科学学研究,2021,39(4):632-643.
[105] 欧阳轼.武经七书[M].海口:三环出版社,1991.
[106] 潘承烈,等.中国古代管理思想之今用[M].北京:中国人民大学出版社,2001.
[107] 彭纯军.当代中国管理思想的哲学思考[J].经济与社会发展,2012(7):67-70.

[108] 彭剑锋.人力资源管理概论[M].上海:复旦大学出版社,2008.

[109] 彭新武.西方管理思想史[M].北京:机械工业出版社,2018.

[110] 綦乐乐.基于"80后"员工个性特质的赏识管理策略研究[D].青岛:中国海洋大学,2011.

[111] 乔忠.管理学[M].北京:中国石化出版社,2013.

[112] 琼斯,乔治.当代管理学[M].郑风田,赵淑芳,译.北京:人民邮电大学出版社,2016.

[113] 任浩.现代企业组织设计[M].北京:清华大学出版社,2005.

[114] 申明浩,谢观霞,楚鹏飞.粤港澳大湾区战略的创新激励效应研究——基于双重差分法的检验[J].国际经贸探索,2020,36(12):82-98.

[115] 司马迁.史记[M].兰州:甘肃民族出版社,1997.

[116] 苏秦.鬼谷子[M].哈尔滨:黑龙江人民出版社,2003.

[117] 孙诗颖,欧阳峰.互联网时代的企业组织:理性与情感的交融[J].现代管理,2016,6(4):115-121.

[118] 孙新乐,段万春,王玉华,等.网络型创新团队融合效率内涵及评价——资源观视角的研究[J].科技进步与对策,2017,34(13):119-127.

[119] 孙新乐,段万春,许成磊,等.工作组类型创新团队关系效率内涵及评价研究——基于组织公民视角[J].科技进步与对策,2016,33(17):117-124.

[120] 孙永波.生产与运作管理[M].北京:科学出版社,2005.

[121] 孙元欣,许学国,林英辉.管理学——原理·方法·案例[M].2版.北京:科学出版社,2015.

[122] 孙子,尉缭子,鬼谷子.孙子兵法·尉缭子·鬼谷子[M].太原:山西古籍出版社,2003.

[123] 泰勒.科学管理原理[M].马风才,译.北京:机械工业出版社,2013.

[124] 谭力文,李燕萍.管理学[M].4版.武汉:武汉大学出版社,2014.

[125] 唐果.独立学院教师工作满意度实证研究——以浙江F独立学院为例[J].经营与管理,2012(6):132-135.

[126] 陶向南,赵曙明,邹亚军.法约尔管理思想及其在管理学史中的地位[J].经济与管理研究,2016,37(12):105-112.

[127] 汪克夷,刘荣,齐丽.管理学[M].北京:清华大学出版社,2010.

[128] 王斌.跨职能团队的管理控制问题:一个理论思考[J].会计研究,2011(7):38-44,97.

[129] 王冰.管理学基础[M].2版.北京:人民邮电出版社,2015.

[130] 王春城.贫困治理中的政策依赖行为及其矫正——基于激励理论的分析[J].政治学研究,2021(2):110-124,190.

[131] 王国猛,郑全全.员工授权管理:起源、研究范式及其发展趋势[J].科研管理,2008(3):164-171.

[132] 王国顺.管理学[M].2版.北京:经济科学出版社,2014.

[133] 王雷.员工尽职行为的界定及其激发策略[J].商业时代,2009(24):61-62.

[134] 王明虎,孙梁艳.宏观经济形势、管理层激励与营运资金融资策略[J].南京审计大学学报,2021,18(2):102-111.

[135] 王心娟,庞学升,崔会保.管理学原理[M].北京:清华大学出版社,2011.

[136] 王新辉,苏应生,郭红梅,等.实报还是谎报——双边信息激励与供应链效率[J].管理工程学报,2021,35(2):167-176.

[137] 王勇."管理方格论"简评[J].领导科学,2012(7):54-55.

[138] 大内,等.Z理论[M].朱雁斌,译.北京:机械工业出版社,2013.

[139] 韦尔奇,拜恩.杰克·韦尔奇自传[M].曹彦博,孙立明,丁浩,译.2版.北京:中信出版社,2004.

[140] 魏江,邬爱其,彭雪蓉.中国战略管理研究:情境问题与理论前沿[J].管理世界,2014(12):167-171.

[141] 魏长霖,刘莎.中国式管理的哲学思考[J].企业活力,2005(11):64-65.

[142] 沃夫罗.远见卓识的创新者[M].魏云巍,译.沈阳:辽宁人民出版社,2001.

[143] 吴乘权.纲鉴易知录[M].北京:中华书局,2009.

[144] 吴价宝.管理学原理[M].北京:高等教育出版社,2011.

[145] 吴江,张相林.我国海外人才引进后的团队建设问题调查[J].中国行政管理,2015(9):78-81.

[146] 吴景泰,安玉新.管理学[M].北京:清华大学出版社,2018.

[147] 吴良平.海尔商道[M].北京:中国城市出版社,2007.

[148] 吴晓波.大败局[M].杭州:浙江大学出版社,2013.

[149] 吴晓波.激荡三十年:中国企业1978—2008[M].北京:中信出版社,2014.

[150] 吴照云.中国管理思想史[M].北京:经济管理出版社,2012.

[151] 武忠远,马勇.管理学[M].北京:高等教育出版社,2012.

[152] 西蒙.管理决策的新科学[M].李柱流,等译.北京:中国社会科学出版社,1982.

[153] 肖潇,孔潇.政府补贴、绩效激励与PPP模式的收益分配[J].工业技术经济,2020,39(12):3-12.

[154] 谢伦浩.即兴幽默运用战术[M].北京:石油工业出版社,2002.

[155] 邢以群.管理学[M].杭州:浙江大学出版社,2016.

[156] 邢永杰.虚拟组织[M].上海:复旦大学出版社,2008.

[157] 徐国华.管理学[M].北京:清华大学,1998.

[158] 徐宁,袁琛.高管内部债权激励研究述评与未来展望[J].管理学报,2021,18(3):464-474.

[159] 徐文杰.管理学基础[M].北京:清华大学出版社,2018.

[160] 徐小平.管理学[M].北京:科学出版社,2014.

[161] 许成磊,程思路,段万春.转型企业团队簇跨职能界面协同效率研究[J].科技进步与对策,2017,34(21):125-132.

[162] 杨金桥.非理性决策研究及展望:从图式理论到前景理论[J].东北财经大学学报,2015(2):3-11.

[163] 杨朦晰,陈万思,周卿钰,等.中国情境下领导力研究知识图谱与演进:1949—2018

年题名文献计量[J].南开管理评论,2019,22(4):80-94.

[164] 杨帅.工业4.0与工业互联网:比较、启示与应对策略[J].当代财经,2015(8):99-107.

[165] 杨万里.杨万里诗文集[M].南昌:江西人民出版社,2006.

[166] 杨文士.管理学原理[M].2版.北京:中国人民大学出版社,2004.

[167] 杨喜梅,蔡世刚,等.人力资源管理[M].大连:大连理工大学出版社,2013.

[168] 杨悦,殷晓彦.管理学原理[M].北京:人民邮电出版社,2012.

[169] 杨跃之.管理学原理[M].北京:人民邮电出版社,2012.

[170] 易全勇,刘许,姚歆玥,等.众创空间对大学生创客团队创新绩效的影响及机制研究[J].重庆高教研究,2021,9(3):24-35.

[171] 尤利群.管理学[M].2版.杭州:浙江大学出版社,2014.

[172] 余利川,段鑫星,徐苏兰.共性体系:国家科技创新获奖团队的质性观照[J].科技管理研究,2017,37(21):119-124.

[173] 俞正来.评亚当·斯密的分工理论[J].中山大学研究生学刊,2018,39(3):57-63.

[174] 喻新安.管理心理学[M].北京:中共中央党校出版社,1997.

[175] 袁桷.清容居士集[M].杭州:浙江古籍出版社,2015.

[176] 袁向彤.杨万里"诚斋体"的理学诗思与"味"论[J].阜阳师范学院学报(社会科学版),2008(6):51-53.

[177] 科特.总经理[M].李晓涛,赵玉华,译.北京:华夏出版社,1997.

[178] 约翰逊,斯科尔斯.公司战略教程[M].金占明,贾秀梅,译.3版.北京:华夏出版社,1998.

[179] 张兵,孙红艳,程新生,等.科技型企业并购与创新激励[J].科研管理,2021,42(5):12-20.

[180] 张福公,徐强.亚当·斯密的分工理论及其哲学意蕴再研究[J].东吴学术,2019(6):104-111.

[181] 张俊伟.极简管理[M].杭州:机械工业出版社,2013.

[182] 张培弛.领导的讲话水平历练教程[M].北京:企业管理出版社,2002.

[183] 张文勤.员工满意度监测理论及其应用[J].山东工商学院学报,2005(5):57-61.

[184] 张祎雪,张凤林.风险感知、认知偏差与激励合约的分选决策[J].科学决策,2021(5):90-104.

[185] 张逸昕,赵丽.管理学原理[M].北京:清华大学出版社,2014.

[186] 张勇,等.杨万里集[M].太原:三晋出版社,2008.

[187] 章凯,罗文豪,袁颖洁.组织管理学科的理论形态与创新途径[J].管理学报,2012,9(10):1411-1417.

[188] 赵立双.谈精益生产理念在工业企业管理及整体布局中的应用[J].工程建设与设计,2009(11):155-158.

[189] 赵世芳,江旭,应千伟,等.股权激励能抑制高管的急功近利倾向吗——基于企业创新的视角[J].南开管理评论,2020,23(6):76-87.

[190] 赵涛,齐二石.管理学[M].北京:清华大学出版社,2013.

[191] 赵晚萍.基于互联网时代的人力资源管理新思维的探索研究[J].人力资源管理,2017(12):5-6.

[192] 赵文明,黄成儒.百年管理思想精要[M].北京:中华工商联合出版社,2003.

[193] 赵玉平.曹操的启示[M].北京:电子工业出版社,2013.

[194] 赵玉平.跟司马懿学管理[M].北京:电子工业出版社,2011.

[195] 赵玉平.梁山政治[M].北京:清华大学出版社,2005.

[196] 赵玉平.刘备的谋略[M].北京:电子工业出版社,2014.

[197] 赵玉平.司马懿的选择谋略[J].领导文萃,2014(24):41-44.

[198] 赵玉平.为而不争的游戏[J].商界评论,2015(5):47-49.

[199] 赵玉平.向诸葛亮借智慧[M].北京:电子工业出版社,2011.

[200] 赵玉平.岳飞的忠诚与死亡[J].商界评论,2015(11):102-103.

[201] 郑文哲.管理学原理[M].北京:科学出版社,2009.

[202] 郑志刚,雍红艳,黄继承.员工持股计划的实施动机:激励还是防御[J].中国工业经济,2021(3):118-136.

[203] 钟卫,陈海鹏,姚逸雪.加大科技人员激励力度能否促进科技成果转化——来自中国高校的证据[J].科技进步与对策,2021,38(7):125-133.

[204] 周飞,林春培,孙锐.道德领导与组织管理创新关系研究:非正式知识共享的中介作用[J].管理评论,2015,27(5):169-177.

[205] 周健临,唐如青.管理学教程[M].上海:上海财经大学出版社,1999.

[206] 周立华,王天力.管理学[M].北京:清华大学出版社,2012.

[207] 周三多,陈传明,鲁明泓.管理学:原理与方法[M].5版.上海:复旦大学出版社,2011.

[208] 周三多,陈传明.管理学[M].北京:高等教育出版社,2000.

[209] 周三多,陈传明.管理学:原理与方法[M].7版.上海:复旦大学出版社,2018.

[210] 周三多.管理学:教与学导引[M].上海:复旦大学出版社,2004.

[211] 周三多.管理学[M].4版.北京:高等教育出版社,2014.

[212] 周三多.管理学[M].6版.上海:复旦大学出版社,2014.

[213] 周三多.管理学原理[M].南京:南京大学出版社,2006.

[214] 周三多.管理学:原理与方法[M].上海:复旦大学出版社,2005.

[215] 周永亮.中国企业前沿问题报告[M].北京:中国社会科学出版社,2001.

[216] 朱海腾.魅力型领导与军事团队绩效:军政双主官的交互效应及士气的中介[J].心理科学,2019,42(5):1217-1223.

[217] 朱永新.管理心智:中国古代管理心理思想及其现代价值[M].北京:经济管理出版社,2012.

[218] 《环球企业家》杂志社.环球企业家:与26位世界级商业领袖对话启示录[M].沈阳:辽宁人民出版社,2002.

[219] 《组织行为学》编写组.组织行为学[M].北京:高等教育出版社,2019.

[220] Ambrose M L, Kulik C T. Old friends, new faces: Motivation research in the 1990s[J]. Journal of management,1999,25(3):231-292.

[221] Anderson C, Sharps D L, Soto C J, et al. People with disagreeable personalities (selfish, combative, and manipulative) do not have an advantage in pursuing power at work[J]. Proceedings of the National Academy of Sciences, 2020, 117 (37):22780-22786.

[222] Bass B M. From transactional to transformational leadership: Learning to share the vision[J]. Organizational Dynamics, 1990, 18(3):19-31.

[223] Bhardwaj B R, Sushil, Momaya K. Drivers and enablers of corporate entrepreneurship [J]. Journal of Management Development, 2011, 30(32):187-205.

[224] Campion M A, McClelland C L. Follow-up and extension of the interdisciplinary costs and benefits of enlarged jobs[J]. Journal of applied psychology, 1993, 78 (3): 339.

[225] Coff R W. The coevolution of rent appropriation and capability development [J]. Strategic Management Journal, 2010, 31(7): 711-733.

[226] Cotton J L. Employee involvement: Methods for improving performance and work attitudes[M]. London:Sage Publications Inc., 1993.

[227] Coyne K P, Horn J. Predicting your competitor's reaction [J]. Harvard Business Review, 2009, 87(4): 90-97.

[228] Derue D S, Nahrgang J D, Wellman N, et al. Trait and behavioral theories of leadership: An integration and meta-analytic test of their relative validity[J]. Personnel Psychology, 2011, 64(1):7-52.

[229] Devanna M A, Tichy N. Creating the competitive organization of the 21st century: The boundaryless corporation [J]. Human Resource Management, 2006, 29 (4): 455-471.

[230] Edersheim E H. Peter Drucker's "unfinished chapter": The role of the CEO[J]. Leader to Leader, 2007(45):40-46.

[231] Fernandez S. Peter Drucker's leap to faith[J]. Journal of Management History, 2013, 15(4):404-419.

[232] Grant A M, Parker S K. 7 redesigning work design theories: The rise of relational and proactive perspectives[J]. Academy of Management annals, 2009, 3 (1): 317-375.

[233] Hackman J R, Oldham G R. Development of the job diagnostic survey[J]. Journal of Applied psychology, 1975, 60(2): 159.

[234] Hackman J R, Suttle J L. Improving life at work: Behavioral science approaches to organizational change[J]. Goodyear, 1977(3):376.

[235] Harrell A M, Stahl M J. McClelland's trichotomy of needs theory and the job satisfaction and work performance of CPA firm professionals[J]. Accounting, Organizations and Society, 1984, 9(3-4): 241-252.

[236] Hutzschenreuter T, Gröne F. Changing Vertical Integration Strategies under Pressure from Foreign Competition: The Case of US and German Multinationals [J]. Journal of

Management Studies, 2009, 46(2): 269-307.

[237] Isobe T, Makino S, Montgomery D B. Technological capabilities and firm performance: The case of small manufacturing firms in Japan [J]. Asia Pacific Journal of Management, 2008, 25(3): 413-428.

[238] Kilduff G J, Elfenbein H A, Staw B M. The Psychology of Rivalry: A Relationally Dependent Analysis of Competition [J]. Academy of Management Journal, 2010, 53(5): 943-969.

[239] Li H, Li J . Top management team conflict and entrepreneurial strategy making in China[J]. Asia Pacific Journal of Management, 2009, 26(2):263-283.

[240] Magretta J. Why business models matter [J]. Harvard Business Review, 2002: 86-92.

[241] Manz C C, Sims H P. Super leadership: Beyond the myth of heroic leadership[J]. Organizational Dynamics, 1991, 19(4):18-35.

[242] Marr M. The magic kingdom looks to hit the road[J]. Wall Street Journal - Eastern Edition, 2007, 249(32):B1-B8.

[243] McLeod S. Maslow's hierarchy of needs[J]. Simply psychology, 2007, 1:1-18.

[244] Meyer K E, Mudambi R, Narula R. Multinational enterprises and local contexts: The opportunities and challenges of multiple embeddedness [J]. Journal of Management Studies, 2011, 48(2): 235-252.

[245] Parker S C . Can cognitive biases explain venture team homophily? [J]. Strategic Entrepreneurship Journal, 2010, 3(1):67-83.

[246] Ployhart R E, Van Iddekinge C H, MacKenzie W I. Acquiring and developing human capital in service contexts: The interconnectedness of human capital resources [J]. Academy of Management Journal, 2011, 54(2): 353-368.

[247] Porter M E. Competitive strategy: Techniques for analyzing industries and competitors [J]. Social Science Electronic Publishing, 2004(2):86-87.

[248] Porter M E. Strategy and the Internet. [J]. Harvard Business Review, 2001, 79(3):62.

[249] Robbins S P, Judge T A. Organizational behavior[M]. New Jersey: Pearson Education, 2013.

[250] Schunk D H, DiBenedetto M K. Motivation and social cognitive theory[J]. Contemporary Educational Psychology, 2020, 60: 101832.

[251] Siegall M. The simplistic five: An integrative framework for teaching motivation [J]. Organizational Behavior Teaching Review, 1988, 12(4): 141-143.

[252] Spell C S. Where do management fashions come from, and how long do they stay? [J]. Journal of Management History, 1999, 5(6):334-348.

[253] Tuan N P, Yoshi T. Organisational capabilities, competitive advantage and performance in supporting industries in Vietnam [J]. Asian Academy of Management Journal, 2010, 15(1): 1-21.

[254] Vroom V H. Work and motivation [M]New York: John Wiley, 1964.

[255] Walters B A, Priem R L. Business strategy and CEO intelligence acquisition [J]. Competitive Intelligence Review, 1999, 10(2): 15-22.

[256] Walumbwa F O, Wu C, Orwa B. Contingent reward transactional leadership, work attitudes, and organizational citizenship behavior: The role of procedural justice climate perceptions and strength[J]. Leadership Quarterly, 2008, 19(3): 251-265.